Baedeker

Allianz Reiseführer

Steinholzstr. / Ecke Wallstr.

Harz

www.baedeker.com

Verlag Karl Baedeker

TOP-REISEZIELE ✶✶

Die Liste der Sehenswürdigkeiten ist lang, doch wo liegen die Highlights im Harz? Egal ob Fachwerkstädtchen, Naturpark, romanische Kirchen, Schaubergwerke, der höchste Berg des Harzes oder liebliche Täler, wir haben für Sie zusammengestellt, was Sie auf keinen Fall versäumen dürfen!

1 ✶✶ Osterwieck
Rund 400 Fachwerkhäuser aus vier Jahrhunderten bestimmen das Stadtbild des kleinen, beschaulichen Ortes. ► **Seite 294**

2 ✶✶ Goslar
Die UNESCO-Weltkulturerbestadt zeigt sich von ihrer besten Seite: Kaiserpfalz und Rammelsberg, Fachwerkhäuser und Kirchen bezeugen, dass Goslar einst eine der reichsten Städte Deutschlands war. ► **Seite 197**

3 ✶✶ Bad Gandersheim
Das reichsunmittelbare Stift verlieh der Stadt mit der alles überragenden Stiftskirche ab dem 10. Jh. ihre Bedeutung. ► **Seite 126**

4 ✶✶ Okertal
Talsperre und Okertal ziehen nicht nur Sportler an. ► **Seite 288**

5 ✶✶ Halberstadt
Dom, Liebfrauenkirche und viele Museen machen Halberstadt zu einem kulturellen Höhepunkt. ► **Seite 229**

6 ✶✶ Clausthal-Zellerfeld
Rund 70 Teiche wurden für den Antrieb der Wasserräder in den Bergwerken angelegt – das »Oberharzer Wasserregal« könnte schon bald zum UNESCO-Weltkulturerbe gehören. ► **Seite 178**

7 ✶✶ Wernigerode
Lebendige Kleinstadt mit Märchenschloss und schon zu DDR-Zeiten ein Modell für gelungene Stadterhaltung ► **Seite 353**

8 ✶✶ Brocken
Den höchsten Berg des Harzes sollte man schon bestiegen haben. ► **Seite 170**

Wernigeröder Rathaus

DIE BESTEN BAEDEKER-TIPPS

Von allen Baedeker-Tipps in diesem Buch haben wir hier die interessantesten für Sie zusammengefasst. Erleben und genießen Sie den Harz von seiner schönsten Seite!

Harzer Rotes Höhenvieh
Die rotbraunen Rinder begeistern Gastronomen wie Feinschmecker – ausgesuchte Restaurants servieren ihre schmackhaften Produkte. ► **Seite 18**

Besenritt zum Brocken
In der Nacht zum 1. Mai wird in 50 Harzer Orten Walpurgis gefeiert. Teuflisch gut! ► **Seite 51**

Wildwasserfahrten und Rafting
Stromabwärts auf der Oker? Die Kanutenhotline der Harzwasserwerke gibt durch, wann für Wagemutige die richtigen Bedingungen herrschen. ► **Seite 87**

So weit die Füße tragen
Auf den Spuren Goethes, Heines oder Barbarossas wandeln? Die Qual der Wahl: 8000 km umfasst das Wegenetz der Wanderwege. ► **Seite 91**

Einmal ganz oben stehen
Eisenbahnfans können sich in 22 Tagen zum Ehrendampflokführer ausbilden lassen. Abenteuerurlaub der etwas anderen Art. ► **Seite 114**

Dufte Ideen
Wonach schmeckt Ysop und wie riecht Minze? Antworten finden sich in Deutschlands größtem Kräuterpark in Altenau. ► **Seite 124**

Grenzerfahrung
Über Drahtseile, Holzstege und andere wackelige Angelegenheiten in 12 m Höhe balanciert man im Skyrope Hochseilpark Bad Harzburg. ► **Seite 135**

In Osterwieck, Goslar, Bad Gandersheim, Quedlinburg oder Halberstadt stehen die schönsten Fachwerkbauten.

Stilvoll essen und Harzer Spezialitäten genießen kann man in schönen Restaurants.

Viele Mythen ranken sich um die Walpurgisfeiern.

Fit auf Schritt und Tritt
Drei ausgeschilderte Routen unterschiedlicher Länge in der näheren Umgebung von Blankenburg weisen den Weg für Nordic-Walking-Liebhaber. ▸ **Seite 154**

Brockenleuchten
Wenn die letzten Ausflügler verschwunden sind, kann man sommerabends auf dem Brocken die Stille genießen. ▸ **Seite 175**

Frisch auf den Tisch
Auf dem Zellerfelder Bergbauernmarkt kann man ab 18.00 Uhr das Abendessen erntefrisch einkaufen. ▸ **Seite 182**

Kunst und gut
In der Kaiserstadt wird Zeitgenössisches großgeschrieben. Jedes Jahr wird der renommierte Kaiserring an einen Künstler der Gegenwart verliehen. ▸ **Seite 214**

Heinrich Heine entschied sich für den Weg durch das Ilsetal auf den Brocken.

639 Jahre hören
In Halberstadt erklingt in der Kirche St. Buchardi ein Konzert für die Dauer von 639 Jahren. ▸ **Seite 243**

Dampfende Meiler
In der Harzköhlerei Stemberghaus wird die Geschichte der Harzer Köhler erzählt. ▸ **Seite 248**

Klostergärten wie vor 300 Jahren
Bei der sehenswerten romanischen Klosterkirche Drübeck werden die historischen Abtissinnengärten nach alten Plänen rekonstruiert. ▸ **Seite 262**

Fachwerk auf die Schnelle
In Quedlinburg kann man Fachwerkbauten aus allen Jahrhunderten sehen – etwa im Fachwerkmuseum und auf dem Marktkirchhof. ▸ **Seite 312**

Blütenträume
In Sangerhausen erfreuen Jahr für Jahr über 7000 verschiedene Rosenarten die Besucher. ▸ **Seite 315**

Würdevoll bietet sich die Architektur der romanischen Kirchen dar – egal ob in Gernrode, Drübeck oder Quedlinburg.

Harzreise: Im Mittelalter zogen die deutschen Kaiser von Pfalz zu Pfalz: In Goslar steht eines der wichtigsten Zeugnisse der Wanderlust der damaligen Herrscher.

▸ **Seite 204**

HINTERGRUND

Preiskategorien

▸ **Hotels (Doppelzimmer)**
Luxus: ab 100 €
Komfortabel: 50 – 100 €
Günstig: unter 50 €

▸ **Restaurants (Hauptgericht)**
Fein & teuer: über 20 €
Erschwinglich: 10 – 20 €
Preiswert: bis 10 €

PRAKTISCHE INFORMATIONEN

TOUREN

Zackiges Band: Die Teufelsmauer zwischen Blankenburg und Thale ragt in ungewöhnlicher Formation in die Höhe.

▶ **Seite 122 – 123**

REISEZIELE VON A bis Z

Hintergrund

KURZ UND KNAPP, VERSTÄNDLICH GESCHRIEBEN UND SCHNELL NACHZUSCHLAGEN: WISSENSWERTES ÜBER IHRE REISEREGION, ÜBER LAND UND LEUTE, WIRTSCHAFT UND POLITIK, GESELLSCHAFT UND ALLTAGSLEBEN

NICHT NUR EIN GEBIRGE

»Die Berge wurden steiler, die Tannenwälder wogten unten wie ein grünes Meer und am blauen Himmel oben schifften die weißen Wolken«, schrieb Heinrich Heine im Spätsommer 1824 in sein Tagebuch. Von Göttingen, wo er studierte, war der junge Schriftsteller zu Fuß aufgebrochen. Auch Johann Wolfgang von Goethe zog es immer wieder in den Harz. Die bizarre Welt im Bauch der Berge faszinierte ihn.

Immer wieder stieg er auf wackeligen Leitern hinunter in die Gruben und Schächte, wo Generationen von Bergleuten vor allem Silber und andere Erze mit ihrer Muskelkraft aus den Felsen schlugen.
Schon Deutschlands erste Herrscher waren damit reich geworden: Ottonen und Salier, die um das Jahr 1000 als Wanderkaiser vom Harz aus ein Reich von Italien bis zur Nordsee und von der Maas bis an die Oder regierten. Goldene Domschätze in Quedlinburg und Halberstadt erinnern an die einstige Pracht ebenso wie die Fachwerkstadt Goslar mit ihrem Bergbaumuseum für alle Sinne auf dem Rammelsberg. Beides haben die Vereinten Nationen, ebenso wie die Quedlinburger Altstadt, zum Welterbe der Menschheit erklärt. Jedes Land prägt seine Menschen. Wortkarge Verschlossenheit sagt man den Bewohnern des kalten, rauen Oberharzes nach, fast schon mediterrane Heiterkeit den Wernigerödern im milden Windschatten der Berge.

Hart wie Stahl
Die Fahrt mit der Schmalspurbahn ist von einer Reise mit dem ICE meilenweit entfernt.

Ideen sprießen hier wie dort. Vor 160 Jahren erfand ein Clausthaler das Drahtseil. Ein Halberstädter Architekt baute vor wenigen Jahren eine Kirche zu einer der schönsten Bibliotheken um und zwei Sachsen haben in Güntersberge Deutschlands größte Sammlung von Mausefallen aus drei Jahrhunderten geschaffen. In Quedlinburg praktizierte vor gut 200 Jahren Deutschlands erste Ärztin. Ein Goslarer hat in den letzten Jahren die wohl größte Puppen-, Spielzeug- und Musikinstrumentensammlung zusammengetragen. In Hasselfelde bauten findige Unternehmer eine komplette Wildweststadt mit Fort, Saloon, Läden und Kirche nach. Jeden Tag versetzen hier Schauspieler ihre Gäste in ein Westernkaff. In der Wöltingeröder Kirche verkauft eine Brennerei ihren nach jahrhundertealtem Ge-

← Weiler im Südharz bei Herzberg

Profiliert
Das Wernigeröder Rathaus ist ein Schmuckstück, auf das man zu Recht stolz ist.

Sanfte Wellen
prägen das nördliche Harzvorland. Blühender Raps überzieht die Landschaft mit einem gelben Teppich.

Zackig
ragt die Teufelsmauer bei Neinstedt in die Höhe. Eine schöne Legende kennzeichnet sie als Teufelswerk.

Temporeich
Beim Schlittenhunderennen werden Hund und Herr im sportlichen Wettkampf zu einer Einheit.

Blumig
Wenn die Bergwiesen von St. Andreasberg in vollster Blüte stehen, ist das ein Grund, ein Fest zu feiern.

Farbenprächtig
Ein niedersächsischer Meister des 16. Jh.s stattete den ehemaligen Sitzungssaal der Goslarer Ratsherren aus.

heimrezept gebrannten Likör. Ein verquerer Visionär setzte mit der Walpurgishalle 1902 Gott Wotan ein Denkmal. Nicht weit entfernt davon verwirklichte zur selben Zeit ein Architekt seine Vision von einem Theater im Himmel. Hexen servieren im Bodetal stilecht allerlei Gebräu.

Von Wernigerode aus durchziehen mehr als 140 km Schienen den Ostteil des Harzes, der bis 1990 zur DDR gehörte. Auf Europas größtem Schmalspurbahnnetz fahren Dampfloks und historische Triebwagen der Harzer Schmalspurbahn. Fast 1000 Höhenmeter überwindet die Bahn bis auf den höchsten Harzer Berg, der wie ein in die Landschaft geworfener Brocken aus der norddeutschen Tiefebene ragt. Bei höchstens 40 km/h lassen sich die Fahrgäste am offenen Fenster oder auf den Plattformen der liebevoll restaurierten Waggons aus den 1920er- und 1930er-Jahren den Wind um die Nase wehen. Die Reise geht durch den Nationalpark Harz, den die letzte – und einzige demokratisch gewählte – Regierung der DDR kurz vor dem Anschluss an die Bundesrepublik 1990 unter Schutz stellte. Vier Jahre später gründete Niedersachsen im Westen den angrenzenden Nationalpark Harz. Beide wurden nun vereinigt.

Runde Sache
Im Rammelsberg bei Goslar lieferten die Wasserräder die nötige Energie.

Die Vielfalt zwischen Seesen und Halberstadt, zwischen Vienenburg und dem Mansfelder Land überrascht: Ein weltweit einmaliges Netz von Kanälen und Teichen, mit denen die Bergleute schon vor Jahrhunderten über Wasserräder ihre Pumpen antrieben, Meisterschaften im Setzbügeleisenschießen, moderne Ski- und Snowboardreviere mit kilometerlangen Loipen und nächtlich erleuchteten Pisten im winterlichen Oberharz, Schlittenhunderennen, die Zehntausende von Besuchern anlocken, Luchse, die durch den Nationalpark streifen, wiederbelebte Spuren einer 3000 Jahre alten Bergbautradition, weite, wasserreiche Wälder, ein liebliches, grünes Hügelland im Vorharz, Deutschlands mit mehr als 1200 Fachwerkhäusern aus acht Jahrhunderten größtes Flächendenkmal, Ehrfurcht gebietende, zisterziensische Baukunst in Walkenried, romanische Kathedralen der Besinnung an der Straße der Romanik oder Luthers Spuren im Mansfelder Kupferschieferbergbau-Land. Der Harz, kaum größer als die Hansestadt Hamburg, vielseitig wie ein großes Land.

Fakten

Der Bergbau hat die Natur geprägt: Ein weitläufiges System von Teichen und Gräben wurde angelegt. Die schnell wachsenden Nadelbäume werden nach und nach wieder durch bunte Mischwälder ersetzt: Mittlerweile stehen rund 10 % des Harzes unter dem Schutz des Nationalparks.

Natur

Naturräumliche Gliederung

Die Grundzüge des sehr alten Gebirges, das nach Norden steil abtreppt und nach Südosten eher allmählich abfällt, wurden bereits im Erdaltertum angelegt. Besonders im Norden und Westen steigt der waldreiche Harz steil aus dem hügeligen Vorland auf. Er gipfelt in einem mächtigen Granitmassiv.

◄ Oberharz

Der Harz wird grob in drei Teillandschaften untergliedert. Den Norden bestimmt der 600 – 700 m hohe Oberharz im Nordwesten. Auch ein Teil des Brockenmassivs wird zum Oberharz gerechnet. Seine Landschaft gliedert sich in einzelne Hochflächen, die von Flussläufen zerschnitten werden. Ausgedehnte Nadelwälder, ein dichtes Flussnetz, das der Leine bzw. der Aller zufließt, sowie zahlreiche Talsperren und Teiche prägen das Landschaftsbild. Die **Hochflächen von Clausthal-Zellerfeld und Sankt Andreasberg** bilden mit ihren zahlreichen Bergwiesen und Wäldern ein eigenes landschaftliches Gefüge.

◄ Mittel- oder Hochharz

Zentraler Teil des Mittelgebirges ist der Mittelharz. Er gehört räumlich zwar zum Oberharz, weist aber **beträchtliche Höhen** auf, so dass er auch als Hochharz bezeichnet wird. Im Norden dieser Teillandschaft ragen der Brocken (1142 m), der Bruchberg (928 m) und der Acker (866 m) auf. Die umliegenden Hochflächen erstrecken sich in etwa 800 m Höhe.

Zwischen dem Brocken und dem Bruchberg breiten sich **Hochmoore und Feuchtgebiete** aus, die nicht zuletzt aufgrund der hohen Niederschlagsintensität in diesem Raum entstanden sind bzw. weiter wachsen. Der starke Oberflächenabfluss im Bereich des Brockenmassivs hat zur Ausbildung eines engmaschigen Flussnetzes und zur Entstehung tiefer Täler geführt. Wildromantische Felsbildungen, spektakuläre Wasserfälle, Tobel und Schluchten sind die Folgen der Flusserosion.

Granit tritt nicht nur am Brocken, sondern auch an der 1000 m hohen Heinrichshöhe und den Hohneklippen zutage. Die Feuersteinklippen sowie die Schnarcherklippen bei Schierke, der Ottofelsen bei Wernigerode und die Hohneklippen zeigen sehr schön die für den Granit so typische Verwitterung. Ein bemerkenswertes Ergebnis der **Verkarstung** im Bereich des Elbingeröder Komplexes sind die Rübeländer Tropfsteinhöhlen, in denen man einzelne Phasen der Höhlenbildung nachvollziehen kann. Stellenweise liegen gleich mehrere Hohlräume übereinander.

◄ Unterharz

Als Unterharz bezeichnet man den südöstlichen und **geologisch ältesten Teil** des norddeutschen Mittelgebirges. Weite Hochflächen prägen die bergige Landschaft, die von 500 m auf 300 m am Ostrand des Harzes absinken. Nur im Norden ragen der Ramberg (582 m) und der Auerberg (579 m) bei Stolberg als markante Erhebungen

←Namengebend für das nördlichste Mittelgebirge war wahrscheinlich das althochdeutsche Wort »hard«, das Bergwald und auch Höhe bedeutete.

empor. Die der Saale zufließenden Flüsschen Bode, Selke und Wipper haben sich 50–100 m tief in die Landschaft eingekerbt und schöne Täler geschaffen.

Zechsteingürtel

Am Südrand des Harzes – zwischen Osterode und Pölsfeld bei Sangerhausen – ist ein 100–1000 m breiter Zechsteingürtel ausgebildet, der vornehmlich aus sehr erosionsanfälligen Ablagerungen des Zechsteinmeeres besteht: Kalk, Gips, Anhydrit, Salz sowie kupferhaltigem Schiefer und diversen Konglomeraten. In das Gesteinsmaterial eindringendes Wasser und Kohlensäure haben durch chemische Reaktionen zur Auslaugung der Salzlager sowie zur Auflösung der Gips- und Anhydritvorkommen geführt. Es entstand allmählich **die für den Südharz charakteristische Karstlandschaft** (slowenisch, serbisch, kroatisch: Kras = Fels) mit Erdfällen, Dolinen, Höhlensystemen (Questenhöhle, Heimkehle) und periodischen Wasserläufen (Periodischer See).

Die Südharzer Karstlandschaft entstand aus erosionsanfälligen Ablagerungen des Zechsteinmeeres.

Pflanzen und Tierwelt

Die Harzhochfläche und die Randberge waren ursprünglich mit Laubmischwald bedeckt, in dem die Rotbuche vorherrschte. Ihre Verdrängung und die **Entwicklung zu einem reinen Fichtenwald** setzte im 17. Jh. ein. Die Harzer Fichte wuchs ursprünglich in Höhen um 800 m. Ihre Ausbreitung, vor allem in tieferen Lagen, hängt mit der **Entwicklung des Harzer Bergbaus** vom Mittelalter bis in das 19. Jh. zusammen. Die schnell wachsende Fichte lieferte festes und gerades Holz für den Stollenbau. Auch zum Feuersetzen bei der Lösung der Erze eignete sich ihr Holz. Nach dem Ausschlagen der Bäume nutzte man darüber hinaus den Stockausschlag, der in 12–15 Jahren arm- bis schenkelstarke Stämme austrieb, zur Gewinnung der Holzkohle, die im Hüttenbetrieb benötigt wurde. Immer größere kahl geschlagene Harzflächen und die Holznot brachten schließlich die Grubenherren dazu, Forstordnungen zu erlassen.

Die Geschichte der Harzer Forstwirtschaft hängt eng mit den beiden Forstmeistern Johann Georg von Langen und Hans Dietrich von

Zanthier zusammen, die unter dem Grafen Christian Ernst zu Stolberg-Wernigerode (1710–1771) damit begannen, die Wälder des Harzes vor der endgültigen Zerstörung zu bewahren. Sie pflanzten schnell wachsende Fichten an, die sich schließlich gegen die Laubbäume durchsetzten und heute v. a. im Norden und im Nordwesten das Bild des Harzes bestimmen. Naturnahen Laubmischwald mit vielen Buchen findet man nur noch in Resten am Rande, z. B. im Elendstal, das sich zwischen Schierke und Elend erstreckt. In niedrigeren Lagen an den Abhängen und in den Randgebieten des Harzes gibt es wieder Mischwälder, stellenweise sogar reine Laubwälder.

Nationalpark Harz

Seit September 1990 ist der Hochharz Nationalpark, seine Erweiterung auf niedersächsischer Seite erfolgte 1994 (►S. 18), seit 2006 stehen beide Parks nun unter einer gemeinsamen Verwaltung. Auf den Wiesen blühen im Frühjahr die goldgelben Trollblumen und Orchideen, u. a. Knabenkrautarten und die Mückenhändelwurz. Mitte Juni ist Vollblütezeit: Dann trifft man auf die überall verbreiteten Wiesenblumen sowie auf die leuchtend blauen Wiesenschwertlilien, die rosaroten Türkenbundlilien sowie an trockeneren Hängen auf die vom Aussterben bedrohte gelbe Arnika. Der **Fichtenwald ist arm an Blüten**; an lichten Stellen wächst im westlichen Harz der Rote Fingerhut, im trockeneren östlichen Teil eher der gelbblühende Großblütige Fingerhut. Der Boden des Laubwaldes ist blütenreicher und zeitweise mit weißen Buschwindröschen, gelben Anemonen, blauen Leberblümchen sowie Lerchensporn und Lungenkraut bedeckt.

Fauna

Der Harz bietet einer Vielzahl kleiner und größerer Tiere Lebensraum. Von den wild lebenden Tierarten kommt das Rotwild überall, das Rehwild selbst in höheren Lagen vor. Das ursprünglich aus Korsika stammende, 1906 hier eingeführte Mufflon, kleinste Unterart des Wildschafs, sowie das Wildschwein sind in den höheren Lagen nur zeitweise anzutreffen. Sie halten sich hauptsächlich am Rande des Harzes und auf dem südlicheren und östlicheren Harzplateau auf.

Die klassischen Raubtiere des Harzer Urwalds und natürlichen Feinde auch des Hochwilds wie Bär, Wolf und Luchs waren bereits am Anfang des 19. Jh.s ausgerottet. Heute gibt es wieder **Luchse**, daneben kommen Fuchs, Marder, Iltis, Hermelin und die Wildkatze im Harz vor. Auch der Waschbär, der kein natürliches Verbreitungsgebiet im Harz hat, sich aber immer stärker ausbreitet, wagt sich bis in die Hochlagen.

? WUSSTEN SIE SCHON ...?

- ... dass die vielen Fichten eigentlich gar nicht in den Harz gehören? Die Bergbehörden und später die Forstwirtschaft haben die flach wurzelnden Nadelbäume überall gepflanzt, weil sie schnell wachsen. Inzwischen setzen die Förster und Naturschützer vor allem auf bunte Mischwälder mit Ahorn, Birken, Buchen, Eschen, Ebereschen, Salweiden und anderen Bäumen. Die wachsen langsamer, sind robuster, schützen vor Bodenversauerung und bieten vielen Tieren einen gesunden Lebensraum.

! Baedeker TIPP

Harzer Rotes Höhenvieh

Sie sind echte Harzer: stark, genügsam und beliebt bei Touristen. Weil sie der modernen Fleischindustrie zu langsam wachsen, züchten nur noch ein paar Idealisten die rotbraunen Rinder namens Harzer Rotes Höhenvieh. Inzwischen kämpft ein Verein für den Erhalt der Harzer Urviecher (www.harzer-rotvieh.de). Immer mehr Metzger und Gastronomen wissen das zarte, geschmackvolle Fleisch und die gute Milch der Kühe wieder zu schätzen. Die Leckereien vom Harzer Roten Höhenvieh gibt es z. B. im Hotel-Restaurant Habichtstein in Alexisbad.

In den vielen Höhlen und stillgelegten Bergwerksstollen leben verschiedenste Arten von Fledermäusen. Zu den im Harz verbreiteten Vogelarten gehören die nachtaktiven Eulen und Käuze; auch auf Greifvögel trifft man. Vornehmlich in den ruhigeren Gebieten der oberen Harzlagen ist das Auerhuhn, das im Harz bereits als ausgestorben galt, wieder vertreten, sein Bestand aber nach wie vor akut gefährdet. Neben zahlreichen Singvogelarten trifft man häufig auf Spechte, seltener auf die im Volksmund als Brockenamsel bezeichnete Alpenringdrossel, nicht zu überhören sind Alpenbraunelle, Sommer- und Wintergoldhähnchen. In Wassernähe gibt es im Harz vereinzelt auch Schrei- oder Fischadler.

Naturschutz

Zwei Parks sind zusammengewachsen

Der Harz wird **seit über 3000 Jahren wirtschaftlich genutzt**, die meiste Zeit davon sowohl unter- als auch oberirdisch für den Bergbau. »Mehr Schutz« für das Gebirge wünschte sich bereits Anfang des 20. Jh.s der Dichter Hermann Löns. Während weite Harzgebiete in jüngerer Vergangenheit auf vielfältige Weise, darunter auch für den Fremdenverkehr, genutzt wurden und sowohl Niedersachsen wie auch die DDR den Harz als Landschaftsschutzgebiet auswiesen, waren der Brocken und die ihn umgebenden Wälder gesperrt – auch eine Folge des Kalten Krieges. Hier erhielt sich eine kaum von Menschen berührte Pflanzen- und Tierwelt mit – einzigartig in Europa – **fast völlig intakten Hoch- und Übergangsmooren**. 1990 wurde das Gebiet um den Brocken zwischen Eckertalsperre und Großem Sandtal im Norden und Großem Winterberg, Schierke und Drei Annen Hohne im Süden zum Nationalpark Hochharz erklärt. Nach der Grenzöffnung wurde der Brocken wieder eines der meistbesuchten Reiseziele im Harz mit 1,5 Mio. Besuchern jährlich.

Nationalpark Harz ►

Seit 1994 gab es auch auf niedersächsischer Seite des Harzes den Nationalpark Harz. Er erstreckte sich von Bad Harzburg im Norden über die Hochlagen bis nach Herzberg und zum Oderstausee im Süden. 2006 wurden beide Parks vereinigt und unter eine gemeinsame Verwaltung gestellt. Insgesamt stehen nun knapp 250 km² unter Nationalparkschutz, das sind rund 10 % des Harzes. Der zu 95 % bewaldete Harz-Nationalpark umschließt mit dem Südhang, den Mittel- und Hochlagen bis zum Nordabfall bei Bad Harzburg alle typischen Landschaftsteile des Mittelgebirges.

Kernstück der Naturschutzkonzeptionen ist die Schaffung von Großschutzgebieten, in denen die Erhaltung und natürliche Entwicklung des Waldes frei nach ihren eigenen Gesetzen stattfindet. Den Menschen soll die von Menschenhand unberührte Natur zurückgebracht werden; für den Nationalpark Harz bedeutet das, dass durch nur geringe Eingriffe – wie hier die gelegentliche Pflanzung von Laubbäumen, dort die Ausdünnung der Fichtenmonokultur – das Waldgebiet wieder in seinen Urzustand zurückversetzt werden soll.

Der hier einmal entstehende Naturwald unterscheidet sich dann ganz wesentlich von dem jetzt vorhandenen Waldzustand. Schließlich gilt es, die Fichtenmonokultur durch Mischwälder abzulösen und verdrängte Laubbaumarten wieder heimisch zu machen. Besonders naturbelassene Bereiche sind schon heute als Kern- oder Ruhezone ausgewiesen, wo nicht mehr in die Waldentwicklung eingegriffen wird. Andere Gebiete sind geprägt von jahrhundertelanger Bewirtschaftung. Diese Teile des Nationalparkes gehören während der Phase des Waldumbaus in die Entwicklungs- bzw. Sanierungszone; so bald als möglich werden auch sie der Kernzone angegliedert. Dreißig Jahre, rechnet man, wird es dauern, bis der Waldumbau im Nationalpark Harz vollendet ist. Weitere Informationen über die Nationalparks erhält man beim Nationalpark Harz (►Auskunft, S. 69). Die Nationalparkverwaltung bieten u. a. Führungen im Nationalpark an.

Im Harz gilt es, die Sünden der Vergangenheit auszumerzen. Fichtenmonokulturen sollen nach und nach durch Mischwälder abgelöst werden.

Im gesamten Nationalpark gilt das Wegegebot, d. h. er darf nur auf beschilderten Wegen betreten werden. Neben dem Erlebnis einer Natur, wie sie im Hochharz eine der letzten Zufluchtsstätten gefunden hat, will der Nationalpark Einblicke in das Wesen und die Dynamik natürlicher Ökosysteme vermitteln.

Einzelne besonders wertvolle Gebiete im Harz sind darüber hinaus zu **Naturschutzgebieten** erklärt worden, wie das Ilsetal, das Bodetal, das Elends- und das Eckertal. In diesen Naturschutzgebieten sind Tiere und Pflanzen besonders geschützt und es gilt ebenfalls das Wegegebot. Dazu kommen zahlreiche einzelne und flächenhafte Naturdenkmäler, die einzelnen Bäumen, Gesteinen oder Biotopen den notwendigen Schutz geben sollen. Der Rest des Harzes ist als Landschaftsschutzgebiet ausgewiesen.

Eine **Wanderung** durch den Hochharz sollte den Wegmarkierungen der Wandervereine sowie den Angaben guter Wanderkarten folgen (im Maßstab 1:50 000, besser noch 1:25 000). Bei der Wanderausrüstung ist zu berücksichtigen, dass im Hochharz extreme Witterungsbedingungen vorherrschen und plötzliche Wetterumschläge möglich sind.

Bevölkerung · Wirtschaft

Dominierender Bergbau

968 wurden **Erzlager im Rammelsberg bei Goslar** erstmals urkundlich erwähnt, Bergbau am Rammelsberg ist jedoch bereits in der römischen Kaiserzeit – lange vor der Gründung der Stadt Goslar – betrieben worden. Der Harzer Bergbau prägte fast **3000 Jahre** lang die Geschichte entscheidend mit. Heute ist er zum Erliegen gekommen. Es gibt jedoch zahlreiche große Steinbrüche im Harz (► unten, Bergbau). Die wirtschaftliche Entwicklung des Harzes hängt mit seiner Besiedlung zusammen, die Anfang des 10. Jh.s unter den sächsischen Königen verstärkt einsetzte. Das Gebirge selbst war zu der Zeit königliches Jagdrevier.

Fremdenverkehr

An die Stelle des seit der Erschöpfung der Lagerstätten aufgegebenen Bergbaus trat der Fremdenverkehr, der sich seit Anfang des 19. Jh.s zu großer wirtschaftlicher Bedeutung steigerte. Wanderfreudige Romantiker, der **Anschluss des Harzes an die Eisenbahn** und die Eröffnung der quer durch den Harz, auf den Brocken hinauf und durch das Selketal führenden Schmalspurbahnen führten dazu, dass der Harz ein im Sommer und Winter beliebtes Aufenthaltsziel wurde.

Heilquellen ►

Die kommerzielle Nutzung der allerdings viel älteren Heilquellen im Harz setzte 1810 mit der Eröffnung des Heilbades in Alexisbad ein, es folgten Bad Suderode 1837 und zahlreiche weitere Heilbäder (►

Der Oberharz ist von ausgedehnten Nadelwäldern und zahlreichen → künstlichen Wasserläufen zu den Teichen durchzogen.

Oberharzer Wasserregal: Ein System von künstlich angelegten Gräben leitete das Wasser zu den Schächten zum Antrieb der Wasserräder.

Praktische Informationen, Wellness). Heute gibt es kaum ein Leiden, gegen das nicht in irgendeinem der Harzer Kur- und Badeorte Linderung angeboten wird. Diese Entwicklung wurde in der ersten Hälfte des 20. Jh.s durch die beiden Weltkriege und vor allem durch die Teilung Deutschlands unterbrochen. Der bislang im Zentrum Deutschlands gelegene Harz wurde in West- und Ostharz getrennt. Während der Westteil am wirtschaftlichen Aufschwung teilnahm und sich zu einem dicht besiedelten Feriengebiet entwickelte, wurde der Brocken militärisches Sperrgebiet und für alle Zivilpersonen geschlossen.

Ost oder West? ▶

Der Ostteil des Gebirges entwickelte sich ebenfalls zu einem beliebten Fremdenverkehrsgebiet mit vielen Ferienheimen, die zum großen Teil unter der Verwaltung der Einheitsgewerkschaft FDGB standen. Nach der Öffnung der Grenze im November 1989 begann sich der Tourismus neu zu entwickeln. Im Osten entstanden viele Hotels und Pensionen, die Preise sind mittlerweile dem Niveau des Westharzes angeglichen. Dennoch ist der Ostharz in der Beliebtheit führend, was daran liegen mag, dass hier dem individuellen Reisen gegenüber dem Massentourismus der Vorzug gegeben wird. In vielen Orten geht es, abgesehen von den Hauptanziehungspunkten, recht geruhsam zu. Ehemals verfallene Gemäuer wurden liebevoll und behutsam restauriert und mit der **Straße der Romanik**, der **Deutschen Fachwerkstraße** oder dem **Projekt Gartenträume**, das historische Parks in Sachsen-Anhalt umfasst, entsprechend in Szene gesetzt.

Wintersport

Die ersten Skiläufer im Harz waren norwegische Studenten der Technischen Hochschule in Hannover und der Bergakademie in Clausthal, die bereits 1882 mit ihren langen Brettern in den winterlichen Bergen erschienen. 1883 beschaffte der Oberförster Ulrichs in Braunlage für seine Förster und Waldarbeiter die ersten Schneeschuhe. Seither hat sich der als schneesicher geltende Oberharz zu einem beliebten Wintersportgebiet vor allem für die Bewohner aus Norddeutschland entwickelt (►Praktische Informationen, Wintersport).

Landwirtschaft

Schwächstes Glied der Wirtschaft im Harz war von alters her die Landwirtschaft, die sowohl wegen der Bodenbeschaffenheit (v. a. Gesteinsuntergrund) als auch wegen des Klimas mit schwierigen Bedingungen zu kämpfen hatte. Zeitweise war der Ackerbau im Oberharz sogar von der Bergbehörde verboten: »Die Behörden wollten, dass die Leute nur an ihren metallenen und steinernen Acker in der Tiefe denken und sich nicht mit Allotriis auf der Oberfläche befassen sollten.« (Johann Georg Kohl, »Deutsche Volksbilder und Naturansichten aus dem Harze«, 1866.) So wird Landwirtschaft nur in den tieferen Lagen, besonders im Unterharz, betrieben. Die Herden brauner Harzrinder sind auch nur noch selten zu sehen.

Holz- und Forstwirtschaft

Die Holz- und Forstwirtschaft spielte im Harz immer eine nicht unbedeutende Rolle. Infolge des Bergbaus, v. a. durch den enormen Bedarf an Holzkohle zur Verhüttung der Erze, war jedoch in den Wäldern des Harzes besonderer Raubbau getrieben worden. Immer größere kahl geschlagene Flächen überzogen das Gebirge, bis Anfang des 18. Jh.s unter Graf Christian Ernst zu Stolberg-Wernigerode mit einer geregelten Forstwirtschaft begonnen wurde. Dieser ist es letztlich zu verdanken, dass die Wälder vor der völligen Abholzung bewahrt wurden. Heute hat der Harzer Wald fünf Aufgaben zu erfüllen: Er sorgt für den Erhalt der Wasser-, Boden- und Luftqualität, für die Erholung seiner Bewohner und Besucher, er dient dem Arten- und Naturschutz und zur Holzgewinnung (für Industrie- und Schwachholz, wenig Möbelholz).

Industrie

Die industrielle Entwicklung im Harz setzte im 18. Jh. mit der Ansiedlung zahlreicher kleinerer Industriebetriebe ein. Im 19. Jh. stieg ihre Zahl sprunghaft an, Schwerpunkte entwickelten sich am Harzrand, auf westlicher Seite in Goslar, Seesen, Osterode, Herzberg und Bad Lauterberg, auf östlicher Seite in Wernigerode, Blankenburg und in Thale. Bis heute sind chemische Großbetriebe im Harz ansässig, die als Bergbaufolgebetriebe entstanden sind.

Oberharzer Wasserregal

Die Konzentration der Regen- und Schneefälle vor allem während der Wintermonate und die ungleiche Verteilung der Niederschlagsmengen im Harzgebiet – einige Gebiete im Westen zeitweise von Überschwemmungen bedroht, andere, vor allem im Südosten, litten unter Wassermangel – führten zu vielen Problemen, früher vor allem

? WUSSTEN SIE SCHON ...?

- ... dass man von der Spitze des Brockens aus nur selten ins Land schauen kann? An rund 300 Tagen des Jahres steckt sie im Nebel. Trocken bleibt man auf dem Brocken selten. Auf dem Gipfel fallen jedes Jahr im Schnitt 1500 – 1800 mm Regen und Schnee, mehr als drei Mal so viel wie in Berlin.

im Bergbau und Hüttenwesen. Wenn beispielsweise im Sommer nicht genügend Aufschlagwasser zum **Betrieb der Wasserräder** zur Verfügung stand, fielen die Pumpen aus, mit denen die tiefer gelegenen Schächte und Stollen entwässert wurden. Aus diesem Grund wurde im Harz ein beeindruckendes Wassersammel- und Speichersystem angelegt. Etwa 120 Teiche, über 500 km Gräben und ca. 30 km Wasserläufe (unterirdische Gräben) wurden in geschickt miteinander verbundenen Wassersystemen angelegt. Das sog. **Oberharzer Wasserregal**, ein relativ unbekannter Superlativ, ging zwischen 1536 und 1866, der Blütezeit des Bergbaus, aus dem Ideenreichtum und dem enormen Arbeitsaufwand der Oberharzer Bergleute hervor und wurde sogar für die Aufnahme in die UNESCO-Liste »Natur- und Kulturerbe der Menschheit« vorgeschlagen. Heute werden davon noch 65 Teiche, ca. 70 km Gräben sowie 20 km Wasserläufe »aktiv« unterhalten.

Bergbau

Überragende Bedeutung für die Region

Der alte Harzspruch »Es grüne die Tanne, es wachse das Erz, Gott schenke uns allen ein fröhliches Herz« zeugt noch heute von der überragenden Bedeutung, die der Bergbau für die ganze Region hatte. Am wichtigsten war die **Silbergewinnung am Rammelsberg** bei Goslar, die sich auf den gesamten Oberharz ausdehnte, die **Eisenerzgewinnung** konzentrierte sich in der Gegend um Elbingerode, und der **Abbau von Kupferschiefer** fand vor allem im Mansfelder Raum statt.

Die Grube Wolkenhügel bei Bad Lauterberg war das letzte Bergwerk, das 2007 geschlossen wurde. Hier wurde Schwerspat (Baryt) abgebaut. Mit der Schließung endete der Harzer Bergbau, der nicht nur diese mitteldeutsche Landschaft entscheidend mitgeprägt hat, sondern für das Bergwesen überhaupt von großer Bedeutung war.

Die Bergbautechnik verdankt gerade dem Harzer Bergbau **wichtige technische Entwicklungen**: Hier wurde die Vorstufe des Dynamits für Sprengungen entwickelt, die Fahrkunst zum Personentransport in die tiefen Schächte (► Sankt Andreasberg) sowie das Drahtseil erfunden. Harzer Bergleute zogen als besonders qualifizierte Fachkräfte im 13. Jh. bis nach Böhmen und Kärnten, im 14. Jh. nach Schweden, im 16. Jh. nach Norwegen, in die Schweiz, nach England und nach Mittelamerika, im 19. Jh. sogar nach Australien, Afrika und Asien.

Heute erinnern an diese Epoche die zahlreichen Teiche, Graben- und Stollensysteme für den Transport des Wassers (Oberharzer Wasserregal, ► S. 23, 27), riesige, teilweise bewachsene Halden, alte Schachtanlagen und vereinzelt noch Fördertürme.

Zahlen und Fakten Harz

Lage

► nördlichstes Mittelgebirge in Deutschland

► zwischen 51° 30' und 52° nördlicher Breite und zwischen 10° 10' und 11° 30' östlicher Länge

Fläche

► Das etwa 95 km lange und rund 35 km breite Gebirge erstreckt sich zwischen den Flüssen Leine (Westen) und Saale (Osten) von Nordwest nach Südost. Oberfläche: 2226 km^2

Verwaltung

► Bundesländer: Niedersachsen, Sachsen-Anhalt, Thüringen. Der flächenmäßig größte Teil liegt in Sachsen-Anhalt.

Höchste Erhebungen

► Brocken (1142 m), Wurmberg (971 m), Bruchberg (928 m), Achtermann (926 m)

Niederschlagsmengen

► West-Ost-Gefälle: Seesen (250 m) 800 mm/Jahr, Braunlage (560 – 620 m) 1250 mm/Jahr, Brocken (1142 m) 1500 mm/Jahr, Lutherstadt Eisleben (160 m) 500 mm/Jahr

Nationalpark

► 250 km^2 stehen mit dem Nationalpark Harz unter Naturschutz, das sind rund 10 % des Harzes.

Gewässer

► Die Talsperren (an der Oker, Grane, Innerste, Söse, Oder und an der Ecker, an der Bode mit Vor- und Nachsperren sowie an der Wipper) haben ein Fassungsvermögen von 400 Mio. m^3. Bedeutung als Trinkwasserspeicher für einen bis nach Bremen reichenden Einzugsraum, Stromerzeugung, Naherholungsziel.

Verkehr

► Harzer Schmalspurbahn: über 140 km Gesamtlänge, Deutschlands größtes zusammenhängendes Schmalspurnetz, Harzquerbahn 60,5 km, Brockenbahn 19 km, Selketalbahn 60,5 km, Höchstgeschwindigkeit 40 km/h

Bevölkerung

► ca. 580 000

Tourismus

► Ankünfte 2008: 2,07 Mio. Übernachtungen 2008: 7,64 Mio.

Bergwerksmuseen erinnern an die Arbeit unter Tage.

Bereits in der Altsteinzeit hatten die Menschen damit begonnen, Rohstoffe durch bergmännische Arbeit zu gewinnen. Grabungen im Oberharz deuten auf einen bronzezeitlichen Bergbau. Das Jahr **968** gilt als Zeitpunkt der ersten urkundlichen Erwähnung des **Bergbaus am Goslarer Rammelsberg**. Mit der Intensivierung des Silberbergbaus im Oberharz und der Kupfergewinnung auf dem Rammelsberg wächst die Siedlung Goslar ab dem 10. Jh. zur Stadt heran.

Der Überlieferung nach kamen die ersten Bergleute aus dem Siegerland, nach ihnen heißt heute noch ein Stadtteil von Goslar Frankenberg.

Der Bergbau dehnte sich in den nächsten Jahrzehnten durch das Innerstetal bis in die Gegend von Zellerfeld aus und ließ bis zum 16. Jh. mehr als 30 Orte im westlichen Harz entstehen. Mit der Zunahme der Grubentiefe mehrten sich die Schwierigkeiten der Wasserhaltung. Kriege und Seuchen hemmten mehrmals die Entwicklung, und die Pest im Jahr 1347 brachte den Oberharzer Bergbau ganz zum Erliegen. Erst die Berufung »meißnischer Gesellen« aus dem Erzgebirge durch Herzog Heinrich den Jüngeren von Braunschweig-Wolfenbüttel im Jahr **1524 brachte eine neue Blüte**. Die Bergarbeiter wurden durch eine **Reihe von Vergünstigungen** angelockt, die der Landesherr in der Bergfreiheit zugesagt hatte: Der Bergmann durfte Holz schlagen zum Bau seines Hauses und zum Ausbau der Schächte, er durfte brauen, backen, fischen und jagen, Märkte halten, genoss Steuerfreiheit und musste keine Hand- und Spanndienste leisten. In dieser Zeit entstanden, teils an der Stelle älterer Betriebe, die **sieben freien Bergstädte** Grund, Wildemann, Lautenthal, Clausthal, Zellerfeld, Sankt Andreasberg und Altenau sowie andere Bergorte wie Bockswiese und Hahnenklee. In Sankt Andreasberg waren 1533 bereits 116 Gruben in Betrieb. Der Dreißigjährige Krieg brachte einen erneuten Rückschlag.

Technische Neuerungen

Erst zu Beginn des 18. Jh.s erlebte der Bergbau wieder einen Aufschwung nach der Entdeckung ergiebiger Lagerstätten und nach einer Reihe wichtiger technischer Neuerungen, u. a. dem weiteren Ausbau der »Wasserkünste«. Das zum Bergwerkbetrieb (Förderanlagen, Pumpen, Pochwerke, Erzwäsche) nötige Wasser floss in Sammelgräben den zahlreichen, vor allem seit dem 16. Jh. angelegten Teichen zu. 1868 hatten die **Sammelgräben** eine Länge von 133 km erreicht. Der 1732 begonnene Dammgraben kam mit seinen Zweiggräben bis zum Jahre 1840 auf 49 km Länge; der 1714 – 1722 erbaute Oderteich war anderthalb Jahrhunderte lang die größte Talsperre Mitteleuropas. 1868 leiteten meist verdeckte Aufschlaggräben von zusammen 71 km Länge das Wasser zu den Schächten, aus denen es dann durch Entwässerungsstollen von zusammen rund 80 km Länge wieder ins Freie gelangte. Der 8 km lange 13-Lachter-Stollen, der 13 Lachter (etwa 25 m) unterhalb des Stollenniveaus des 19-Lachter-Stollens von Clausthal nach Wildemann führt, wurde 1525 begonnen; die neueren Stollen (Tiefer Georg-Stollen und Ernst-August-Stollen) dienten gleichzeitig auch dem Erztransport auf Kähnen.

◂ Gründung der Bergakademie

1775 wurde in Clausthal eine Fachschule, die spätere Bergakademie und heutige Technische Universität, gegründet, und von hier verbreiteten sich dann wichtige Erfindungen wie die der Fahrkunst (1833) und des Eisendrahtseils (1834). Nach einer letzten Blütezeit Anfang des 19. Jh.s **versiegte der Bergbau im Oberharz**. Nach Erschöpfung der Vorkommen wurde bereits 1763 in Altenau der Erzbergbau eingestellt; es folgten die Stilllegungen der Gruben in Sankt Andreasberg (1910), des Goslarer Rammelsbergs (1988) und schließlich in Bad Grund (1992). Die meisten der Bergstädte haben sich zu beliebten Fremdenverkehrsorten entwickelt. Im südlichen und östlichen Vorharz wurde bis 1990 noch Kupfererz abgebaut. Auch wenn der aktive Erzbergbau im Harz zum Stillstand gekommen ist, die Bergbautraditionen bleiben lebendig, nicht nur in der Sprache und in den Bräuchen, sondern auch in den **zahlreichen Bergbaumuseen**.

? WUSSTEN SIE SCHON ...?

- ... dass die Harzer Bergleute zwischen 1534 und 1864 ihre Pumpen und Fahrkünste mit Wasserkraft antrieben? Dazu verbanden sie ihre Gruben mit 500 km langen Wassergräben, 30 km wasserführenden Stollen und über 120 Teichen. Mehr Informationen über das Oberharzer Wasserregal, ein weltweit einmaliges Kulturdenkmal, gibt es in der Ausstellung im Betriebshof Clausthal der Harzwasserwerke, Tel. 0 53 23/9 39 20, www.harzwasserwerke.de, sowie von einem elektronischen Wanderführer, den man im Bergwerksmuseum in Clausthal-Zellerfeld (►S. 183) ausleihen kann.

Kunst, Kultur, Geschichte

Ottonen und Salier zogen von Pfalz zu Pfalz und brachten eine Blütezeit in der Kunst mit sich. Der Bergbau lieferte die dazu notwendigen finanziellen Mittel. Bauernkriege, Napoleon und die Teilung Deutschlands führten in die Bedeutungslosigkeit, erst die Wiedervereinigung brachte, zumindest für den Tourismus, den Aufschwung – größtes Pfund sind die Bauten der Romanik.

Von der Frühzeit zur Reichsgründung durch Karl den Großen

40 000 v. Chr.	Jäger und Sammlersippen bilden sich heraus.
5000–2000 v. Chr.	Bauernkulturen entwickeln sich im Harzvorland.
1200–800 v. Chr.	Kupfererzabbau und -verarbeitung
800 v. Chr.	Beginn der Eisengewinnung und Verarbeitung
ab dem 6. Jh.	Sachsen und Franken besiedeln den Harz.
742–814	Karl der Große unterwirft die Sachsen und dehnt sein Gebiet aus.
8. Jh.	Christliche Zentren (die späteren Bistümer Halberstadt und Hildesheim) entstehen.

In der Altsteinzeit (100 000 – 40 000 v. Chr.) lebten die Menschen im Harzvorland in umherziehenden Horden als **Jäger, Sammler und Fischer**. Funde von bearbeiteten Geweih- und Feuersteinspitzen und Knochen eiszeitlicher Tiere an Rast- und Siedlungsplätzen, u. a. in den Rübeländer Höhlen, der Einhornhöhle, an der Bode bei Wedderleben, bei Quedlinburg und bei Frankenhausen, belegen, dass die Menschen nur zur Nahrungssuche in das wildreiche Gebirge eindrangen, das zu dieser Zeit von einem dichten Urwald bedeckt war. Altsteinzeit

In der Jüngeren Altsteinzeit (40 000 – 5000 v. Chr.) bildeten sich Sippen der Jäger und Sammler heraus. Erstmals wurden Werkzeuge hergestellt, die Arbeitsteilung begann sich durchzusetzen.

In der Jungsteinzeit (5000 – 2000 v. Chr.) erfolgte der **Übergang zu Ackerbau und Viehzucht**. Im Harzvorland entwickelten sich Bauernkulturen. Die Menschen wurden sesshaft. Auf Nahrungssuche drangen sie immer tiefer in das Gebirge ein, Spuren fanden sich in den Flusstälern der Bode und der Selke, bei Elbingerode, Braunlage und Hasselfelde. Geräte, Werkzeuge und Waffen wurden technisch verbessert, die Gebrauchsgegenstände verfeinert und künstlerisch bearbeitet, vor allem bei keramischen Gefäßen. Die Menschen pflegten den Tauschhandel. In Gräbern, an Kultstätten und an Siedlungsplätzen, u. a. bei Thale, Ballenstedt, Hettstedt und Sangerhausen, wurden Steinwerkzeuge (Messer, Beile, Hacken, Äxte), Knochenreste von Haustieren (u. a. Rinder, Schweine, Ziegen), Schalen, Krüge und Kannen gefunden. Jungsteinzeit

Während der Bronzezeit (2000 – 800 v. Chr.) ging die Besiedlung weiter; wie die Kultstätte auf dem Wurmberg (bei Braunlage) zeigt, wurde nun der gesamte Harz erfasst. Aus Schweden, Dänemark und Bronzezeit

← *Gerichts- und Vergnügungsstätte im Mittelalter: Rathaus Wernigerode*

Norddeutschland stammende **Germanen** stießen im Harzraum auf die aus dem Süden einwandernden **Kelten**. Funde in Neinstedt und bei Quedlinburg, u. a. Waffen, Schmuck und kostbare Grabbeigaben, zeigen, dass sich trotz lang andauernder Kämpfe eine bemerkenswerte Kultur entwickelte. Es herrschte die patriarchalische Sippen- und Stammesordnung der Hügelgräber- und Urnenfeldkultur. Die Entdeckung von kupfer- und zinnhaltigem Erz ermöglichte die Herstellung von Bronzegeräten, Beilen, Pfeilspitzen und Schmuck wie Hals- und Armringen. Fundorte waren u. a. die Georgshöhle bei Thale, der Lehofberg bei Quedlinburg, das Gräberfeld bei Meisdorf und der Peterstein bei Wernigerode. Es existierten frühe Formen der Warenproduktion. Rund um den Harz entstanden die ersten **Fluchtburgen**, befestigte Burgwälle zum Schutz der Bevölkerung und zur Herrschaftssicherung der Adelsschicht. An sie erinnern nur wenige Spuren, u. a. am Ausgang des Bodetals bei Thale, am Hexentanzplatz (Talburg und Winzenburg) und auf der Rosstrappe, die Struwenburg im Norden, Pipinsburg, Questenberg und Sachsenburg im Süden.

Eisenzeit

In der Eisenzeit (ab 800 v. Chr.) wurde Eisen zum wichtigsten Werkstoff. Zur Verhüttung und Eisengewinnung wurde Holzkohle benötigt und hierfür wurden auch die ersten Meiler angelegt; gleichzeitig begann man mit dem Abbau von Salz.

Herausbildung der ersten Stammesstaaten

In Mitteleuropa bildeten sich 400 – 530 n. Chr. die ersten Stammesstaaten heraus. Das im 5. Jh. mächtige, von der Elbe bis zur Donau reichende **Reich der Thüringer** wurde nach wechselvollen Kämpfen 531 von den vereinigten Franken und Sachsen vernichtet und unter ihnen aufgeteilt, der letzte König Irminfried, ein Schwiegersohn Theoderichs des Großen, ermordet.
Die geschlagenen Fürsten **flüchteten mit ihrem Gefolge in die Berge**, wo sie an schwer zugänglichen Plätzen die ersten frühmittelalterlichen **Burganlagen** errichteten. Gräberfelder und Siedlungen konzentrieren sich um Halberstadt, Klostermansfeld und Quedlinburg. Für ihre Waffenhilfe bekamen die Sachsen (die sich nach ihrem einschneidigen Kurzschwert, dem Sax oder Sachs, nannten) Gebiete von der Nordsee bis zur Elbe-Saale-Linie zuerkannt. Im 7./8. Jh. wanderten slawische Stämme in die Gebiete der Elbe, Saale und Unstrut ein.

Karolinger

Im Fränkischen Reich gelangten die Karolinger an die Macht (751 Krönung Pippins III. zum Frankenkönig). Die Einführung des Lehenswesens führte zu einer erheblichen Stärkung der Zentralgewalt. Karl der Große (742 – 814; seit 768 Frankenkönig, 800 Kaiserkrönung) unterwarf die Bayern und die Sachsen und dehnte sein Reich bis nach Oberitalien und Westgermanien aus.
Die fränkische Landnahme war verbunden mit der **Ausbreitung des christlichen Glaubens**, u. a. durch Wipertus († 747) und Bonifatius († 754), und der karolingischen Kunst.

? WUSSTEN SIE SCHON ...?

- ... dass es in fast jedem größeren Ostharzer Ort eine Burg oder Burgruine gibt? Im Sommer treffen sich dort Mittelalterfreaks zu Ritterspielen aller Art. Die größten Mittelalterspektakel bieten die Burg Falkenstein und die Burgruine Regenstein bei Blankenburg.

Im Harz entstanden christliche Zentren, aus denen später die Bistümer Halberstadt (810) und Hildesheim (815) sowie die Klöster Wendhusen, Drübeck, Ilsenburg hervorgingen. Sie hatten die durchgreifende Missionierung und den Aufbau kirchlicher Strukturen zu sichern. Aus dieser Zeit hat sich im Harz nur die Krypta der St.-Wiperti-Kirche in Quedlinburg (ein dreischiffiger Bau, der erstmals den Stützenwechsel in Deutschland zeigt) erhalten.
Nach der Eingliederung der Sachsen in das Fränkische Reich bildete der Harz die Grenze zwischen der germanischen und der slawischen Welt. Das 805 erstmals erwähnte **Magdeburg entwickelte sich zum Handelsplatz**. Karl der Große sicherte sein Herrschaftsgebiet durch die Bildung von Grenzmarken; die besetzte er mit Markgrafen und ließ Grenzbefestigungen anlegen.
An vielen Orten wurden Steinburgen gebaut, auf denen ein eingeborener Stammesführer als Graf oder Herzog eingesetzt wurde und in deren Schutz sich Siedlungen bildeten. In dem Mitte bis Ende des 9. Jh.s erstellten Hersfelder Zehntverzeichnis werden in der Harzregion bereits über 300 Siedlungen und Gemeinwesen namentlich angeführt, dazu kamen in der Folgezeit **über 500 Burgen und Pfalzen**.

Das frühe Deutsche Reich (1000 – 1500)

919	Der Liudolfinger Heinrich I. wird erster deutscher König.
919 – 1024	Ottonenherrschaft: Die Harzregion wird Kernland der deutschen Kaiser und erlebt eine Blütezeit.
970	Silbervorkommen am Rammelsberg sorgen für 200 Jahre Wohlstand.
Ab 1125	Die Macht der Krone wird im Kampf mit Adel und Kirche geschmälert, die Harzregion zerfällt in verschiedene weltliche und geistliche Territorien.
14. Jh.	Die Städte gewinnen an Eigenständigkeit. Die Pest von 1348 bringt den Bergbau zum Erliegen. Missernten und drückende Abgaben verschlechtern die Lebensbedingungen der Landbevölkerung.

Städtegründungen

Auf dem Gebiet des durch die karolingische Reichsteilung (843) entstandenen ostfränkischen Reichs, aus dem Deutschland hervorging, lebten die Stämme der Sachsen (um 870 aus der Vereinigung des ostfälischen und westfälischen Herzogtums entstanden), Franken, Bayern und Alemannen. In ihnen hatten sich einzelne führende Familien herausgebildet, die Stammesherzöge.

Die Bevölkerung nahm stark zu; auf dem Land hatte sich die Agrartechnik gewandelt (Scharpflug anstelle des Hakenpflugs; Einsatz von Pferden in der Feldarbeit; Einführung von Wasser- und Windmühlen); viele Städte wurden gegründet (die meisten deutschen Städte haben ihre Anfänge im 12. – 14. Jh.; auch heute erinnern noch viele Ortsnamen, die auf -rode oder -schwende enden, an ihren Ursprung durch Rodung oder Brandrodung, dem sog. Feuerschwenden); das Stadtrecht entwickelte sich; zunächst lagen die Städte nur am Harzrand, entlang der frühen Handels- und Heeresstraßen, im Laufe der Zeit auch im Harzinnern.

Die **Funde reicher Erzlager**, wie Silber am Rammelsberg bei Goslar, Blei bei Gernrode, Eisenerz bei Stolberg, Thale, Benneckenstein, Tanne, Ilsenburg, Königshütte und Rübeland sowie von Kupfererz bei Mansfeld und Hettstedt, führten zum Entstehen des Bergbaus und der genannten Bergbauorte.

Seit dem 11. Jh., vor allem um 1200, entstanden dann im Auftrag des weltlichen und geistlichen Adels zahlreiche Steinburgen (darunter fallen die Rothenburg und Falkenstein; ►Baedeker-Special S. 34).

Herrschaft der Ottonen (912 – 1024)

Zeit der Wanderkönige

Unter den nun folgenden Herrschern der Ottonen und Salier erlebte die Kunst eine Blütezeit. Karolinger, Ottonen und Salier besaßen keine feste Hauptstadt. Sie **zogen stattdessen mit ihrem gesamten Hofstaat von Pfalz zu Pfalz** (lat. Palatium = Name des Hügels in Rom, auf dem der Kaiserpalast stand, daraus entwickelte sich die Bezeichnung für die Residenz eines Königs), weshalb sie auch als **Wanderkönige** bezeichnet werden. Der Harz als **Kernland und Hausmachtgebiet der Ottonen und auch der Salier** spielte eine wichtige Rolle. Am Harzrand lagen die am häufigsten besuchten Königspfalzen: Quedlinburg, Werla, Pöhlde, Nordhausen, Tilleda und Allstedt; mit den beiden Damenstiften Gandersheim und Quedlinburg befand sich das geistliche Zentrum der ottonischen Könige ebenfalls im Harz.

Liudolfinger

An die Spitze der Sachsen, deren Herzöge die Oberhoheit über Thüringen erlangt hatten, waren die Liudolfinger aus dem Gandersheimer Gebiet gerückt. 912 wurde der **Liudolfinger Heinrich** (875 bis 936) zum Herzog von Sachsen und 919 von den übrigen Stammesfürsten zum König des ostfränkischen Reichs gewählt. Der begeisterte Vogelfänger Heinrich soll sich zum Zeitpunkt seiner Wahl in Quedlinburg aufgehalten haben, wo sich sein »Finkenherd« befand, eine auf einer Waldlichtung gelegene Vogelfalle aus Netzen und Leimruten. Noch heute bezeichnet eine schmale Reihe von Fachwerkhäusern in Quedlinburg den Finkenherd, die historische Stelle allerdings beanspruchen auch andere Harzorte, darunter Nordhausen und Pöhlde, für sich.

Harz wird Kernland

Mit dem Herzogtum Sachsen besaßen Heinrich I. und seine Nachfolger eine starke Territorialmacht. Das Zentrum des Reichs verlagerte sich nach Sachsen, der Harz wurde Kernland. Er gehörte zum Eigengut der Könige; das Gebirgsinnere war bereits seit 775 Reichsbannforst (Karl der Große hatte den Harz nach altem fränkischen Recht – »vastrum causa regis!«, »alles Ödland dem König!« – zum königlichen Jagdgebiet erklärt) mit zahlreichen Jagdhöfen, u. a. Selkenfelde, Siptenfelde, Hasselfelde und Bodfeld. Hier lagen aber auch die um 970 (wieder) entdeckten **größten Silbervorkommen des Reichs** (am Rammelsberg, oberhalb Goslars). Dieses Ereignis, das die bisherige Rückständigkeit des Harzes gegenüber den Landschaften besonders am Rhein und an der Donau bald ausglich, bildete in den folgenden Jahrhunderten die Quelle für den wirtschaftlichen und kulturellen Aufschwung, der rund 200 Jahre anhielt.
Die größte außenpolitische Gefahr stellten die Ungarn dar. Einen neunjährigen Waffenstillstand nutzte Heinrich I., um sein Reich durch die Anlage und den **Ausbau zahlreicher Burgen** und die Aufstellung eines Reiterheeres zu schützen. 932 fühlte er sich stark genug und kündigte den Waffenstillstand. Die Ungarn griffen daraufhin 933 erneut an, wurden jedoch in der Schlacht bei Riade an der Unstrut erstmals in gemeinsamer Anstrengung aller Stämme zurückgewiesen.

Otto I. (912 – 973; seit 962 Kaiser des Heiligen Römischen Reichs Deutscher Nation), Sohn und Nachfolger Heinrichs I., festigte seine Herrschaft durch die Einsetzung von Bischöfen und Klosteräbten zu Reichsfürsten. Durch die Heirat Ottos II. (um 955 – 983) mit der byzantinischen Prinzessin Theophanu und durch den Beginn der Kreuzzüge gelangten byzantinische Einflüsse in den eher von rauen Sitten geprägten Harz.
Die ottonische (frühromanische) Kunst befreite sich stärker als die ihr vorausgegangene karolingische Kunst von den spätantiken Traditionen und gilt damit als Beginn einer eigentlich deutschen Kunst.

Gehört zu den besterhaltenen mittelalterlichen Burgen in Deutschland: Falkenstein (►3D S. 334)

Durch ihre Lage hoch oben auf einem Berg quasi unangreifbar: Lucas Cranach d. Ä. malte 1520 die ideale Burg (Ausschnitt Venus und Amor, Staatliches Kunstmuseum Bukarest).

VON DER VERTEIDIGUNGSANLAGE ZUM WOHNSCHLOSS

»Mag die Burg auf einem Berge oder in einer Ebene stehen, sie ist nicht zum angenehmen Aufenthalt, sondern zum Schutz erbaut, mit Wall und Graben umgeben, der Raum im Innern beschränkt, noch dazu eingeengt durch Ställe für das Vieh. Daneben befinden sich dunkle Gewölbe für das Geschütz, angefüllt mit Pech, Schwefel und sonstigem Zubehör für Waffen und Kriegsmaschinen. ... Reiter kommen und ziehen davon, darunter Wegelagerer, Diebe, Strauchräuber; denn meist ist unser Haus jedem geöffnet.«

Dies schrieb Ulrich von Hutten (1488 bis 1523) über die Lebensbedingungen auf der elterlichen Burg Steckelberg bei Fulda 1518 an einen Freund. Neben Kirchen und Klöstern sind Burgen die einprägsamsten baulichen Überreste aus dem Mittelalter. Allein im Harz und in seinem Vorland sind bis heute etwa 500 Orte bekannt, an denen einmal Pfalzen, Königs-, Grafen-, Adels- oder Bischofsburgen u. a. Befestigungsanlagen standen. Gründe für ihren Bau gab es viele: Seit Jahrhunderten lag der Harz im Grenzland verschiedener Stämme und im Schnittpunkt unterschiedlichster politischer Interessen. Unter den Karolingern und Sachsen sollte eine Kette von Burgen die Ostgrenze des Reichs vor den Ungarn schützen; zur Herrschaftssicherung nach innen dienten sie bei den Kämpfen der Salier gegen die Sachsen und der Staufer gegen Heinrich den Löwen

Burgbewohner: Ulrich von Hutten

und die Bischöfe; Schutz boten sie auch in den Auseinandersetzungen der Bistümer untereinander und gegen die Fürsten. Darüber hinaus sicherten sie Verkehrswege, Pass-Straßen, Flussübergänge und abgelegene Orte, im Harz schützten sie auch die Hüttenwerke, in denen die Bodenschätze verarbeitet wurden.
Bereits in vor- und frühgeschichtlicher Zeit suchten die Menschen zu ihrem Schutz Höhlen, später Wall- oder Fliehburgen auf, u. a. auf der Rosstrappe und dem Hexentanzplatz sowie die Steinkirche bei Scharzfeld. Die ersten mittelalterlichen Herrenburgen entstanden im 6./7. Jahrhundert. Die frühen Burgen waren überwiegend Reichs-, Königs- oder Bischofsburgen. Sichere Überlieferungen gibt es erst aus dem 11. und 12. Jh., als vor allem Heinrich III. und Heinrich IV. Burgenpolitik im großen Stil betrieben (Hornburg, Langenstein, Westerburg, Kyffhausen, Harzburg). Mit seinem schwäbischen Baumeister **Benno II. von Osnabrück** hatte Heinrich IV. einen Spezialisten für den Burgenbau, der auf einer Pilgerfahrt nach Jerusalem sogar die Festungsbaukunst des Orients kennen gelernt haben soll. Unter ihm wurden die Bauern zum Burgenbau gezwungen. Bei der übermäßigen Bautätigkeit auf relativ kleinem Gebiet ist vorstellbar, dass hierin auch einer der Gründe der sächsischen Aufstände gegen die Salier lag. Um 1200 entstanden die vielen kleinen Harzburgen, als sich immer mehr adlige Geschlechter mit großem Kostenaufwand Burgen bauen ließen. Im 12./13. Jh. und im 14. Jh. wurden v. a. alte Burgen ausgebaut. Bis Mitte des 16. Jh.s behielt der Burgenbau seine Bedeutung.

Funktionswechsel

Neue Kriegstechniken, die Erfindung des Schießpulvers und die Entwicklung der Feuerwaffen führten dazu, dass die Burgen ihre Verteidigungsaufgaben nicht mehr erfüllen konnten. So erfolgte, soweit sie nicht zerstört waren, ihr Umbau zu Wohnschlössern (Stolberg, Blankenburg, Herzberg) und Gutshöfen (Heimburg) oder ihre Aufgabe. Häufig dienten sie als Steinbruch für den Bau von Häusern und Straßen. Eine

Verteidigung einer Burganlage: Mit Pfeil und Bogen ging es auf beiden Seiten um Sieg oder Niederlage (British Library, London, 1415).

Renaissance erlebten die Burgen während der Romantik. Eine wissenschaftliche Beschäftigung kam erst im 20. Jh. auf, als die Denkmalpflege und die Burgenforschung einsetzte.
Die einfache Burg bestand meist nur aus einem Wohnturm mit oder ohne Ringmauer. Burgen bedeutender Geschlechter waren zusätzlich geschützt: durch Ringmauern, Vorburgen, Wallanlagen und dazwischenliegende Gräben. Die Haupt- oder Kernburg bestand im Wesentlichen aus Bergfried und Palas. Strategisch wichtigster Bau war der Bergfried. Sein unterstes Geschoss diente als Burgverlies. Darüber, meist 6–12 m über dem Boden, lag der Turmeingang. Ihn erreichte man über eine im Verteidigungsfall einziehbare Holztreppe oder über eine Strickleiter. Der Palas war das Herrenhaus mit den Wohnräumen der Burgherren. Im Erdgeschoss lagen Vorratsräume, Keller und Küche. Der große, manchmal beheizbare Saal, Halle oder Dürnitz genannt, und Garderobe, Empfangs- und Speiseraum waren im ersten Obergeschoss. Die Kemenaten, Wohn- und Schlafräume, lagen neben oder über dem Saal oder in einem eigenen Kemenatenbau nahe dem Palas. Auch fehlte selten eine Burgkapelle. Zur Wasserversorgung wurden Brunnen angelegt. Nebengebäude, häufig aus Fachwerk und brandgefährdet, lagen entlang der Ringmauer.

Alltag auf der Burg

Hinter den Burgmauern war es meist eng und dunkel, in den langen Wintermonaten kalt und zugig. Oft ging es auch nicht sehr hygienisch zu. Nur wenige Räume waren beheizbar, offene Kamine gab es seit dem 11. Jh., Kachelöfen ab dem 13. Jahrhundert. Verglasung, zunächst mit Blei, wurde erst gegen Ende des 14. Jh.s üblich. Vorher wurden die Fenster einfach mit Läden verschlossen, die durchscheinende Pergamente und dünne Häute enthielten, damit wenigstens ein schwaches Licht in die Räume dringen konnte. War kein Besuch auf der Burg, ging man früh zu Bett und stand bei Tagesanbruch auf. An den langen Winterabenden versammelte man sich um den offenen Kamin, wo gelesen, gespielt und musiziert wurde.

Zu den **ottonischen Meisterwerken der Sakralbaukunst** zählt die Stiftskirche St. Cyriakus in Gernrode, eine kreuzförmige, flachgedeckte Basilika mit Nonnenemporen und der frühesten Hallenkrypta im norddeutschen Raum. Die Stiftskirche zeichnet sich durch eine klar gestaltete Außenarchitektur und das durch einfachen Stützwechsel hervorgehobene Innere aus; schön erhalten sind auch die Wandmalereien im Innern. In die gleiche Zeit fällt auch der Bau der Klosterkirche St. Wiperti und der Grabkirche auf dem Schlossberg, beide in Quedlinburg, sowie der Klosterkirche in Drübeck.
In der Bildhauerkunst entstanden u. a. selbständige Kultbilder aus Holz, Kirchenportale mit erzählenden Reliefs (sowohl in Bronze als auch in Holz), Elfenbeinschnitzereien für Reliquienkästen, Buchdeckel. Sie knüpften an karolingischen Vorbildern an, nahmen aber auch byzantinische Anregungen auf. Ottonische Malerei hat sich v. a. in der Buchmalerei erhalten. In den Domschätzen in Quedlinburg und Halberstadt sind einige frühromanische Meisterwerke zu sehen.
Das im 10. Jh. von den sächsischen Kaisern bevorzugte **Quedlinburg büßte seine Bedeutung allmählich zugunsten des 922 gegründeten Goslar ein.** Bereits Heinrich II., der letzte sächsische Herrscher (1002 – 1024), hatte seine Pfalz Werla nach Goslar verlegt.

Regierungszeit der Salier

Eindämmung der Macht der Fürsten

Mit dem Übergang des Königtums an Konrad II. (1024 – 1039) gelangte die fränkische Familie der Salier an die Macht. Wie schon für die Ottonen waren auch für Konrad II. die geistlichen Fürsten die wichtigste Stütze seines Königtums; unter ihm wurden die Lehen der Untervasallen (Herzogslehen) erblich. Ferner versuchten er und seine Nachfolger mit dem Einsetzen von ursprünglich unfreien Dienstleuten als Verwalter, den sog. Ministerialen, ein gewisses Gegengewicht gegen die Herzöge und Fürsten zu schaffen. Heinrich III. (1039 bis 1056) versuchte, die Macht der Herzogtümer einzuschränken, u. a. indem er sie an landfremde Familien vergab. Als **Heinrich IV.** (1056 – 1106), der beim Tode seines Vaters erst sechs Jahre alt gewesen war, schließlich die Macht übernahm, befand er sich gegenüber Fürsten und Adligen, die in der kaiserlosen Zeit ihre Herrschaftsbereiche ausgebaut und Burgen und Schlösser errichtet hatten, in einer schwachen Position. Da er **kein Herzogtum unter eigener Verwaltung** hatte, versuchte er – oft gewaltsam – im sächsisch-thüringischen Raum, Königsgut wiederherzustellen.

◂ Sachsenaufstände

1073 erhoben sich die Sachsen gegen Heinrich IV., zwangen ihn zur **Flucht von der Harzburg**, die 1074 von den Aufständischen zerstört wurde. Zwar konnte Heinrich die Sachsen 1075 schlagen, auch wurden seine Königsburgen wieder in Stand gesetzt und das Krongut gesichert, Otto von Northeim erhielt jedoch die Verwaltung Sachsens. Ein weiterer Konflikt brach zwischen Heinrich IV. und dem Papst aus über die Besetzung (Investitur) hoher Kirchenämter, der in **Heinrichs Gang nach Canossa** (1077) gipfelte.

Sein Sohn Heinrich V. ernannte den bis dahin unbekannten Grafen **Lothar von Querfurt**, Nordthüringengau und Süpplingenburg (1075 bis 1137) zum **Herzog von Sachsen** und erhoffte sich durch ihn Unterstützung im Kampf gegen den sächsischen Hochadel. Lothar stellte sich jedoch an die Spitze der Opposition; 1115 verlor Heinrich V. am Welfesholz bei Mansfeld gegen die vereinigten Sachsen und in der Folge seinen Einfluss auf den Norden des Reichs (1118 Zerstörung der Reichsburg Kyffhausen).
1125 wurde Lothar zum König, 1133 zum Kaiser gekrönt († 1137). Er stärkte nach dem Vorbild der Ottonen erneut die Zentralmacht, indem er die starken Territorialmächte, u. a. die Herzogtümer Franken, Sachsen und Bayern, zur Basis des Reiches machte. Lothar gründete neue Klöster und ließ zahlreiche Kirchen errichten. Während seiner Regierungszeit erhielten die Städte größere Freiheiten wie Münz-, Zoll- und Marktrechte. Vielerorts setzten die Stadtbürger ihre Rechte auf Selbstverwaltung durch.

Epoche der Romanik

Blüte von Kunst und Kultur

Auf die Blütezeit der ottonischen Frühromanik folgte die Epoche der Romanik, die unter dem Eindruck der Italienpolitik der deutschen Könige und Kaiser entstand. Die aus Italien angesiedelten Benediktiner und die später in Frankreich reformierten **Zisterzienser erschlossen und kultivierten unwegsame Gebiete**, führten den entwickelten Ackerbau ein, pflegten Fisch- und Tierzucht, förderten den Bergbau, begannen mit der Herstellung von Baumaterial, schrieben die Chronik ihrer Zeit nieder, bauten Klöster und Klosterkirchen und verbreiteten schließlich das Christentum. Zwei bedeutende Baudenkmäler

Trotz Umbauten den ursprünglichen Zustand bewahrt: Die Kaiserpfalz in Goslar gehört zu den bedeutendsten Baudenkmälern der Romanik.

aus dieser Zeit befanden sich in Goslar. Heinrich III. hatte **den als Baumeister bewährten Benno**, den späteren Bischof von Osnabrück, nach Goslar berufen und ließ ihn den Dom (1819 bis auf die Eingangshalle abgebrochen) sowie die Kaiserpfalz errichten, die – trotz der Umbauten im 12. und 13. sowie der Wiederherstellung im 19. Jh. – den ursprünglichen Zustand bewahrt und in Deutschland weithin Schule gemacht hat (u. a. Einfluss auf Wartburg, Burg Dankwarderode in Braunschweig, die Pfalzen Eger, Gelnhausen, Wimpfen, Seligenstadt und Münzenberg).

Sakralbauten

Zu den **herausragenden Bauten dieser Zeit** gehören außerdem die Quedlinburger Stiftskirche und die Sangerhäuser Klosterkirche St. Ulrich (der Steinmetz beider Kirchen hatte zuvor die Abteikirche Sant'Abbondio bei Como in Oberitalien verziert), die Stiftskirche in Bad Gandersheim (die vom Goslarer Dom den Westbau und von Quedlinburg den Nonnenchor übernahm) sowie die Halberstädter Liebfrauenkirche.

In vielen Orten entstanden romanische Dorfkirchen, meistens in schlichter Gestalt, bestehend aus einem kreuzförmigen Langhaus mit Querschiff, Chor und Apsis, aus Feld- oder Bruchsteinen hochgemauert, häufig mit einem wehrhaften Westturm versehen.

◄ Skulptur

Die Entwicklung der romanischen bildenden Kunst vollzog sich im engen Zusammengehen mit der Ausstattung der Kirchenbauten. Großplastiken wie Madonnen, Kruzifixe, Kreuzigungsgruppen, später vereinzelt profane Plastiken, treten neben das Relief; das Kircheninnere wird mit figürlichem Schmuck ausgestattet (Lettner, Chorschranken, Taufsteine); zu den Meisterwerken Harzer Bildhauerkunst gehören das Hl. Grab in Gernrode, die Äbtissinnengrabsteine in Quedlinburg, die Reliefs der Chorschranken in der Halberstädter Liebfrauenkirche, der Krodoaltar aus dem Goslarer Dom (heute im Museum) und die bronzenen Arm- und Rückenlehnen des Goslarer Kaiserstuhls.

In den **Domschätzen von Quedlinburg und Halberstadt** haben sich weitere Kunstwerke dieser Epoche wie hölzerne Kultbilder (teilweise noch mit Goldblech verkleidet) sowie Exponate der Goldschmiedekunst und der Elfenbeinschnitzerei, der Buchmalerei und der Webkunst erhalten.

Lothar III. hatte 1134 den Askanierfürsten Albrecht von Ballenstedt, genannt Albrecht der Bär (1100 – 1170), mit der Nordmark, der späteren Altmark, belehnt; der zum Christentum übergetretene Fürst Pribislav von Brennabor (Brandenburg) bestimmte Albrecht den Bären an Sohnes statt zum Erben der späteren Mark Brandenburg.

◄ Straße der Romanik

Über ca. 1200 Kilometer verbindet die Straße der Romanik Orte in Sachsen-Anhalt mit zahlreichen herausragenden romanischen Bauwerken. Im Harz liegen zahlreiche Orte, u. a. Halberstdt, Osterwiek, die Klöster Drübeck und Michaelstein (Blankenburg), Quedlinburg, Sankt Cyriakus (Gernrode), Burg Falkenstein, Klostermansfeld, Lutherstadt Eisleben und Sangerhausen (www.romanikstrasse.de).

Welfen und Staufer

Heinrich der Löwe

1129 wird der Welfe Heinrich der Löwe in Ravensburg geboren († 1195). Als Herzog von Bayern und Sachsen führte er eine Eroberungspolitik in den elbslawischen Gebieten durch, geriet dabei jedoch zunehmend in Konflikt mit den Magdeburger Erzbischöfen. Dieser gipfelte in der Zerstörung von Braunschweig, Haldensleben und Halberstadt. 1180 wurde Heinrich durch den Staufer Friedrich I. Barbarossa (1152 – 1190; seit 1155 Kaiser) geächtet; bis auf Braunschweig und Lüneburg wurden ihm **alle seine Erbgüter aberkannt**.

Friedrich I. Barbarossa

Auch der Staufer Friedrich I. Barbarossa hielt sich öfter im Harz auf, besonders auf der Burg Tilleda am Fuße des Kyffhäusers, in Quedlinburg und in Gernrode. Er bemühte sich anfangs, das Königreich zu stärken, wich jedoch zunehmend den Auseinandersetzungen mit dem territorialen Hochadel aus. 1181 entmachtete er Heinrich den Löwen, mit der Aufteilung von dessen Herrschaftsgebieten – das westliche Sachsen erhielt Graf Bernhard von Anhalt, das östliche Sachsen Herzog Albrecht – leitete er die **feudale Aufsplittung von Sachsen** und von Deutschland ein.

Territoriale Zerstückelung

Auch der Harz zerfiel zusehends in weltliche und kirchliche Einzelherrschaften: Neben dem Bistum Halberstadt und den Klöstern Walkenried und Gernrode hatten sich im 14. Jh. einflussreiche Harzgrafenschaften entwickelt: am Südrand Scharzfeld, Hohnstein und Stolberg, am Nordrand Wernigerode, Blankenburg-Regenstein und Falkenstein, im Osten Mansfeld.

Die Scharzfelder Grafen starben im 15. Jh. aus, ihr Besitz kam an die Hohnsteiner, die im 13. Jh. auf der Burg Ilfeld saßen, sich später aber nach der südöstlich von Ilfeld gelegenen Burg Hohnstein nannten; sie starben 1593 aus. Die Stolberger, deren Stammreich um 1200 beginnt, wurden eines der angesehensten Harzgrafengeschlechter, besonders nach dem Gewinn des Wernigeröder Besitzes. Die Grafen von Wernigerode führten seit dem 13. Jh. ihren Namen nach der Burg am Nordrand des Gebirges. 1417 fand eine Erbverbrüderung mit dem Hause Stolberg statt, und seit 1429 regierten die Stolberger als Grafen von Stolberg-Wernigerode über das vereinigte Gebiet. Die Grafen von Blankenburg-Regenstein, deren Ahnherr Poppo um 1130 mit diesem Besitz belehnt wurde, beherrschten mit ihrem Burgendreieck Blankenburg-Regenstein-Heimburg die am Gebirgsfuß von Goslar nach Quedlinburg führende Straße. Sie starben 1599 aus. Die Falkensteiner sind aus den auf der Konradsburg sitzenden Grafen hervorgegangen und schon 1332 ausgestorben. Unter dem Grafen Hoyer von Falkenstein verfasste Eike von Repgow 1230 auf der Burg Falkenstein den **»Sachsenspiegel«, das bedeutendste Rechtsbuch des deutschen Mittelalters**, das bis ins 20. Jh. das deutsche Recht beeinflusste. Den Südostrand des Harzes beherrschten die seit dem 11. Jh. bekannten und durch den **Mansfelder Kupferbergbau** reich gewordenen Grafen von Mansfeld, deren Besitz durch Erbteilung allmählich zersplitterte und nach und nach an Kursachsen und Halberstadt fiel. In Graf Albrecht III. von Mansfeld (1480 – 1560) fand Luther einen eifrigen **Förderer der Reformation**. Zum Harz gehörten außerdem die Reichsstädte Goslar und Nordhausen.

Städte im Harz

Während des ganzen Mittelalters behielt die Kirche ihre Stellung als größte Förderin der Kunst bei. In Wettbewerb zu ihr traten jedoch nach dem Adel auch zunehmend die durch Handel, Handwerk und Bergbau **reich gewordenen Städte**. Diese hatten sich aus den alten Siedlungs- und Marktplätzen um Pfalzen, Burgen, Kirchen und Klöster entwickelt, u. a. Goslar, Halberstadt, Quedlinburg, Gandersheim und Eisleben.

Gotik

Schon im 12. Jh. hatten sich in Frankreich, bedingt durch breite Entfaltung von Handwerk und Handel, große Bürgerstädte und eine neue Stilrichtung entwickelt, die Gotik. In Deutschland löste sie im 13. Jh. die Romanik ab.
Auch im Harz entstanden **gotische Kirchen und Klosteranlagen**. Jedoch erreichten ihre Zahl und ihre Bedeutung nicht mehr die vergangener Perioden, als der Harz noch politisches Zentrum des Reichs war. Das Zisterzienserkloster Walkenried, leider nur als Ruine erhalten, wurde 1215 begonnen und der Westbau des Halberstädter Doms wurde im zweiten Viertel des 13. Jh.s. erbaut. Der Halberstädter Dom blieb auch sonst bis zum Ende des Mittelalters der bedeutendste Kirchenbau im Harz und war in seinen rein gotischen Teilen ein Werk von großartiger einheitlicher Wirkung. Weitere eindrucksvolle gotische Sakralbauten sind heute noch in Lutherstadt Eisleben (St. Andreas), in Mansfeld (Schlosskirche) und in Nordhausen (Dom) zu sehen.

Profanbauten

Zugleich traten auch die wohlhabenderen Städte, in denen sich die Handwerker in Zünften und die Kaufleute in Gilden zusammen-

? WUSSTEN SIE SCHON …?

- … dass die Rolandsfiguren, die die Ecken nord- und mitteldeutscher Rathäuser bewachen, vermutlich die Gerichtsbarkeit und das Münzrecht einer Stadt im Mittelalter und damit die Macht ihrer Bürger symbolisieren? Eine der ältesten meist aus Eichenholz geschnitzten oder in Stein gehauenen Rolandfiguren Deutschlands steht (mit Unterbrechungen) seit 1433 vor dem Halberstädter Rathaus, eine der schönsten in leuchtend rotem Mantel am Rathaus in Nordhausen (Abb.).

schlossen, als Bauherren auf. Vielerorts entstanden die für das Harzer Stadtbild so typischen **weltlichen Bauten in Fachwerk- und in Steinbauweise wie Rathäuser mit Rolandsfiguren**, Zunft- und Gildehäuser, Fruchtkästen und Getreidespeicher teilweise mit beachtenswerter Innenausstattung wie in Goslar (Huldigungssaal im Rathaus). Besonders schöne Beispiele haben sich u. a. in Goslar, Osterwieck, Hornburg, Wernigerode, Quedlinburg, Stolberg und in Osterode erhalten (► auch S. 48, Von Knaggen und Schwellen: Fachwerk im Harz).
Die **Hanse** erreichte ihren wirtschaftlichen Höhepunkt; die deutsche Sprache bildete sich als Geschäfts- und Verkehrssprache heraus. Fahrende Sänger zogen von Stadt zu Stadt und verbreiteten ihre volkstümliche Lyrik; mit den Meistergesängen entstand die bürgerliche Literatur; die **ritterliche Dichtkunst** erlebte ihre Blüte; 1216 schrieb Eberhard von Gandersheim eine Reimchronik, die als Beginn der mittelhochdeutschen Dichtung gilt; auf Burg Morungen bei Sangerhausen und auf der Rothenburg im Kyffhäuser wirkten die Minnesänger Heinrich von Morungen († 1218) und Kristian von Luppin. Zwei Zisterzienserinnen des Klosters Helfta (bei Lutherstadt Eisleben), Mechthild von Magdeburg (1207 – 1282; »Fließendes Licht der Gottheit«, um 1250 in niederdeutscher Sprache veröffentlicht) und Gertrud von Hakeborn († 1299), verkörpern die Blüte deutscher mittelalterlicher Frauenbildung.

Von der Reformation bis zum Ende des 18. Jahrhunderts

1517	Luther schlägt seine 95 Thesen an die Wittenberger Schlosskirche.
1525	Aufständische Bauern unter Thomas Müntzer erleiden eine vernichtende Niederlage.
1625 – 1631	Der Harz wird im Dreißigjährigen Krieg stark zerstört.

Agrarkrise

Der Bergbau hatte einen enormen wirtschaftlichen Aufschwung ermöglicht; gleichzeitig setzte eine starke **Landflucht** ein. Ursache war die in ganz Europa verbreitete Agrarkrise und die damit verbundene Verschlechterung der Lage der Bauern im Spätmittelalter. Weltliche und kirchliche Grundherren erhöhten die bäuerlichen Abgaben, erweiterten die Frondienste und schränkten die Allmende ein (zur Allmende gehörten Weide, Wald und Gewässer, die bei der Besiedlung Eigentum der Gemeinde blieben und gemeinwirtschaftlich genutzt wurden). Ganze Landstriche und Dörfer wurden aufgegeben und verödeten (in Mitteldeutschland zwischen 40 und 68 %). Seit dem 13. Jh. hatte es immer wieder kleinere und größere Aufstände der Landbevölkerung gegeben. Im Harz war die Ausbeutung und Unter-

drückung infolge der Zersplitterung der Herrschaften besonders unerträglich, darüber empörten sich auch Teile der Stadtbevölkerung. Hans Böheim (der Pfeifer von Niklashausen), Joß Fritz u. a. forderten teilweise unter Berufung auf das Evangelium die Beseitigung einzelner Missstände; die Reformbewegung breitete sich aus: Landesherren und Adlige forderten die Aneignung der Kirchengüter; das Bürgertum strebte die Einschränkung der Kirchenmacht an, Bauern und Teile der Stadtbevölkerung hofften auf eine Verbesserung ihrer sozialen Lage, u. a. forderten sie die Abschaffung des Kirchenzehnten und der Leibeigenschaft.
Seinen Höhepunkt fand der Protest im Bauernkrieg. Für die bürgerliche Geschichtsschreibung war er eine im Wesentlichen konservative Bewegung gegen den sich konsolidierenden Territorialstaat, für die marxistische Geschichtsschreibung waren Reformation und Bauernkrieg Kernstück und Höhepunkt der frühbürgerlichen Revolution in Deutschland.

Der erbitterte Kampf der Bauern gegen die Feudalgesellschaft mündete im Bauernkrieg (Werner Tübke).

Die Veröffentlichung der **95 Thesen Martin Luthers** an der Schlosskirche zu Wittenberg gegen den Ablasshandel und die Verweltlichung der Kirche (1517) sowie die Verbreitung seiner Idee »von der Freiheit eines jeden Christenmenschen« fand im Harz viele Anhänger. Auch wenn Luther (1483 bis 1546) noch versuchte, gegen die seiner Ansicht nach falsch verstandene Auslegung seiner Lehre insbesondere durch den in Stolberg geborenen Thomas Müntzer (1468 – 1525) vorzugehen (»Wider die mörderischen und räuberischen Rotten der Bauern«), konnte er die **Ausbreitung des Bauernkriegs von Südwest- nach Mitteldeutschland** nicht verhindern. Zu den wichtigsten Zentren gehörten u. a. Mansfeld, Allstedt, Sangerhausen, Nordhausen, Stolberg, Hohnstein, Schwarzfeld, Blankenburg, Quedlinburg, Ballenstedt, Halberstadt und Wernigerode; zahlreiche Burgen und Klöster wurden eingeäschert.
Am 15. Mai 1525 wurden die **Aufständischen unter der Führung Thomas Müntzers** bei Frankenhausen vernichtend geschlagen, gefangen genommen und hingerichtet. Sieger waren die weltlichen Fürs-

Letzte Ruhestätte: Renaissancetumba für Graf Hoyer VI. in Lutherstadt Eisleben

ten, die ihre Macht auf Kosten des niederen Adels und der Geistlichkeit ausbauen konnten. Die Welfen übernahmen den Oberharz, die Wettiner große Teile des Mansfelder Landes und die Brandenburger den Nordosten. Die Reformation breitete sich im gesamten Harzgebiet aus, Klöster wie das Quedlinburger Stift, Michaelstein, Ilfeld oder Ilsenburg traten zum Protestantismus über.

Die **Renaissance** setzte sich im Harz nur langsam durch und beschränkte sich zunächst auf die Umgestaltung mittelalterlicher Burgen in repräsentative Wohnschlösser. Zahlreiche Burgen waren 1524/1525 von aufständischen Bauern zerstört oder in der Zwischenzeit aufgegeben worden, auch in der Reformationszeit säkularisierte Klöster zerfielen.
Sehenswerte Wohnschlösser entstanden u. a. in Blankenburg, Stolberg, Quedlinburg, Herzberg, Allstedt und Mansfeld.
In der zweiten Hälfte des 16. Jh.s entstanden in den größeren Städten die ersten prächtigen **Renaissance-Rathäuser**, meist lang gestreckte Baukörper mit hohen Giebeln, Erkern, Zwerchhäusern, Arkaden und schönen Sitznischenportalen. In den unteren Etagen sorgten häufig Kaufhallen und Warenlager für Betriebsamkeit. Die Festsäle in den oberen Etagen dienten nicht allein für kommunale Sitzungen und Empfänge, sondern auch für Konzerte, Theateraufführungen und Bälle. Auch zahlreiche Wohnhäuser entstanden in dieser Zeit; bemerkenswerte Profanbauten sind in Goslar, Quedlinburg, Duderstadt, Bad Gandersheim, Osterwieck, Stolberg, Wernigerode und in Blankenburg zu sehen.
Ein Meisterwerk mitteldeutscher Bildhauerkunst ist die Tumba für den Grafen Hoyer VI. in der Andreaskirche in Lutherstadt Eisleben.

Dreißigjähriger Krieg

Im Dreißigjährigen Krieg (1618 – 1648) brachen die Gegensätze zwischen Protestanten und Katholiken, zwischen den Reichsständen, die mehr Macht wollten, und dem habsburgischen Kaiser, der die religiöse und politische Einheit des Reichs anstrebte, aus. Seine **Auswirkungen waren v. a. für den Harz verheerend**. Zunächst fielen die kaiserlichen Truppen unter Wallenstein ins Land und zogen 1625

siegreich gegen den Mansfelder Grafen zu Felde. 1626 wurde Christian von Dänemark bei Lutter am Barenberge durch Wallensteins Nachfolger Tilly vernichtend geschlagen. Hierdurch war der Harz den kaiserlichen Truppen ausgeliefert. Die Orte dienten ihnen als Quartier, die Städte mussten hohe Geldsummen bezahlen, Burgen, Schlösser, Klöster, Höfe und Häuser wurden ausgeplündert. Die Bevölkerung wehrte sich, flüchtete in die Berge und schloss sich zu kleinen Kampfverbänden zusammen, u. a. zu den Harzschützen. Am Ende des Krieges **waren über die Hälfte der Bewohner des Harzes ums Leben gekommen** (die Einwohnerzahl in Halberstadt sank von 13 000 auf 2300) und zahlreiche Städte zerstört worden.
Nach dem Friedensschluss 1648 fanden zunächst umfangreiche territoriale Veränderungen statt, Brandenburg erhielt die Bistümer Halberstadt und Minden sowie die Grafschaft Regenstein und Teile Hohnsteins. Größte Nutznießer waren hierbei die Hohenzollern, die ihren Einfluss im Harz weiter ausdehnen konnten.

Barock

Nach den verheerenden Zerstörungen des Dreißigjährigen Krieges begann sich langsam die wiederentdeckte Lebensfreude im üppigen Barockstil durchzusetzen. Im Harz entstanden nur wenige barocke Neubauten; dafür erhielten einige zerstörte Kirchen, Schlösser oder Rathäuser bei ihrem Wiederaufbau **prächtige Innenräume mit reichen Altären und Kanzeln**, prunkvolle Treppenaufgänge, Festsäle und Räume mit aufwändigen Wand- und Deckenmalereien; zu den hervorragenden Bauwerken dieser Zeit gehören die Klosterkirche Grauhof bei Goslar, die Stephanikirche in Goslar, die beiden Schlösser in Blankenburg, Schloss und Haus Krummel in Wernigerode und die offene Dreiflügelanlage des Schlosses in Ballenstedt. Überall im Harz entstanden die auch heute noch für den Harz typischen Hallenkirchen, darunter die Oberharzer Holzkirchen in Clausthal, Altenau und in Sankt Andreasberg.

Klassizismus

Mit der Französischen Revolution 1789 und den großartigen Leistungen der Philosophen, Dichter und Musiker der Aufklärung setzte sich in Deutschland der **Klassizismus** vor allem in der Baukunst durch; Einflüsse finden sich auch in der Philosophie und der Literatur. Im Harzraum wirkten u. a. Klopstock (► Berühmte Persönlichkeiten), Bürger (► Berühmte Persönlichkeiten), Bach und Händel. Im Jahr 1754 promovierte die in Quedlinburg geborende Dorothea Christiane Erxleben in Halle (Saale) als erste deutsche Frau in der Medizin (► Berühmte Persönlichkeiten). 1772 wurde der romantische Dichter Georg Philipp Friedrich von Hardenberg, genannt Novalis, in Oberwiederstedt geboren († 1801; ► Berühmte Persönlichkeiten). Im Harzraum gibt es nur wenige klassizistische Bauwerke, dazu zählen Friedrich Schinkels Eisenhütte in Königshütte, die 1965/1966 abgerissen wurde; sein von ihm entworfener »Roter Saal« im Stolberger Schloss ist erhalten, ebenso das Josephskreuz auf dem Auerberg bei Stolberg.

19. Jahrhundert bis heute

1803–1815	Sieg Napoleons; der Harz wird dem Königreich Westfalen einverleibt, nach dem Wiener Kongress fällt er zurück an Preußen.
19. Jh.	Der Bergbau verliert an Bedeutung.
2. Hälfte 19. Jh.	Anschluss an die Eisenbahn
1945	Starke Zerstörungen der Harzrandstädte, die deutsch-deutsche Grenze teilt den Harz, der Brocken wird Sperrgebiet.
1989/1990	Grenzöffnung, Gründung des Nationalparks Hochharz
2006	Vereinigung der Nationalparks Harz (West) und Hochharz (Ost); www.nationalpark-harz.de

Napoleonische Herrschaft

Im Reichsdeputationshauptschluss von 1803 wurden auf Druck Napoleons die politischen und rechtlichen Grundlagen des alten Reichs zerstört, 112 Kleinstaaten beseitigt, fast sämtliche geistlichen Herrschaften säkularisiert und über 3 Mio. Untertanen und kleinere Territorien mediatisiert (reichsunmittelbar gemacht). Nachdem Franz II. 1806 die Kaiserkrone ablegte, war das Heilige Römische Reich Deutscher Nation beendet. Der Harz wurde 1807 bis auf das Fürstentum Anhalt dem Königreich Westfalen unter Napoleons Bruder Jérôme einverleibt, wobei das eroberte Gebiet den Départements Harz, Saale und Oker mit den Distrikthauptorten Osterode, Nordhausen, Blankenburg und Goslar zugeteilt wurde.

Nach dem Ende der napoleonischen Herrschaft sorgten die Beschlüsse des Wiener Kongresses für weitere Veränderungen. 1815 erhielt Preußen seinen anhaltinischen Besitz zurück und darüber hinaus große Teile von Kursachsen und 1866 das hannoversche Harzgebiet.

Der **Bergbau**, der im Laufe der Zeit immer stärker zu Landschaftsveränderungen geführt hatte, **verlor im 19. Jh. trotz technischer Erfindungen nach und nach seine wirtschaftliche Bedeutung**. Ursache war die Erschöpfung der Erzlager und die billigere Konkurrenz. Nach 1945 produzierten auf dem Gebiet der DDR die Hüttenbetriebe und Gruben trotz der negativen Bilanz weiter, um ihre Wirtschaft von ausländischen Importen unabhängiger zu machen.

Reiseziel Harz

Bereits Mitte des 18. Jh.s war der Harz als Reiseziel entdeckt worden. Bedeutende **Künstler und Literaten** trugen eifrig dazu bei, im In- und Ausland das Interesse am Harz zu wecken. Zu den bekanntesten Harzreisenden im 18. Jh. gehörten u. a. Goethe und Novalis, ihnen folgten im 19. Jh. Joseph von Eichendorff, Wilhelm Raabe, Hans Christian Andersen und Heinrich Heine; schon früher hatte der Kupferstecher und Verleger Matthäus Merian (1593–1650) Harzansichten geschaffen. Im 19. Jh. hielten dann Caspar David Friedrich, Ludwig Richter, Carl Gustav Carus, Karl Ferdinand Blechen, das Ehepaar Heinrich Georg und Elise Crola (die sich im Harz niederließen) und die beiden im Harz geborenen Robert Riefenstahl und Ernst Helbig sowohl die Naturschönheiten als auch kulturgeschichtliche Sehenswürdigkeiten in ihren Bildern fest. Im Schlossmuseum in Wernigerode sind mehrere Werke oben genannter Künstler zu sehen. In der 2. Hälfte des 19. Jh.s kam der **Anschluss des Harzes an die Eisenbahnlinien** (1841 Verlängerung der ersten deutschen Staatsbahn von Braunschweig bis nach Bad Harzburg). Dies förderte die gesamte wirtschaftliche Entwicklung der Region, ermöglichte den Transport der Bodenschätze und belebte den Fremdenverkehr. 1843 waren Halberstadt und Bad Harzburg über die Eisenbahn erreichbar, 1856 folgte Seesen, 1862 Quedlinburg und Thale, 1866 Goslar und Nordhausen, 1868 Herzberg, 1870 Osterode und 1872 Wernigerode. Das Innere des Harzes erschlossen die Kleinbahnen, darunter die Harzquer- und die Brockenbahn. Immer mehr Besucher kamen, 1886 wurde der Harzklub gegründet, Wanderwege angelegt und Schutzhütten gebaut.

Historismus

Die Auffassungen des Historismus, als man versuchte, die Stilformen von der Romanik bis hin zum Klassizismus nachzuempfinden oder gar zu vereinen, spiegeln sich im Umbau des Barockschlosses Wernigerode zum Ideal einer mittelalterlichen Ritterburg, die Schlosskirche

Schloss im Dornröschenstil: In Wernigerode sind alle Stilmerkmale vereinigt.

wurde im neugotischen Stil gestaltet; auch die Roseburg von Bernhard Sehring (bei Ballenstedt) sowie Schloss Röderhof bei Halberstadt sind Neubauten in historisierendem Stil.

1945 bis heute Vor allem die Harzrandstädte wurden kurz vor Ende des Zweiten Weltkrieges durch Bombardierungen schwer getroffen, die Innenstädte von Halberstadt und Nordhausen dem Erdboden gleichgemacht. Nach Kriegsende verlief die **deutsch-deutsche Grenze mitten durch den Harz**. Der östliche Teil des Harzes gehörte zu den DDR-Bezirken Erfurt, Halle und Magdeburg, der westliche zum Bundesland Niedersachsen. Mit dem Mauerbau 1961 wurde der **Brocken zum militärischen Sperrgebiet**. Nach dem Zweiten Weltkrieg hatte der Wohnungsbau zur Linderung der Wohnungsnot Vorrang vor der Sicherung bzw. dem Wiederaufbau zerstörter Bau- und Kunstdenkmäler. Nach 1959 entstanden in einigen Städten der DDR Neubauzentren in vorwiegend monotoner Plattenbauweise, aus Platzgründen jedoch nur am Harzrand. Erst in den 1970er-Jahren wurde verstärkt damit begonnen, historisch gewachsene Altstadtbereiche zu sanieren und unter denkmalschützerischen Gesichtspunkten zu restaurieren.

Ende der 1980er-Jahre verstärkte sich in der DDR der Ruf nach der **Wiedervereinigung**. Der Druck seitens der Bevölkerung wurde so stark, dass am 9. November 1989 die Öffnung der innerdeutschen Grenze erfolgte. Am 3. Dezember wurde der Brocken geöffnet.

Nach der Wirtschafts-, Währungs- und Sozialunion trat am 3. Oktober 1990 der Einigungsvertrag in Kraft, die »Wende« war vollzogen.

Touristischer Aufschwung Nach der Öffnung der innerdeutschen Grenze blühte der Harz-Tourismus auf. Dazu trug auch die **Ausweisung des Nationalparks Hochharz** (1990) und seine 1994 erfolgte Erweiterung zum größten deutschen Waldnationalpark bei. 2006 wurden die beiden Nationalparks Harz (West) und Hochharz (Ost) zu einem drei Bundesländer übergreifenden Nationalpark vereinigt.

Darüber hinaus sorgte die **UNESCO** für ein weiteres Anwachsen des Touristenstroms. Sie nahm kulturhistorisch bedeutsame Stätten in Goslar (1992), Quedlinburg (1994) und Lutherstadt Eisleben (1996) in ihre Weltkulturerbeliste auf.

Von Knaggen und Schwellen: Fachwerk im Harz

Blütezeit im 16./17. Jh. Viele Dörfer und Städte im Harz verdanken ihr **malerisches Stadtbild** zum großen Teil dem Fachwerkbau, der im 16. und 17. Jh. seine Blütezeit erlebte. Im gesamten Harz sind zudem holzverschalte Häuser typisch. Diese Schalbretter, die das Fachwerk verstecken, schützen

besser vor den extremen Witterungseinflüssen.
Der Fachwerkbau ist die Urform der modernen Stahl- und Eisenskelettbauweise, sein tragender Rahmen besteht jedoch aus Holz (meist Eiche, später auch Nadelholz). Die einzelnen Zwischenräume (Gefache, Fache) dieses Gerüsts werden mit nichttragenden natürlichen Materialien ausgefüllt. Die senkrechten Pfosten (Stiele, Ständer, Säulen) werden unten von der Schwelle (Bundschwelle), oben von dem Rähm (Rahmen, Spange, Oberschwelle, Bundbalken) gehalten. Zur Windaussteifung dienen die schräg verlaufenden Streben (Fuß- und Kopfbänder). Beim Stockwerkbau bildet jedes Stockwerk mit Schwellenkranz und Rähmkranz ein in sich geschlossenes Element. Die oberen Stockwerke stehen (kragen) oft etwas nach außen vor, so dass die Bodenfläche größer wurde (Überhang).

Fachwerkbauweise Querschnitt

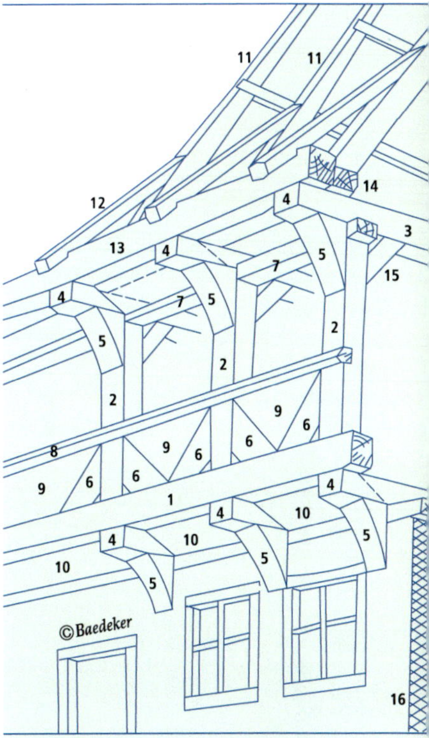

1 Schwelle
2 Stiel, Ständer, Säule
3 Deckenbalken
4 Balkenkopf
5 Knagge
6 Fußband, Strebe, Bug
7 Rähm, Rahmen, Oberschwelle
8 Riegel, Fensterlatte
9 Gefach mit Lehmfüllung
10 Windbrett
11 Sparren
12 Aufschiebling
13 Dachschwelle
14 Sparrenschwelle
15 Kopfband, Strebe, Bug
16 Mauerlatte

In seiner »Germania« schrieb der römische Geschichtsschreiber Tacitus 98 n. Chr. über die **Häuser der Germanen**: »Nicht einmal behauene Steine oder Ziegel benutzen die Germanen; ohne Acht auf ordentliches und schönes Aussehen benutzen sie für alles unbehauenes Holz. Doch streichen sie an bestimmten Stellen ihre Häuser sehr sorgfältig mit einer weißen Erde, so dass es wie eine Bemalung und Verzierung mit farbigen Ornamenten wirkt.«
Das uns heute bekannte Fachwerkhaus geht auf das Kaufmannshaus der Marktsiedlung zurück. Seine **Urform ist der Ständerbau**, das älteste erhaltene Beispiel im Harz ist der um 1400 errichtete Ständerbau in Quedlinburg (heute Fachwerkmuseum). Das für alle städtischen Berufsarten im Wesentlichen gleiche Bürgerhaus entstand dann im Laufe des 15. Jahrhunderts. Nach einer Blütezeit im 16. und 17. Jh. setzte bald der Niedergang der Fachwerkarchitektur ein. Holz wurde zunehmend als billiges Material durch den vornehmeren Stein

verdrängt. Das Patriziat der mittelalterlichen Handels- und Hansestädte bevorzugte bereits **seit dem 14. Jh. Stein als Baumaterial**, Vorbild war das mehrgeschossige, aber einräumige Steinhaus der Ritterhöfe auf dem flachen Land. Selbst die im 19. Jh. aus Zeit- und Geldgründen errichteten Fachwerkbauten wurden verputzt oder verschiefert, um ihnen ein modernes Aussehen zu verpassen. Erst Ende des 19. und Anfang des 20. Jh.s gelangte die Fachwerkarchitektur zu neuem Ansehen und verleiht heute, wo sie erhalten blieb, Ortschaften und ganzen Landschaften ihren besonderen Reiz.

Stilgeschichte

In der Gotik (bis Mitte des 16. Jh.s) entstanden zunächst einfache Gebäude in Fachwerkkonstruktion mit einem niedrigen Zwischengeschoss. Nur das Obergeschoss, ursprünglich ohne Fenster und nicht als Wohnraum genutzt, kragt vor. Die Knaggen, die Balkenköpfe und die Dreiecke zwischen den Fußstreben werden verziert; häufiges Motiv ist der Treppenfries.

In der Renaissance (bis Mitte des 17. Jh.s), der Blütezeit des Fachwerks, rückt das Schmückende in den Vordergrund. Die Verzierun-

Knaggen, Balkenköpfe, Treppenfriese: Lebhaftes Auf und Ab von Fachwerkhäusern in Wernigerode

gen sind entweder in die Konstruktion eingebunden (u. a. Andreaskreuz, Mann, steigende und fallende Strebe) oder in die tragenden Elemente der Konstruktion (Ständer, Schwellen, Balkenköpfe) eingeschnitten.
Die Dreiecksfelder (Brüstungsfelder) sind mit Halb- und Vollkreisen, Rosetten, Blendarkaden oder geschnitzten Täfelungen geschmückt.
Die meist einfach gehaltenen Balkenköpfe zieren manchmal fantastische Masken und originelle figürliche Darstellungen. Die Schwellen tragen häufig Inschriften, die das Baujahr, den Namen des Bauherrn oder zumeist fromme Sprüche mitteilen. Die Füllhölzer zwischen den Balken sind als gedrechselte Stäbe, gedrehte Schnüre oder in Schiffskehlenmustern eingelassen.
Im Barock (bis Ende des 18. Jh.s) werden die Häuser wieder schlichter; anstelle der Brüstungsplatten werden die Gefache durch die Form der Balken selbst geschmückt. Erker lösen die vorkragenden Stockwerke ab. Zunächst werden Balken überstrichen, später verputzt. Das Grundprinzip des Fachwerks, alle konstruktiven Teile sichtbar zu machen, geht verloren.

Harz – Sagenland

Von Hexen und Teufeln

Im gesamten Harz sprießen Sagen und Legenden, in deren Mittelpunkt Zwerge, Teufel, Hexen, gute und böse Feen, Prinzessinnen, Dämonen, seltene Pflanzen und Tiere stehen. Gab es sie wirklich oder sind sie nur Erfindungen des Mittelalters?
Der Harz mit seinen undurchdringlichen Wäldern, wilden Schluchten, bizarr geformten Felsen und seinen langen Wintern galt als ein unheimliches, den Menschen Angst und **Schrecken einflößendes Gebirge**. So wundert es nicht, dass er zu den sagenreichsten Landschaften Deutschlands zählt. Hexentanzplatz, Teufelsmauer, Regenstein, Wildemann, Rammelsberg, Brocken und natürlich der Kyffhäuser: Die mit ihnen verbundenen Mythen, Sagen und Legenden bieten tiefen Einblick in die Vergangenheit, in ihnen sind heidnische Bräuche, Vorstellungen aus früher Götter- und Geisterwelt und christliches Gedankengut, Sagenhaftes und Geschichtliches, Legende und Wahrheit verschmolzen.
Sagenumwobene Orte waren häufig ehem. **Kult- und Opferplätze** sowie Fluchtstätten für Menschen,

! *Baedeker* TIPP

Besenritt zum Brocken

An Walpurgis ist im Harz die Hölle los! In der Nacht zum 1. Mai ritten einst die Hexen auf Besen, Mistgabeln, Böcken oder Schweinen zum Hexensabbat auf den Brocken, um sich dort in Orgien mit dem Teufel oder anderen Unholden zu vereinigen. Heute wird mit Umzügen, Hexenflugaktionen, Theaterspielen und Feuerwerk in rund 50 Harzer Orten gefeiert. Die großen Walpurgisfeiern in Thale und Schierke locken bis zu 100 000 Schaulustige.

Abergläubische Vorstellung vom Pakt zwischen Mensch und Dämon (15. Jh., Paris, Bibliothèque Nationale)

VON HEILIGEN UND HEXEN

Bis zum 12. Jh. bekämpfte die Kirche Dämonenglauben und Zauberei als heidnischen Aberglauben, und Übertretungen wurden im Allgemeinen mit Kirchenbußen belegt. Mit dem Aufflammen der Ketzerbewegung setzte sich jedoch die Lehre des Kirchenvaters Augustinus von einem möglichen Pakt zwischen Mensch und Dämon durch und die zauber- oder abergläubischen Handlungen wurden folgerichtig als Teufelsdienst und damit als Häresie verurteilt. Bereits der um 1225 verfasste »Sachsenspiegel« sah die Feuerstrafe für Ketzerei und Zauberei vor.

In Deutschland wurde die systematische Hexenverfolgung besonders durch die Bulle Papst Innocenz' VIII. von 1484 gefördert: »Wir haben neulich nicht ohne große Betrübnis erfahren, dass es in einzelnen Teilen Oberdeutschlands ... viele Personen von beiden Geschlechtern gäbe, welche, ihres eigenen Heiles uneingedenk, vom wahren Glauben abgefallen, mit dämonischen Inkuben und Sukkuben sich fleischlich vermischen, durch zauberische Mittel mit Hilfe des Teufels die Geburten der Weiber, die Jungen der Tiere, die Früchte der Erde ... und andere Zeugnisse der Erde zugrunde richten ... die Männer am Zeugen, die Weiber am Gebären zu verhindern vermögen ...« Deshalb beauftragte der Papst die **Inquisitoren Heinrich Institoris und Jakob Sprenger**, Zauberer und Hexen auszuspähen, zu bestrafen und auszurotten.

Der Hexenhammer

Mit Erfolg: 1486 veröffentlichten die beiden ein »Standardwerk« in Hexensachen, den »Hexenhammer« (»Malleus Maleficarum«), wobei sie die Hexerei eindeutig auf das weibliche Geschlecht projizierten. Dieses Werk erlebte bis 1669 noch 30 Auflagen und gehörte damit zu den **meistgedruckten Werken** der Frühzeit des Buchdrucks. In seinem dritten Teil ist das Gerichtsverfahren festgelegt: Der Richter durfte auf bloßes Gerücht hin anfangen zu inquirieren, als Zeugen durften sogar Exkommunizierte auftreten, ja Ketzer wider Ketzer, Hexen wider Hexen, die Frau gegen den Mann und Kinder gegen Eltern aussagen. Über die Zahl der Opfer gibt es keine genauen Angaben, Schätzungen schwanken zwischen 100 000, 500 000 und sehr viel höheren Zahlen; der Anteil der Frauen betrug über 80 %.

1714 leitete dann ein Edikt Friedrich Wilhelms I. von Preußen das Ende der Hexenprozesse in Deutschland ein.

Hexenkundliches

Der Begriff Hexe geht auf das althochdeutsche »hagzissa« (Hag = Wald, Hecke) zurück und bedeutet etwa »Zaunreiterin«; auch der norwegische Ausdruck »tysja«, Elfe, könnte mit dem Namen zusammenhängen. Bei den Germanen waren diese Frauen hoch angesehen, sie waren auch **Priesterinnen und Wahrsagerinnen**. Mit der Verbreitung des Christentums galten sie jedoch als minderwertig. Gerade den einst »weisen Frauen« unterstellte man am ehesten magisch-schädigende Kräfte im Umgang mit den (unsichtbaren) Mächten. Naturheilkunde, soweit sie nicht von Mönchen und Nonnen, wie von der berühmten Äbtissin Hildegard von Bingen, ausgeübt wurde, Hebammendienste, Empfängnisverhütung, sicher auch Abtreibungen, Drogengebrauch und Heilsbeschwörungen wurden in den »Jahren der Verzweiflung« und noch darüber hinaus Millionen von Frauen zum Verhängnis, vom Kindes- bis zum Greisenalter. Der Ablauf der berüchtigten Prozesse war immer der gleiche: kein Verhör ohne Folter, kein Urteil ohne Tod und Feuer.

Auch im Harz gab es Hexenverfolgungen. Bereits um 1540 machte eine »Hexe« aus Elbingerode Angaben über die »rechten zauberschen«, sie pflegen in **»Walpurgen nacht auf den Brocken zu fahren...«.** Herzog Heinrich Julius von Braunschweig (1566 bis 1613), Bischof in Halberstadt und angeblich ein hoch gebildeter Rechtsgelehrter, machte sich als Hexenverfolger einen ganz »hervorragenden« Namen. Unter ihm brannten die Scheiterhaufen in nie gesehener Zahl. 1573 wurde eine Anna Beringers aus Nordhausen wegen Zauberei verbrannt; in Quedlinburg wurden 1574 wohl 40 Frauen und 1589 sogar 133 Personen als Hexen dem Flammentod übergeben. Auch der damalige Amtmann Peregrinus Hühnerkopf zu Westerburg legte einen großen Eifer bei der Verfolgung armer, unglücklicher Weiber an den Tag. Die der Zauberei Beschuldigten ließ Hühnerkopf auf der Westerburg im »Schweißstüblein« verwahren und dann, nachdem ihnen durch Tortur und betäubende Tränke die tollsten Geständnisse abgequält waren und die hochweisen, juristischen Fakultäten und Schöppenstühle das Urteil gesprochen hatten, auf einem Platz vor der Westerburg lebendig verbrennen. (Textquelle: Walter Böckmann in: Ausstellkat. »Der Harz in Sage, Märchen und Geschichte«, 1979.)

An Walpurgis ist im Harz, wie hier in Bad Grund, die Hölle los: Hexen und Teufel feiern, was das Zeug hält.

die ihre Götter vor allem in den Naturgewalten erkannten und diese **auf hoch gelegenen Bergen und Felsen** verehrten.
Hier feierten die Menschen auch ihre Frühlings- und Maifeiern, die dann – mit neuem Inhalt – weiterlebten, beispielsweise das Fest für die germanische Frühlingsgöttin Ostara im christlichen Osterfest.

»Verteufelung«

Mit der Christianisierung zur Zeit Karls des Großen **wurde jeder Umgang mit dem alten Glauben verfolgt**, die bekannten Heiligtümer gewaltsam zerstört. Die »Heiden« hielten jedoch im Geheimen an ihren Göttern und Gebräuchen fest. Fränkische Soldaten hatten den Auftrag, den Zugang zu den alten Kultstätten zu verwehren (u. a. vom sog. Frankenlager aus im Achtermann-Wurmberggebiet). Wenn sie nun Ende April, Anfang Mai den Frauen begegneten, die mit ihren Besen auf die Berge stiegen, um die heiligen Stätten vom Schnee zu befreien und für die Frühlingsfeiern vorzubereiten, Frauen, die sich vielleicht, um nicht erkannt zu werden, auch noch die Gesichter geschwärzt hatten, ist der Blick der **»auf dem Besen zum Blocksberg reitenden Hexen«** fast fertig.
Der oberste Gott Wotan wurde zum Teufel, seine Götter und Göttinnen zu seinem verfluchten Gefolge. Aus den Kultplätzen wurden Hexentanzplätze, aus den steinernen Treppen, die zu ihnen hinaufführten, Heiden- oder Hexentreppen, z. B. zum Hexentanzplatz oder zum Wurmberg, die Schneebesen wurden zu Reitutensilien, der heilige Opfertrank zu einem giftigen Hexensud, die heiligen Steine zu

Teufelskanzeln und Hexenschüsseln – und »den ganzen Berg entlang strömt ein wütender Zaubergesang« (Goethe).

Auf der Brockenkuppe wurden bisher keine Hinweise gefunden, die auf vorchristliche Feiern hindeuten. War er ein Kultplatz oder war er, ähnlich dem griechischen Olymp, Göttersitz und damit für menschliche Kulthandlungen zu heilig gewesen? Kamen also Bezeichnungen wie Teufelskanzel, Hexenwaschschüssel und Hexenaltar erst im späten Mittelalter auf? Die Frage ist nicht geklärt. Goethe, der in seinem »Faust« die Walpurgisnacht auf den Brocken verlegte, machte ihn als Hexentanzplatz weltweit bekannt und gab dem alten Volksglauben eine klassische Darstellung. ◄ Brocken

Auf der **Rosstrappe** bei Thale befindet sich heute noch der übergroße steinerne Hufabdruck eines Pferdes; ihr gegenüber liegt die frühere Kultstätte, der **Hexentanzplatz**. Vom Bodetal führt die Heidentreppe empor; um den Hexentanzplatz zog sich der alte Sachsenwall, von dem noch Überreste erhalten sind, und im Vorraum der Walpurgishalle steht ein um 1900 gefundener sächsischer Opferstein.

Reichlich Interpretation: Sagengestalten

Zu den unheimlichen Gestalten der Sagen und Legenden gehören auch die sog. **Venediger oder Walen**, die zwischen dem 13. und 18. Jh. den Harz durchstreift haben sollen. »Waren es Hausierer, Italiener, Ungarn, die Arzneien herumtrugen, oder Mausefallen verkaufende Slowaken?« Diese Überlegungen machte sich jedenfalls Heinrich Pröhle 1853 im Vorwort zu seinen »Harzsagen«. Er stellte fest, »dass alle Hausierer, auch die bei uns einheimischen, Italiener heißen, insbesondere sofern sie auch, vielleicht nur heimlich, mit Gift handeln. Venefica ist Hexe und Giftmischerin.« Vielleicht waren es aber tatsächlich Italiener auf der Suche nach seltenen Edelmetallen?

Zu den bekanntesten Gestalten der Harzer Sagenwelt gehören die »Herren der Berge«, die **Zwerge und die Berggeister oder -mönche**, als Bewohner von Höhlen und Erdbauten, die zwar klein, aber überraschend stark waren und unerwartet aus Stollenmundlöchern auftauchten. Sie trugen meist spitze Kapuzen und hüteten sagenhafte Schätze, die ihnen nicht gehörten. Sie besaßen alle Eigenschaften der frühen Bergarbeiter, die abgeschieden von den übrigen menschlichen Siedlungen lebten und bis etwa 1650 Kapuzen trugen ... Ihre unterirdischen Gänge hatten geringe Durchmesser, so waren sie häufig klein an Wuchs und vom ewigen Hämmern und Steineschleppen durchtrainiert. Von den Schätzen, die sie ans Tageslicht beförderten, blieb für sie nur ein Hungerlohn übrig. Auch Mönche, z. B. aus dem Kloster Walkenried, betrieben in den Anfängen Bergbau.

Eine weitere bekannte Harzer Sagenfigur ist die **Haulemutter**, hinter der sich die aus dem Märchen bekannte Frau Holle verbirgt. Sie ist eine der Gestalten der alten Großen Mutter, Zentralfigur der Urreligion aus der Zeit vor der Einwanderung der indoeuropäischen Völker. Sie tritt auch als Berggeist auf, der sich häufig als **Bergjungfrau** zeigt (Jungfrau heißt dabei nicht junge, sondern die unverheiratete Frau). Die Große Mutter nimmt im Harz, wie auch in anderen Gebirgen, die Rolle einer Bergherrin und Herrin der Tiere ein (als solche ist sie Hüterin des Waldes und der Jagd).

Zu ihrem Gefolge gehören Hase (einer ihrer vielen Namen war Ostara; der Osterhase und die vielen **Osterfeuer rund um den Harz** halten für den Eingeweihten die Erinnerung an sie wach), Bock (er gilt als Ausdruck der Fruchtbarkeit in den Herden; der männliche Nachfolger der alten Muttergottheit, der germanische Wotan, fährt in einem Wagen, der von vier Böcken gezogen wird – wie die Urmutter von einem von Katzen gezogenen Wagen), Katze, Schlange, Schwein, Eule und Taube. Sie sind **Tiere aus der viehzüchterischen, jagdlichen und bäuerlichen Umwelt des vorgeschichtlichen Menschen**. Heute präsidiert der Bock als stinkende Verkörperung des bezeichnenderweise **bocksfüßigen Teufels** das Walpurgisfest, an dem auch die übrigen Begleittiere der Großen Mutter, nun aber als verfluchtes Gefolge, auftauchen.

Eine herausragende Rolle im Harz spielt der **Hirsch**, der auf den keltischen Hirschgott Cernunnos verweist. Mit seinem Strahlen-Geweih ist er Sonnensymbol, am Brocken führt er z. B. als goldener Hirsch zu geheimnisvollen unterirdischen Schlössern und Schätzen, als schwarzer Hirsch weist er den Weg ins Totenreich. Als **Wappentier** führten ihn manche alten Harzgrafengeschlechter; die Stolberg-Stolberg haben darüber hinaus auch noch die Säule, die manche für die alte keltische Säule, die den Himmel trägt, halten.

Weißes Pferd ►

Über allen Tiersymbolen der Großen Mutter aber steht das Weiße Pferd. Weiße und hellgraue Pferde **galten auch bei den Germanen als heilig**. Sie weideten in den heiligen Hainen und durften nur zu den heiligen Umzügen verwendet werden. Der Schimmer(bzw. Schimmel)wald bei Bad Harzburg gilt als eines der alten Zuchtgebiete der heiligen Pferde; Niedersachsen und Westfalen führen noch heute das weiße Pferd als Wappentier.

! *Baedeker* TIPP

Jodeln

Kein Handy, kein Fax, kein Telefon, kein Internet? Macht nichts. Jodeln Sie doch. So wie einst die Fuhrleute, Hirten und Köhler sich von Alm zu Alm, von Berg zu Berg verständigten. Das geht auch ohne Maßkrug, Lederhosen und Dirndl. Jedes Jahr zeigen die Harzer Jodler ihr Können bei den Harzer Jodlermeisterschaften (West) im August in Clausthal-Zellerfeld, Anfang September in Altenbrak (Ost). Info: Harzer Verkehrsverband, www.harzinfo.de, Tel. 0 53 21/3 40 40.

Volkstümliche Feste und Veranstaltungen

Überall im Harz finden darüber hinaus weitere volkstümliche Feste und Veranstaltungen statt, die häufig auf **alte Bräuche von Köhlern, Berg- und Fuhrleuten sowie Hirten** zurückgehen. Dazu gehören Johannisfeiern (früher hatten die Bergleute am Johannistag frei), Finkenmanöver, Peitschenknallen sowie das Jodeln, auch Ledauzen genannt. Seit 1900 verständigten sich Harzer Waldarbeiter und Fuhrleute

Zu den typischen Bräuchen im Harz zählt das Finkenmanöver, die Vögel waren für die Bergleute lebensrettend.

untereinander öfters mit Jodlern, begünstigt durch die Echowirkung in den Bergtälern.

◄ Finkenmanöver

Einer der ältesten Bräuche ist das Finkenmanöver. Sobald ein Fink einen Konkurrenten in seinem Revier hört, beginnt er zu »schlagen«, d. h. Töne von sich zu geben. Einige schaffen bis zu 400 Schläge in der halben Minute. Auch heute noch finden Wettkämpfe im Schön- und Starksingen statt, die allerdings von Tierschützern kritisiert werden, da die Finken vor den Manövern lange Zeit in verdunkelten Käfigen gehalten werden. Im Bergbau erfüllten die Vögel übrigens eine lebenswichtige Aufgabe: Fiel der im Käfig gehaltene Fink tot um, war die Atemluft viel zu kohlenmonoxidhaltig und der Arbeiter wusste, dass er schnellstens den Stollen verlassen musste (►Special S. 324)..

Berühmte Persönlichkeiten

Wer führte mit allen Geistesgrößen seiner Zeit einen ergiebigen Schriftwechsel? Wo promovierte Deutschlands erste Ärztin? In welcher Angelegenheit waren die beiden Theologen Thomas Müntzer und ein gewisser Martin Luther uneinig? Kleine Denkmäler für die, die untrennbar mit dem nördlichsten Mittelgebirge verbunden sind.

Gottfried August Bürger (1747 – 1794)

Lyriker des Sturm und Drang

Gottfried August Bürger, der berühmte Münchhausen-Dichter, wurde 1747 als Pastorensohn in dem Harzdörfchen Molmerswende geboren. Er gehörte zu den bedeutendsten Lyrikern des Sturm und Drang und entwickelte die Ballade als literarische Kunstform.
Sein Großvater sorgte dafür, dass Bürger in Halle Theologie studieren konnte, nach drei Jahren wechselte er nach Göttingen, wo er sich an der rechtswissenschaftlichen Fakultät einschrieb. Auch das Jurastudium konnte ihn auf Dauer nicht befriedigen und er schloss sich dem Schriftstellerkreis des Göttinger Hains an, der 1772 gegründet worden war. Schulden führten zu einem Zerwürfnis mit seinem Großvater; der Halberstädter Dichter Johann Wilhelm Ludwig ► Gleim unterstützte ihn in der Folgezeit. 1772 wurde Bürger Amtmann bei Göttingen, die Stelle konnte ihm aber nicht aus seiner finanziellen Misere helfen. Versuche, seinen Sorgen zu entgehen, schlugen fehl: Lotteriespiel, Gründung einer Verlagsanstalt, Auswanderung, Pacht eines Landgutes waren ebenso wenig von Erfolg gekrönt wie der Versuch, eine andere Stelle zu bekommen. Nach der Heirat mit Dorette Leonhardt 1774 verliebte er sich in deren Schwester Auguste, die er nach dem Tod von Dorette heiraten sollte, Auguste starb jedoch schon nach siebenmonatiger Ehe. Eine dritte Heirat scheiterte ebenfalls. Elise Hahn betrog Bürger und ließ ihn so gesellschaftlich zum Gespött werden. 1784 wurde Bürger Privatdozent in Göttingen. Die politischen Gedichte Bürgers zählten zu den anklägerischsten des 18. Jahrhunderts. Bedeutendstes Prosawerk war der **«Münchhausen«, eine köstliche Satire auf den Adel**, die er anhand zweier Vorlagen aus dem Englischen rückübersetzte und stark erweiterte. In seinem Geburtshaus in Molmerswende werden Leben und Werk Bürgers gewürdigt.

Dorothea Christiane Erxleben (1715 – 1762)

Frühe Feministin und Medizinerin

Dorothea Christiane Erxleben wurde 1715 in Quedlinburg geboren. 1754 **promovierte sie mit königlicher Genehmigung** als erste Frau in Deutschland. Ihre Prüfungen legte sie mit »summa cum laude« ab. Die Medizinerin praktizierte bis zu ihrem Tod in ihrer Heimatstadt. Bereits 1742 hatte sie unter ihrem Mädchennamen Leporin in Berlin eine »Gründliche Untersuchung der Ursachen, die das weibliche Geschlecht vom Studieren abhalten« veröffentlicht, eine **Widerlegung der herrschenden Vorurteile gegen Schulbesuch und Studium von Frauen.**
Ganz im Geiste der Aufklärung schrieb die Zeitgenossin Klopstocks: »Hätte man von Anbeginn der Welt alles dasjenige, was nützlich und heilsam ist, nur deßwegen unterlassen wollen, weil solches damahls,

← *Ein korrespondierender Poet: Johann Wilhelm Ludwig Gleim führte mit allen Geistesgrößen seiner Zeit einen ausführlichen Briefwechsel.*

Die Dichterin überreicht ihre Werke an Otto den Großen. Holzschnitt (1501) von Albrecht Dürer

da es zuerst erfunden worden, noch neu und nicht im Gebrauch gewesen, wie viele Sachen würden denen Menschen fehlen, deren Nutze niemahls genug kan gepriesen werden.«

Roswitha von Gandersheim (um 935 – 973)

Die Dichterin Hrotsvith (Roswitha) von Gandersheim stammte wohl aus sächsischem Adel und trat recht jung ins Kloster Gandersheim ein, vielleicht als Stiftsdame. Hier erhielt sie auch ihre Ausbildung. Vor 959 begann sie, **in lateinischer Sprache zu schreiben**. Ihr Werk gliederte sie selbst chronologisch in drei Bücher. Zuerst verfasste sie acht Heiligenlegenden in Hexametern, hierin griff sie als Erste im deutschen Sprachraum das Motiv von dem Pakt mit dem Teufel auf und begründete damit die bis in unsere Zeit währende Auseinandersetzung. Bedeutender sind ihre sechs Dramen in gereimter Prosa, ein **christliches Gegenstück zu den Komödien des römischen Dichters Terenz** (um 185 – 159 v. Chr.). In ihnen führte auch Hrotsvith die Lasterhaftigkeit vor, jedoch nur, um im Unterschied zu dem Heiden Terenz den Triumph ihrer christlichen Helden (Heilige, Märtyrer, Einsiedler, Prediger und Jungfrauen) zu feiern. Sie scheute sich nicht, dabei auch erotische, leidenschaftliche oder drastische Szenen darzustellen. Ihre Versuche, ein christliches Lesedrama zu schaffen, stehen im frühen Mittelalter einzig da. Außerdem verfasste sie historische Gedichte: In den »Gesta Oddonis« verherrlichte sie Kaiser Otto I., in einem weiteren beschreibt sie die Anfänge ihres Klosters bis 919.
Ihre **im Mittelalter wenig beachteten Werke** wurden erst 1493 wieder entdeckt und 1501 von dem Humanisten K. Celtis in Nürnberg veröffentlicht. Diese Ausgabe löste bei den Humanisten eine Hrotsvith-Begeisterung aus, die bis weit ins 16. Jh. anhielt. Einige ihrer Erstausgaben befinden sich in der Herzog-August-Bibliothek in Wolfenbüttel und in der Bayerischen Staatsbibliothek in München.

Johann Wilhelm Ludwig Gleim (1719 – 1803)

Aufklärer Gleim, einer der bedeutenden Dichter der Aufklärung, erblickte 1719 in Ermsleben das Licht der Welt. In Halle studierte er Jura und Philologie und gründete mit Johann Peter Uz, Paul Jakob Rudnik und Johann Nikolaus Götz in der Saalestadt den »Halleschen Dichterkreis«. Gemeinsam übersetzten sie die »Oden des Anakreon« und dichteten nach dessen Vorbild. Gleim besang vor allem die Liebe und die Freundschaft und verteilte dabei kräftige Hiebe auf alle Krieg führenden Helden, eifernden Priester und der Prinzen Dummheit. 1744 wurde Gleim Sekretär des Prinzen Wilhelm von Brandenburg und begleitete diesen in den 2. Schlesischen Krieg. Von 1747 – 1791 hatte er das Amt des Domsekretärs und Kanonikers des Halberstädter Doms inne.

Er stellte fortan seine antiklerikalen Angriffe ein, **förderte aber zeitlebens junge Poeten** wie ► Bürger oder Johann Gottfried Herder. Diese nannten das Haus von »Vater Gleim« einen »Tempel der Musen und der Freundschaft«. Gleim schuf Wein- und Liebeslieder, Epigramme, Spruchdichtungen, Moralsatiren, burlesk-komische Romanzen und die »Preußischen Kriegslieder«, in denen er – entgegen seiner Haltung in jungen Jahren – Preußens Gloria verherrlicht. Gleim **führte mit allen Geistesgrößen seiner Zeit einen ergiebigen Schriftwechsel** und sein Nachlass (teilweise im Gleimhaus in Halberstadt ausgestellt, die Abb. auf S. 58 zeigt ein historisches Porträt des Dichters) ist heute von großem Wert für die Erforschung der Literaturgeschichte.

Novalis (1772 – 1801)

Frühromantiker

Novalis, eigentlich Georg Philipp Friedrich von Hardenberg, der bedeutendste Vertreter der deutschen Frühromantik in der Literatur, wurde 1772 auf dem väterlichen Gut in Oberwiederstedt bei Hettstedt geboren. »Die Familie bestand aus sieben Söhnen und vier Töchtern, welche durch Geist und Gemüt ausgezeichnet waren«, schrieb der Freund Ludwig Tieck. Neben dem Studium der Rechtswissenschaften in Jena und Leipzig hörte Novalis bevorzugt philosophische und historische Vorlesungen. Als er sein juristisches Examen ablegte, hatte Novalis bereits ►Bürger, Schiller, Wieland, Schlegel und andere kennen gelernt.

1795 verlobte er sich mit der zwölfjährigen Sophie von Kühn, deren Tod 1797 Novalis schwer erschütterte. Hatte er bereits – neben seinem Engagement im Geschäftsbereich des Vaters am Salinenamt –

Bevorzugte trotz Studium der Rechtswissenschaft die Literatur: Novalis gilt als bedeutendster Frühromantiker.

vor dem Tod von Sophie **Kontakt zum Jenaer Kreis der Frühromantiker um Fichte, Schlegel, Schelling und Tieck**, so wandte er sich in seinem Denken nach ihrem Tod von der trügerisch anmutenden Wirklichkeit ab. Die Jahre bis 1801, als Novalis 28-jährig an Tuberkulose starb, waren von **hoher dichterischer Produktivität**. Zu den bedeutendsten Werken des überragenden dichterischen Genies der Frühromantik zählen u. a. die »Hymnen an die Nacht« und das »Wunderreich der ewigen Nacht« sowie das Romanfragment »Heinrich von Ofterdingen«.

Heinrich I. (875 – 936)

Wanderkönig

Heinrich I. stammte aus dem sächsischen Geschlecht der Liudolfinger (ab Otto I. auch Ottonen genannt) und ehelichte Hatheburg, die Tochter des Grafen Erwin von Merseburg. Das enge Verhältnis zu den Merseburgern und zum Ort Merseburg behielt Heinrich I. zeitlebens bei, auch als er 909 in zweiter Ehe Mathilde zur Frau nahm. 912 erhielt Heinrich I. die Herzogswürde von Sachsen, 919 erfolgte seine Wahl zum ostfränkischen König. Die Nachricht von seiner Wahl soll dem überraschten Heinrich an seinem Vogelherd überbracht worden sein (► Kunst, Kultur, Geschichte). Er erwarb Lothringen und begann, die slawischen Stämme östlich der Elbe und Saale zu unterwerfen. Da die Herrscher auf Reisen regierten, **machte ihr zeitweiser Aufenthalt die jeweilige Pfalz zur Hauptstadt**. Häufig hielt er sich in **Quedlinburg** auf, hier berief er auch 929 eine Reichsversammlung ein.

Zum Schutz vor Überfällen der Ungarn ließ er an der Ostgrenze seines Reichs **zahlreiche Burgen errichten oder ausbauen**, hierfür nutzte er einen neunjährigen Waffenstillstand mit den Ungarn. In dieser Zeit gründete er außerdem ein neues Heer der Panzerreiter. Als er sich sicher genug fühlte, kündigte er den Waffenstillstand auf. In der Schlacht an der Unstrut 933 schlug er die Ungarn schließlich mit einem von allen Stämmen getragenen Heer. 936 starb Heinrich in Memleben, wurde dann jedoch auf seinen Wunsch in Quedlinburg beigesetzt.

Johann Heinrich Tischbein porträtierte 1790 den Quedlinburger Aufklärer Klopstock.

Friedrich Gottlieb Klopstock (1724 – 1803)

Klopstock, 1724 in Quedlinburg geboren, trug schon als Gymnasiast schriftstellerische Pläne mit sich

herum, die er während seines Theologiestudiums in Jena und Leipzig zu verwirklichen begann. Nach dem Studium ging er zunächst als Hauslehrer nach Langensalza, folgte einer Einladung nach Zürich und nach Kopenhagen an den dänischen Hof. Zwischen 1754 und 1769 hielt er sich mehrfach in Halberstadt und in seinem Geburtsort Quedlinburg auf und wählte ab 1770 bis zu seinem Tod Hamburg als Wohnsitz. Klopstock war neben Lessing und Wieland der **bedeutendste Dichter der deutschen Aufklärung** und galt mit seiner ausdrucksstarken Lyrik als Vorbild für die klassische deutsche Literatur. Goethe nannte ihn das »Dichtergenie einer neuen Epoche«.
Sein Welt- und sein Menschheitsbild sind vom Anspruch des Menschen auf die Entfaltung seiner Individualität und von der Schönheit und Vollkommenheit der Natur als Gottesschöpfung geprägt. Neben dem »Messias« und den »Oden« schrieb er das biblische Trauerspiel »Der Tod Adams«, das Prosawerk »Die deutsche Gelehrtenrepublik« sowie Oden über die revolutionären Kämpfe in Frankreich. 1792 wurde Klopstock zum Ehrenbürger der Französischen Republik ernannt.

Ließ sich durch den Kirchenbann nicht einschüchtern und nutzte die Zeit zur Testamentsübersetzung.

Martin Luther (1483 – 1546)

Martin Luther wurde 1483 in Eisleben geboren, hier starb er auch 1546. Aufgewachsen ist er allerdings in Mansfeld, wohin seine Familie bereits ein Jahr nach seiner Geburt gezogen ist. Im Alter von 22 Jahren trat er in das Augustinerkloster in Erfurt ein, wo er 1507 zum Priester geweiht wurde. 1512 promovierte er zum Doktor der Theologie und erhielt einen Lehrstuhl für Bibelexegese in Wittenberg. 1517 schlug er an der Wittenberger Schlosskirche seine **95 Thesen gegen den Missbrauch des Ablasses** an, ein Ereignis, das als Beginn der Reformation angesehen wird. Sein Bruch mit der katholischen Kirche wurde bei der Disputation mit Johannes Eck (1519) deutlich. Um 1520 entstanden seine bedeutendsten reformatorischen Schriften. Die Kirche belegte ihn **1521 mit dem Bann**, doch auf dem Reichstag zu Worms lehnte er den Widerruf ab. Als »Junker Jörg« hielt er sich auf der Wartburg verborgen, übersetzte hier das Neue Testament ins Deutsche (die Erstausgabe wurde 1534 ediert) und schuf gegen den römischen Klerus eine streitbare Literatur wie die Schrift »Wider das Papsttum zu Rom vom Teufel gestiftet«, zu der Lucas Cranach d. Ä. seine Zeichnungen lieferte.

Predigt gegen aufständische Bauern

Energisch wandte sich Luther jedoch auch gegen die seiner Ansicht nach zu weit reichenden Forderungen des »Bundschuhs«, dem Zusammenschluss der Bauern; 1525 unternahm er noch eine Predigtreise durch den Harz, **um den drohenden Ausbruch von bäuerlichen Unruhen zu verhindern** – ohne Erfolg: »Die thüringischen Bauern habe ich selbst erfahren, dass je mehr man sie ermahnt und lehret, je störriger, stolzer und toller sie wurden, und haben sich allenthalben also mutwillig und trotzig gestellet, als wollten sie alle ohne Gnade und Barmherzigkeit erwürget sein.« Luther verfasste viele volkstümliche Schriften und schuf eine Fülle von Liedern, die noch heute gesungen werden. Damit formte er die deutsche Sprache ganz wesentlich. Bis zu seinem Tod erschienen elf revidierte Bibelauflagen.

Thomas Müntzer (1490 – 1525)

Bauernführer

Der in die Geschichte als Bauernführer eingegangene Thomas Müntzer wurde um 1490 in Stolberg geboren. Er studierte Theologie und entwickelte sich bald zu einem **Rebellen wider Adel, Fürsten und Papst**. 1523/1524 wirkte Müntzer als Pfarrer in Allstedt. In seinen Predigten legte er seine Vorstellungen von der deutschen Kirche dar,

← Thomas Müntzer predigte für die Armen und rief den Adel dazu auf, sich auf die Seite des Volkes zu stellen.

in der es keine sozialen Unterschiede geben sollte. Während seiner Zeit als Pfarrer in Allstedt führte Müntzer auch die deutsche Sprache für liturgische Handlungen, für die Predigt und das Kirchenlied ein. An manchen Tagen strömten 2000 Menschen zu seinen Gottesdiensten. In der Burgkapelle von Allstedt hielt Müntzer am 13. Juli 1524 seine berühmte **Fürstenpredigt**, in der er die Adligen aufrief, an der Seite des Volkes für die Reformation einzutreten. Nachdem dieser Versuch gescheitert war, musste er aus Allstedt und danach aus Mühlhausen fliehen. Ende 1524 gewann er Verbindung zu den Wiedertäufern und den aufständischen Bauern. Nach seiner Rückkehr nach Mühlhausen wurde er im Frühjahr 1525 zum Pfarrer gewählt, setzte eine radikaldemokratische Verfassung durch und wurde zum Anführer des Bauernkriegs in Thüringen.

Niederlage im Bauernkrieg

Am Schlachtberg von Frankenhausen kam es am 15. Mai 1525 zur unvermeidlichen militärischen Auseinandersetzung mit dem Heer der deutschen Fürsten. Der Bauernkrieg endete mit einer Niederlage für die Bauern und mit der Hinrichtung von Thomas Müntzer. Im Geburtsort Müntzers, in Stolberg, erinnern das Museum Alte Münze und ein Bronzedenkmal an den Mann, der die sozialen Nöte seiner Zeit mit den urchristlichen Lehren verband und zu lösen versuchte. In Allstedt wurde eine Gedenkstätte im Turm der 1200 erbauten Wigbertikirche eingerichtet und auf dem Schlachtberg ein Panoramagemälde des Leipziger Malers Werner Tübke (»Die frühbürgerliche Revolution in Deutschland«, ►Abb. S. 43) aufgestellt.

Otto I. (912 – 973)

Römisch-deutscher Kaiser

Otto I., der Große, war Sohn des Herzogs von Sachsen und ersten deutschen Königs Heinrich I.; er wurde 936 im Dom zu Aachen zum König gekrönt. Unmittelbar nach seiner Regierungsübernahme **unterwarf Otto I. die opponierenden Herzöge von Franken, Lothringen und Bayern** und ersetzte sie durch Familienmitglieder. Gleichzeitig stattete er die Kirchenfürsten mit den Privilegien und Vollmachten der Krone aus. Den ständig einfallenden Ungarn bereitete er 955 auf dem Lechfeld eine vernichtende Niederlage. Unter Otto I. begann die verstärkte Ostexpansion in die slawischen Gebiete östlich und nördlich der Elbe. Auf Bitten des Papstes Johannes XXII. zog er mit einem Heer nach Italien, übernahm den Schutz der Kirche und wurde zum Kaiser gekrönt. Durch die Hochzeit seines Sohnes Otto II. mit der byzantinischen Prinzessin Theophanu beschwichtigte er die Bayern und konnte in seiner Regierungszeit das **Heilige Römische Reich Deutscher Nation errichten**, dessen Geschicke er u. a. von den Pfalzen in Magdeburg, Quedlinburg und Merseburg sowie von seiner Lieblingspfalz Memleben steuerte, wo er 973 starb.

Praktische Informationen

WELCHES IST DER SCHÖNSTE, WELCHES DER SCHNELLSTE WEG AUF DEN BROCKEN? IST DER HARZER ROLLER EIN VOGEL ODER EIN KÄSE? MIT DEM GLEITSCHIRM ÜBER DEN HARZ? WER MACHT ES MÖGLICH? LESEN SIE ALLES WISSENSWERTE HIER NACH.

Anreise · Vor der Reise

Mit dem Auto Aus Norden und Süden ist der Harz über die A 7 erreichbar. Über die Ausfahrten Seesen und Rhüden gelangt man über Langesheim nach Goslar und über Northeim (weiter auf der B 241) nach Osterode bzw. über Göttingen Nord nach Herzberg.

Die A 2 (Hannover – Berlin) hat bei Braunschweig einen Abzweig auf die A 395 nach Bad Harzburg und führt über die neue Nordharzautobahn B 6n bis Blankenburg. Über Magdeburg gelangt man auf der B 81 Richtung Halberstadt. Zwischen Halle und Friedland verbindet die noch nicht ganz fertig gestellte A 38 den Westen und Osten südlich des Harzes.

Urlauber, die im Winter mit dem Pkw in den Harz reisen, sollten sich über die **Schneeverhältnisse** beim Harzer Schneetelefon (►Wintersport) informieren.

i ENTFERNUNGEN

- Berlin – Goslar: 280 km
- Berlin – Stolberg: 263 km
- Frankfurt – Goslar: 314 km
- Hamburg – Quedlinburg: 287 km

Mit dem Flugzeug Die nächstgelegenen Flughäfen sind Leipzig/Halle (50 km von Lutherstadt Eisleben entfernt) und Hannover-Langenhagen (80 km von Goslar, 100 km von Bad Harzburg entfernt).

Mit der Bahn Auch mit der Bahn ist der Harz zu erreichen. Aus dem Norden und dem Ruhrgebiet via Hannover oder Kassel, aus dem Süden über Kassel oder Erfurt, von Berlin über Magdeburg und aus dem Osten über Leipzig, Halle (Saale) und Halberstadt. In Goslar, Bad Harzburg, Ilsenburg, Halberstadt, Wernigerode und Thale gibt es im Nord- und Ostharz Bahnhöfe, im Südwestharz steuert man Bad Lauterberg an, im Unterharz Nordhausen oder Halle, Lutherstadt Eisleben, Sangerhausen oder Kelbra-Stolberg. An den Wochenenden gibt es Tagesverbindungen vom Berliner Ostbahnhof in die Harzstädte Vienenburg, Ilsenburg, Wernigerode, Halberstadt, Quedlinburg und Thale sowie von Leipzig nach Stolberg. Bahnauskunft, Tel. 118 61, www.bahn.de und Harz-Express, Tel. 039 41/67 83 33, www.hex-connex.de

←Am Heinrich-Heine-Weg im Ilsetal

Auskunft

WICHTIGE ADRESSEN

TOURISMUSVERBÄNDE

► **Harzer Verkehrsverband (HVV)**
Marktstraße 45
38640 Goslar
Tel. 0 53 21/3 40 40, Fax 34 04 66
www.harzinfo.de

▶ **Regionalverband Harz**
Hohe Straße 6
06484 Quedlinburg
Tel. 0 39 46/9 64 10, Fax 96 41 42
www.harzregion.de
Zusammenschluss der Landkreise im Harz mit Infos zum Geo- und Naturpark

▶ **Tourismusverband Sachsen-Anhalt e. V.**
Danzstr. 1
39104 Magdeburg
Tel. 03 91/7 38 43 00, Fax 7 38 43 02
www.tourismusverband-sachsen-anhalt.de

▶ **Thüringer Tourismus GmbH**
Postfach 100519, 99005 Erfurt
Tel. 03 61/3 74 20, Fax 374 23 88
www.thueringen-tourismus.de

▶ **Landesmarketing Sachsen-Anhalt GmbH**
Am Alten Theater 6
39104 Magdeburg
Tel. 03 91/5 67 70 80, Fax 5 67 70 81
www.sachsen-anhalt-tourismus.de

SONSTIGE

▶ **Harzklub (Wander- und Naturschutzverein)**
Bahnhofstraße 5 a
38678 Clausthal-Zellerfeld
Tel. 0 53 23/8 17 58, Fax 8 12 21
www.harzklub.de

▶ **Nationalpark Harz**
Lindenallee 35
38855 Wernigerode
Tel. 0 39 43/5 50 20, Fax 55 02 37
www.nationalpark-harz.de
Außenstelle Oderhaus:
37444 Sankt Andreasberg
Tel. 0 55 82/9 18 90, Fax 91 89 19

Nationalparkhäuser vermitteln Wissen über Natur und Geschichte des Harzes.

WEITERE INTERNET-ADRESSEN

▶ **www.harzagentur.de**
Die Harzagentur organisiert u. a. Stadtführungen, Mountainbike-, Kanu- und Wandertouren.

▶ **www.harz.com**
Der Inhaber des Hotels Habichtstein in Alexisbad gibt viele Ortsinfos und Veranstaltungshinweise.

▶ **www.harz24.de**
www.skiharz.de
Auskunft über Sehenswürdigkeiten, Übernachtung, Wetter sowie Ski- und Rodelpisten, aber auch über Möglichkeiten zum Schlittschuhlaufen und Wandern.

▶ **www.harzpoint.de**
Internetreiseführer zum gesamten Harz einschließlich vieler Webcams.

▶ **Weitere informative Sites:**
www.harzfuchs.de, www.harzluchs.de, www.wandern-im-harz.de, www.harz.de, www.harzlife.de, www.harztourist.de

Mit Behinderung unterwegs

Viele öffentliche Einrichtungen, Hotels und Restaurants sind auf die Bedürfnisse behinderter Menschen eingestellt. Der Bundesverband Selbsthilfe für Körperbehinderte (BSK) organisiert Gruppenreisen und vermittelt u. a. Reisehelfer. Über behindertengerechte **Unterkünfte** (in Hotels, Gasthöfen, Pensionen, Ferienwohnungen, Appartements u. a.) im Harz informiert die Broschüre »Der Harz – Zu Gast bei uns«, erhältlich beim Harzer Verkehrsverband (►Auskunft). Der Hotelführer »Handicapped-Reisen Deutschland« erteilt ebenfalls Auskunft über behindertengerechte Unterkünfte und ist beim FMG-Verlag erhältlich.
In Hahnenklee-Bockswiese existiert ein spezieller **Wanderweg für Rollstuhlfahrer** (Ausgangspunkt: Parkplatz an den Teichwiesen; Informationen u. a. bei der Tourismusinformation der Hahnenklee Tourismus Marketing GmbH ►dort).
Durch die Einrichtung eines Schrägaufzuges ist das **Schaubergwerk Büchenberg** in ►Elbingerode auch für Gehbehinderte und Rollstuhlfahrer zugänglich.

WICHTIGE ADRESSEN

- **FMG-Verlag**
  Nordkanalstr. 52
  20097 Hamburg
  Tel. 040/54 80 78 77
  www.fmg-verlag.de

- **Bundesarbeitsgemeinschaft des Clubs Behinderter und ihrer Freunde e. V.**
  Langenmarckweg 21
  51465 Bergisch Gladbach
  Tel. 022 02/989 98 11
  www.bagcbf.de

- **Bundesverband Selbsthilfe Körperbehinderter e. V. BSK-Reisedienst**
  Altkrautheimer Straße 20
  74236 Krautheim
  Tel. 0 62 94/4 28 10
  www.bsk-ev.org

Essen und Trinken

Speisen

Harzer Küche Unter den Harzer Spezialitäten versteht man bevorzugt besonders herzhafte Köstlichkeiten, die man in der Regel weniger in den großen Hotels mit einer meist internationalen Küche findet, sondern eher in den Restaurants und v. a. in Landgasthöfen und Waldgaststätten.

? WUSSTEN SIE SCHON ...?

- ... dass der Harzer Roller so heißt, weil ihn die Bauern früher von Hand gerollt haben? Für ein Kilo des Sauermilchkäses benötigt man 100 l Magermilch. Bis der »Roller« reif ist, dauert es rund 96 Stunden. Bis er läuft, ungefähr noch mal so lange.

Harzer Käse

Weithin über die Grenzen des Harzes bekannt ist das herzhaft-würzige Sauermilchprodukt, das seit über 200 Jahren unter dem Namen Harzer Käse oder **Harzer Roller** ein Begriff ist und aus mehreren rund gerollten, abgeflachten Laibchen besteht. Kenner berichten, der Harzer Käse habe seine beste Reife einen Monat vor Ablauf des aufgedruckten Haltbarkeitstermins. Die bekannteste Harzkäserei liegt in Vienenburg im Nordharz.

Wurstwaren

Ein viel zitierter Spruch lautet: »Dem Harzer ist zwar nicht alles Wurscht, aber Wurscht alles«, was bedeutet, dass die Wurst die Leib- und Magenspeise der Harzer ist. Geschätzt werden u. a. Leberwurst, Rotwurst, Mettwurst (frisch mit und ohne Knoblauch oder luftgetrocknet; Achtung: im Anhaltischen ist der Name Bratwurst für die Mettwurst gebräuchlich), die Knackwurst sowie die Harzer Schmorwurst. Typische Harzer Wurstwaren gibt es u. a. bei »Sühls Harzspezialitäten« in Braunlage, Wernigerode und Goslar (Wernigerode: Breite Straße 53 a, www.harz-spezialitaeten.de).

Fisch und Wildgerichte

Besondere Leckerbissen sind die echten Harzer Bachforellen, die rote Punkte in ihrer Zeichnung haben; gern gegessen werden u. a. auch verschiedene Wildgerichte wie Hirsch- oder Wildschweinbraten.

Backwaren

Zu den oben erwähnten Harzer Wurstwaren schmecken dunkle und rustikale Brotsorten. Bekannt ist u. a. das Okertaler Keimkornbrot aus der Bäckerei Muhs in Schulenberg (auch ►Altenau Erleben), das mit Natursauerteig in einem alten Rezept in verschiedenen Geschmacksrichtungen erhältlich ist.

Kuchen

Zwiebelkuchen mit Speck und Kümmel wird vielerorts goldbraun serviert. Für seine Baumkuchen berühmt ist die Harzer Bäckerei Friedrich in Wernigerode (Tel. 0 39 43/63 27 26).

Schärpermahlzeit

Zu einer Schärpermahlzeit in einem **Bergwerk** kann man sich beispielsweise in den Besucherbergwerken Büchenberg (begleitet von Live-Musik) oder Drei Kronen und Ehrt – beide in **Elbingerode** – , in **Clausthal-Zellerfeld** im Oberharzer Bergwerksmuseum oder in **Lautenthal** (►Langelsheim) im Historischen Silberbergwerk Lautenthals Glück anmelden. Im Erzkahnhafen werden hier rustikale Mahlzeiten

für den großen und kleinen Hunger angeboten (Infos erteilen die Tourist-Informationen oder die Bergwerke vor Ort).
Die Teilnahme an einem **Harzer Kötenessen** (einer alten Köhlermahlzeit) ist beispielsweise in Schulenberg möglich (Infos: Tourist-Information ►Altenau).

Getränke

Mineralwasser Als Mineralwasser wird unter anderen Bad Harzburger Juliushaller, Okertaler, Harzer Grauhof Brunnen oder Blankenburger Wiesenquell getrunken.

Bier Das Lieblingsgetränk der Harzer ist das Bier. Bekannt sind u. a. das Einbecker Bier, das schon im 14. Jh. gebraut wurde und vermutlich dem Bockbier seinen Namen gab, die Altenauer Biere (Pils, Export, Doppel- und Maibock, Malzbier sowie Harzer Urstoff, ein naturtrübes Bier), die Goslarer Gose und das »Echt Sehusen'sch«, auch ein naturtrübes Bier, aus Seesen. Am bekanntesten ist wohl das Hasseröder Bier. Von dem in Wernigerode gebrauten Gerstensaft werden jährlich über 2 Mio. Hektoliter hergestellt und bundesweit verkauft. Beliebt ist auch das Sangerhäuser Mammut Ur-Pils. In Quedlinburg, im Osten des nördlichen Harzvorlandes, befindet sich die Brauerei Lüdde, die im Quedlinburger Brauhaus-Gasthof ständig vier Sorten frisch gebrautes Bier aus eigener Brauerei anbietet: Lüdde-Alt, Lüdde-Pilsener, Lüdde Pubarschknall und Lüdde-Saison.
Das alkoholfreie Clausthaler wird nicht im Harz, sondern in Hessen gebraut. In Wippra kann man bei der Bierherstellung zuschauen, und in Lautenthal existiert ein privates Brauereimuseum.

Schnaps Unter den klaren Schnäpsen zählen der Wöltingeroder Edelkorn (auch »Wölti« genannt; erhältlich in der Klostergut-Brennerei in Wöltingerode bei Vienenburg, ► Bad Harzburg) und der Nordhäuser Korn zu den bekanntesten.

Weitere Harzer Spezialitäten sind u. a. das »Harzer Grubenlicht« und der bekanntere »Schierker Feuerstein«, zwei **Halbbitter-Liköre aus erlesenen Kräutern** mit 35 Vol.-% Alkoholgehalt, die Kräuterliköre »Brockenfeuer« und »Schmiedefeuer« oder »Köhler Liesel«, eine Waldbeeren-Mixtur mit 25 Vol.-% Alkoholgehalt aus Himbeeren, Brombeeren und Heidelbeeren, ferner der Nordhäuser Magenkräuterlikör »Förstertrunk« und der klare »Harzgeist«, ein Kräuterschnaps.

! *Baedeker* TIPP

Trinkfest

Überall im Harz stehen bis zu 3 m hohe Flaschen mit einem roten Etikett. Sie werben für den Kräuterlikör Schierker Feuerstein, den der Schierker Apotheker Willy Drube Ende des 19. Jh.s erfunden und nach den rötlichen Feuersteinklippen seines Heimatorts benannt hat. Der Mann wurde damit reich. Drube ist gegangen, der Likör wird weiter nach dem geheimen Rezept von damals gebraut.

Feiertage, Feste und Events

Ein jährlicher **Veranstaltungskalender** ist bei den örtlichen Tourist-Informationen sowie beim Harzer Verkehrsverband erhältlich (► Auskunft). Die wichtigsten Termine enthält u. a. auch der »Harz-Blick«, das Harzer Gästemagazin.

FESTE & EVENTS

JANUAR/FEBRUAR

► **Harzer Kulturwinter**
Buntes Kulturwinter-Programm, u. a. Theaterkurse in Quedlinburg, Gespensterführungen in der Goslarer Kaiserpfalz, Lesungen im Schloss Wernigerode, Winterfest im Schaubergwerk Wettelrode (Infos: www.kultur-harz.de).
Winterfest am Josephskreuz in Stolberg auf dem großen Auerberg (hoffentlich im Schnee): Spiel, Spaß und Musik

► **Setzbügeleisen-Eisschießen**
Jedes Jahr kämpfen in Braunlage Athleten aus ganz Deutschland um die Meisterschaft. Wie beim Eisstockschießen muss man mit dem alten Eisen ein kleines Zieltor oder eine Zielfigur treffen. Mitmachen darf, wer mag. Eine Riesengaudi. www.setzbuegeleisenschiessen.de

MÄRZ/APRIL

► **Osterfeuer**
werden am Ostersamstag oder -sonntag überall bei Einbruch der Dämmerung auf Wiesen und Höhen entzündet. Schon Tage vorher werden die Fichtenmeiler kunstvoll aufgeschichtet, das Schwingen der Osterfackeln und das Osterwasserholen in den frühen Morgenstunden sind ebenso alte Bräuche, die lebendig gehalten werden.

► **Walpurgis**
In der Nacht zum 1. Mai tanzen Teufel oder Hexen ums Feuer. Die traditionellsten Veranstaltungen sind in Schierke oder auf dem Hexentanzplatz in Thale, aber auch in 50 weiteren Harzer Orten wird mit Umzügen, Theaterspielen, Hexenflugaktionen und Feuerwerk gefeiert.

MAI ODER JUNI

► **Kunst- und Handwerkermarkt**
In Clausthal-Zellerfeld laden rustikal geschmückte Stände zum Kaufen, Schauen, Schmausen und Trinken ein.

AB JUNI

► **Wiesenblütenfest**
In Sankt Andreasberg werden die Waldarbeitermeisterschaften und der Wettstreit der Harzer Schützenkönige ausgetragen. Der Festumzug zählt zu den Höhepunkten.

Unterwegs als Teufel oder Teufelin an Walpurgis

▸ **Gandersheimer Domfestspiele**
Von Juni bis August

▸ **Viehaustrieb**
In Wildemann werden Pfingsten die Kühe auf die Bergwiesen getrieben. Nach der Ernennung des Kuhhirten folgen ein Umzug und Fest.

▸ **Kaiserfrühling**
In Quedlinburg wird an Pfingsten die letzte Reichsversammlung Ottos des Großen aus dem Jahr 973 nachgespielt.

▸ **Tage der Kleinkunst**
In Goslar finden nach Pfingsten Clownerien, Puppentheater, Kabarett und Theaterstücke statt; mittlerweile zur Kultveranstaltung avanciert ist die »Lange Nacht«.

▸ **Quedlinburger Musiksommer**
Juni bis September

▸ **Halberstädter Domfestspiele**
im Juni

▸ **Harzfest**
Vielerorts: Brauchtumsfest mit heimischen Produkten, Waldarbeiter-Meisterschaften, Folklore, Festumzüge, Markt u. a. (www.harzer-foerderkreis.de)

JULI

▸ **Galopprennwoche**
Die Galopprennbahn in Bad Harzburg wird zum Anziehungspunkt für Pferdesportbegeisterte.

▸ **Ritterspiele**
auf der Burg Regenstein

▸ **Wernigeröder Schlossfestspiele**
im Juli und August
www.schloss-wernigerode.de

AUGUST

▸ **Salz- und Lichterfest**
im Schein von 100 000 Lichtern zu Ehren des »Weißen Goldes« mit zahlreichen Bühnen und Kunsthandwerkern in Bad Harzburg.

SEPTEMBER

▸ **Hirschbrunft-Erlebnistage**
in Sankt Andreasberg mit Harzer Hirschbrunftmeisterschaft, die für alle Imitatoren ausgeschrieben ist; es geht mehr oder weniger ernsthaft an die Sache heran.

▸ **Schierker Kuhball**
Anlässlich des Weidenabtriebs findet zunächst ein Umzug vom Rathaus zur Quesenbank statt, wo mit Folklore und Harzer Spezialitäten gefeiert wird. Auch in Tanne.

▸ **Sehusafest**
Das größte Historienfest Norddeutschlands lockt mit über 1000 Akteuren Tausende von Besuchern in ein zumeist mittelalterliches Seesen.

OKTOBER

▸ **Kaiserringverleihung**
Verleihung des Goslarer Kunstpreises an einen Gegenwartskünstler in der Kaiserpfalz.

DEZEMBER

▸ **Vielerorts**
Weihnachtsmärkte, Advents- und Weihnachtsmusik, Kinderweihnacht, Puppentheater- und Märchenaufführungen sowie Weihnachtstanzturniere

▸ **Traditioneller Silvesterlauf**
in Bad Harzburg

Mit Kindern unterwegs

Entdecke die Möglichkeiten!

Der Harz ist ein ideales Urlaubsziel für Ferien mit Kindern. Mehrere Harzer Orte bieten im Sommer **spezielle Kinderprogramme** an. Bei Jung und Alt gleichermaßen beliebt ist das im Juli veranstaltete traditionelle Sommerfest im Kurpark von Hahnenklee-Bockswiese (Infos: Tourist-Information der Hahnenklee Tourismus Marketing ► dort). Außer Wanderungen (► Wandern) in reizvoller Landschaft (bzw. durch Tiergehege, Wildparks und Wildvogelstationen, auf Lehrpfaden oder durch ► Höhlen), Rast auf Grillplätzen, Radtouren (► Wandern, Radwandern), Wildfütterungen, Schwimmen (beispielsweise im Oderstausee) oder Boot fahren auf den Teichen und Seen sowie Rodeln, Schneemannbauen oder Schneeballschlachten im Sommer (► Bad Grund, Baedeker-Tipp) und im Winter seien die nachfolgenden Attraktionen besonders hervorgehoben. Auskunft geben die örtlichen Fremdenverkehrsämter.

Badeparadiese

Viel Spaß bereiten u. a. Aufenthalte in den Badeparadiesen, wie dem Salztal-Paradies in Bad Sachsa (www.salztal-paradies.de), der Sehusa-Therme in Seesen (www.sehusa-wasserwelt.de), dem Erlebnis-, Sport- und Freibad Aqua-Land in Osterode (www.aloha.osterode.de) oder dem Freizeit- und Erlebnisland Vitamar in Bad Lauterberg (www.vitamar.de). Weitere Spaßbäder finden sich in Halberstadt (Freizeit- und Sportzentrum Halberstadt, www.fsz-halberstadt.de), Stolberg (Thyragrotte, www.stadt-stolberg.de), Altenau (www.heisser brocken.de) und in Bad Harzburg (Silberbornbad).

Krodoland

Reichlich Platz zum drinnen und draußen Spielen bietet das Krodoland in Westerode: Kletterwand, Reithalle, Indianerdorf, Blockhaus, Spielscheune, Swingolf, Kinderquads, ein Maislabyrinth, eine »Kürbiswelt« und viele weitere Angebote im Freizeitpark Westerode, Tel. 0 53 22/87 73 32, www.krodoland.de. An der Rabenklippe (► S. 138) bei Bad Harzburg kann man Luchse aus der Nähe beobachten (www.rabenklippe.de und www.nationalpark-harz.de).

Luchse

Märchenparks

Sowohl in Bad Sachsa wie auch in Bad Harzburg oder in Bad Grund gibt es Märchenparks. Im Märchengrund, 2 km außerhalb von Bad Sachsa in einem schönen Waldtal, werden die bekanntesten Märchen auf beweglichen Schaubildern dargestellt. In Bad Harzburg fährt durch den Märchenwald eine Nachbildung der Harzquerbahn im Miniformat. In Bad Grund, unterhalb der B 242, liegt das Märchental.

◄ Märchenaufführungen

Auf dem durch eine Schwebebahn erreichbaren Hexentanzplatz von Thale befindet sich (neben verschiedenen Freizeiteinrichtungen sowie einem Tierpark) auch eine Naturbühne, auf der im Sommer das Harzer Bergtheater Märchenstücke für Kinder aufführt (www.harzer-bergtheater.de).

Erwachsene stellen sich eine zünftige Wanderung vor, Kinder entdecken am Wegesrand allerlei Sehenswertes!

Musikinstrumenten- und Puppenmuseum Kindern wird auch ein Besuch im Goslarer Musikinstrumenten- und Puppenmuseum (sowie anderes Spielzeug) viel Freude bereiten (► Goslar).

Ponyhöfe, Kutschfahrten Vielerorts werden – je nach Jahreszeit – Planwagen-, Kutsch- und Pferdeschlittenfahrten durch den Harz angeboten. Reiterhöfe, die z. T. auch Ferienwohnungen vermieten, bieten Ausritte und Ferienkurse. Informationen erteilen die Tourist-Informationen vor Ort oder der Harzer Verkehrsverband (►Auskunft).

Reiten ► ►Sport

Superrutschbahn Mit Minirollschlitten können Kinder (und Erwachsene) im Sommer am Matthias-Schmidt-Berg in **Sankt Andreasberg** auf der 550 m langen Rutschbahn hinuntersausen; bei trockenem Wetter Apr.–Okt. tgl. 9.30 – 17.30 Uhr (Infos: Alberti-Lift GmbH, Tel. 0 55 82/2 65). Weitere Rodelbahnen gibt es in Schierke, Thale und Wippra.

Tierparks Lohnende Ziele für Kinder sind u. a. auch die Tierparks und -gehege (z. B. in Aschersleben, Halberstadt, Wernigerode und in Thale auf dem Hexentanzplatz) sowie die Wildvogelstationen in Osterode und Bad Sachsa. In Bad Sachsa, Blankenburg und auf **der Burg Falkenstein** gibt es Falknereien.

Westernstadt Pullman City II Der Wilde Westen liegt nördlich von Hasselfelde, jedenfalls die Westernstadt Pullman City II. Neben einer großen Show (im Sommer täglich) laufen kleinere Auftritte von Sängern und Künstlern. Es gibt ein Westernmuseum, ein Camp zum Goldwaschen, ein Indianerspielplatz sowie einen kleinen Zoo mit Bisons (Apr. – Okt. tgl. 10.00 – 1.00 Uhr, www.pullmancity-2.de).

Hochseilpark und Funpark
Zwischen den Talstationen der Seilbahn und des Sessellifts in **Thale** liegen der Funpark mit Trampolin, Wippen und anderen Attraktionen und der größte Hochseilpark des Harzes. Drei Parcours in einem natürlichen Baumbestand bieten ein ausgefallenes Klettererlebnis (www.kletterwald-erleben.-de).

! *Baedeker* TIPP

Austoben
Eine Sandkiste, so groß wie Omas Landhaus, ein echter Kletterberg mit Haken und Ösen, Megabausteine, ein echter Bauwagen und vieles mehr begeistern in Thale große und kleine Kinder. Die Großen dürfen mitspielen oder sich im Café unterhalten. Bau-Spiel-Haus Thale, Di.–So. 10.00 bis 19.00 Uhr, in den Schulferien auch Mo., Otto-Schönermark-Straße 1 (Nähe Rathaus), Tel. 0 39 47/61 06 26, www.bau-spiel-haus.de.

Literaturempfehlungen

Klassiker

Heine, Heinrich: Die Harzreise. Ditzingen, Reclam, o. J. (auch als Hörbuch)
Heine berichtet von seiner Reise von Göttingen durch den Harz über den Brocken bis nach Ilsenburg. Entstanden in den frühen Jahren seines literarischen Schaffens.

Goethe, Johann Wolfgang von: Faust (1808)
Der Dichter, der den Harz 1777, 1783 und 1784 bereiste, machte im ersten Teil den Brocken zum Schauplatz der Walpurgisnacht.

Belletristik

Fontane, Theoder: Ellernklipp. München, dtv, 1997
Ellernklipp ist eine mit Erlen bewachsene Felswand im Harz und der Schauplatz der Geschichte von der Adoption des Waisenmädchens Hilde, die in einem Drama endet. Die Erzählung von 1881 beruht auf einer wahren Begebenheit.

Rosenlöcher, Thomas: Die Wiederentdeckung des Gehens beim Wandern. Harzreise. Frankfurt/Main, Edition Suhrkamp, 1991
Der Ich-Erzähler folgt den Spuren Goethes und Heines kurz nach der Wiedervereinigung. Westgeld, Westautos, Westzeitung ... während seiner Harzreise geht dem sächsischen Wanderer der Westen auf.

Sagen- und Märchenwelt

Probst, Anneliese: Sagen & Märchen aus dem Harz. Berlin, Altberliner Verlag, 1992 – Die Autorin widmet sich den Harzer Sagen.

Kutschmann, Maria: Im Zauberbann des Harzgebirges, Harz-Sagen und Geschichten. Jena, Verlag Bussert & Stadler, 2004
Der Reprint der Ausgabe von 1890 ist mit Jugendstil-Farbdrucken und Holzschnitten illustriert.

Erinnerungen

Breitenborn, Konrad: Die Lebenserinnerungen des Fürsten Otto zu Stolberg-Wernigerode. Wernigerode, Jüttners Verlagsbuchhandlung, 1996

Kafka, Franz: Tagebücher 1909 – 1923, Kapitel: Reise Weimar – Jungborn. Frankfurt/Main, S. Fischer Verlag, 1997
Kafka beschreibt das Leben in einem Sanatorium Anfang des 20. Jh.s und Ausflüge zu den Harzern in fragmentarischen Sätzen.

! *Baedeker* TIPP

Schräge Orte

Drei Harzer Highlights haben es in das etwas andere Reisebuch der »übersehenen Sehenswürdigkeiten« geschafft. Zu den wenig bekannten Skurrilitäten zählt die im Wald am Hexentanzplatz gelegene Walpurgishalle, die weltweit einzige Herberge für Wandergesellen in Blankenburg, oder der deutsche »Eiffelturm« bei Stolberg. Das 38 m hohe Josephskreuz steht auf einem erloschenen Vulkan. Michaela Vieser und Reto Wettach: Übersehene Sehenswürdigkeiten. Deutsche Orte, IC! Berlin, 2004

Nossack, Hans-Erich: Die Tagebücher 1943 – 1977, Band 1. Frankfurt/Main, Suhrkamp, 1997
Der Hamburger Schriftsteller verliebte sich während eines Aufenthalts im Sanatorium Dr. Barner in Braunlage in eine andere Patientin. Über die unglückliche Liebe berichten die Tagebucheinträge aus dem Sommer 1952 neben vielen Details aus dem Oberharz jener Zeit.

Zietz, Rudolf: Erlebnisse an der Grenze im Harz. Hrsg.: Harzklub-Zweigverein Pöhlde, Duderstadt, 2003
Ein Herzberger schildert seine Dienstzeit als Angehöriger des Bundesgrenzschutzes zwischen Torfhaus Braunlage-Walkenried bis hin zum Grenzübergang Duderstadt/Worbis bei Teistungen.

Bildband

Dressler, Hauke und Wolfgang Knape: Der Harz. München, C. J. Bucher Verlag, 2000
Neben vielen Fotos liefert der Band Geschichten und Auszüge aus literarischen Werken und Infos zu vielen Orte in Stichworten.

DuMont Bildatlas Harz: Eine Entdeckungsreise in schönen Fotos und aktuellen Reportagen. DuMont Reiseverlag, Band Nr. 61, Ostfildern, 2010

Regionales

Löns, Hermann: Wernigerode, die bunte Stadt am Harz. Wernigerode, Jüttners Verlagsbuchhandlung, 2002
Reprint der Ausgabe von 1910 mit farbigen Zeichnungen von Bruno Jüttner.

ders.: Auf der Brockenbahn, Plauderei von Hermann Löns. Wernigerode, Jüttners Verlagsbuchhandlung, 2002. Mit Zeichnungen von Bruno Jüttner, Reprint.

Kunstgeschichte

Boeckh, Margit und Sebastian Kaps: Die Straße der Romanik. Halle, Mitteldeutscher Verlag, 2001 – Der Bildband (dt./engl.) zu 80 romanischen Baudenkmälern in Sachsen-Anhalt.

Hörbücher

Klingende Straße der Romanik. Gesänge der Hildegard von Bingen in sieben romanischen Kirchen mit Aufnahmen u. a. aus der Klosterkirche Drübeck und der Liebfrauenkirche Halberstadt. Bezug über die Projektstelle offene Kirchen, Tel. 03 91/5 34 61 87.

Sonstiges

Endisch, Dirk: Harz mit dem Zug erleben. München, GeraNova Zeitschriftenverlag, 2000
Der Harz-Führer der etwas anderen Art enthält alles, was es auf den Gleisen und neben den Schienen zu entdecken gibt.

Preise und Vergünstigungen

HarzCard

Mit der HarzCard (gültig 48 Std. oder 4 Tage) erhalten Besucher freien Eintritt oder freie Fahrt bei über 100 Attraktionen. Man erhält sie u. a. in Touristinformationen und bei den beteiligten Einrichtungen (www.harzcard.info). Kurkarten vieler Orte, sog. **Harz-Gastkarten**, gelten ebenfalls als Eintrittskarten zu vielen Sehenswürdigkeiten (www.harzcard.info).

Reisezeit

Beliebte Reisemonate

Die bevorzugten Reisemonate für den Harz sind die Sommermonate von Juli bis September. Für den **Wintersport** eignet sich am besten die Zeit von Ende Dezember bis Anfang März.
In den Orten am Harzrand und im Harzvorland können auch die stilleren Frühlings- bzw. Herbstmonate sehr schön sein, wenn die Obstbäume blühen und die Wälder sich im ersten Grün zeigen bzw. das Laub sich zu verfärben beginnt. Besonders bei Urlaubern, die zum Wandern in den Harz kommen, sind daher die Monate Mai und Oktober beliebt. In den höheren Gebirgslagen ist bis April sowie ab Ende Oktober häufig raues Wetter, Nebel und gelegentlich Schneefall zu erwarten. Da über Silvester, zu Ostern, an Walpurgis und an Pfingsten die Harzorte sehr gut besucht sind, sollte man rechtzeitig buchen.

Auf dem Brocken kann man sich über einen Mangel an Schnee nicht beklagen, hier herrschen oft eisige Temperaturen.

Raues, feuchtes Klima

Der Harz, das am weitesten nach Norden vorgeschobene deutsche Mittelgebirge, unterliegt die meiste Zeit des Jahres dem ozeanischen (nordatlantischen) Klimaregime. Das Klima wird als rau, feucht und kühl klassifiziert. Vorherrschende Windrichtung ist Südwest bis Nordwest, in den Gipfellagen West mit hoher Sturmhäufigkeit. Auf dem Brocken zählt man pro Jahr mindestens 70 Sturmtage! Gelegentlich machen sich aber auch kontinentale Einflüsse mit Ost- und Südostwinden bemerkbar.

Aufgrund der relativ meernahen und sehr exponierten Lage am Übergang zum norddeutschen Tiefland erhalten die Luvseite des Gebirges – das sind vor allem der Südwest- und Westrand – sowie die Hochlagen reichlich **Niederschläge**. Der meiste Regen fällt in den Sommermonaten. Dies gilt in Abstufungen für alle Höhenlagen. Daneben weisen die Hochlagen des Harzes ein zweites Niederschlagsmaximum in der kalten Jahreszeit (November bis Februar) auf. Insgesamt gesehen hat man im Oberharz an 200 Tagen des Jahres mit Niederschlag zu rechnen. Der Brocken, die höchste Erhebung des Gebirges, ist an etwa 300 Tagen umwölkt oder von Nebel einge-

? WUSSTEN SIE SCHON ...?

- ... dass das Wetter vor allem im Oberharz seine Launen hat? Auch wenn in Bad Harzburg die Sonne scheint, kann Torfhaus im Nebel stecken. Frost und Straßenglätte sind zwischen Oktober und April eher die Regel als die Ausnahme. Autofahrer sollten mindestens Winterreifen aufziehen und möglichst Schneeketten mitnehmen. Auch im Sommer ist es im Oberharz deutlich kälter als etwa in Goslar.

hüllt. Ein Großteil der winterlichen Niederschläge fällt in den Hochlagen als **Schnee**, weshalb der Harz auch als Wintersportgebiet geschätzt wird. In den Hochlagen kann die Schneedecke auf mehr als einen Meter anwachsen.

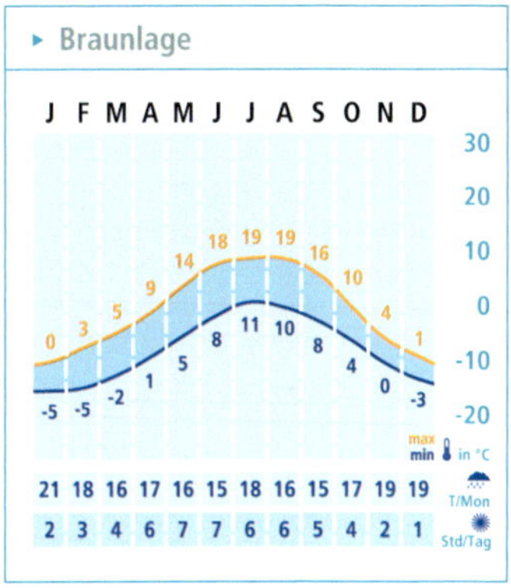

Dass es im Harz nicht nur feucht, sondern auch recht kühl sein kann, zeigt ein Vergleich der **Jahrestemperatur-Mittelwerte**. In der Leine-Niederung, die dem Harz westlich vorgelagert ist, beträgt die Jahresmitteltemperatur 8,7 °C, in den Bördengebieten des östlichen Harzvorlandes liegt dieser Wert bei 9,2 °C. Recht angenehm ist es am Südrand des Gebirges, wo die Jahresmitteltemperatur zwischen 8 und 9 °C schwankt. In Braunlage liegt dieser Wert nur noch bei 6 °C und auf dem Brocken nur bei 2,7 °C!
Juli und August sind auch im Harz die wärmsten Monate. In den Hundstagen kann die Quecksilbersäule im westlichen und vor allem im östlichen Harzvorland beträchtlich über die 30-°C-Marke klettern. In Braunlage und auf dem Brocken ist es dann angenehmer: Nur gelegentlich steigen die Temperaturen hier oben über 25 °C.
Im Hochwinter liegen die Temperaturmittelwerte in Braunlage unter -2 °C und auf dem Brocken unter -4 °C. Extreme Kältewerte hat man Ende Januar bzw. im Februar gemessen. Absolutes Minimum auf dem Brocken waren bislang -28,4 °C. Hier oben besteht selbst in den Sommermonaten die Gefahr von Bodenfrost. Auf dem Brocken hat man im Jahr mit mindestens 100 Eis- und 85 Frosttagen zu rechnen!

Shopping

►Special Guide »Typisch Harz«

Einen guten Überblick über die Arbeiten von Künstlern des Harzes kann man sich u. a. in den verschiedenen **Galerien** vor Ort verschaffen; im Angebot findet der Reisende neben Gemälden und Grafiken beispielsweise mundgeblasenes Glas, Souvenire aus Holz (u. a. Marionetten, Schnitzereien), schönes Porzellan und Keramik.

Kunsthandwerkerhöfe

In **Clausthal-Zellerfeld** lohnt der Kunsthandwerkerhof Alte Zellerfelder Münze, Bornhardtstraße 11, einen Besuch. Neben einer Glasbläserei arbeiten Töpfer und Goldschmiede; andere Künstler beschäftigen sich mit Seiden- oder mit Glasmalerei. Man kann ihnen bei der Arbeit zuschauen oder auch ein hübsches Teil erwerben. Weitere Informationen erteilt u. a. die Kurbetriebsgesellschaft »Die Oberharzer«

Filzmanufaktur in Quedlinburg: interessante Objekte zum Tragen und Wohnen

(▶Auskunft). In der **Filzmanufactur in Quedlinburg**, einem ehemaligen Arbeitslosenprojekt, wie auch im Quartier 7, einem Kunst- und Handwerkerhof im selben Objekt, sind Künstler und Handwerker tätig (Marktstraße 7, www. filzmanufactur.de, Tel. 039 46/51 41 90).

Im Hof des **Großen Heiligen Kreuzes in Goslar** werden Goldschmiedekunst, Papier- und Glaskunst, Keramik, Leder und Walkloden angeboten. Zu Weihnachten und zu Ostern gibt es größere Ausstellungen (Di.–So. 11.00–17.00 Uhr, Nov.–Febr. So. geschl., www.kunsthandwerk-goslar.de, Tel. 0 53 21/ 2 18 00).

Interessant ist u. a. eine Betriebsbesichtigung in der Eisenmanufaktur **Fürst Stolberg Hütte Ilsenburg** (Schmiedestraße 16 – 18, Tel. 03 94 52/24 94, www.fuerst-stolberg-huette.de, Mo. – Fr. 10.00–17.00 Uhr). Man kann beim **Gießen, Einformen und Aufarbeiten von kunstgewerblichen Gegenständen** (klassizistischer Schmuck, Wandteller, Figuren, Jagdmotive, Wand- und Kaminplatten, oft nach Originalmodellen gefertigt) zuschauen und diese auch erwerben.

Glas

In der **Glasmanufaktur Harzkristall in Derenburg**, unweit nordöstlich von Wernigerode (▶ dort; Tel. 03 94 53/68 00, www.harzkristall.de) kann der Besucher sich im Glasblasen versuchen und schöne Exemplare im gut sortierten Glasmarkt einkaufen oder sich individuelle Figuren von Tieren aus Glas anhand von Fotos erstellen lassen.

Holzspielzeug/ -schnitzereien

Neben Glas-, Kupfer-, Ton- und anderen Waren findet man Harzer Holzspielzeug u. a. im **Wernigeröder Kunst- und Kulturverein** (Marktstraße 1; Tel. 0 39 43/63 26 30, www.kunstverein-wernigerode.de). **Schwibbögen, Adventsdekoration** u. a. aus Harzer Hölzern fertigt Ernst Nolte im Oberharzer Drechslerstübchen in Northeim (www. oberharzer-drechslerstuebchen.de).

Harzer Uhren

Die **Harzer Uhrenfabrik Gernrode** fertigt geschnitzte Kuckucksuhren, die direkt ab Werk verkauft werden (Tel. 03 94 85/54 30, www.harzer-kuckucksuhren.de).

Harzer Roller

Unter dem Namen Harzer Roller sind sowohl die im Harz gezüchteten Kanarienvögel (▶ Baedeker-Special S. 324) als auch der Harzer Käse (▶Essen und Trinken) bekannt.

Porzellan und Töpferwaren

Hochwertiges Porzellan und künstlerisch beachtenswerte Stücke werden in der **kleinsten Porzellanmanufaktur Europas** von Heidi und Jürgen Hütter in Wernigerode produziert (www.design-huetter.de, Mittelstraße 6, Tel. 0 39 43/63 29 91, Manufakturverkauf; Ladengeschäft, Markstr. 1, Tel. 60 43 83, tgl. außer feiertags 10.00 – 18.00 Uhr).
Ein Geheimtipp für Liebhaber von Töpferwaren ist die Werkstatt des Töpfermeisters Uwe Schellbach in **Blankenburg** (Harzstr. 5a, Mo. – Fr. 9.00 – 18.00, Sa. 10.00 – 15.00 Uhr, Tel. 0 39 44/28 09).
Ein Ausstellungs- und Verkaufsraum mit Töpferwaren findet sich auch in der **Kemenate in Wernigerode**, dem Domizil des Kunst- und Kulturvereins.

Mineralien und Edelsteine

Eine schöne Auswahl an Mineralien findet man im Mineralstübchen in Clausthal-Zellerfeld (Bornhardtstraße 1) und im Historischen Silberbergwerk in Sankt Andreasberg.
Schöne Erinnerungsstücke sind auch die in der Schleiferei/im Mineralienverkauf des Besucherbergwerks in Elbingerode (► Bergbaumuseen) zum Verkauf angebotenen Kristalle und **Harzer Blutsteine**.

Übernachten

Einige Hotelempfehlungen finden sich im Kapitel Reiseziele von A bis Z. Die örtlichen Tourist-Informationen vermitteln weitere Hotel- und Privatzimmer, der Harzer Verkehrsverband verschickt Gastgeberverzeichnisse. Im **Internet** kann man unter www.harzinfo.de Übernachtungen online buchen.
Die Hotels sind nach **Kategorien** geordnet, die sich auf die Durchschnittspreise für ein Doppelzimmer mit Frühstück beziehen. Bei vielen Hotels lohnt sich die Nachfrage nach günstigeren Gruppen- und Wochenpreisen bzw. Nachlässen in der Nebensaison.

? WUSSTEN SIE SCHON ...?

- ... dass auch im Harx Kurtaxe erhoben wird, und zwar zusammen mit dem Übernachtungspreis. Zur Zeit liegt sie bei 1,50 bis 2,00 Euro pro Person und Tag.

Ferienwohnungen

In den meisten Fremdenverkehrsorten werden Ferienwohnungen (Appartements, Ferienhäuser) vermietet; Informationen erteilen die Tourist-Informationen vor Ort. Das Internet-Portal www.harz-travel.de bietet eine breite Auswahl aus dem gesamten Harz an.

Camping

Von den rund 50 Campingplätzen, die es im Harz gibt, stellt der Harzer Verkehrsverband (► Auskunft) 30 in einer Informationsbroschüre vor, die kostenlos zu beziehen oder im Internet unter www.harzinfo.de einsehbar ist.

INFORMATIONEN ÜBERNACHTEN

HOTELS

► **Preise**
Die im Kapitel Reiseziele von A bis Z empfohlenen Hotels sind in folgende Preiskategorien eingeteilt (Übernachtung im Doppelzimmer mit Frühstück):
Luxus: ab 100 €
Komfortabel: 50 bis 100 €
Günstig: unter 50 €

JUGENDHERBERGEN

► **Deutsches Jugendherbergswerk (DJH)**
Bismarckstraße 8
32756 Detmold
Tel. 0 52 31/7 40 10, Fax 74 01 49
www.jugendherberge.de

► **DJH-Landesverband Hannover**
Ferdinand-Wilhelm-Fricke-Weg 1
30169 Hannover
Tel. 05 11/1 64 02 22, Fax 1 64 02 32
www.djh-hannover.de

► **DJH Landesverband Sachsen-Anhalt**
Leiterstraße 10
39104 Magdeburg
Tel. 03 91/5 32 10 36, Fax 5 32 10 49
www.djh-sachsen-anhalt.de

Jugendherbergen Die Harzer Jugendherbergen stehen – unabhängig vom Alter – jedem offen, der im Besitz eines gültigen Jugendherbergsausweises ist. Eine kostenlose Broschüre des Harzer Verkehrsverbands (►Auskunft) fasst alle 15 Jugendherbergen im Harz mit Kurzporträts zusammen.

Urlaub aktiv

Galopprennwoche Alljährlich findet in Bad Harzburg auf der Naturrennbahn »Am Weißen Stein« die Galopprennwoche statt (► Feiertage, Feste und Events). Jagd-, Hürden- und Seejagdrennen verlangen den ca. 50 Jockeys aus ganz Deutschland und Europa einiges ab. Auch Spitzenprofis kommen nach Bad Harzburg, das mit seiner Naturrennbahn eine der schönsten Anlagen in Deutschland vorweisen kann. Die seit 1880 ausgetragene Veranstaltung lockt an den sieben Renntagen im Juli bis zu 50 000 Besucher an (Infos: Tourist-Information ► Bad Harzburg).

Schlittenhunderennen »Das« Wintersportevent lockt regelmäßig Hunderte von begeisterten Zuschauern nach Clausthal-Zellerfeld, Tanne, Hasselfelde, Elend und Benneckenstein. Die Veranstaltung mit rund 500 Gespannen mit Sibirian Huskies, Alaska Malamuten, Samojeden und Grönlandhunden – alles reinrassige Schlittenhunde – ist als Schneerennen geplant. Liegt zu wenig Schnee, wird es mit Wagen statt Schlitten ausgeführt oder fällt aus.

Zwei echte Freaks beim Schlittenhunderennen in den Oberharzer Bergstädten

Skispringen

Die Skisprungsaison von der in 971 m Höhe gelegenen Wurmbergschanze beginnt im Dezember. Aber auch ohne Schnee ist Skispringen in Braunlage möglich. Im Mai und von August bis Oktober finden monatliche Sommer-Skispringen statt.

Sport & Fun

Dorado für Sportler

Neben Kurgästen und Wanderern zieht es auch immer mehr junge Leute in das nördlichste deutsche Mittelgebirge, nicht zuletzt, um hier **Trendsportarten** wie Mountainbiking, Kajakfahren oder Klettern nachzugehen. Dementsprechend hat sich auch das Angebot verändert, so gibt es beispielsweise nun ein Mountainbikewegenetz mit 47 Routen auf 1400 km unter dem Namen Volksbank Arena Harz. Auch zum **Nordic Walking**, das bei Gesundheitsbewussten aller Altersklassen Anklang findet, bieten sich Strecken mit unterschiedlichen Schwierigkeitsgraden und somit geradezu ideale Bedingungen.
Nach wie vor ist der Harz auch eine Wintersportregion, Skilangläufer kommen hier ebenso auf ihre Kosten wie Abfahrer bzw. Snowboarder. Daneben machen die **Wanderer** einen Großteil der sportlich Aktiven aus, beiden Themenbereichen ist ein Extrakapitel gewidmet, ► Wintersport, ► Wandern (einschließlich Radwandern). Der Harzer Verkehrsverband (►Auskunft) bietet eine spezielle Broschüre für Aktivurlauber mit Informationen und Angeboten zu den verschiedensten Sportarten an.

Angeln

Inhabern des Fischereischeins ist gegen Erwerb einer Tages- oder Wochen-Fischereikarte das Angeln in vielen Harzer Gewässern erlaubt (Infos beim Harzer Verkehrsverband, ►Auskunft).

Gleitschirmfliegen Drachenfliegen (auch Kurse) wird auf dem Rammelsberg in Goslar, Gleitschirmfliegen von der Harzer Gleitschirmschule angeboten.

Golf Ein Golfplatz mit einer 9-Loch-Anlage existiert in Bad Harzburg, eine 18-Loch-Anlage in Meisdorf beim Parkhotel (►Selketal).

Swingolf ► Swingolf, die abgewandelte Form des Golfens, kann auch ohne langes Training ausgeübt werden. Plätze gibt es in Bad Harzburg und in Braunlage (www.swingolf-club-krodoland.de). Weitere Hinweise gibt es u. a. bei den Tourist-Informationen vor Ort.

Klettern Ein geeignetes Revier für Klettersportbegeisterte ist Schierke mit seinen Feuersteinklippen sowie den Schnarcherklippen (Kletterausrüstung erforderlich; weitere Informationen erteilt die Kurverwaltung in ►Schierke). Auch im Okertal finden Kletterer gute Voraussetzungen, ebenso bei Drei Annen Hohne, im Ilsetal sowie bei Thale.

Das Okertal: guter Tipp für Klettersportbegeisterte

Ein Klettererlebnis der besonderen Art unter fachlicher Aufsicht versprechen der **Hochseilpark** in Bad Harzburg (►Baedeker-Tipp S. 135) und der Hochseilgarten der Bergsportarena in Sankt Andreasberg (►Baedeker-Tipp S. 323).

Auf den Wanderwegen im Nationalpark Harz ist das **Mountainbiken** erlaubt, einige Routen sind extra ausgewiesen und am Biker-Piktogramm zu erkennen.

Ein dichtes Netz ausgeschilderter Mountainbikestrecken der **Volksbank Arena Harz** durchzieht Deutschlands nördlichstes Mittelgebirge: Allein im Süd-, Ober- und Hochharz haben Mountainbiker die Wahl zwischen 62 Routen mit mehr als 1800 km Strecke, die alle je nach Schwierigkeitsgrad farblich (blau = leicht, rot = mittelschwer, schwarz = schwer) markiert sind. Ein Tourbook enthält Kurzbeschreibungen der Routen, Höhenprofil, Karte, Navigationstabelle und Tipps zu Sehenswürdigkeiten. Es ist z. B. bei der Harz-Agentur erhältlich. Info: www.volksbank-arena-harz.de, Tel. 0 53 23/98 24 60.

Ein ausgeschildertes **Radwander- und Mountainbikenetz** mit einer Gesamtlänge von 331 km gibt es auch in der Region Wernigerode,

detailierte Routenbeschreibungen sind in einem Führer über die Wernigerode Tourismus GmbH (► dort) erhältlich. Vom Ausgangspunkt Ilsenburg sind einige Touren auf der Internetseite www.brockenbiker.de beschrieben.
Verschiedene Agenturen haben **geführte Mountainbiketouren** im Programm. Ausrüstung und Bikes kann man dort ebenfalls ausleihen. Die Harz-Agentur startet ab Altenau, Harz-Aktiv bietet Touren ab Goslar und die Bergsportarena hat die Region rund um Sankt Andreasberg im Programm. Fahrräder kann man auch in allen größeren Harzorten leihen.
In Schulenberg (► Altenau) bietet der **Racepark** mehrere Abfahrts- (Down-Hill) und Free-Ride-Strecken. Mit einem Skilift können die Mountainbiker ihre Räder und die Ausrüstung nach oben bringen.

Nordic Walking

Wer seinen Harzurlaub mit ein paar Nordic-Walking-Touren verknüpfen möchte, der trifft auf zahllose Wege – immerhin rund 8 000 km umfasst das Harzer Wanderwegenetz – inmitten eines abwechslungsreichen Landschaftsbildes. Verknüpfen lässt sich das sportliche Naturerlebnis natürlich auch mit einem ausgedehnten Wellnessurlaub (► dort). Neben dem Walken auf den Wanderwegen gibt es in den **Nordic-Walking-Zentren** zum Beispiel in Altenau, Blankenburg (mit einem Nordic Fitnesspark mit sechs verschiedenen Strecken), Braunlage und Thale Strecken mit unterschiedlichen Schwierigkeitsgraden und die Möglichkeit, dort auch Kurse zu belegen und Stöcke auszuleihen. Infos: Tourist-Informationen (► dort).

Reiten/ Kutschfahrten

In zahlreichen Orten gibt es Reit- und Fahrvereine, die Lehrgänge (auch Reitabzeichen), Ausritte und Kutschfahrten sowie auch Unterstellmöglichkeiten für Pferde anbieten. Auch Ponyreiten ist beliebt. Weitere Auskünfte erteilt der Harzer Verkehrsverband (► Auskunft). Regelmäßige Fahrten in den Harz führt Kutsch- und Planwagenfahrten Hasenbalg (auch ► Baedeker-Tipp S. 213) von Eckertal aus durch. Tel. 01 72/3 89 90 54.

Wassersport: Der Harz ist reich mit Gewässern, Seen und Talsperren gesegnet. Die Harz-Agentur veranstaltet von Mai bis September jeweils mittwochs ab 17.00 Uhr ein zweistündiges **Feierabendpaddeln** auf der Okertalsperre. Start ist die Vorsperrmauer. **Segelreviere** finden sich auf der Innerstetalsperre bei Lautenthal und Wolfshagen, auf dem Oderstausee bei Bad Lauterberg sowie auf dem Vienenburger See. Ein Segelbootverleih besteht in der Regel nicht. Surfer

! *Baedeker* TIPP

Wildwasserfahrten und Rafting

Die Oker bietet unterhalb der Talsperre als einziger Fluss in Norddeutschland ganzjährig Wildwasser bis 3+ / 4-. Voraussetzung: Das Kraftwerk lässt genug Wasser durch. Kanuten-Hotline der Harzwasserwerke: Tel. 0 53 26/ 90 83 00 mit Infos zu Wasserständen hinter der Sperre. Website der Kanusportler an der TU Clausthal: www.tu-clausthal.de/sport/sparten/paddeln. Landeskanuverband Niedersachsen: www.lkv-nds.de, Tel. 05 11/2 10 11 99.

INFORMATIONEN AKTIVURLAUB

BALLONFAHRTEN

► **Ballonwerbung Hamburg Niederlassung Braunschweig**
Steinweg 17/18
38100 Braunschweig
Tel. 05 31/77 88 99
www.flieg-mit-mir.de

DRACHEN- UND GLEITSCHIRMFLIEGEN

► **Harzer Gleitschirmschule**
Goslar, Bäringer Str. 31
Tel. 0 53 21/4 37 37
www.harzergss.de

► **Harzer Drachen- und Gleitschirmverein**
Tel. 0 53 21 /6 42 26, www.hdgv.de

KLETTERN

► **Deutscher Alpenverein**
Bäringer Str. 27, 38640 Goslar
Tel. 0 53 21/38 39 69, http://home.arcor.de/dav_goslar – Kletterkurse u. a. Veranstaltungen auf dem Brocken: Tel. 03 94 55/5 15 46
www.dav-basislager-brocken.de

GOLF

► **Golf-Club Harz e. V. in Bad Harzburg**
Tel. 0 53 22/67 37, www.golfclubharz.de – Der 9-Loch-Platz liegt an einem Hang. Einige Bahnen sind in Schräglage zu spielen! An Wochenenden und Feiertagen ist eine Anmeldung notwendig.

► **Golf- und Resortpark Schloss Meisdorf**
Tel. 03 47 43/9 84 50, www.golfclub-schloss-meisdorf.de
Über dem romantischen Selketal gelegen wurde die 18-Loch-Anlage für einen schnellen Spielfluss konzipiert.

KANU, KAJAK & TAUCHEN

► **Landeskanuverband Niedersachsen**
Tel. 05 11/2 10 11 99, www.lkv-nds.de – Kanufahren im Okertal

► **HARZ-Agentur GmbH**
Bergstraße 31 – Dietzelhaus
38678 Clausthal-Zellerfeld
Tel. 0 53 23/98 24 60, www.harzagentur.de – Organisiert werden u. a. Kanu- und Mountainbiketouren, Stadtrundgänge in Clausthal-Zellerfeld und GPS-gestützte Wanderungen (es gibt Leihgeräte).

► **Technische Universität Clausthal**
www.sport-tu-clausthal.de
Hier Informationen über das komplette Angebot

► **Tauchklub Manati am Okerstausee**
www.tc-manati.de

MOUNTAINBIKEN

► **Bergsport Arena**
Hinterstraße 3, 37444 Sankt Andreasberg, Tel. 0 55 82/81 54,
www.bergsportarena.de
Montainbike- und Klettertouren, Trainings- und Hochseilgarten, Bogenschießen und Floßtouren

► **HARZ-Agentur GmbH**
► oben, Kanu & Kajak

► **HarzAktiv**
Tel. 0 53 21/31 77 48
www.harzaktiv.net

► **Racepark Schulenberg**
Stefan Muhs, Fax 0 53 29/8 73
www.racepark.de

können u.a. am Okerstausee, auf der Innerstetalsperre, auf dem Oderstausee, dem Vienenburger See oder dem Wiedelaher See ihrer Sportart nachgehen (weitere Hinweise gibt es bei den örtlichen Tourist-Informationen). Wasserratten können in den zahlreichen Frei- und Stadtbädern, in den Badeparadiesen, in Bergseen, Teichen oder an einigen Stauseen, wie dem Oderstausee, dem Okerstausee oder dem Innerstestausee, baden. FKK ist u.a. an der Wippertalsperre möglich.

◄ Seeland

Zwischen Halberstadt, Quedlinburg und Aschersleben ist rund um den künstlichen **Concordiasee** das **Feriengebiet** Seeland entstanden. Seit 2002 füllt sich das ehem. Braunkohle-Tagebauloch Schadeleben zu einem 650 ha großen See mit weißem Sandstrand, Tretbootverleih und Bootsstegen. Am Ufer gibt es ein Reitsportzentrum und einen attraktiven Kinder- und Abenteuerspielplatz (Seeland GmbH, Seepromenade 1, 06449 Schadeleben, Tel. 03 47 41/913 41, www.seeland.de).

Weitere Hinweise

►Wandern und ►Wintersport

Verkehr

Harzer Schmalspurbahnen

◄ www.hsb-wr.de

Eine Fahrt mit den Harzer Schmalspurbahnen (HSB), zu denen die Harzquer-, die Selketal- und die Brockenbahn zählen, gehört zu den Erlebnissen, die man bei einem Harzurlaub auf keinen Fall versäumen sollte. Mit einer Gesamtlänge von über 140 km bilden sie **Europas größtes zusammenhängendes Schmalspurnetz** (Harzquerbahn: 60,5 km, Brockenbahn 19 km, Selketalbahn 60,9 km Streckenlänge seit der Erweiterung des Streckennetzes nach Quedlinburg). Die beiden ältesten Dampflokomotiven des HSB wurden 1897 erbaut, das Streckennetz ist das längste dampfbetriebene in Europa, und das Gesamtensemble der Harzer Schmalspurbahn wurde bereits 1972 unter Denkmalschutz gestellt.

Da die Schmalspurbahnen nur eine **Höchstgeschwindigkeit von 40 km/h** erreichen, kann man sich in aller Ruhe den Fahrtwind um die Nase wehen lassen. Die Fahrt auf den Brocken bedeutet eine hohe Kraftanstrengung für die »Meterspur«-Bahn (so wird sie wegen der 1000 mm breiten Spurweite genannt), deren Schienen Arbeiter zwischen 1886 und 1888 verlegt haben.

! *Baedeker* TIPP

Staufrei im Harz

Kein Stau, keine Parkplatzsorgen: Mit Bahn und Linienbussen kommt man im Harz gut voran. Fahrpläne, Preise und Netz gibt es unter www.bahn.de (mit fast allen Anschluss-Busverbindungen, Verkehrsverbänden etc.) und im niedersächsischen Harz auch unter http://vsninfo.de. Die Bahn vermietet außerdem Fahrräder (Infos über Adressen und Preise findet man ebenfalls auf oben genannten Websites).

INFORMATIONEN

BUS

▸ **Deutsche Bahn AG**
www.bahn.de
Tel. 018 05/ 99 66 33 (0,14 €/Min.)
Tel. 0 80 01/50 70 90 (kostenlose Fahrplanauskünfte über das Sprachdialogsystem)

▸ **Regionalbus Braunschweig (RBB)**
Hildesheimer Straße 53
38640 Goslar
Tel. 0 53 21/3 43 10
www.rbb-bus.de
Busfahrplan für den ganzen Harz

▸ **Verbund Region Braunschweig (VRB)**
www.vrb-online.de

▸ **KVG Braunschweig**
Mitglied der VRB – Geschäftsstelle Bad Harzburg, Tel. 0 53 41/4 09 90
www.kvg-braunschweig.de

▸ **Verkerhsverbund Süd-Niedersachsen (VSN)**
Tel. 05 51/99 80 99
www.vsninfo.de

▸ **Fahrplaninfo im Netz**
www.efa.de, www.insa.de

BAHN

▸ **Harzer Schmalspurbahnen GmbH (HSB)**
Friedrichstraße 151
38855 Wernigerode
Tel 0 39 43/55 80
www.hsb-wr.de

Über 400 Brücken und Durchlässe geht es über die engen Täler des Ostharzes und über Steigungen sowie durch einen Tunnel bei der Steinernen Renne, eines der romantischsten Harztäler bei Wernigerode. Für die Stichbahn von Stiege nach Hasselfelde wurde der kleinste Wendekreis Europas gebaut, schließlich schaffen die Loks Kurven mit einem Radius von nur 60 Metern. Eine Fahrt mit der Harzquerbahn ist unter ▸Touren beschrieben.

Weitere Eisenbahnen im Harz ▸

Neben den berühmten Schmalspurbahnen gibt es weitere Eisenbahnstrecken, die das Gebiet erschlossen haben. Zu nennen sind die 1923 eingeweihte Eisenbahnstrecke von Berga/Kelbra nach Stolberg. Für einen Besuch der Höhle Heimkehle sowie für Stolberg selbst ist die Station Uftrungen von Bedeutung. Die 1875 errichtete, 19 km lange **Rübelandbahn** verbindet Blankenburg und Elbingerode. Die Fahrt dauert rund 70 Minuten. Die **Mansfelder Bergwerksbahn** (Spurbreite 750 mm, eine Museumseisenbahn und älteste Schmalspurbahn in Deutschland) verkehrt zwischen Klostermansfeld (bei Mansfeld) und dem Eduard-Schacht bei Hettstedt. Die **Wipperliese**, eine Nebenbahn, die erst 1921 entstand, fährt auf der Strecke Klostermansfeld – Wippra. Die ca. 20 km lange Strecke führt durch das romantische Flusstal der Wipper.

Eisenbahnmuseen ▸

Eisenbahnmuseen gibt es in Vienenburg (▸Bad Harzburg), hier ist es im ältesten Bahnhofsgebäude Deutschlands untergebracht, und in ▸Benneckenstein.

Wandern

Bevor es losgeht

Durch den Harz führt ein über 8 000 km langes Wegenetz mit markierten Wanderwegen. Ruhebänke und Grillplätze laden zur Rast ein, Schutzhütten bieten Unterstand bei schlechtem Wetter. Feste Wanderschuhe, Regenbekleidung, Getränke, Verpflegung und Wanderkarten gehören ebenso ins Wandergepäck wie ein Handy für den Notfall und Pflaster für Blasen an den Füßen. Besonders bei der fast schon obligatorischen **Brockenwanderung** sollte man seine Kraft nicht überschätzen und vielleicht eine Strecke mit der Brockenbahn zurücklegen. In den meisten Tourist-Informationen (▸ Reiseziele von A bis Z) liegen Faltblätter mit Wanderrouten aus. Außerdem können in vielen Orten Wanderabzeichen oder Urkunden erworben werden.

> ! *Baedeker* TIPP
>
> **So weit die Füße tragen**
>
> Den angeblich schönsten Weg auf den Brocken weist Heinrich Heine, der 1824 über 15 km dem Flüsschen Ilse vom Blocksberg hinunter nach Ilsenburg folgte, den kürzesten ging ein halbes Jahrhundert früher Meister Goethe und heute gehen ihn an sonnigen Wochenenden Tausende. Auf dem Kaiserweg ging einst Barbarossa. Er kam bis nach Canossa, Sie können schon in Nordhausen aufhören. Da endet der Weg, der in Bad Harzburg beginnt. Infos zu den insgesamt 8000 km umfassenden Harzer Wanderwegen gibt es beim Harzer Verkehrsverband (▸ Auskunft) und unter www.wandern-im-harz.de.

Wandern zum Brocken

Obwohl es im Harz viele schöne Wanderwege gibt, ist der Ausflug zum 1142 m hohen Brocken fast schon zum Pflichtprogramm geworden. Verschiedene, nach Dichtern benannte Wanderwege führen auf den Gipfel. Am beliebtesten ist der 8 km lange **Goetheweg**. Er nimmt am Torfhaus seinen Ausgang und führt zunächst über Holzstege durch das Moor, weiter über den Quitschenberg ein Stück über die Betonplatten des ehemaligen Grenzgebiets und dann unterhalb der Schmalspurbahntrasse direkt auf das Plateau. **Heinrich Heine** wählte den Abstieg nach Ilsenburg, der vom Gipfel an dem Flüsschen Ilse folgt. Der schönste und längste Wanderweg zum Brocken überwindet mehr als 800 Höhenmeter.

Der **Harzer-Hexen-Stieg** (▸ Touren, Tour 5) führt knapp 100 abwechslungsreiche Kilometer diagonal durch den Harz, von Osterode über Buntenbock, Altenau und Torfhaus dann zum Brockengipfel und über Drei Annen Hohne und Altenbrak nach Thale. Im Bereich Rappbodetalsperre gibt es zwei Varianten ab Königshütte: die Nordroute über Rübeland oder die Südroute über Hasselfelde.

Harzer Grenzweg am Grünen Band

Grünes Band

Von der Ostsee bis ins Fichtelgebirge verläuft entlang der 1394 km langen ehemaligen deutsch-deutschen Grenze das »Grüne Band«, eine Kette wertvoller **Biotope und Naturschutzgebiete**, die 40 Jahre lang im Schatten des DDR-Grenzzauns gedeihen konnten. Nach der Grenzöffnung 1989 setzten engagierte Umweltschützer in der ehem. DDR und der Bund für Umwelt- und Naturschutz BUND im Westen durch, dass zumindest ein Teil des Grenzstreifens unter Naturschutz gestellt wurde. 75 km des »Grünen Bandes« verlaufen **zwischen Ilsenburg und Walkenried** durch den Harz, eine abwechslungsreiche, bergige Strecke durch den Nationalpark über den Brockengipfel. In den ausgedehnten Wäldern stehen noch einige Wachtürme und Reste des DDR-Grenzzauns. Teils läuft man über die Betonplattenwege der DDR-Grenzer (Info: www.dasgrueneband.info).

Geführte Wanderungen

Wandern im Nationalpark

Vielerorts werden geführte Wanderungen angeboten, z. B. im Nationalpark Harz, wo Nationalpark-Ranger durch den Wald führen. Infos sind bei der Nationalparkverwaltung erhältlich, ►Auskunft. Geführte Wanderungen veranstaltet auch der **Harzklub** (►Auskunft). In der Geschäftsstelle gibt es eine Übersicht mit allen geführten Harzklub-Wanderungen.

Brockenwanderung ►

Auch zum Brocken kann man mit fachlicher Begleitung wandern: z. B. ab Torfhaus mit Rangern und Wanderführern auf den sagenumwobenen Berg. Die Wanderungen finden von Mai – Oktober jeden Donnerstag um 9.30 Uhr statt, Ausgangspunkt für die fünfstündige Tour ist der Markt in Altenau (Info: Tourist-Information Altenau, www.harztourismus.com).

Karstwanderweg ►

Wer im Südharz Urlaub macht, kann auf über 200 km Wegstrecke die Karstlandschaft in den Landkreisen Osterode, Nordhausen und Sangerhausen erschließen, besonders Hobbygeologen kommen bei dieser Wanderung auf ihre Kosten (www.karstwanderweg.de).

Arboretum ►

Im Arboretum Bad Grund kann man 1000 verschiedene Bäume und Sträucher aus aller Welt entdecken. Die Wanderung durch den Exotenwald dauert ca. 2 Stunden (Info: Tourist-Information in Bad Grund, www.bad-grund.com).

Kräuterfährte ►

Wer das Besondere liebt, sollte eine Heilpflanzen-Wanderung mit dem Apotheker in Hahnenklee machen; die Wanderungen auf der Spur von Pflanzen und ihrer Wirkung finden von Mai bis Oktober einmal im Monat statt. Auch Hohegeiß bietet in den Sommermonaten Kräuterwanderungen an (Tourist-Information Hahnenklee, www.hahnenklee.de, Kurverwaltung Hohegeiß).

Besinnungsweg ►

Oberhalb von Bad Harzburg führt der Besinnungsweg entlang, an verschiedenen Punkten kann man den Blick in die Ferne schweifen lassen (Info: Tourist-Information Bad Harzburg, www. bad-harzburg.de).

Waldlehrpfad Weinbergstieg ►

Im Mittelalter hat man in Goslar versucht, Wein anzubauen. Entlang des Weinbergs verläuft ein 2 km langer Lehrpfad mit 25 Tafeln, die dem Waldbesucher Schönheit, Vielfalt und Zusammenhänge der Natur näher bringen. Ausgangspunkt ist der Frankenberger Teich (Info: Tourist-Information Goslar, www.goslar.de).

Auf der Spur der Bergleute

Viele Wanderungen, die angeboten werden, beziehen sich direkt auf die Geschichte des Bergbaus, historische Relikte lassen sich sowohl über Tage wie auch unter Tage entdecken.

◄ Wasser-Wander-Wege

Das Oberharzer Wasserregal in Clausthal-Zellerfeld ist ein komplexes Wasserwirtschaftssystem aus Gräben, Bergbauteichen, Radstuben und Wasserlösungsstollen, dessen Aufnahme in die Liste des UNESCO-Weltkulturerbes bevorsteht. Der e-guide EMIL (ein kleiner tragbarer Computer) vermittelt Information, zwei Rundgänge von 1,5 bzw. 2 Stunden gibt es bisher (Info: Oberharzer Bergwerksmuseum, www.bergwerksmuseum.de).

◄ Köhlerhüttenweg

Rund um Friedrichsbrunn (►Gernrode) führt der Köhlerhüttenweg durch ausgedehnte Wälder vorbei an historischen Altbergbau- und Meilerstätten (Info: Tourist-Information Friedrichsbrunn, www.friedrichsbrunn.de).

◄ Auf historischen Bergbauspuren

In Sankt Andreasberg kann man eine vierstündige Wanderung unter fachkundiger Leitung zu den alten Stätten des Silberbergbaus unternehmen (Tourist-Information Sankt Andreasberg, www.sankt-andreas berg. de).

◄ Wege deutscher Kaiser und Könige

Den Wegen deutscher Kaiser und Könige des Mittelalters folgt ein 550 km langer Wanderweg mit 70 Erläuterungstafeln zum geschichtlichen Hintergrund der einzelnen Stationen durch den ganzen Harz (Auskunft: Wernigerode Tourismus, www.wernigerode.de).

Wandern in den Harztälern

Auch in den Harztälern lässt es sich fantastisch wandern. Wer es wildromantisch mag, wandert im Okertal zwischen Oker (Waldhaus) und Romkerhall. Eine beliebte Wanderung führt zu den **Kästeklippen** oberhalb des Tales. Das **Ilsetal** bietet eine einmalige Naturlandschaft mit Feuersalamandern, Auerhähnen und Waschbären, hier führt auch der wohl schönste Brockenaufstieg, vorbei an Ilse-

Hier am Torfhaus geht es auf einem angelegten Weg durch das Moor.

Allianz Freizeitkarte Weserbergland/Harz (Radwanderwege und Freizeittipps), die Radtourenkarte des Allgemeinen Deutschen Fahrrad-Clubs (ADFC) sowie die detaillierte Freizeitkarte mit Rad- und Wanderwegen Harz.

Internationaler Radfernweg ►

Der internationale Radfernweg R 1, der von Calais über die Niederlande durch Nordrhein-Westfalen führt, hat in Höxter einen Anschluss, der von der Oberweser über den nördlichen Harz und das Harzvorland bis kurz vor die Elbe führt. Stationen sind u. a. Goslar, Wernigerode, Blankenburg und Thale. Eine Radwegekarte Höxter – Staßfurth im Maßstab 1:75 000 ist in den Tourist-Informationen an der Strecke erhältlich.

Wellness

Ob einer der elf Harzer Kurorte mit »Bad« im Titel oder »staatlich anerkannter Erholungsort« – Wellness ist angesagt. Die denglische Sprachmischung aus »Well being (Wohlfühlen)« und »Fitness« hat alle Harzer Orte erfasst. Fast alle größeren Hotels haben für ihre Gäste **Sauna-, Schönheits- und Wellnesslandschaften** eingerichtet. Am Rande der Städte entstehen Spaß- und Erholungsbäder. Einst biedere Ferienorte entdecken Anti-Aging, exotische Massagen und ausgefallene neue Behandlungsmethoden. Der Harzer Verkehrsverband hat eine Übersicht zu Wellnesspauschalen unter www.harzinfo.de (Thema Gesund-Harz) ins Internet gestellt. Im Internet findet sich eine nach Befunden sortierte Suchmaschine für Kurangebote unter www.heilklima.de und auf der Seite des Deutschen Heilbäderverbands unter www.baederkalender.de.

! *Baedeker* TIPP

Lichtblick im Stress

Cleopatra-Baden in der Klangwanne, Qi Gong, Wassergymnastik, Aromamassagen, Trinkkuren und viele Gespräche für Menschen, die sich leer und ausgebrannt fühlen. Das Calciumsole-Heilbad Bad Suderode (bei ►Gernrode) bietet für »Burn-Out-Betroffene« das Arrangement »Lichtblick«, damit diese »Selbstbesinnung und eine neue, innere Souveränität« wieder finden. Kurverwaltung Bad Suderode, Tel. 03 94 85/5 10, www.bad-suderode.de.

Oberharz ►

Die fünf Oberharzer Orte (Altenau, Clausthal-Zellerfeld, Wildemann, Buntenbock und Schulenberg) vermarkten ihre Kur- und Wellnessangebote gemeinsam unter www.harztourismus.com. Geboten werden spezielle Krankengymnastik, Massagen, Fango-, Eis- und Moorpackungen, Inhalations- oder Atemtherapie, Nordic Walking, Fußpflege, Wirbelsäulentherapie nach Dorn + Breuss, Entspannungstechniken, Stangerbäder und Kneippanwendungen. In der **Kristalltherme in Altenau** laden die Thermalsole- und Saunalandschaft »Heißer Brocken« zum Entspannen ein.

Die Vitalterrassen des Hotels Habichtstein in **Alexisbad** bieten neben Dampfbad, Sauna und Solarium verschiedene Entspannungsmassa-

Therapie im Eisensteinstollen

gen und Lymphdrainagen an. In den **Vitalterrassen** hat die Betreiberfamilie Wiemann eine 560 m^2 große Spa-Landschaft und einen fast ebenso großen »Vitalbereich« geschaffen. Hier gibt es ein Schwimmbad mit Gegenstromanlage, Nackenschwall und Massagedüsen, Fußbecken, ayurvedische Anwendungen und Massagen, Wärmebänke, ein Aromadampfbad und mehrere Saunen, darunter eine Biosauna mit Salzluft. Info: www.habichtstein.de (► Selketal, Übernachten).

◄ Bad Grund

Neben zahlreichen Kur- und Trainingsangeboten lockt Bad Grund vor allem Gäste mit Lungen- und Bronchialerkrankungen sowie Allergiker und Menschen mit Neurodermitis. Im **Eisensteinstollen** (► S. 134) atmen die Gäste bei konstant 6 °C keim-, pollen- und allergenfreie Luft (Heilstollentherapie). Das salzhaltige Quellwasser aus dem Bad Grunder Boden wird ins Hallenbad geleitet. Geboten sind außerdem Moor-, Kohlendioxid- und andere Heilbäder. Auskunft: Tourist-Information, www.bad-grund.de.

◄ Bad Gandersheim

Mehrere Kur- und Rehakliniken haben sich hier auf die Behandlung von Muskelerkrankungen, Rheuma, Bandscheiben- und Frauenleiden sowie Anwendungen nach Operationen spezialisiert. Info: Tourist-Information, www.bad-gandersheim.de.

◄ Bad Harzburg

Das Heilbad, das sich auch mit dem Titel »heilklimatischer Kurort« schmückt, hat sich neben den unter Bad Gandersheim genannten Indikationen auf die Behandlung von Unfall- und Verletzungsfolgen, Gelenk, Herz- und Kreislaufkrankheiten spezialisiert. Außerdem werden Magen-, Darm-, Haut- und psychosomatische Erkrankungen behandelt. Die Harzburger **Sole-Therme** bietet neben Innen- und Außenbecken mit 29 – 32 °C einen Gymnastikpavillon, einen Beauty-Bereich, eine »Sauna-Erlebniswelt« und eine Sole-Grotte. Info: Tourist-Information, www.bad-harzburg.de.

◄ Bad Lauterberg

Bad Lauterberg hat sich auf **Kneipp-Anwendungen** aller Art spezialisiert. Im Kurpark kann man im eiskalten Flüsschen Oder in einem Spezialbecken Wassertreten. Info: Tourist-Information, www.badlauterberg.de.

◄ Bad Sachsa

Das Salztal-Paradies bietet auf rund 5000 m^2 ein Erlebnisbad mit Wellenbecken, Rutschen, eine Saunalandschaft mit römischem Dampfbad und Eukalyptussauna, Solarien und eine Badegrotte. Info: www.salztal-paradies.de (►Bad Sachsa, Übernachten).

◄ Bad Suderode

Zum Kur- und Gesundheitszentrum gehören ein 32 °C warmes Calciumsolebad mit Innen- und Außenbecken sowie Saunen. Das Bad

Suderöder Heilwasser zählt zu den stärksten Calciumquellen Europas. Es wird für Trinkkuren, Bäder und Inhalationen genutzt. Im Wellnessbereich locken nicht nur in der kalten Jahreszeit Bäder in den Klangwannen, Hot-Stones-Massagen mit gewärmten hawaiischen Vulkansteinen und Ohrkerzenanwendungen nach indianischer Tradition. Info: Kurverwaltung, www.bad-suderode.de.

Blankenburg ▶ In dem Ostharzer Städtchen werden vor allem Gäste mit Rheuma, Krankheiten des Bewegungsapparats und mit Verletzungsfolgen behandelt. Info: Tourist-Information, www.blankenburg.de.

Osterode ▶ Im **Erlebnisbad** Aloha kann man sich von Unterwasser-, Massagedüsen und Schwallduschen massieren lassen und in sprudelnden Liegemulden im 32 °C warmen Wasser entspannen. Abends tauchen Lichtinstallationen die Anlagen in bunte Farben. Informationen: www.aloha.osterode.de.

Westerburg ▶ Auf einer der ältesten und besterhaltenen Wasserburgen Deutschlands – seit 2000 ein familiengeführtes Privathotel – kann man sich in der »Schönheitsfarm« mit Massagen und Thalassoanwendungen verwöhnen lassen. In der Wellnesslandschaft gibt es u. a. ein Schwimmbad, Fitnessgeräte und ein Kneippbecken. Info: www.hotel-westerburg.de (▶Osterwieck, Übernachten).

Wintersport

Der Harz ist das nördlichste Mittelgebirge bzw. Wintersportparadies Deutschlands. Bei guten Schneebedingungen (▶ Reisezeit) ist der Harz mit Abfahrtsstrecken aller Schwierigkeitsgrade, rund 500 km gespurten Loipen, Hunderten von Kilometern Wanderwegen und Rodelbahnen ein lohnendes Gebiet für Wintersportler. Der **Wintersport-Wetterbericht** informiert von Dez. – März unter Tel. 0 53 21/ 2 00 24. Im Internet findet man zusätzliche Infos unter www.harzinfo.de, hier weiter auf Schneelage. Die **Wintersportkarte Harz** ist gegen Gebühr, ein Leporello kostenlos beim Harzer Verkehrsverband (▶ Auskunft) erhältlich.

Überzeugend: Wintersport im Frühling bei steigenden Temperaturen und guten Schneeverhältnissen

Bekannteste **Abfahrtspisten** sind u. a. der Wurmberg bei Braunlage, der Matthias-Schmidt-Berg und das Skigebiet Sonnenberg bei Sankt Andreasberg, der Bocksberg, der

Hausberg von Hahnenklee, der Große Wiesenberg bei Schulenberg, Hohegeiß im Oberharz, Ravensberg bei Bad Sachsa im Südharz, Torfhaus zwischen Bad Harzburg und Braunlage sowie Drei Annen Hohne an der Straße von Wernigerode nach Schierke. Vielerorts werden Skikurse angeboten und Skiausrüstungen ausgeliehen.
Präparierte Pisten, eine Ski- und Snowboardschule, Mountainbike-Fahrtraing und Technikkurse für Anfänger und Fortgeschrittene bietet das **Alpinum in Schulenberg**. Jedes Jahr im März findet das Harzer Snow-Downhill-Event für Mountainbiker statt (www.alpinum-Schulenberg.de).

? WUSSTEN SIE SCHON ...?

- ... dass viele im Winter lieber Bretter unter den Füßen als vor dem Kopf haben? Sankt Andreasberg will mit neuen Snowboardpisten auf dem Matthias-Schmidt-Berg und dem Sonnenberg junge Leute in den Oberharz locken. Snowboardbahnen gibt es außerdem in Braunlage am Wurmberg, einen Funpark für Snowboarder im Ski-Alpinum Schulenberg. Informationen gibt es bei den örtlichen Tourist-Informationen und unter www.sankt-andreasberg.de, www.braunlage.de und www.schulenberg-harz.de.

Loipen

Zu den schönsten der insgesamt rund 500 km langen gespurten Loipen, die z. T. untereinander verbunden sind, zählen die Kaiserwegloipe von Torfhaus nach Bad Harzburg (ca. 10 km), die Achtermann-Loipe (20 km), die Ebersberg-Loipe (über 7 km), die Südharz-Loipe (40 km) und die Acker-Loipe (40 km), ferner die Braunlager Loipen (Hasselkopf-Loipe und Braunlager Loipe), die Loipen in Sankt Andreasberg (55 km) und die Loipen in Altenau (am Tischlertal und Mühlenberg, 14 km).
Die Loipen der Oberharzer Orte Bad Grund, Buntenbock, Clausthal-Zellerfeld, Hahnenklee-Bockswiese, Lautenthal, Wildemann und Wolfshagen sind in einem Loipenverbund von insgesamt 61 km Länge zusammengefasst. Loipenverbundkarten sind erhältlich.

Rodelbahnen, Eissporthallen

Rodelbahnen (z. T. auch Verleih von Schlitten) bestehen u. a. in Bad Sachsa, Braunlage, Bad Grund, Hahnenklee, Hohegeiß, Ilsenburg, Schierke, Schulenberg, Sieber, Sankt Andreasberg, Walkenried, Wernigerode, Wieda, Wildemann und Wolfshagen. In Bad Harzburg ist die Straße zum Molkenhaus als Natureisbahn präpariert und führt 500 m hinab ins Tal. Eissporthallen (z. T. auch Schlittschuhverleih) befinden sich u. a. in Braunlage und Bad Sachsa; Natureisbahnen in Bad Gandersheim, Bad Grund, Bad Harzburg, Hahnenklee, Herzberg, Hohegeiß, Bad Sachsa und Schierke. Für Extremsportler: Eisklettern kann man an einer Simulationswand in Schierke oder an gefrorenen Wasserfällen. Infos beim DAV Basislager Brocken, Tel. 03 94 55/5 15 46, www.dav-basislager-brocken.de.

◂ Natureisbahnen

◂ Eisklettern

Wildfütterungen im Winter

Die Teilnahme an Wildfütterungen ist u. a. möglich in Bad Grund, Bad Lauterberg, Clausthal-Zellerfeld, Bad Harzburg, Hasselfelde, Hohegeiß, Riefensbeek-Kamschlacken und Sankt Andreasberg.

EHUS

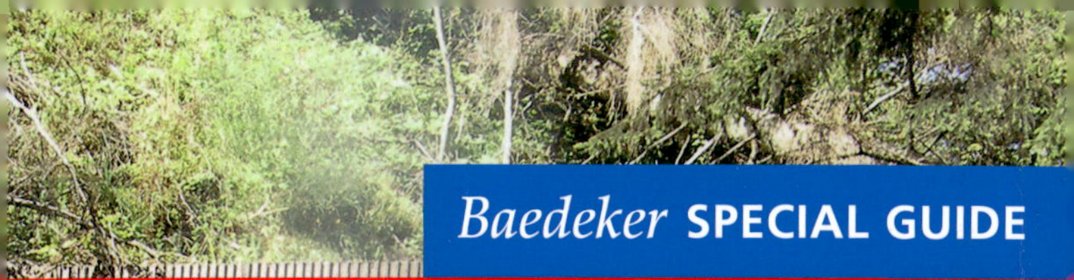

Baedeker SPECIAL GUIDE

DAS PLUS ZUM BAEDEKER HARZ

Typisch Harz

- → Regionale Spezialitäten aus Harzer Produkten
- → Traditionelles Kunsthandwerk aus heimischen Materialien
- → Einladung zum größten Brauchtumsfest, dem Harzfest

ISBN 978-3-8297-1207-1
9 783829 712071

€ 19,95 [D]
€ 20,60 [A]

»Typisch Harz« und mit dem hier abgebildeten Logo ausgezeichnet sind z. B. traditionsreiche oder neu kreierte Leckereien aus Harzer Pflanzen und Tieren.

▸ **Seite 4**

TYPISCH HARZ

Thalenser Brockenhexen, Fachwerkmodellhäuser, Schmuck aus Harzer Rohstoffen, aber auch »Hexen-Wellness« … In allen auf dieser Karte genannten Orten gibt es »Typisch Harzer« Produzenten und Produkte.

▸ **Seite 7**

TYPISCH HARZ

Drei Bundesländer, zwei davon in der ehemaligen DDR, fünf Landkreise und doch eine Region. Mühsam wächst auch im Harz zusammen, was zusammen gehören soll: eine regionale Identität.

Wie vielerorts helfen dabei eine gemeinsame Geschichte, Traditionen wie der Harzer Bergbau und regionale Spezialitäten. Die typische **Harzer Küche** ist bodenständig und deftig. Mahlzeiten für schwer arbeitende Bergleute und Bauern: Fleisch und Wurst, Obstbrände und andere Schnäpse wie der von einem Apotheker erfundene Schierker Feuerstein, Bier wie das deutschlandweit bekannte Hasseröder, Wild aus den Harzer Wäldern, Käse und Fisch, vor allem Forellen aus den zahlreichen Teichen im Harz.

Der bergige, steinige Harz eignet sich kaum für ertragreiche Landwirtschaft. Von Ackerbau und Viehzucht kann hier niemand leben. Einst lockten die Landesherren Bergleute aus anderen Regionen mit Privilegien in den Harz: Hier durften sie Ziegen und Kühe halten, mit deren Milch und Fleisch sie den kargen Speiseplan ihrer Familien bereicherten. In den Wäldern ließ man sie Holz sammeln und ihre Schweine weiden. Mit **Kunsthandwerk** verdienten sich die Bergmannsfamilien etwas dazu: In Sankt

Herzlich willkommen im Harz: Blumenakteure grüßen vor dem Schloss Wernigerode.

Typisch Harz Gute Adressen

WELLNESS

Cornelia Staadt & Cornelia Künstler GbR

Friedrichsdorfstraße 2, 06507 Bad Suderode
Tel. 03 94 85 / 6 31 87
www.wellness-lichtpunkt.com
Das Team um Cornelia Staadt und Cornelia Küster verspricht einen »Hexenurlaub zum Wohlfühlen« mit einem Marsch durch Harzer Sand, einem Gläschen Bad Suderoder Sole, einer Wanderung auf den Steinen des Bodetals, einem Kräuterfußbad aus Harzer Wald und Wiese, einer Ganzkörpermassage mit warmem Öl im Heuduft und einer Wohlfühl-Gesichtsbehandlung. Als Alternative gibt es auch Ayurveda oder Wellness aus der hawaiianischen Welt mit u. a. Kokos-Joghurt-Ganzkörperpeeling, Muschelfußbad und Tempelmassage oder eine Wiener-Walzer-Massage, die von dem Musikmeditationslehrer Dr. Reinhard Prochazka entwickelt wurde.

ESSEN

Liebe geht durch den Magen, die Liebe zum Harz natürlich auch. So haben sich zahlreiche Anbieter auf überlieferte oder neu kreierte Leckereien spezialisiert.

Harzer Naturküche

Simone Seiboth
Schlossberg, 06484 Quedlinburg
Tel. 03 94 85 / 9 56 12
Die Harzer Naturküche stellt aus Harzer Obst und Wildobst Brotaufstriche wie den »Harztraum« her. Für den Fruchtaufstrich wird ein Sud aus Fichtenspitzen gekocht.

Andreasberg bauten sie kunstvolle Käfige für Kanarienvögel, die die Bergleute unter Tage vor Sauerstoffmangel warnten und so manchem das Leben retteten. Andere brachten die Schnitzkunst für Spielzeug und Weihnachtsdekoration aus dem Erzgebirge mit. Viele dieser Traditionen haben überlebt. Heute kaufen vor allem Touristen Harzer Kunsthandwerk und unterstützen so das Weiterleben der Tradition.

Die Erzeugnisse sind vielfältig und der Harzer Tradition verpflichtet. Man kann sie essen, trinken, verschicken, an die Wand hängen, den Schrank damit verzieren, damit spielen, sich damit schmücken oder darin lieb gewordene Dinge transportieren: Wurst aus Rotem Höhenvieh, Harzer Fresssäcke, Baumkuchen, Brockenstollen, Fruchtaufstriche, alkoholische »Grubenlichter«, Holzpostkarten, Hexen- und Teufelsmasken, Metallbeschläge, Fingerpuppen aus Filz, Blutstein, Harzer Tragekiepen oder Zaumzeug für Ziegen. Es gibt sogar einen Hexen-Wellness-Kurzurlaub. Alle Angebote tragen das **Logo »Typisch Harz«** (Abb. S. 2). Das geschützte Markenzeichen mit dem Rad auf grünem Sockel verleiht der Harzer Förderkreis an Hersteller regionaler

Fleischerei im Hotel »Zum Kanzler«

Markt 8, 06547 Stolberg
Tel. 03 46 54 / 205
www.zum-kanzler.de

FRIWI-Werk Witte OHG

Niedergasse 21, 06547 Stolberg
Tel. 03 46 54 / 502, www.FRIWI.de
In Stolberg stellt die Fleischerei im Hotel »Zum Kanzler« Harzer Fresssäcke her. Dazu verarbeitet sie sog. Sultanszwieback aus dem Stolberger FRIWI-Werk mit Harzer Schmorwurst, den sog. »Stolberger Lerchen«.

Hotel Habichtstein

Kreisstraße 4, 06493 Alexisbad
Tel. 03 94 84 / 780
www.habichtstein.de
Aus dem Fleisch vom Harzer Roten Höhenvieh, einer besonders widerstandsfähigen lokalen Rinderrasse, werden u. a. in Alexisbad Leckereien wie Hobelfleisch, Pastete und Salami hergestellt.

Fleischerei Hans-Dieter Lambertz

Dr.-Willi-Bergmann-Straße 6
37444 St. Andreasberg
Tel. 0 55 82 / 760, www.lambertz-harz.de
In Sankt Andreasberg bietet Fleischer Lambertz Andreasberger Sauerfleisch, Kräutersalami mit Schierker Feuerstein, Ramsen (Roh- und Kochwurst) sowie Wildspezialitäten aus den Harzer Wäldern an.

WEITERE SPEZIALITÄTEN

Weitere Spezialitäten bekommt man auch in Restaurants und Gastwirtschaften, die die Harzer Traditionen pflegen.

Auch ein »ausgezeichnetes« Angebot: Hexen-Wellness in Bad Suderode

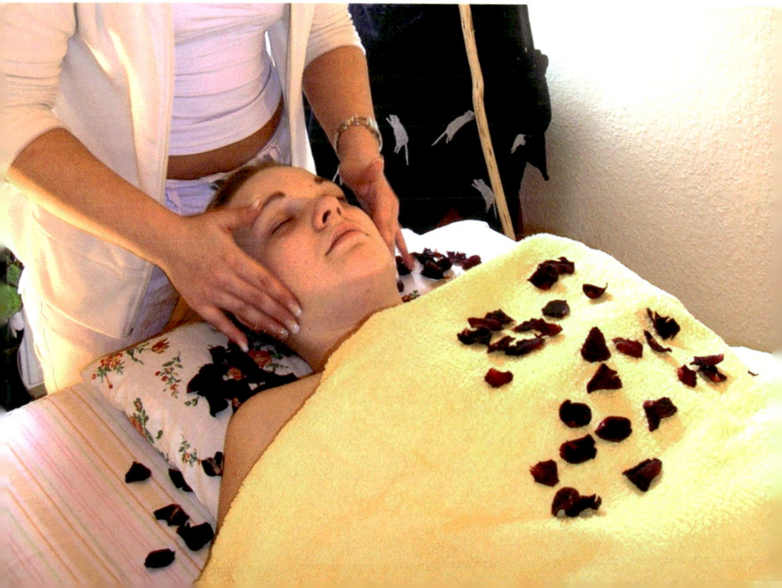

»Typisch Harzer« Bärlauchbrot der Bäckerei Gelbe in Quedlinburg

Gasthaus Königsruhe

Hirschgrund 1, 06502 Thale
Tel. 0 39 47 / 27 26
www.koenigsruhe.de
Das Gasthaus Königsruhe mit Biergarten liegt idyllisch direkt an der Bode und wirbt mit Harzer Hausmannskost, Fisch- und Wildgerichten sowie Kuchen und Brot aus der eigenen Hausbäckerei.

Der Pizzabäcker

Wilhelm-Pieck-Straße 14, 06507 Gernrode
»Harzer Käserad«, eine Pizza auf Harzer Art, serviert »Der Pizzabäcker«: Gelbkäse der Käserei Loose auf einem handgerollten Hefeteigfladen.

Eis

Selbst das Eis hat inzwischen im Harz Liebhaber gefunden. Harzer Kräutereis in verschiedenen Varianten stellen her: die Eisproduktion Walter Philipp in Langenstein (Bahnhofstr. 20 d, Tel. 0 39 41 / 3 02 13) und das Café Fischer »Zum Naschkätzchen« in Elbingerode (Lessingstraße 2, Tel. 03 94 54 / 4 22 64). Hier gibt es auch das Harzer »Bienchenеis aus der Milch des Harzer Roten Höhenviehs und Honig aus den Harzer Wäldern«.

Brauereien

Eher zu deftigem Essen passen die Biere der kleinen Harzer Brauereien wie das Goslarer Gosebier, das Bad Suderöder Dunkel oder das im Hotel Habichtstein in Alexisbad gebraute Selketaler Schwarzbier. Auch in Quedlinburg gibt es einige Hausbrauereien wie das Hotel und Brauhaus Lüdde. Hier fließt zum Beispiel das wegen seiner Wirkung so genannte Pubarschknall, ein obergäriges Braunbier.

SPIRITUOSEN

Zu viel gegessen? Da gibt es im Harz einiges an flüssiger »Medizin« wie der Halbbitter-Likör Ritter Bodo oder das Selketaler Herz. Beide stammen aus Gernrode!

Produkte im Harz. »Der grüne Sockel steht für den gesamten Harz, das Rad für die wirtschaftliche Bewegung und die Speichen für die verschiedenen Produzenten und Dienstleister«, erklärt Marion Dieskau vom Harzer Förderkeis.

Ein Symbol für den Harz

Ein treffendes Symbol für eine vielfältige Region, die allmählich zusammenfindet. 45 Jahre lang war der Harz geteilt: Zwei Drittel lagen in der DDR, ein Drittel im Westen, dazwischen eine fast unüberwindliche Grenze mit Stacheldraht, Todesstreifen und Schießbefehl. »Die Mauer in den Köpfen« bröckelt langsam. Auch wenn immer mehr Kinder aus den Oberharzer Ost-Gemeinden inzwischen im niedersächsischen Braunlage zur Schule gehen und Kukkis Ost-Erbsensuppe auch den Westharzern schmeckt: Die Grenze gibt es immer noch. Rund 1,3 Billionen Euro sind bis zum 20. Jahrestag des Mauerfalls im November 2009 in neue Straßen und den Erhalt alter Gebäude des ehemaligen Ostens geflossen. Auf

Harzer Grubenlicht Spirituosenfabrik

37422 Bad Lauterberg

Tel. 0 55 24 / 34 84

Harzer Grubenlicht leuchtet auch im Dunkeln garantiert nicht und die Ilfelder Wetterfahne heißt wahrscheinlich so, weil man ab einer bestimmten Menge intus ähnlich flattert wie eine Fahne im Wind. Beides sind Halbbitter-Kräuterschnäpse.

HARZER HEXEN

Reiseandenkenherstellung Elke Götze

Hagebuttenweg 11

06597 Thale

»Typisch Harz« sind natürlich die nach historischen Vorbildern gefertigten Hexen, darunter die Thalenser Brockenhexe, die es zum Beispiel bei Elke Götze gibt.

Corinna Rasche

Osterallee 67

06507 Gernrode

Tel. 01 63 / 4 71 41 85

www.kartenlegen-cr.de

Aber auch eine lebendige Hexe trägt das Markenzeichen. »Dank meiner Fähigkeit, gut zuzuhören und intuitiv etwas erspüren zu können, wurde ich schon immer von meinem Freundes- und Bekanntenkreis aufgesucht, um mit einfühlsamen und konstruktiven Ratschlägen wieder einen klaren Weg in deren stressigen Lebenslagen zu finden«, schreibt Corinna Rasche auf ihrer Internetseite. Als Kartenlegerin, Numerologin, Lebensberaterin und Astrologin firmiert die Gernroderin unter dem Logo »Typisch Harz«. Auf www.harzhexe.com informiert sie über die Geschichte der Hexen, den Hexenglauben, Heilkräuter, das Hexenalphabet, die Walpurgisnacht und die Hexenverfolgung.

Harzer Original Harzer
Teufel's Bier
Premium-Dunkelbier
Sühl's Harzspezialitäten
38855 Wernigerode
Breite Straße 31
Sühl's Harz-Spezialitäten
Holzfäller-Frühstück
Liebe Grüße aus dem Harz
Premium Bauern-Schinken
Sühl's Harz-Spezialitäten
Wurst- und Schinkenbrett
38855 Wernigerode
Goslar
Bad Harzburg

KUNSTHANDWERK

Im Harz gedeihen nicht nur Pflanzen und Tiere, die zu Leckereien verarbeitet werden. Immer mehr Kunsthandwerker zeigen mit ihren als »Typisch Harz« ausgezeichneten Produkten, was aus den natürlichen Rohstoffen des scheinbar kargen Harz gemacht werden kann.

Detlef Rohnstein

Ditfurter Weg 49 d
06484 Quedlinburg
www.modellbau-quedlinburg.de
Auf Nachbauten Quedlinburger Fachwerkhäuser hat sich Detlef Rohnstein in Quedlinburg spezialisiert. In seinem Online-Shop vertreibt er Holzbausätze und fertige Holzmodelle der weltweit einmaligen Quedlinburger Fachwerkarchitektur. Speziell für Schulen und Ausbildungsbetriebe bietet er präzise Modelle, anhand derer Kinder und Azubis die Fachwerktechnik studieren und auch ausprobieren können. Sein Motto zitiert Goethe: »Sag es mir und ich werde es vergessen; zeige es mir und ich werde es vielleicht behalten; lasse es mich tun und ich werde es können!«

Jürgen Gröger

Thomas-Müntzer-Straße 22
06484 Quedlinburg
Tel. 0 39 46 / 39 09
Jürgen Kröger fertigt in seiner Werkstatt allerlei Schmuck-Unikate aus Harzer Fichten, Eiben, Nuss- oder Kirschbäumen.

die 1989 vom damaligen Kanzler Helmut Kohl versprochenen »blühenden Landschaften« warten die meisten »Ossis« immer noch. Tausende suchen in den vorbildlich restaurierten, mit neuen Straßen verbundenen Städten und Dörfern des Ostharzes vergeblich nach bezahlter Arbeit. »Alle zehn Minuten zieht immer noch ein Ossi in den Westen«, berichtete im Herbst 2009 der Deutschlandfunk. Die Ostharzer Landkreise melden auch 20 Jahre nach dem Fall der Mauer Arbeitslosenquoten zwischen 12 und 16 Prozent.
Im »Regionalranking« der »Initiative Neue Soziale Marktwirtschaft« INSM landeten 2009 alle Harzer Kreise auf den hinteren Plätzen. Der Kreis Harz mit Halberstadt, Quedlinburg und Wernigerode holte Platz 373 von 409, Mansfelder Land-Südharz mit Sangerhausen und Eisleben Platz 406, Nordhausen Platz 379 und die beiden Westharzer Kreise Osterode und Goslar die Plätze 299 und 302. Hohe Arbeitslosigkeit, schwache Wirtschaftsstruktur, nur wenige Unternehmensneugründungen und die zunehmende Überalterung belasten die Wirtschaft der Region. Viele Junge ziehen in die westdeutschen Ballungsgebiete, um Arbeit zu finden. Doch während der Osten

»Original Harzer Spezialitäten« in einer der Filialen von »Sühls Spezialitäten« in Wernigerode, Goslar und Bad Harzburg

Harzer HolzArt

Alte Poststraße 7, 99755 Rothesütte
Tel. 03 63 31 / 4 81 04
www.holzart-harz.de
Ahorn, Linde, Holunder und Holz von Obstbäumen verarbeitet Hans-Jörg Schult zu Holzschmuck, Skulpturen, Wasserspeiern, Pflanzgefäßen und sogar Grabmalen.

Brigitte Rieger

Katharina-Neufang-Straße 42 B
37444 Sankt Andreasberg, Tel. 0 55 82 / 14 95
Auch die Wolle für Brigitte Riegers Fingerpuppen aus Filz kommt aus dem Harz. Gefärbt wird sie mit Naturstoffen in Ilfeld (Südharz).

Ingas Lederschmiede

Obere Harzstraße 16, 37539 Windhausen
Tel. 0 53 27 / 5 72 28
Noch kein Geschenk für Ihre Ziege? Gönnen Sie ihr doch mal etwas Besonderes. Sattlerin Inga Ziegler fertig in Handarbeit Halfter und Geschirre für Ziegen.

Karen Alge

Brauhausstraße 19, 37444 St. Andreasberg
Tel. 0 55 82 / 470
Die Harzer Fuhrmannskittel und Trachten aus pflanzengefärbten Baumwollstoffen werden in Handarbeit und nach originalen Vorlagen gefertigt.

Schmuck & Design

Marktstraße 7, 06484 Quedlinburg
Ausgefallene Schmuckstücke formt Designerin Karin Böhmer aus Bodeachat. Der gebänderte

allmählich aufholt, geht es in den Westharzer Kreisen Goslar und Osterode eher bergab. Viele Hotels, Pensionen und Ferienwohnungen wurden lange nicht renoviert. Ihre Besitzer, oft längst im Rentenalter, können oder wollen nichts mehr investieren. Mittlerweile fahren mehr Touristen in den Osten mit seinen schmucken Altstädten als in den Westen, wo nur die Weltkulturerbestadt Goslar den Bau- und Betonwahn der 1960er- und 1970er-Jahre einigermaßen unbeschadet überstanden hat.

Harzer Reichtum

Reich ist der Harz vor allem an **Naturschätzen** wie verschiedenen Höhlen, dem Brocken, dem Bodetal, der Teufelsmauer oder dem Kyffhäuser, an **geschichtlichen und touristischen Attraktionen** – und an **Idealisten**, die mit Mut und Engagement Neues ausprobieren. Zwei Schauspieler zum Beispiel, die unter dem Dach der Harzagentur Begegnungen mit Goethe und seinen Zeitgenossen im Oberharzer Bergbaumuseum veranstalten, ein St. Andreasberger Sportladenbesitzer,

Kuhglocken, Brummer, Trinkhörner, Hirtenstäbe ... Uwe Alges Schnitzereien und Skulpturen sind ausschließlich aus im Harz gewachsenen Hölzern gefertigt.

SONNENPERLE

Hexen- und Teufelsmasken der Harzer HolzArt – von Hand gefertigt

der einen Hochseil-Klettergarten eröffnet, ein junger Unternehmer, der »Monsterroller« anschafft, mit denen die Gäste den Wurmberg hinunterrauschen können, oder ein Start-up-Unternehmen, das von Mountainbike-Touren über Abenteuer-Camps bis zu Wanderungen in halb unter Wasser stehenden, stillgelegten Bergwerken alle mögli-

Edelstein floss einst als Schlacke aus den Harzer Eisen- und Kupferhütten in die Bode.

Büttner Schmuck

Grünstraße 25, 06507 Bad Suderode
Tel. 03 94 85 / 6 55 10
www.buettner-schmuck.de
Das Silber für die Arbeiten aus Katharina Büttners Schmuckwerkstatt mit 19 Beschäftigten kommt heute nicht mehr aus dem Harz, wohl aber viele ihrer Motive, zum Beispiel Wildblumen wie Glockenblume, Enzian oder Brockenanemone. Auch der rote Harzer Blutstein, der hier zu Armbändern, Broschen und Ringen verarbeitet wird, ist aus dem Harz. Einige Anhänger und Schmuckstücke zeigen die geheimnisvolle Himmelsscheibe von Nebra, die südlich des Harzes gefunden wurde. Vermutlich diente die Scheibe einst als Orientierungshilfe am Sternenhimmel. Zum Justieren der Scheibe nutzten die bronzezeitlichen Astronomen vielleicht den Blick auf den etwa 80 Kilometer entfernten Brocken …

Ernst Nolte Tischlerei

Hagenstraße 4, 37154 Northeim
Tel. 0 55 51 / 993 50
www.oberharzer-drechslerstuebchen.de

chen Gruppenerlebnisse organisiert. Vor allem draußen bieten professionelle Veranstalter inzwischen fast alles Denkbare an, von Kletter- über E-Bike- und Mountainbike-Touren bis hin zu Schneeschuh- und Kanuwanderungen.

Für ihre Gäste lassen sich Harzerinnen und Harzer ständig etwas Neues einfallen. Schließlich gibt es Jobs – wenn überhaupt – fast nur noch im Tourismus. Inzwischen erkennen auch im Harz immer mehr Bürgermeister, Landräte, Hoteliers, Wirte und andere Tourismusleute, dass sie im härter werdenden Wettbewerb um Gäste nur gemeinsam punkten können.

Harzer Produzenten und Produkte

Über 90 Mitglieder, Vertreterinnen und Vertreter von Städten, Gemeinden, Museen, Banken, Sparkassen, Kulturgruppen, Kurbetrieben und Firmen, zählt der Harzer Förderkreis (www.harzer-foerder kreis.de) inzwischen. Die Mitglieder präsentieren ihre Produkte und Dienstleistungen jeden Sommer auf dem **größten Brauchtumsfest, dem Harzfest**. Das Fest organisiert der Förderkreis, der 2010 mit dem Harzer Verkehrsverein und anderen Regionalvermarktern zusammenwachsen soll.

Über Ländergrenzen hinweg hat der Harzer Förderkreis bisher rund 90 Produkte und ca. 80 Erzeuger der Region mit der geschützten Regionalmarke »Typisch Harz« ausgezeichnet. »Wichtig ist ihr Wiedererkennungswert«, erklärt Marion Dieskau vom Förderkreis. Die Marke soll die regionale Identität und vor allem kleine Produzenten stärken, da die großen Supermärkte und Kettenläden deren Produkte in

Traditionelle Schwibbögen und Adventsdekoration aus heimischen Hölzern und im Stil der Bergmannskunst fertigt Ernst Nolte im Oberharzer Drechslerstübchen. Die meisten Vorlagen stammen – wie viele Harzer Bergleute auch – ursprünglich aus dem Erzgebirge. Für Gäste und Einheimische bietet Ernst Nolte auch Kurse im Drechseln an.

Harzer Stricksachen

Marktstraße 1
38855 Wernigerode
Tel. 0 39 43 / 60 55 46

Schal oder Mütze oder beides? Sie sind alle bunt, warm und lang. Bis zu zwei Meter lange »Original Harzer Zipfelmützen« strickt Christel Reinsdorf im Kunsthof in Wernigerode.

Uwe Alge

Brauhausstraße 19
37444 St. Andreasberg

Uwe Alge fertigt Harzer Kuhglocken, Brummer, Trinkhörner und Hirtenstäbe, alle natürlich aus heimischen Hölzern.

Auch »Typisch Harz«-ausgezeichnet: die Harzer Schmalspurbahnen (HSB) und ihr 140 km langes Streckennetz

der Regel nicht verkaufen. Die kleinen Werkstätten können nicht schnell und billig genug die geforderten Mengen liefern.

Eine Jury aus dem Vorstand des Förderkreises, aus Bürgermeistern und Vertretern verschiedener Unternehmen wie der Harzer Schmalspurbahn oder dem Kinder- und Jugendfreizeitzentrum KIZ in Güntersberge wacht über die Einhaltung der Vergabekriterien für das Markenzeichen »Typisch Harz«: Pflanzliche Produkte bekommen das Logo nur, wenn ihre Rohstoffe im Harz oder Harzvorland angebaut wurden, Tiere, egal ob wild oder gezüchtet, müssen in der Region aufgewachsen sein und selbst für Fische gibt es eine Regel: Drei Viertel ihrer Lebenszeit müssen sie im Harz verbracht haben, bevor die aus ihnen hergestellten Produkte das Markenzeichen bekommen. Schwieriger wird die Kontrolle in der Gastronomie, wo die Köchinnen und Köche viele verschiedene Zutaten zu angeblich oder tatsächlich regionalen Spezialitäten verarbeiten. Wer das »Typisch Harz«-Logo einsetzen will, muss hier mindestens die Hälfte der verwendeten Produkte aus der Region beziehen. Rindfleisch, Wurst, Käse und viele weitere Rohstoffe müssen zu 70 Prozent aus dem Harz stammen.

Außer an Produkte und Hersteller vergibt der Harzer Förderkreis das Logo auch an Dienstleister. Auf der Liste steht u. a. ein »Wellness-Kurzurlaub«, der die Harzer Elemente beinhaltet. So werden Harzer Osterfeuer, Quellwasser, Steine und Stürme, heimische Pflanzen und Tiere mit Energiemassagen vermittelt.

Diese Auszeichnung tragen Handwerk und Spezialitäten, die im Harz hergestellt werden. Die Adressen aller Teilnehmer und weitere Informationen gibt es unter:

www.harzer-foerderkreis.de

IMPRESSUM
Beilage zum Baedeker Allianz Reiseführer »Harz«
Text: Robert B. Fishman; Bilder: Harzer Förderkreis e. V., Wernigerode, PantherMedia/Dieter M (Titel)
Urheberschaft: Karl Baedeker Verlag, Ostfildern; Nutzungsrecht: MairDumont GmbH & Co KG; Ostfildern

Anzeigenvermarktung MAIRDUMONT MEDIA, Tel. 0049 711 4502 333, Fax 0049 711 4502 1012, media@mairdumont.com, http://media.mairdumont.com

Baedeker SPECIAL GUIDE

DAS PLUS ZUM BAEDEKER HARZ

Typisch Harz

→ Regionale Spezialitäten aus Harzer Produkten

→ Traditionelles Kunsthandwerk aus heimischen Materialien

→ Einladung zum größten Brauchtumsfest, dem Harzfest

ISBN 978-3-8297-1207-1

9 783829 712071

€ 19,95 [D]
€ 20,60 [A]

Touren

EINE TOUR MIT DER SCHMALSPURBAHN ZÄHLT ZU DEN GEMÄCHLICHEN ALTERNATIVEN, DEN HARZ ZU ERKUNDEN. MIT SAGE UND SCHREIBE 40 KM/H GEHT ES ÜBER BERG UND TAL. SO VERPASSEN SIE KEINE SEHENSWÜRDIGKEIT AM WEGESRAND.

TOUREN DURCH DEN HARZ

Vier Touren – mit dem Auto, der Bahn oder zu Fuß, durch Wald und Wiesen oder durch sehenswerte Fachwerkstädte und zu den Relikten des Bergbaus. Wer die Wahl hat, hat die Qual.

TOUR 1 **Straße der Romanik**
Über 1000-jährige Bauwerke zeugen von der Herrschaft der Ottonen. Dank der gleichnamigen Tourismusinitiative sind besonders in Sachsen-Anhalt viele Relikte der Geschichte zu besichtigen. ► **Seite 108**

TOUR 2 **Auf den Spuren des Bergbaus**
Auf dieser Tour fährt man über die Höhen des Harzes mit Fichtenwäldern, Teichen und Gräben, die vor mehreren Hundert Jahren angelegt wurden. ► **Seite 111**

TOUR 3 **Kraftakt unter Dampf: Fahrt auf engen Schienen**
Beispielsweise in knapp zwei Stunden 33 km von Wernigerode auf den Brocken. Oder alternativ durch das schöne Selketal, das seit 2006 sogar mit der Welterbestadt Quedlinburg verbunden ist. In südlicher Richtung fährt die Harzquerbahn bis Nordhausen. ► **Seite 114**

TOUR 4 **Wanderung auf dem Harzer-Hexen-Stieg**
Der Harzer-Hexen-Stieg führt über knapp 100 abwechslungsreiche Kilometer diagonal durch den Harz, zum Brockengipfel oder drum herum bis Thale. Im Bereich Rappbodetalsperre gibt es zwei Varianten. ► **Seite 117**

Volldampf voraus
In Wernigerode zu Hause, auf Schienen unterwegs durch den Harz

Ingenieurskunst
In Goslar sorgten Wasserräder für den richtigen Fluss unter Tage

Nicht nur Platte
Halberstadt bietet auch sanierte Fachwerkkunst

Leise plätschernd
Im Ilsetal bahnt sich der gleichnamige Fluss seinen Weg – Heinrich Heine war begeistert

Kein Hexenwerk
Teufelsmauer bei Blankenburg

Schatzkästchen
Reliquiar Ottos I. aus dem Quedlinburger Domschatz

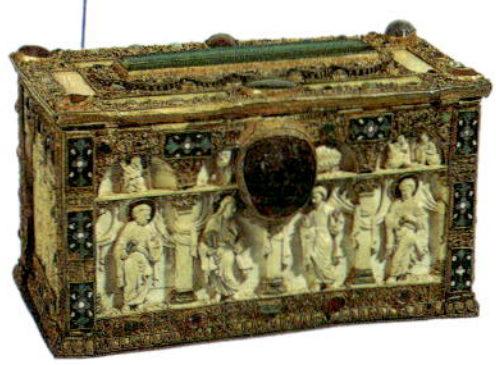

Symbol der Stadtfreiheit
Rot-bunter Roland in Nordhausen

Unterwegs im Harz

Lang ist es her, als man den Harz mit öden Familienausflügen assoziierte: lange Autofahrten auf überfüllten Straßen, Mittagessen in muffigen Ausflugslokalen unter pseudorustikalen, dunkelbraunen Holzbalken, anschließend ein gesitteter Spaziergang an der Okertalsperre und der obligatorische Gruselblick über die innerdeutsche Grenze.
Heute sind die Ostharzer Fachwerkstädtchen frisch herausgeputzt. Engagierte Leute voller Ideen gründen Hochseilgärten für Kletterfreaks, organisieren Abenteuer- und Mountainbiketouren, graben mit Begeisterung die Geschichte ihrer Städte aus, richten stilvolle Cafés und schicke Hotels in frisch sanierten mittelalterlichen Bauwerken ein, gründen Galerien oder bauen lebendige Museen zum Anfassen und Mitmachen auf.

Der Westen
Goslar: Bergbaustadt und Tor zum Oberharz ►

Wie die Rücken mächtiger Saurier ragen die bewaldeten Gipfel des Oberharzes hinter der Fachwerkstadt Goslar auf. Die Altstadt zählt – mit dem fast **3000-jährigen Erzbergwerk** auf dem Rammelsberg – als »Meisterwerk des kreativen menschlichen Genius« zum **Weltkulturerbe der Menschheit**. Die Besucher folgen dem Weg des Erzes aus dem Berg nach einer Fahrt mit dem Original-Lastenseilkorb durch den bunt schillernden Roederstollen und durch die mehrgeschossige Erzaufbereitung. An den Originalmaschinen kann man sehen und hören, wie die schrankgroßen Gesteinsbrocken auf Staubkorngröße zertrümmert wurden. In Schächten, Stollen, Gängen, in der Erzaufbereitung und im ehemaligen Magazin sieht es heute noch so aus, als wäre gerade der letzte Bergmann nach Hause gegangen.
Im Mönchehaus zeigt Goslar sein **Engagement für die moderne Kunst**. Jedes Jahr verleiht die Stadt den Kaiserring an herausragende Künstlerinnen und Künstler, die dafür dem Mönchehaus ein Werk überlassen. In dem 1528 gebauten Bürgerhaus finden sich die Werke berühmter Künstler wie Joseph Beuys oder Viktor Vasarely. Im Garten der Kaiserpfalz erinnert ein Kunstwerk an den ersten Kaiserringträger Henry Moore, der in Deutschland u. a. mit seiner Plastik vor dem ehem. Bonner Bundeskanzleramt bekannt geworden ist.

Der Oberharz
Snowboarden, Hexen, Goethe und die funkelnden Feuer im Berg ►

Wie eine Insel ragt der **Brocken** seit rund 400 Mio. Jahren aus der norddeutschen Tiefebene heraus. Die Abenddämmerung zaubert auf das menschenleere Plateau eine bizarre Welt: Der Wind jagt die Wolken über den Himmel. Sie werfen rasende Schattenfiguren auf das scheinbar öde Grasland. Die Granitbrocken tauchen im fahlen Licht wie Dämonen auf. Manchmal erscheint – gut gelaunt oder furchterregend – das Brockengespenst. Es grüßt freundlich zurück, wenn man ihm zuwinkt, oder wird böse, wenn man ihm droht: Es sind die riesigen Schatten, die die untergehende Sonne an im Osten aufsteigende Nebelwände wirft. »Der Brocken«, befand Heinrich Heine 1824, »ist ein Deutscher.«

Nicht immer bergig: Die Landschaft zwischen Blankenburg und Thale erstreckt sich weitläufig und eben im Harzvorland.

In **Zellerfeld** führen berühmte Figuren der Geschichte die Besucher in szenischen Spielen und Lesungen durch das Oberharzer Bergbaumuseum: Zellerfelds berühmten Sohn August Ey, Goethes Freund Berghauptmann Heinrich Friedrich Wilhelm von Treba, Jahrgang 1752, und sogar Johann Wolfgang selbst mit dem jungen Fritz von Stein. Der rezitiert mit weißer Perücke perfekt aus dem »Zauberlehrling« seines Ziehvaters.

Wie ein Schweizer Käse sieht der Boden unter dem alten Bergmannsstädtchen **Sankt Andreasberg** aus. 120 km Gänge, Schächte und Stollen haben die Bergleute auf der Suche nach silberhaltigem Erz im Laufe der Jahrhunderte gegraben. Heute führt ein geologisch-bergbauhistorischer Lehrpfad Besucher auf den Spuren von bis zu 500 Jahre alten Halden, Stollenmundlöchern, Schächten, Pingen und ehem. Aufschlaggräben durch Sankt Andreasberg. Die 200 Jahre alte »Fahrkunst« in der Grube Samson funktioniert noch.

Der Ostharz
◀ Hexenzauber und das kaiserliche Mittelalter

»De rechten zauberschen, die pflegen in Walpurgen nacht auf den brocken zu fahren«, sprachen die Ankläger vor und Grethe Wroythe aus Elbingerode gestand als erste Frau, dass sie als Hexe mit dem Teufel im Bunde zur Walpurgisnacht auf den Brocken gefahren sei. Unter der Folter gab sie auch zu, dass sie dabei »ein Siebe auf dem Kopf und eine hölzerne Büchse in den Händen hatte« und den fliegenden Ritt zum Brocken »durch Anrufung der Teufel« zu Wege gebracht habe. Justiz anno 1540. Die Angeklagten, die die Vorwürfe bestritten, wurden so lange gefoltert, bis sie alles gestanden. Grethe

Wroythe nannte die Namen anderer Frauen aus Elbingerode, um nicht wieder in den Keller zur »peinlichen Befragung« geführt zu werden: Dennoch wurde sie zum Tode verurteilt und bei lebendigem Leibe auf dem Scheiterhaufen verbrannt.

Heute feiern die Harzer und ihre Gäste am 30. April ausgelassen die **Walpurgisnacht**. Jene Nacht, als Gott Wotan und Göttin Freya nach germanischem Glauben den Frühling zeugten. Erst im Mittelalter wurde daraus die angebliche Hexennacht. Heute tanzen die Hexen auf dem nach ihnen benannten Tanzplatz hoch über der Bodeschlucht bei Thale. Dort wimmelt es von Hexen und Teufeln, die den Besuchern plötzlich vor die Füße springen, Goethe rezitieren oder sie, wie Hexen-Urmutter Watelinde, mit allerlei teuflischem Gebräu behelligen.

Und warum der Spuk? »Das **gewaltigste Felsental nördlich der Alpen**« soll es gewesen sein, das Goethe zu seinem Faust inspirierte. Tatsächlich erinnern die in der Felslandschaft verstreuten bizarren Granitblöcke an Sagen- und Märchengestalten aus ferner Zeit.

»**Quedlinburg** sieht genau so aus, **wie ich mir Deutschland immer erträumt hatte**«, schwärmt Harriett Watts. Und weil der Texanerin Deutschlands größtes Flächendenkmal mit seinen 1200 Fachwerkhäusern so gut gefallen hat, ist sie gleich dageblieben. Sie lobt die »vielen guten, mutigen Leute hier, die sehr an dieser Stadt hängen und wie die Wilden arbeiten«. Damit meint sie z. B. die Familie Schneemelcher, die in der vierten Generation mit Blei kunstvolle bunte Scheiben herstellt. In ihrem Museum können die Besucher selbst Glas zuschneiden und bemalen. Inzwischen haben viele junge Künstler und Kunsthandwerker in Quedlinburg ihre Ateliers und Galerien eingerichtet (Harzweg 5, Tel. 0 39 46/36 97, www.schneemelcher.de). Die ProVinz-Kunsttage locken jedes Jahr am zweiten September-Wochenende mit zahlreichen Ausstellungen in Galerien, Kirchen, auf der Straße, in Innenhöfen, Ateliers, Wohnungen und Kellergewölben bis zu 25 000 Menschen in die Stadt.

»Die schönste Stadt landauf, landab«, soll der norddeutsche Heimatdichter Hermann Löns Wernigerode genannt haben. Wie schon vor dem Zweiten Weltkrieg teilen heute viele Rentner diese Meinung und setzen sich in der von Löns sog. **»bunten Stadt am Harz«** zur Ruhe. Vor allem das milde Klima zieht sie an. Im Lustgarten des Schlosses, das als »Mini-Neuschwanstein« 120 m hoch über der Stadt thront, wächst das »nördlichste Esskastanienwäldchen Europas«.

Unterharz
Blühende Rosen, Luthers Vermächtnis und der härteste Bergbau der Welt ►

Wie geheimnisvolle Kultstätten untergegangener Zivilisationen ragen **kahle Tafelberge aus der sanften, grünen Hügellandschaft** des Mansfelder Lands. Manche sehen aus wie Australiens Ayers Rock, andere erinnern an den Tafelberg von Kapstadt. Es sind die Abraumhalden des Kupferschieferbergbaus, der dieses Land 800 Jahre lang nährte und bestimmte.

Auf der Suche nach einer Stelle im Bergbau waren auch Martin Luthers Eltern, der Hüttenmeister Johannes Luther und seine Frau

Den Brocken im Blick: Fast alles dreht sich um den höchsten Berg im Harz.

Margaretha, 1482 nach Eisleben gekommen. Hier kam 1483 Martin Luther zur Welt. Im 15. Jh. brachten Kupfer und Silber, das die Bergleute aus dem harten Gestein schlugen, beachtlichen Reichtum in die Grafschaft Mansfeld.

Längst ist das »Berggeschreih« verstummt. Das Mansfelder Land zählt mit Arbeitslosenquoten jenseits der 20 % zu den wirtschaftsschwächsten in Deutschland. Mittendrin gedeihen Blütenträume. »Rosen sind ein liederliches Zeug«, fluchte einst Goethe. Die Rosen aus des Dichters Garten blühen heute im **größten Rosarium der Welt** in Sangerhausen. Mehr als 7000 unterschiedliche Wildrosen, Damaszenerrosen, Bodendecker-, Kletterrosen, Moosrosen, Kostbarkeiten wie die schwärzlichrote Edelrose namens Nigrette, die sog. »schwarze Rose«, und die grüne Rose gedeihen hier auf 12,5 ha.

Verkehrsmittel

Vor allem an schönen Winterwochenenden sind die Straßen im Oberharz »dicht«: Kilometerlange Staus auf glatten, verschneiten Straßen. Die Bahn hilft nur bedingt, endet sie doch von Westen und Norden kommend in Bad Harzburg. Von dort verkehren Busse in die Berge. Von Osten fährt die **Harzer Schmalspurbahn** (HSB) mit ihren historischen Dampfzügen bis auf den Brocken. Mit maximal 40 km/h kein schnelles, aber ein romantisches Erlebnis. An Wochenenden und in den Ferien sollte man sich vorher einen Platz reservieren. Für Autos ist die Straße auf den Brocken ebenso wie viele Wege im Nationalpark gesperrt. Zu Fuß kommt man hier am besten voran.

Wanderrouten

Der Harz ist ein ganzjähriges Wanderziel und viele Touristen reisen aus diesem Grund in das nördlichste Mittelgebirge. Rund 10 000 km gut beschilderte Wanderwege erwarten sie. Eine Reihe reizvoller Wandertouren unterschiedlicher Länge und von unterschiedlichem Schwierigkeitsgrad werden in diesem Band vorgestellt. Hierzu gehören die unterschiedlichen Wege auf den ►Brocken. Durch das ►Bodetal ist eine Wanderung von Thale nach Treseburg beschrieben. Im ►Okertal kann man von Altenau bis nach Goslar wandern. Auch die Praktischen Informationen warten mit einer Reihe von Wandervorschlägen unter dem Stichwort ►Wandern auf. Und schließlich wird die Strecke des Harzer-Hexen-Stiegs in den Touren (► S. 117) beschrieben. Viele der Strecken lassen sich ebenso mit dem Mountainbike absolvieren.

Tour 1 Straße der Romanik

Start: C 1

Start und Ziel: Goslar **Länge:** ca. 165 km
Dauer: 2 bis 3 Tage

Im Mittelalter war der Harz Zentrum europäischer Politik, und die Kunst gelangte zu höchster Blüte. Besonders am nördlichen Harzrand entstanden bedeutende weltliche und kirchliche Bauwerke. Außer im Rheinland finden sich nur noch im Harz so viele Zeugnisse der Romanik, die somit zu den beliebtesten Themengebieten der Urlauber zählt.

Start in der alten Kaiserstadt

Als Ausgangspunkt der Tour dient ❶ ✶✶ **Goslar**. An diesem Ort fanden im Mittelalter bedeutende Reichsversammlungen statt. Wichtigste Zeugnisse dieser Zeit sind die Kaiserpfalz mit der St.-Ulrichs-Kapelle und die Domvorhalle, einziges Überbleibsel des im 19. Jh. wegen Baufälligkeit abgerissenen Doms. Aber auch das Große Heilige Kreuz, 1254 als Spital errichtet, die Mitte des 12. Jh.s erbaute Marktkirche St. Cosmas und Damian, die Frankenberger Kirche (Mitte 12. Jh.), die Neuwerkkirche (Mitte 12. Jh.) und die Krypta des Riechenberger Klosters gehören zu den Kleinodien der romanischen Kunst. Der mit der gesamten Goslarer Altstadt als **UNESCO-Weltkulturerbe** klassifizierte, 1988 stillgelegte Rammelsberg steht für 3000 Jahre Bergbau und führte einst dazu, dass die Ottonen ihre Pfalz hierher verlegten. Heute ist er eine der größten und originellsten musealen Einrichtungen Deutschlands.

Fachwerk und mehr

Von Goslar geht es in Richtung Osten, lohnenswert ist vorher ein Abstecher in die Fachwerkstadt ❷ ✶✶ **Osterwieck**, deren Stadtbild von rund 400 Fachwerkhäusern geprägt wird. Die ältesten Teile der Stephanikirche stammen aus der ersten Hälfte des 12. Jahrhunderts. Eine Spritztour lohnt sich zum 16 km nordöstlich von Osterwieck gelegenen ❸ ✶ **Wasserschloss Westerburg**, einer vollständig erhaltenen frühmittelalterlichen Burganlage, die heute ein Hotel beherbergt. Bei einem Abstecher zum ❹ ✶ **Kloster Huysburg** (1084 gegründet) kann man die romanische Kirche von 1121 und Reste des romanischen und gotischen Kreuzgangs besichtigen.

Im während des Zweiten Weltkriegs besonders stark zerstörten ❺ ✶✶ **Halberstadt** hat man mit dem Dom und der Liebfrauenkirche zwei Schätze der Romanik vor sich, die zu den bedeutendsten Zeugnissen im Harz zählen. Die Sammlung liturgischer Gewänder und romanischer Bildteppiche im Dom St. Stephanus und Sixtus gilt als weltweit wichtigste ihrer Art nach dem Vatikan.

Romanische Meisterwerke

Von Halberstadt geht es nach ❻ ✶✶ **Quedlinburg**. Schon von weitem sichtbar überragt die **Stiftskirche St. Servatius** als architektonisches Meisterwerk der Romanik die Stadt. 922 durch Heinrich I. an-

Erhaben
Der Reichsadler auf dem Goslarer

Kostbarkeit
Halberstädter Madonna aus dem Brautschatz der Theophanu

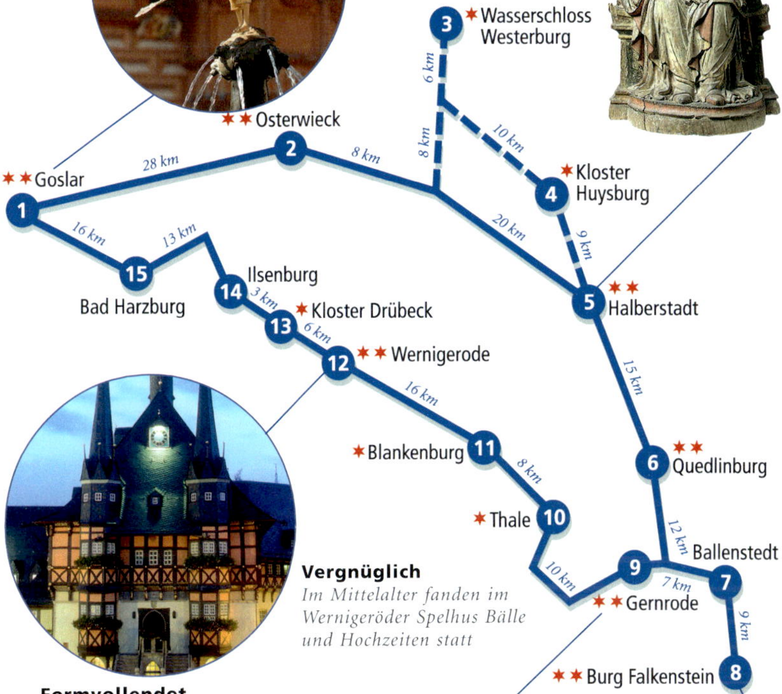

Vergnüglich
Im Mittelalter fanden im Wernigeröder Spelhus Bälle und Hochzeiten statt

Formvollendet
Gernrode gehörte zu den vornehmsten Stiften des Reiches

Ritterlicher Zweikampf
Im Selketal steht eine der besterhaltenen mittelalterlichen Burgen im Harz

Mittelalterliches Kapitell in Quedlinburg

gelegt, zählt sie zu den bedeutendsten hochromanischen Bauten Deutschlands. Auch der mittelalterliche Stadtkern hat die Jahre überdauert und gehört mit der Stiftskirche und dem Domschatz zum UNESCO-Weltkulturerbe.
Der Domschatz, der in den Wirren des Zweiten Weltkriegs nach Texas verschwand, kann heute wieder besichtigt werden. Ebenfalls sehenswert ist die Wipertikirche mit ottonischer Krypta (um 1020). Über ❼ **Ballenstedt** mit seiner Klosterkirche und dem Grab Albrechts des Bären geht es zur ❽ ✶✶ **Burg Falkenstein** im ► Selketal, einer der besterhaltenen Burgen im Harz. Die Anlage wurde Anfang des 12. Jh.s gegründet, vom 15. – 17. Jh. erfolgten Umbauten. Eine Falknerei bietet Flugvorführungen.

Kein Hexenwerk

Wieder in westlicher Richtung geht es über ❾ ✶✶ **Gernrode**, das mit der ehemaligen Stiftskirche St. Cyriakus über eines der bedeutendsten Zeugnisse der ottonischen Architektur verfügt, nach ❿ ✶ **Thale**, wo sich die 403 m hohe Rosstrappe erhebt. Das Kloster Wendhusen, zweitälteste Klostergründung zwischen Weser und Elbe, gehört zu den ältesten Siedlungen und Kultplätzen am Harznordrand.

Müßiggang in Blankenburg

Weiter führt die Route nach ⓫ ✶ **Blankenburg**. Das ehemalige Zisterzienserkloster Michaelstein wurde 1146 gegründet und verfügt noch über romanische und frühgotische Bausubstanz in der Klausur. Ein neu angelegter Kräuter- und ein Gemüsegarten nach historischem Vorbild sind zu besichtigen. Sowohl beim Klosterfischer wie auch im Cellarius Restaurant im Kloster kann man sehr schön einkehren. 3 km nördlich von Blankenburg ragt der 296 m hohe Regenstein mit der gleichnamigen Burgruine auf.

Neuschwanstein im Harz

In ⓬ ✶✶ **Wernigerode** wurde das Schloss um 1110 als Grafenburg erbaut. Das romanische Kellergewölbe gehört neben der Kaiserpfalz in Goslar und der Burg Falkenstein zu den größten erhaltenen Profanbauten der Romanik im Harz. Von hier geht es zum zwischen Wernigerode und ► Ilsenburg gelegenen ⓭ ✶ **Kloster Drübeck**. Die Klosterkirche entstand im 12. Jahrhundert. Zwischen dem 12. und 14. Jh. herrschte in wirtschaftlicher und geistlicher Hinsicht die Blütezeit des Klosters. Hier verknüpft sich die Straße der Romanik mit dem Projekt Gartenträume, das historisch bedeutsame Park- und Gartenanlagen vorstellt. Sehenswert in ⓮ **Ilsenburg** ist die Klosterkirche aus dem 11. Jh., bevor man die Rückfahrt über ⓯ **Bad Harzburg** nach Goslar antreten kann.

Tour 2 Auf den Spuren des Bergbaus

Start: D3

Start und Ziel: Von Walkenried nach Goslar

Länge: 150 km
Dauer: mind. 2 bis 3 Tage

Die Landschaft ist von der 2000-jährigen Bergbautradition geprägt, deren Relikte auch heute noch sichtbar sind. Zahlreiche Museen sind dem Bergbau und dem Hüttenwesen gewidmet, damit ist eine Denkmaldichte entstanden, die heute in Europa ihresgleichen sucht. Mit Walkenried und Bad Gandersheim streift die Tour sehenswerte Stifts- bzw. Klosterkirchen.

Im Oberharz

Ausgangspunkt der nächsten Route ist das Zisterzienserkloster in ❶ ✶✶ **Walkenried**, das untrennbar mit der Geschichte des Ortes verbunden ist. Obwohl die Klosterkirche nur Ruine ist, vermitteln die Teile der Westfassade und des Chores einen Eindruck von ihrer einstigen Größe. Von hier aus geht es anschließend nach einem Abstecher nach ❷ **Bad Sachsa** ins Innere des Oberharzes nach ❸ **Braunlage**, das mit dem ✶ **Wurmberg** über den höchsten Berg im niedersächsischen Teil des Harzes verfügt. Sehenswert ist ❹ ✶ **Sankt Andreasberg**, die höchst gelegene der sieben Oberharzer Bergstädte mit dem historischen ✶✶ **Silberbergwerk Grube Samson**, das bekannteste der zahlreichen heute als Museum genutzten Harzer Bergwerke. Am Südrand des Harzes liegt ❺ **Bad Lauterberg** mit seiner

Industriedenkmal: Weltkulturerbestadt Goslar und der Rammelsberg

sehenswerten St.-Andreas-Kirche. Weiter geht es dann nach ❻ ✶ **Herzberg** mit seinem Fachwerkschloss, von dem aus die in der Nähe von Scharzfeld gelegene ✶ **Einhornhöhle**, die Steinkirche sowie die Burgruine Scharzfels besucht werden können. Die Harztour führt an den Rand des Mittelgebirges nach ❼ ✶ **Osterode** mit seiner gut erhaltenen Altstadt; der Kornmarkt, Mittelpunkt der Stadt, ist von Fachwerkhäusern umgeben. Ebenfalls lohnenswert ist die Marienkirche.

Abstecher nach Westen

Von Osterode sollte man einen Abstecher nach ❽ ✶✶ **Bad Gandersheim** unternehmen; nicht zuletzt wegen seiner berühmten Stiftskirche, die auch als Kulisse für die berühmten Domfestspiele Bekanntheit erlangte. Aber auch das Rathaus an dem von Fachwerkhäusern gesäumten Markt ist sehenswert und eines der schönsten der Renaissance in Niedersachsen.

Alte Bergbaustädte

Im Oberharz sind noch weitere Städte so interessant, dass die Tour hierher zurückführt: ❾ ✶ **Bad Grund** gehört ebenfalls zu den sieben alten Oberharzer Bergstädten, die heute allesamt beliebte Fremdenverkehrsorte sind. Die ehemalige Schachtanlage Knesebeck wird als Bergbaumuseum genutzt. Neben dem zweitgrößten Uhrenmuseum Deutschlands lohnt die ✶✶ **Iberger Tropfsteinhöhle** einen Besuch, die vor 450 Jahren von Bergleuten auf der Suche nach Erzlagerstätten entdeckt wurde.

In der Universitätsstadt

In der Universitätsstadt ❿ ✶✶ **Clausthal-Zellerfeld** sollte man im ✶✶ **Oberharzer Bergwerksmuseum** in Zellerfeld vorbeischauen. Ebenfalls sehenswert: Die St.-Salvatoris-Kirche mit einem Altarbild des Leipzigers Werner Tübke. In Clausthal lädt die Marktkirche zum Hl. Geist, die den in der Ortsmitte gelegenen Hindenburgplatz beherrscht, zu einer Besichtigung ein. Die Holzkirche kann sich mit 2200 Sitzplätzen als die größte in Deutschland bezeichnen. Nördlich der Kirche befindet sich die Geo- und Mineraliensammlung mit mehr als 120 000 Exponaten. Aber auch der kleine Luftkurort ✶ **Wildemann** ist mit dem 19-Lachter-Stollen einen Abstecher wert.

Ins nördliche Harzvorland und nach Goslar

Von Clausthal-Zellerfeld kann man nach einem Zwischenstopp in Hahnenklee-Bockswiese noch das nördliche Harzvorland und somit ⓫ ✶✶ **Goslar** ansteuern. Das UNESCO-Weltkulturerbe Rammelsberg mit dem Besucherbergwerk und dem Bergbaumuseum zählt zu den schönsten Industriedenkmälern und den größten musealen Einrichtungen Deutschlands. Wie der Bergbau die Stadt Goslar zu einer der bedeutendsten mittelalterlichen Städte Deutschlands gemacht hat, lässt sich heute noch an vielen Stellen nachvollziehen. Die alte Kaiser-, Reichs- und Hansestadt mit ihren vielen Sehenswürdigkeiten, dazu zählen fünf große Kirchen, die Kaiserpfalz und die mittelalterliche Stadtbefestigung sowie zahlreiche Fachwerkhäuser, wird auch die »Schatzkammer der deutschen Kaiser« genannt.

Wohlstand
Goslar war die »Schatzkammer der deutschen Kaiser«, Dom und Kaiserpfalz entstanden

Singsang
Kanarienvögel dienten als Lebensretter unter Tage

Mystische Unterwelt
In der Einhornhöhle lebten Höhlenbären und Neandertaler

Frömmigkeit
fand bald ein Ende im Kloster Walkenried

Tour 3 Kraftakt unter Dampf: Fahrt auf engen Schienen

Start: E 1-2

Länge: drei Strecken auf rund 142 km Länge, Harzquerbahn 60,5 km, Brockenbahn 19 km, Selketalbahn 60,5 km

Dauer: 3 Stunden

Wer den Harz geruhsam, aber nicht zu Fuß erkunden möchte, der sollte eine Fahrt mit den Harzer Schmalspurbahnen nicht versäumen. Bei Höchstgeschwindigkeiten von 40 km/h (bergab wohlgemerkt) kann man beispielsweise die schöne Strecke mit der Selketalbahn zurücklegen. Alle Strecken lassen sich durch Umsteigen kombinieren. Wenn die schwere Lok die Brockenbahn bis auf den 1142 m hohen Gipfel zieht, muss sie über Steigungen bis 1:30 einige Kraft aufbringen. Den Dampflokplan kann man übrigens per Wap-Handy abrufen.

Von Wernigerode bis Drei Annen Hohne

Die **Harzquerbahn** überquert in drei Stunden den Harz von Wernigerode bis Nordhausen. Von Wernigerode geht es zunächst über die Holtemme und dann durch eine sehr enge Kurve hinauf zur Steinernen Renne. In der Nähe des Bahnhofs beginnen mehrere Rundwanderwege, u. a. zu den 2 km entfernten Wasserfällen der **Steinernen Renne**, wo die Holtemme über ein bizarres Felsengebilde in die Tiefe stürzt. Auf der folgenden 8 km langen Strecke durch das Dränge- und das Thumkuhlental überwindet die Bahn 230 Höhenmeter (max. Steigung 1:30; unterwegs ergibt sich ein schöner Blick zurück auf Wernigerode). Am Thumkuhlenkopf beginnt die einzige, 70 m lange **Tunneldurchfahrt** auf der ganzen Strecke. In Drei Annen Hohne wird der Wasservorrat aufgefüllt; zwischen Wernigerode und hier hat die Bahn 4 m³ Wasser in Dampf und in die Schubkraft der Zylinderkolben verwandelt sowie fast 20 Zentner Steinkohle verbraucht.

> ! *Baedeker* TIPP
>
> **Einmal ganz oben stehen**
>
> Porsche fahren kann jeder. Aber sind Sie schon mit 700 PS unter den Füßen auf den Brocken gerumpelt? Die Harzer Schmalspurbahn bildet Eisenbahnfreaks in elf Tagen zum Ehrendampflokführer aus – live und im regulären Betrieb. Nach der Schicht kommen die Hobbybahner wie ihre echten Kollegen rußgeschwärzt nach Hause. Abenteuerurlaub der etwas anderen Art unter Tel. 0 39 43/55 81 51, Fax 55 81 48, www.hsb-wr.de.

Brockenbahn

Kurz hinter Drei Annen Hohne liegt die **Abzweigung** der 14 km langen Brockenbahn. Bis Schierke geht es durch dichte Fichtenwälder, in zwei großen Bögen um die Regensteiner Köpfe herum und durch das Tal der Wormke; Damm und Brücke über die Wormke sind das beeindruckendste Hochbauwerk der Brockenbahn. Nachdem die Brockenstraße gekreuzt wurde, beginnt die sog. **Brockenspirale**. Da-

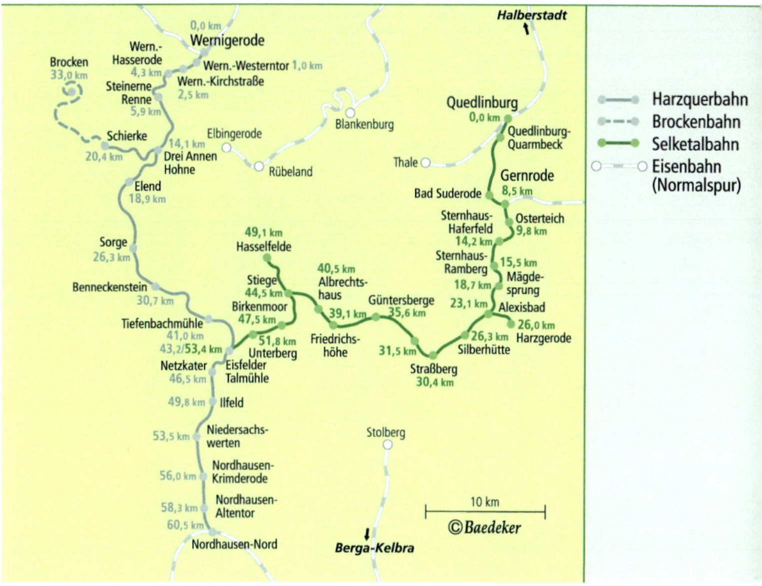

mit die Eisenbahn ihren in 1125 m Höhe gelegenen Bahnhof erreichen kann, musste die Strecke künstlich verlängert werden. So fährt sie nun, um die letzten Höhenmeter zu überwinden, eineinhalbmal um die Brockenkuppe.

Von Drei Annen Hohne zur Eisfelder Talmühle

Nimmt man nicht den Abzweig auf den Brocken, ist die nächste Station der Harzquerbahn nach Drei Annen Hohne **Elend**. Die Bahn überquert die Kalte Bode, durchfährt dichte Fichten- und dann lichtere Erlenwälder; zur Rechten passiert man den 971 m hohen Wurmberg und erreicht den **höchsten Punkt der Strecke** (557 m). Nächste Station ist das an der Warmen Bode gelegene Sorge. Kurz hinter Benneckenstein, der folgenden Station, überquert die Bahn die Rappbode, gelangt in ein großes, geschlossenes Waldgebiet, steigt ein wenig aus dem Dambachtal und fährt durch Tiefenbachmühle. Hier hält der Zug nur, wenn man es vorher beim Schaffner angemeldet hat.

Selketalbahn

An der Eisfelder Talmühle hat man Anschluss an die Selketalbahn, die älteste der Harzer Schmalspurbahnen. Sie gilt gleichzeitig als **romantischster Teil** des Schmalspurnetzes. 60,5 km lang ist die wild bewachsene Strecke zwischen Eisfelder Talmühle und dem am nördlichen Harzrand gelegenen Quedlinburg, nachdem Mitte 2006 das Streckennetz der Selketalbahn von Gernrode bis zur Welterbestadt verlängert wurde. Zunächst führt die Strecke nach Stiege hinauf, erreicht die Orte Günthersberge und Straßberg, fährt durch Silberhütte

Fahrt mit der Brockenbahn durch den winterlich verschneiten Harz

und Alexisbad (alle ► Selketal). Hier zweigt eine Stichbahn nach Harzgerode ab; die Selketalbahn fährt weiter nach Mägdesprung, einem beliebten Ausgangspunkt für Wanderungen, durch das Selketal, u. a. zur Burg Falkenstein und nach Ballenstedt.
Von Gernrode, dem bisherigen Endpunkt mit seiner berühmten Stiftskirche, geht die um 8,5 km verlängerte Fahrt über den ganz auf Wellness abgestimmten kleinen Ort Bad Suderode nun bis nach Quedlinburg.

Weiterfahrt der Harzquerbahn bis Nordhausen

Nächste Station der nach Nordhausen führenden Harzquerbahn ist nach Durchfahrt des Behretals der Haltepunkt **Netzkater**, wo u. a. der 599 m hohe Poppenberg (mit Aussichtsturm), einige Forsthäuser und Waldgaststätten, u. a. Hufhaus, Christianenhaus, zu Wanderungen einladen.
Mit der Bahn geht es nun durch das Ilfelder Tal, an mächtigen Steinbrüchen, Felswänden und Klippen vorbei, nach Ilfeld. Hinter Ilfeld verlässt die Bahn das Gebirge. In Fahrtrichtung tauchen Gipsberge auf, z. B. rechter Hand der 80 m hohe Mühlberg; nächste Station ist Niedersachswerfen, hier wird am Kohnstein Zechstein-Anhydrit, ein Calciumsulfat, für die chemische Industrie abgebaut und zu Schwefelsäure und Ammoniak verarbeitet. Schließlich erreicht die Harzquerbahn nach 56 km die ehemalige Freie Reichs- und Hansestadt Nordhausen, die Endstation der Bahn.

Tour 4 Wanderung auf dem Harzer-Hexen-Stieg

Start: B 2

Start und Ziel: Von Osterode nach Thale
Länge: 97 km
Dauer: 5 Tagesetappen zw. 3,5 und 8 Std.

Rund 100 km führt der Harzer-Hexen-Stieg von West nach Ost (oder umgekehrt), quer über das nördlichste deutsche Mittelgebirge und den sagenumwobenen Brocken, durch den Nationalpark Harz, auf Schritt und Tritt begleitet von der mehr als 1000-jährigen Bergbaugeschichte, z. B. den schmalen Gräben des Oberharzer Wasserregals.

Auf alten Handelswegen

Der Harzer-Hexen-Stieg ist in diverse Teilabschnitte aufgeteilt, so steht der Weg von Osterode nach Buntenbock unter dem Motto»Auf alten Handelswegen«. Für die 12 km lange Wegstrecke sind ca. 3,5 Std. vorgesehen. Am Parkplatz »Bleichestelle« kann man das Auto abstellen. Der Wanderweg beginnt am Butterberg in ❶ ✶ **Osterode**. Von dort führt er ansteigend auf dem Hund'schen Weg durch Fichtenwald bis zum Eselsplatz östlich von Lerbach. Vorbei am Aussichtspunkt Marienblick geht es bis zu den Ziegenberger und Bärenbrucher Teichen – beide gehören zum Oberharzer Wasserregal – und damit haben Sie das erste Etappenziel ❷ **Buntenbock** erreicht.

Oberharzer Wasserregal

Die Strecke von Buntenbock nach Torfhaus (23 km, ca. 6,5 Std.) wird von den zahlreichen Teichen, Gräben und Wasserläufen des Oberharzer Wasserregals begleitet. Man passiert zunächst den Nassewieser Teich (er entstand um 1671) bis zum Parkplatz Entensumpf an der B 242. Nach ca. 1 km geht es weiter am Huttaler Graben bis zum Polsterberg an der B 242. Im **Polsterberger Hubhaus**, das 1801 gebaut wurde, um das Wasser aus dem Dammgraben in den 18 m höher gelegenen Tränkegraben zu befördern, befindet sich heute eine Waldgaststätte. Das Amt des »Hubmannes« und Grabenwärters war damals schon mit dem Schankrecht für einkehrende Gäste verbunden. Nach dem Überqueren der Straße geht es auf dem breiten Forstweg zum Dammgraben und dann bis zum Sperberhaier Damm. Am Ende des Dammes liegt das **Sperberhaier Dammhaus**, einst

! *Baedeker* TIPP

Der Hexen-Stieg für die Jackentasche

Einen eigenen 50-seitigen Reiseführer zum Trans-Harz-Wanderweg Harzer-Hexen-Stieg gibt der Harzer Verkehrsverband mit dem Schmidt-Buch-Verlag Wernigerode heraus. Auf der Wanderkarte findet sich auch die Brockenumgehung von Torfhaus über Sankt Andreasberg und Braunlage bis Königshütte. Reiseführer und Wanderkarte verschickt der Harzer Verkehrsverband für 6,80 Euro zzgl. Porto. Tel. 0 53 21/3 40 40, www.harzinfo.de.

Geruchssinn
In Altenau duftet Deutschlands größter Kräuterpark

Jederzeit reizvoll
Im Winter ist die Tour auf den Brocken eine lohnenswerte Herausforderung

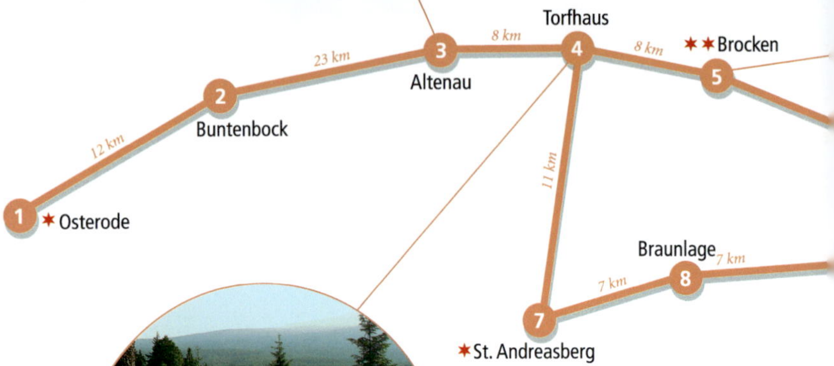

Eben
Die Brockenumgehung weist bedeutend geringere Höhenunterschiede auf

Hochmoor
Von hier aus stieg Goethe zum Brocken auf, der Weg ist nach dem Dichter benannt

Dienstwohnung des zuständigen Grabensteigers, heute eine Gaststätte, von der aus eine Busverbindung nach ❸ **Altenau** besteht. Südlich an dem Wintersportort geht es vorbei bis nach Torfhaus, hier beginnt der Nationalpark Harz, ein Nationalparkhaus befindet sich in Torfhaus (Parkplatz, Bushaltestelle).

Anstieg zum Brocken

Von ❹ **Torfhaus** aus hat man zwei Möglichkeiten: Entweder gelangt man über den Brocken und auf einer Länge von ca. 20 km (5 Std.) nach Drei Annen Hohne. Hier verläuft der Harzer-Hexen-Stieg auf dem Goetheweg bis zur Brockenstraße, auf der man die letzten Meter bis zum Gipfel absolviert. Oder aber man wählt die Brockenumgehung, die bedeutend geringere Höhenunterschiede aufweist, aber etwas länger ist, nämlich 32 km (8 Std.). Vorbei an Oderteich, Sankt Andreasberg, Braunlage und Elend erreicht man Königshütte. Hier trifft man wieder auf den Hauptweg des Harzer-Hexen-Stieges.

Hexenjagd
Vergessen Sie nicht den Abstecher zum Hexentanzplatz in Thale

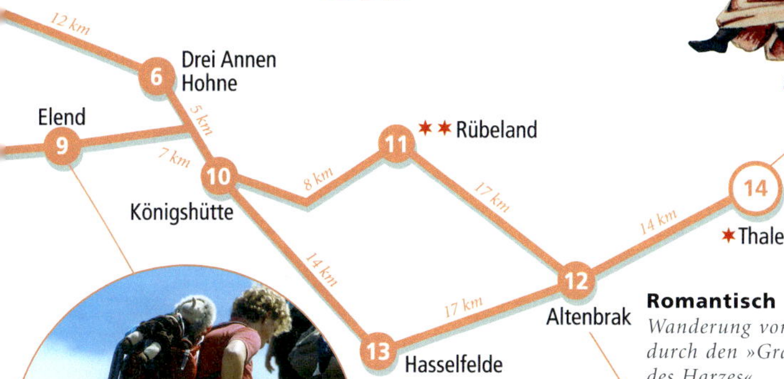

Romantisch
Wanderung von Altenbrak durch den »Grand Canyon des Harzes«

Brockenroute: Von Torfhaus hat man den 5,5 km Luftlinie entfernten 5 ✶✶ **Brocken** bereits gut im Blick. An Hochmooren und Klippen vorbei führt die Tour durch das Nationalparkgelände. Am Abbegraben entlang geht es durch den Hochfichtenwald, ein kurzes Stück führt der Weg auf dem Kaiserweg entlang, in der Nähe der Quitschenbergklippen trennen sich beide wieder. Der Name (Quitschen sind Ebereschen) erinnert daran, dass hier einst viele Ebereschen wuchsen, bevor Sie für den Bergbau gefällt und durch schneller wachsende Fichten ersetzt wurden. Heute kehrt die Eberesche langsam wieder zurück, ein Erfolg, der auf den Nationalpark und seine Bemühungen, die ehemaligen Nutzwälder wieder in Naturwälder umzuwandeln, zurückzuführen ist. Die Strecke der Brockenbahn wird nach einem kurzen steilen Anstieg am ehemaligen Haltepunkt Goetheweg erreicht. Neben den Bahngleisen entlang geht es bis zur Brockenstraße, auf der die letzten Meter bis zum Gipfel zurückzulegen sind. Richtung Schierke führt der Weg wieder hinab, auf dem Glashüttenweg führt er als schöner Wanderweg oberhalb der Ortschaft weiter vorbei an ✶ **Ahrensklint** bis ⑥ **Drei Annen Hohne**.

In der Ebene

Brockenumgehung: In südlicher Richtung geht es auf dem Märchenweg am Oderteich und auf dem Rehberger-Graben-Weg am Goetheplatz vorbei bis zum Rehberger Grabenhaus. Der Oderteich und der 7 km lange Rehberger Graben gehören beide zum **Oberharzer Wasserregal**. Der Oderteich, älteste Talsperre des Harzes, wurde 1715 bis 1722 erbaut, hier wurde das aus verschiedenen Quelladern der Oder kommende Wasser gesammelt und über den Rehberger Graben als Aufschlagwasser auf die Wasserräder der hoch liegenden Gruben Sankt Andreasbergs geleitet. Über die Jordanshöhe geht es durch den Nationalpark Harz nach ⑦ ✶ **Sankt Andreasberg**. Hier kann man die Wanderung unterbrechen und der ✶ ✶ **Grube Samson** einen Besuch abstatten oder aber in östlicher Richtung durch das weitgehend unberührte Odertal über Rinderstall (Gaststätte) den Weg auf dem Silberteichweg zum gleichnamigen Teich in Richtung ⑧ **Braunlage** fortsetzen. Vorbei am Großparkplatz der Talstation der Seilbahn geht es in Richtung ⑨ **Elend** (► Schierke) weiter. Man überquert die Bremke, den ehemaligen Grenzfluss. Von Elend aus geht es immer an der kalten Bode entlang bis zur Mandelholzer Talsperre. Am Rastplatz Steinbachtal stößt die Südroute des Hexen-Stiegs wieder auf den Hauptweg.

Entlang der Talsperren

Der nächste Streckenabschnitt steht unter dem Motto »Talsperrenland« und führt auf zwei unterschiedlichen Wegen von Drei Annen

Der Oberharz verdankt dem Bergbau seine Talsperren, Gräben und Teiche

Hohne bzw. ⑩ **Königshütte** (► Bad Lauterberg) nach Altenbrak (30 bzw. 31 km). Während die nördliche Variante an der Bode entlangführt, läuft man auf der südlichen Variante auf den Pfaden der Kaiser und Könige zwischen dichten Wäldern und weiten Wiesen.

Nördliche Route: Südlich von Elbingerode führt dieser Abschnitt durch das Gebiet Bodfeld, zunächst an der Königshütter Überleitungssperre entlang und dann im Tal der Bode bis nach ⑪ **Rübeland** (► Hasselfelde), das besonders durch die ✶ ✶ **Rübeländer Tropfsteinhöhlen** (► Elbingerode) bekannt ist. Sehenswert ist auch das ✶ **Besucherbergwerk Drei Kronen & Ehrt**. An der Wendefurther Talsperre vorbei geht es über den Philosophenweg nach ⑫ **Altenbrak** (► Bodetal), wo sich beide Teilstücke des Hexen-Stiegs erneut treffen.

Südliche Route: Von Königshütte geht es ohne große Höhenunterschiede über einen Teil der Harzhochfläche. Nach 3,5 km kreuzt die »Lange«, ein typischer Höhenweg zwischen Bode und Rappbode, auf dem einst Erze und Holzkohle transportiert wurden. Dann geht es über eine kleine Staumauer der Rappbode-Vorsperre auf das rechte Ufer der Rappbode. Vorbei an der zerstörten Ruine der alten Trageburg, von der bis auf einige Gräben nichts mehr sichtbar ist, erreicht man durch das große Mühlenthal die Hassel-Vorsperre, die der Wasserreinigung dient. Schließlich erreicht man ⑬ **Hasselfelde**. Entlang des Köhlerlehrpfads geht es durch den Hochwald bis zum Sternberghaus an der B 81, hier befindet sich die **Harzköhlerei**. Auf dem Siebengründeweg geht es zur Schöneburg und schließlich steil hinab ins Bodetal.

Der Endspurt

Der letzte Streckenabschnitt schließlich ist die Strecke durchs ✶ ✶ **wildromantische Bodetal** von Altenbrak nach Thale über 14 km in anvisierten 4,5 Std. (z. T. Streckenbeschreibung ► Reiseziele von A bis Z, Bodetal).

Vorbei an der Waldbühne und den Falkenklippen geht es nach Treseburg und von hier unter Rotbuchen, uralten Eiben und von den Bodewiesen begleitet, die jedoch bald den Felsen weichen müssen, immer an der Bode entlang. Vom Bodekessel sind es nur wenige Schritte bis zur Teufelsbrücke mit Blick auf die Rosstrappe. Am Ausgang des Hirschgrundes liegt die Gaststätte Königsruh. Am Goethefelsen studierte dieser der Überlieferung nach während einer Rast die Verwitterungsspalten des Granits. Hinter dem Bodetor, bestehend aus zwei aufragenden mächtigen Granittürmen, weitet sich das enge Tal der Bode wieder, man erreicht die Gaststätte Waldkater. Vorbei an der Schwebebahnstation (lohnenswert ist ein Abstecher zum ✶ ✶ **Hexentanzplatz**, ► Thale) erreicht man schließlich das Ziel des Hexen-Stiegs: ⑭ ✶ **Thale**.

Alle Etappen lassen sich beliebig verknüpfen oder unterbrechen und sind gut erreichbar, die Wanderschilder des Harzklubs weisen den Weg. Infos: Harzer Verkehrsverband, ► Auskunft, hier ist auch ein kostenloser Leporello erhältlich.

Reiseziele von A bis Z

OB SIE WEGEN DER NATUR IN DEN HARZ KOMMEN UND SICH VON DER TEUFELSMAUER BEEINDRUCKEN LASSEN ODER LIEBER WEGEN DER VIELEN BURGEN UND DER ROMANISCHEN KIRCHEN, IST EIGENTLICH EGAL. HIER FINDET JEDER ETWAS NACH SEINEM GESCHMACK.

Altenau

C 2

Bundesland: Niedersachsen **Höhe:** 420 m
Einwohnerzahl: 2100

Der Kur- und Wintersportort liegt im oberen ►Okertal am Fuße des 928 m hohen Bruchbergs. Er ist ein schöner Ausgangspunkt für Wanderungen im Oberharz. Altenau gehört zu den sieben alten Bergstädten des Oberharzes.

Oberharzer Bergstadt

Aus dem Erzgebirge stammende Bergleute begannen hier in der zweiten Hälfte des 16. Jh.s mit dem Abbau von Eisenerzen und Silber. 1617 erhielt der Ort Stadtrecht und 1636 die Bergfreiheit. Zahlreiche Poch- und Hüttenwerke entstanden, die ihren Betrieb erst 1911 endgültig einstellten.

! *Baedeker* TIPP

Dufte Ideen

Wonach schmeckt Ysop und wie riecht Minze? Antworten finden sich in Deutschlands größtem Kräuterpark. Die Gäste dürfen alles anfassen, beschnuppern und probieren. Mehr als 100 Gewürzmischungen, Heilkräuter, Teemischungen, Räucherwerk, Harze, Naturkosmetik, Honig, Gewürzöle und Essig gibt es zu kaufen (Gewürzgalerie tgl. 10.00 – 18.00 Uhr, Kräuterpark Apr. – Okt.; Tel. 0 53 28/91 16 84, www.kraeuterpark-harz.de).

Heute ist Altenau eine Kurstadt mit historischen Stadtbild. Die **St.-Nikolai-Kirche** entstand nach 1670 als Holzkirche mit verbrettertem Fachwerk. Im Innern der dreischiffigen Halle mit umlaufenden Emporen steht ein mit Ornamenten und Statuen geschmückter Kanzelaltar von 1719. Eine Tafel in der Breiten Straße 4 erinnert an den Altenauer Maler und Heimatdichter Karl Reinecke (1885 – 1943), von dem einige Holzschnitte, Skizzen und Ölbilder in der **Heimatstube** ausgestellt sind (Hüttenstr. 9, Mi., Sa. 15.00 – 17.00, So. 10.30 bis 12.00 Uhr). Außerdem werden hier als Ergänzung zur Bergbautechnik die Lebensumstände der Oberharzer Bergarbeiter, Köhler und Fuhrleute geschildert. Die Ausstellung **»Wunder aus Holz«** zeigt das Lebenswerk eines Holzschnitzers (Hüttenstr. 18; Mi. – Mo. 9.00 bis 12.00, 14.00 – 18.00 Uhr). Saunaspaß und Entspannung bietet die großzügige Thermalsole- und Saunalandschaft »Heißer Brocken« (www.kristalltherme-altenau.de).

Kristalltherme Heißer Brocken ►

Umgebung von Altenau

Dammgraben

Südlich des Ortes beginnt der sog. Weg am Dammgraben. In dem 1732 – 1840 angelegten, rund 15 km langen Wasserlauf wird das Wasser vom Bruchberg gesammelt und den Clausthaler und Zellerfelder Teichen zugeführt. Die Wasserscheide zwischen Söse und Oker musste mit einem Damm überwunden werden, der 1732 – 1734 erbaut wurde und 940 m lang und 16 m hoch ist.

ALTENAU ERLEBEN

AUSKUNFT

Tourist-Information
www.oberharz.de
Hüttenstraße 9, 38707 Altenau
Tel. 0 53 28/8 020
Wiesenbergstr. 16, 39707 Schulenberg, Tel. 0 53 29/848

Nationalpark-Besucherzentrum
Torfhaus, an der Bundesstr. 4
Apr. – Okt. 9.00 – 17.00, Nov. – März bis 16.00 Uhr, Tel. 0 53 20/33 17 90
www.torfhaus.info

EVENTS

Altenau: Der Bruchberglanglauf startet am letzten Februarsonntag; der Buchfinkenwettstreit findet am Himmelfahrtstag, das Harzer Musiktreffen am Pfingstsamstag und das Polstertreffen, eine Folkloreveranstaltung auf dem gleichnamigen Berg, am Pfingstmontag statt.
Schulenberg: An heidnische Zeiten erinnert das »Osterwasserholen«. Um 6.00 Uhr beginnt am Ostersonntag schweigend ein Fußmarsch zur Hubertusquelle. Nach dem Genuss des frischen Wassers erwartet die nun aus ihrem Schweigegebot entlassen Teilnehmer Gesundheit und Glück.

ESSEN

► Preiswert

Schulenberg: Café Muhs
Richard-Böhm-Straße 11
Tel. 0 53 29/8 05, tägl. 13.00 – 18.00
Vollkornbäckerei mit Café und leckeren Kuchen mit Zutaten aus Bio-Anbau wie Buchweizen-Quark-Torte oder Kleinigkeiten wie Strammer Max.

Torfhaus: Bavaria Alm
Torfhaus 38 a, Tel. 0 53 20/33 10 34
www.bavariaalm.de
Bayerisches Wirtshaus mit Brockenblick. Bierzeltatmosphäre und Musik. Warme Küche von 9.00 – 23.00 Uhr

► Erschwinglich/preiswert

Kaminrestaurant Zur kleinen Oker
Kleine Oker 34, Tel. 0 53 28/5 84
www.kaminrestaurant.de
In seinem Restaurant am Waldrand (Do. geschl.) bietet der mehrfach ausgezeichnete Küchenmeister Helmut Evers typische Harzer Küche und regionale Eigenkreationen, so hat er den Altenauer Grünkohlschmaus gourmetfähig gemacht. Im Sommer wird auch auf der Sonnenterrasse serviert. Mit Ferienwohnungen

ÜBERNACHTEN

► Preiswert

Landhaus am Kunstberg
Bergmannsstieg 5
Tel. 0 53 28/2 55, Fax 2 56
www.landhaus-am-kunstberg.de
Ein familiengeführtes Gasthaus im alpenländischen Baustil mit weitem Blick auf die Oberharzer Wiesen.

Schulenberg
◄ Reisekarte C 1

Der Kur- und Wintersportort (450 Einw.) liegt oberhalb des Okerstausees. Er wurde 1954 hierher verlegt, nachdem das alte Bergdorf durch das Aufstauen der Oker überflutet wurde (►Okertal).

Torfhaus
◄ Reisekarte D 2

Der kleine Höhenluft- und Wintersportort Torfhaus liegt östlich von Altenau, rund 800 m hoch. Im 16. Jh. wurde hier für die Harzer

Stehen heute unter Naturschutz: die Hochmoore rund um Torfhaus.

Hüttenwerke Torf gestochen. Heute stehen die Hochmoore mit ihrer vielfältigen Flora unter Naturschutz. In Torfhaus beginnt der »Goetheweg«, der Dichter stieg von hier am 10. Dezember 1777 zum ► Brocken auf. Das **Nationalpark-Besucherzentrum** informiert in multimedialen Ausstellungen über den Nationalpark Harz (am Großparkplatz direkt an der Bundesstr. 4; weitere Hinweise ►S. 125).

★★ Bad Gandersheim

außerhalb

Bundesland: Niedersachsen
Höhe: 125 m
Einwohnerzahl: 11 200

Die das Stadtbild beherrschende doppeltürmige Stiftskirche bildet zusammen mit ihren angrenzenden Gebäuden den Mittelpunkt von Bad Gandersheim.

Im Stift Gandersheim, zu dem die Stiftskirche gehörte, lebte um 935 bis 980 die erste deutsche Dichterin **Roswitha von Gandersheim**. Nach ihr ist auch der älteste deutsche Frauenliteraturpreis benannt, den die Stadt seit 1973 jährlich verleiht.

Geschichte Sachsenvater Liudolf, dux saxoniae, gründete mit seiner Gattin Oda 852 im heutigen Gandersheimer Ortsteil Brunshausen (►unten) das

erste Stift im damals noch nicht von den Franken unter Karl dem Großen eroberten und christianisierten Sachsen. Die fränkischen Besatzer brachten in das damalige Sachsen mit der christlichen Religion und der Heiligen Schrift erstmals einen über der Natur stehenden Gott ins Land. Um ein gottesfürchtiges, religiöses Leben zu führen, musste man nun lesen und schreiben können. So wurden die sieben Wissenschaften der Antike wiederbelebt.
Als einzige nordostdeutsche Familie **wurden die nach Liudolf benannten Liudolfinger ein Königs- und Kaisergeschlecht**. Schon Liudolfs und Odas Sohn Otto dem Erlauchten wird die erste deutsche Königswürde angeboten, die er aufgrund seines Alters ablehnt. Dessen Sohn Heinrich, der Herr vom Vogelherd, wird wenig später erster deutscher König, sein Sohn Otto ist dann der erste Kaiser des Heiligen Römischen Reiches Deutscher Nation.
Grundlage zum Aufbau der Position war das Stift, das später u.a. von Kaisertöchtern geleitet wurde. Das Stift war reichsunmittelbar, unterstand nur Papst und Kaiser, die Äbtissin hatte Sitz und Stimme auf dem deutschen Reichstag. Mit der Wahl Heinrichs I. zum deutschen König 919 begann die **Blütezeit von Stift und Marktsiedlung**. 990 verlieh Theophanu im Namen Ottos III. Gandersheim das Münz-, Markt- und Zollrecht. 1329 kaufte sich die Stadt von der Stiftsherrschaft frei. 1589 wurde das Kloster in ein evangelisches Mädchenstift umgewandelt (1810 aufgehoben).
Im **Kloster Brunshausen**, der Wiege Niedersachsens und Ausgangspunkt abendländischer christlicher Bildung in Sachsen, errichteten die Nationalsozialisten 1944/1945 ein Außenlager von Buchenwald. In ihm lebte der französische Widerstandskämpfer Robert Antelme, Ehemann von Margarete Duras, der über seinen Aufenthalt im Lager das Buch »Das Menschengeschlecht« schrieb.
Geschichtlich und literarisch wichtig ist auch der Mönch Eberhard, der mit der Gandersheimer Reimchronik von 1216 das erste niederdeutsche Geschichtsbuch schrieb, das erste Geschichtswerk in der Sprache der einfachen Leute.

★★ Stiftskirche

Besichtigung:
Di. – So.
11.00 – 17.00

Die Stiftskirche steht an der Stelle mehrerer Vorgängerbauten, die nach Bränden errichtet wurden (ein erster, um 881 geweihter Bau; für 926 ist die Weihe einer »turris occidentalis« überliefert, vermutlich ein Westwerk nach dem Vorbild der Klosterkirche in Corvey; 1007 Weihe eines Neubaus).
In der Stiftskirche und im ► Kloster Brunshausen zeigt die **Ausstellung »Portal zur Geschichte«** die Geschichte der Liudolfinger, der ottonischen Kaiser und des ehemaligen Reichsstifts. Der kostbare Kirchenschatz mit zahlreichen mittelalterlichen Exponaten war bislang nur auf auswärtigen Sonderausstellungen zu sehen. Informationen: Portal zur Geschichte, Barfüßerkloster 15, 37581 Bad Gandersheim, Tel. 0 53 82/95 56 47, www.portal-zur-geschichte. de.

BAD GANDERSHEIM ERLEBEN

AUSKUNFT

Tourist-Information
Stiftsfreiheit 12
37581 Bad Gandersheim
Tel. 0 53 82/7 37 00, Fax 7 37 70
www.bad-gandersheim.de

EVENTS

Auf der traditionellen Festspielbühne vor der romanischen Stiftskirche finden im Sommer die Domfestspiele statt.

ESSEN

► Erschwinglich/preiswert

Ratsbrauhaus
Markt 10
Tel. 0 53 82/10 61
www.ratsbrauhaus.de
Deftige Harzer Gerichte zu selbst gebrautem Bier. Wer sich auf die traditionelle Molle, eine Schüssel gefüllt mit Bratkartoffeln, Sauerkraut, Gemüsen und Harzer Fleisch- und Wurstspezialitäten, einlässt, sollte den Abend mit etwas Hochprozentigem abschließen. Das Brauhaus liegt in den 600 Jahre alten Gemäuern des alten Rathauses direkt am Marktplatz.

Altgandersheim: Köhlers Landgasthaus
Rük 18
Tel. 0 53 82/52 12, Mo., Di. geschl.
www.koehlers-landhotel.de
Deutsche Küche nördlich von Bad Gandersheim. Wild- und Fischspezialitäten wechseln mit Eigenkreationen wie Köhlers Sauerbraten und Köhlers Vesperplatte ab.

ÜBERNACHTEN

► Komfortabel

Hotel am See
Am Osterbergsee 7
Tel. 0 53 82/9 55 10, Fax 9 55 11 00
www.hotelamsee.eu
Schlichte, angenehme und zweckmäßige Unterkunft in einem umgebauten 1970er-Jahre-Hochhaus im Kurviertel, ca. 2 km vom Stadtzentrum entfernt. Guter Service, Blick von fast allen Zimmern auf den als See bezeichneten Teich und reichlich Wald.

Domfestspiele vor historischer Kulisse

Der heutige Bau, eine flach gedeckte Basilika mit doppeltürmigem Westriegel, zweigeschossigem Westquertrakt, querrechteckiger Vierung, sächsischem Stützenwechsel (aus Pfeilern und zwei Säulen) sowie quadratischen Quer- und Chorarmen entstand im Wesentlichen unter Äbtissin Adelheid II. (1063–1094), einer Schwester Heinrichs IV. Mitte des 12. Jh.s wurden nach einem Brand Chor, Querhaus und die Seitenschiffe eingewölbt und die beiden Westtürme erbaut. Im 14. und 15. Jh. wurden schließlich die gotischen Seitenkapellen an der Südfront angefügt. Ursprünglich befand sich vor dem Westriegel, der heute einen tiefen Vorraum für das Westportal bildet, ein zweigeschossiger Vorbau, der jedoch 1838 wegen Baufälligkeit abgebrochen wurde (ein hoher Rundbogen markiert das einstige Tonnengewölbe).

Inneres

Das Langhaus mit zunächst doppeltem, dann einfachem Stützenwechsel öffnet sich in großen Rundbogenarkaden zu den schmalen, gewölbten Seitenschiffen. Viele der früheren Ausstattungsstücke befinden sich heute im Herzog-Anton-Ulrich-Museum in Braunschweig. Hervorzuheben sind u. a. der vor dem Lettner (1912) stehende Dreikönigsaltar (Ende 15. Jh., urspr. Mauritiuskirche), das überlebensgroße Triumphkreuz (um 1500), der Bartholomäusaltar (1490). Im Hohen Chor, unter dem sich die dreischiffige Krypta befindet, steht der fünfarmige, 1,84 m hohe Bronzeleuchter (um 1430), ein Meisterwerk niedersächsischer Gießerkunst. In der Marienkapelle, dem sog. Mecklenburgischen Mausoleum, steht das Grabmal der Äbtissinnen Christine († 1683) und Marie Elisabeth († 1713) von 1686, in der Andreaskapelle das der Äbtissin Elisabeth (1748 von Johann Kaspar Käse); in der Antoniuskapelle ruht der Stifter Herzog Liudolf († 9. Jh.), die aus Eiche gefertigte Liegefigur ist von 1270; der daneben stehende Marienaltar entstand 1521.

Stiftsgebäude

Kreuzgang und Konventsgebäude wurden im 19. Jh. abgebrochen. Östlich der Stiftskirche folgen die ehem. Stiftsgebäude, in ihrer Mitte der 1978 von Siegfried Zimmermann geschaffene **Roswithabrunnen**. Das zweigeschossige Hauptgebäude besitzt einen schönen Renaissancegiebel (um 1599 nach Plänen von Heinrich Overcate aus Lemgo nach einem Brand der alten Abtei erbaut); an den Erkerfassaden die Wappen der Familien Waldeck, Hoya, Schwarzburg und Henneberg; zwischen den beiden Erkern der barocke Elisabethbrunnen von Johann Kaspar Käse von 1748.

Ehem. Michaelskapelle

Im anschließenden Fachwerkhaus befindet sich im Untergeschoss der älteste Gebäudeteil, die dreischiffige ehem. Michaelskapelle und heutige Marienkapelle (um 1188).

✶ Kaisersaal

Nördlich des Münsterchors liegt das Hauptgebäude, ein um 1736 angefügter zweigeschossiger Flügel; Bauherr war Alexander Rossini. Er beherbergt den Kaisersaal, ein schönes Beispiel landesfürstlicher Hofhaltung. Eine nach italienischem Vorbild eingewölbte, reich bemalte Decke sowie 35 Porträts von Fürsten, Äbtissinnen und Kanonissen (Ernesti und Johann Harbourg, 1724–1736) schmücken den barocken Saal.

Weitere Sehenswürdigkeiten in Bad Gandersheim

✶ Rathaus

An dem von Fachwerkhäusern gesäumten Markt (westlich der Stiftskirche) steht das Rathaus. 1580 brannten sein Vorgängerbau und die benachbarte Moritzkirche, ursprünglich Filialkirche für die außerhalb des Stadtgebiets gelegene Georgskirche, bis auf die Grundmauern ab. Bei seinem Neubau wurden die Reste der Kirche (u. a. der Kirchturm) einbezogen, so entstand eines der schönsten Renaissance-Rathäuser in Niedersachsen (mit beachtenswertem Ratsherrensaal). Am Ende der Freitreppe befindet sich ein **reich geschmücktes Portal**; über dem Gesims prangt ein mittelalterlicher Wappenstein mit den braunschweigischen Leoparden (Löwen).

Auch Bad Gandersheim ist ein von Fachwerkbauten geprägtes Städtchen.

Im ehem. Kirchturm der Moritzkirche ist heute das **Städtische Museum** untergebracht Eine Ausstellung stellt die Entwicklung des Handwerks und die Tradition der Gilden, eine andere die Stadtgeschichte seit der Gründung des Stiftes Gandersheim dar. Außerdem wird eine Militariasammlung gezeigt. Di. – So. 15.00 – 17.00, Fr., Sa., So. auch 10.30 bis 12.30 Uhr.

Ehem. Burg und Schloss

Die nördlich der Stiftskirche gelegene ehem. Burg der Braunschweiger Herzöge ist heute Sitz des Amtsgerichts. Der schlichte zweigeschossige Bau mit einem rechteckig vorgezogenen Treppenturm wurde 1530 an der Stelle einer Vorgängerburg aus dem 12. Jh. errichtet.

Umgebung von Bad Gandersheim

Brunshausen

783 hatte Liudolf der Ältere der Reichsabtei Fulda einen Hof in Brunshausen (Ortsteil von Bad Gandersheim, ca. 1 km nördlich) geschenkt. Sie gründete hier das gleichnamige Kloster, Ausgangspunkt für die kulturelle Entwicklung unter den Liudolfingern. Das Kloster war erster Sitz des Stiftes, bevor dieses nach Gandersheim umzog. 1134 wurde es dem benachbarten Kloster Clus (►unten) unterstellt, nach der Reformation in ein Damenstift umgewandelt, später zu einem Sommerschloss der Gandersheimer Fürstäbtissin umgebaut und 1792 aufgegeben. 1944/1945 war der Ausgangspunkt der Christianisierung des freien Sachsen ein Außenlager Buchenwalds.

In der Klosterkirche zeigt das **»Portal zur Geschichte«** seine Ausstellung auch in den ausgemalten Räumen der barocken Sommerresidenz der Gandersheimer Äbtissinnen. In der Klosterkirche geht es um die Kloster- und Stiftsgeschichte sowie die »starken Frauen« Gandersheims: Theophanu, Roswitha u.a. Einen Glanzpunkt der Ausstellung bietet die kostbare Textiliensammlung des Stiftes mit Exponaten aus Mittelalter und Barock (Infos: ►Stiftskirche).
Die heute zweischiffige Kirche vom Ende des 14. Jh.s (der Westbau wurde 1876 verändert) steht an der Stelle mehrerer Vorgängerbauten, deren ältester bis in die Zeit der Klostergründung zurückgeht.

Clus

Die **ehem. Benediktinerklosterkirche** Clus 1 km nordwestlich von Brunshausen wurde im 12. Jh. gegründet und gehörte zeitweise zum Gandersheimer Frauenstift. Das Kloster selbst wurde 1596 aufgelöst. Chor (der einst eine flache Decke und einen geraden Abschluss hatte) und östliches Querhaus entstanden vermutlich vor 1134, als Mönche aus Corvey an der Weser das Kloster übernahmen. Bis 1159 wurden das Langhaus, der Westbau mit der Michaelskapelle und die zwei Westtürme hinzugefügt (der Südturm wurde Anfang des 19. Jh.s abgebrochen). Um 1485 erfolgte der gotische Umbau der Kirche.

★ Bad Grund

B 2

Bundesland: Niedersachsen **Höhe:** 350 m
Einwohnerzahl: 3000

Die älteste der ehemals sieben Oberharzer Bergstädte wird auch »Fünftälerstadt« genannt, denn sie liegt am Westrand des Harzes in einem nach Süden offenen Tal, in das fünf weitere Täler münden. Die Iberger Tropfsteinhöhle wurde vor 450 Jahren von Bergleuten auf der Suche nach Erzlagerstätten entdeckt.

Älteste Bergstadt

Schon 1317 wurde eine Waldarbeitersiedlung »Im Grund« unterhalb des Ibergs erwähnt, aus der sich seit Mitte des 14. Jh.s ein **lebhafter Bergwerksort** entwickelte, besonders nachdem neben den früh erschlossenen Eisensteingruben auch Silberadern entdeckt wurden. 1777 – 1799 wurde der Tiefe Georgsstollen, ein 19 km langer Entwässerungsstollen für die Gruben des Clausthal-Zellerfelder Reviers, aufgefahren. Wegen der starken rheinischen Konkurrenz wurde 1855 die Eisengewinnung aufgegeben, dafür gewann der auf Bleiglanz, Zinkblende, Kupferkies und Schwerspat ausgerichtete Bergbau der Gruben »Hilfe Gottes« und »Bergwerkswohlfahrt« an Bedeutung. Mit der Schließung der letzten Grube 1992 endete der über 1000 Jahre alte Bergbau im Harz. Schon 1510 erholte sich Herzogin Elisabeth von Braunschweig-Wolfenbüttel in hiesigen Schlackebädern. Das erste Badehaus eröffnete jedoch erst 1855.

BAD GRUND ERLEBEN

AUSKUNFT

Tourist-Information
Elisabethstraße 1
37539 Bad Grund
Tel. 0 53 27/70 07 10
Fax 70 07 77
www.badgrund.de

ESSEN

► Preiswert

Antik-Café im Uhrenmuseum
Elisabethstraße 14
Tel. 0 53 27/30 06, Mo. geschl.
Selbst gebackene Kuchen in plüschiger Atmosphäre mit antiken Möbeln und alten Uhren.

► Erschwinglich

Altes Backhaus
Helmkampffstr. 3, Tel. 0 53 27/27 50
Silvolle Küche in altem Fachwerkhaus (Mi. geschl.)

ÜBERNACHTEN

► Komfortabel

Alter Römer
Markt 2, Tel. 0 53 27/70 80
www.hotel-alter-roemer.de
Das 2007 wieder eröffnete Hotel-Restaurant (41 Z.) bietet eine umfangreiche Wellness-Landschaft mit u. a. Thai-Massagen, Ayurveda-Behandlungen und Schwimmbad.

Sehenswertes in Bad Grund

Marktplatz

In der Mitte des alten Ortskerns mit hübschen Fachwerkhäusern aus dem 17. – 19. Jh. liegt der Marktplatz mit der 1640 erbauten St.-Antonius-Kirche.

✶ Bergbaumuseum Knesebeck-Schacht

Das Bergbaumuseum befindet sich oberhalb des Kurgartens, auf dem Gelände des 1855 angelegten Knesebeck-Schachtes. Der gehörte zum letzten noch betriebenen Oberharzer Erzbergwerk, der 1992 stillgelegten Grube »Hilfe Gottes«. Vor dem Museum steht ein 47 m hoher stählerner Hydrokompressorenturm, Wahrzeichen des Museums. Bis 1977 versorgte der »Zeigefinger Gottes« die Grube mit Druckluft. Auf dem Freigelände finden sich neben den modernen Betriebsanlagen Relikte des historischen Bergbaus. Öffnungszeiten: Apr. – Okt. Di. – So. 11.00 – 14.00, Nov. – März nur Do. und So. 11.00 – 14.00 Uhr sowie nach Vereinbarung, Tel. 0 53 27/28 26.
Im Museum werden die Entwicklung der Bergbautechnik, einheimische Mineralien und daraus gefertigte Produkte dargestellt.

✶ Uhrenmuseum

1600 Uhren aus 600 Jahren zeigt das zweitgrößte private Uhrenmuseum Deutschlands im Kurpark auf 800 m² Ausstellungsfläche (das größte befindet sich natürlich im Schwarzwald): 70 funktionierende Kirchturmuhren,Wanduhren, Wecker, winzige Taschenuhren und Schätzchen aus allen Epochen der Zeitmessung. Eine Schweizer Klosteruhr aus dem Jahr 1430 gehört dazu oder ein Chronometer, das seinen Gleichlauf auf einer schrägen Ebene gewinnt. Bilderuhren und Uhrenbilder finden ihren Platz im Museum; aber auch zeitgenössische Sammlerexemplare wie Einzelstücke von Gutkaes und Lange, heute Lange und Söhne (Elisabethstraße 14; Di. – So. 10.00 – 18.00 Uhr; Tel. 0 53 27/10 20, www.uhrenmuseum-badgrund.de).

★★ HöhlenErlebnis-Zentrum Iberger Tropfsteinhöhle

Öffnungszeiten: Juli, Aug. tgl. 10.00 – 17.00, sonst Di. – So. 10.00 – 17.00

www.iberger-tropfsteinhoehle.de

Ein Spaziergang führt nördlich vom Markt an der Sporthalle vorbei zur Iberger Tropfsteinhöhle. Seit 1876 ist sie zugänglich und gehört zu den meistbesuchten Sehenswürdigkeiten im Harz. Ihr Eingang liegt etwas oberhalb eines Parkplatzes an der Harzhochstraße B 242. Der 563 m hohe Iberg ist ein Kalkstock, der aus einem mächtigen Korallenriff des Devon vor rund 380 Mio. Jahren in der Gegend von Madagaskar entstand. Seinen Namen erhielt er von den früher hier vorkommenden Eiben. In Jahrmillionen wusch eindringendes Regenwasser Hohlräume und Gänge aus dem Kalkstein. So entstand ein rund 8 km langes Höhlensystem, von dem 150 m gut begehbar sind. Im Innern (Achtung, es herrschen 8 °C!) enthält die Höhle einige Tropfsteingebilde; die verschiedenfarbig schillernden Stalaktiten (von der Decke hängende Zapfen) und Stalagmiten (vom Boden aufwachsende Säulen oder Kegel) sind aufgrund ihrer eigentümlichen Form nach Harzer Sagenfiguren benannt. Die verschiedene Färbung der Tropfsteine, die in einem Menschenalter nur um wenige Millimeter wachsen, rührt von den Ablagerungen der im Kalkstein enthaltenen Erze her.
Im **HöhlenErlebnisZentrum** gibt es zwei Museen. Eines informiert über die Frühgeschichte der Region. Auf halber Höhe des Ibergs ist die knapp 15 km von Bad Grund entfernt gelegene Lichtensteinhöhle nachgebildet, in der Archäologen vor zehn Jahren 40 Skelette aus der Bronzezeit gefunden haben. Durch DNA-Untersuchungen haben sie die Verwandtschaft der Bronzezeitmenschen mit den heutigen Bewohnern der Region nachgewiesen. So entstand **der älteste Stammbaum der Menscheitsgeschichte** von über 120 Generationen. Im Museum erkunden Besucher das Lebensumfeld dieser Familie aus dem 8. bis 10. Jh. v. Chr. Ein weiteres Museum erläutert sehr anschaulich die Entstehungsgeschichte des Ibergs.

! *Baedeker* TIPP

Der Kopf des Sommerschneemanns

Mitten im Sommer fliegen hier die Schneebälle. Seit mehr als 100 Jahren lagern die Bad Grunder ihren Schnee in einer 7 m tiefen Erdgrube auf dem Iberg ein. Im Sommer stapft der sog. »Scharfrichter« auf den Berg, baut einen Schneemann und köpft ihn mit dem Schwert. Die schmelzenden Reste locken die Besucher zu einer zünftigen Schneeballschlacht. Beginn ist jeweils sonntags um 16.00 Uhr.

Sagen- und Märchental

Ein ehemaliger Bergmann der 1992 geschlossenen Erzgrube »Hilfe Gottes« hat das detailgetreue Sagen- und Märchental (an der B 242 am Parkplatz der Tropfsteinhöhle) in Handarbeit geschnitzt und gebaut. Jedes Märchen ist in fünf Bühnenbildern – durch Knopfdruck im Drehmechanismus zu bewegen – dargestellt. Öffnungszeiten: Mai bis Sept. Di. – So. 10.00 – 18.00 Uhr.

Warm eingepackt im Stollen: Die Höhlentherapie ist nicht nur etwas für Allergiker.

Hübichenstein Westlich des Ibergs erhebt sich an der B 242 der Hübichenstein, eine 40 m hohe Felsnadel aus Kalkstein. Ein Bronzeadler zu Ehren Kaiser Wilhelms I. krönt seine Spitze. Um den Felsen ranken sich viele Sagen und Märchen. Er ist das Reich der Zwerge und Elfen, ihr König Hübich soll in einem unterirdischen Schloss unter dem Felsen leben. Ursprünglich war dieser höher. Im Dreißigjährigen Krieg schossen jedoch kaiserliche Truppen den oberen Teil herunter. Auf der Naturbühne am Fuße des Felsens finden Veranstaltungen statt, u. a. am 30. April die Walpurgisfeier.

Nahe dem Hübichenstein lädt das **Arboretum** mit vielen fremdländischen Bäumen und Sträuchern zu einem Besuch ein.

Heilstollentherapie im Eisensteinstollen Im Eisensteinstollen, einem Erzstollen aus dem 19. Jh., bietet Bad Grund vor allem für Allergiker und Atemwegskranke die Heilstollentherapie (Speläotherapie) an. Durch eine Schleuse gelangen die Patienten in eine Höhle, wo sie zwei Stunden lang, eingepackt in Decken und einen warmen Schlafsack, die fast staub- und allergenfreie Luft unter Tage atmen. Patienten mit chronischer Bronchitis, Asthma, Lungenemphysem, Keuchhusten und anderen Atemwegserkrankungen finden hier Linderung. Der Eisensteinstollen ist ganzjährig geöffnet. Anmeldungen in der Tourist-Info im Gesundheitszentrum.

Bad Harzburg

D 1

Bundesland: Niedersachsen **Höhe:** 300 m
Einwohnerzahl: 25 000

Der viel besuchte Kurort wird wegen seiner sieben Heilquellen und wegen seiner Lage am Nordrand des Harzes, umgeben von bewaldeten Bergen und schönen Tälern, geschätzt.

Tor zum Nationalpark Harz

Eine Spielbank und ein 23 km langer Rundwanderweg mit schönen Aussichtspunkten und Streckenabschnitten, Nordic-Walking-Touren und Mountainbikerouten für unterschiedliche Ansprüche bieten für jeden Geschmack etwas.

Geschichte

Zum Schutz der Kaiserpfalz in Goslar und der Silberminen im Rammelsberg ließ Heinrich IV. 1065 – 1068 auf dem Großen und Kleinen Burgberg die Harzburg erbauen, die bedeutendste salische Schutzburg des Harzgebietes, die eigentlich aus zwei Burgen bestand. In den darauf folgenden Jahren kam es zu zahlreichen Aufständen im sächsischen Gebiet, die den Sieg des sächsischen Adels über den Kaiser und die Zerstörung der Harzburg zur Folge hatten. Zwar wurde sie im 12. und 13. Jh. unter Friedrich Barbarossa und unter Otto IV. teilweise wieder aufgebaut, ihre ehem. Bedeutung erlangte sie jedoch nicht mehr.

! *Baedeker* TIPP

Grenzerfahrung

In 12 m Höhe balanciert man über Drahtseile, Holzstege und andere wackelige Angelegenheiten – natürlich gesichert und mit fachlicher Anleitung. Skyrope Hochseilpark, Bus 875 vom Bahnhof Bad Harzburg bis Märchenwald, Anmeldung unter Tel. 03 94 57/9 86 20, www.skyrope.de.

Sehenswertes in Bad Harzburg

Stadtzentrum

Hauptstraße ist die Herzog-Wilhelm-Straße, die sich vom Bahnhof (im Norden der Stadt) bis fast zum Kurpark erstreckt. In ihrem südlichen Abschnitt führt sie als Bummelallee an der Radau entlang. Im Kurzentrum mit Therapieabteilung werden die verschiedenen Anwendungen verabreicht; zu Badezwecken dienen die Johann-Albrecht-Quelle und die Dr.-Harras-Schneider-Quelle, die in 812 m Tiefe mit einer Temperatur von 26 °C entspringt; in der Wandel- und Trinkhalle wird das Wasser der Krodoquelle, Barbarossaquelle und der Juliusquelle sowie des Schwefelbrunnens ausgegeben.

◄ Lutherkirche

Die an der Lutherstraße gelegene gleichnamige dreischiffige Hallenkirche entstand 1901 – 1903 an der Stelle mehrerer Vorgängerbauten. Im Innern sind zwei mittelalterliche Statuen an den Pfeilern zum nördlichen Seitenschiff sehenswert: Maria auf der Mondsichel mit dem Jesuskind und die hl. Anna.

Galopprennwoche im Juli am Weißen Stein

Das im Kurpark nahe der Bergbahn-Talstation gelegene **»Haus der Natur«** unterrichtet in einer interaktiven Ausstellung über Geologie, Flora und Fauna des Harzes. Öffnungszeiten: Di. – So. und feiertags 10.00 – 17.00 Uhr. Das **»Museum in der Remise«** in einem denkmalgeschützten Gebäude neben dem Rathaus zeigt eine umfangreiche Sammlung alter Ausgrabungsstücke von der Burg Heinrichs IV. und Räume mit Originalmöbeln wie ein Burgbergzimmer oder die Schreiberhauer-Stube. Öffnungszeiten: Mi. 10.00 Uhr Führung, So. 14.30 – 16.30 Uhr und nach Vereinbarung, Tel. 0 53 22/13 37 oder 5 31 25.
Oberhalb des Golfplatzes (9 Loch) stehen zwei sehenswerte, von Worpsweder Künstlern 1922/1923 für einen Kunstmäzen entworfene Gebäude: **Café Winuwuk** (► Essen) und die **Sonnenhof-Werkstätte**. Weitere Unterhaltung bieten das Wildgehege, der Märchenwald sowie Veranstaltungen auf der Galopprennbahn, die in der Nähe des Harzburger Gestüts im Stadtteil Bündheim liegt.

Schloss Bündheim ★

St. Andreas ►

Im nordwestlich sich anschließenden Bündheim stehen in einer Parkanlage die St.-Andreas-Kirche (17. Jh., jedoch mehrfach umgebaut; im Innern sind Altar und Kanzel sehenswert) und das Schloss Bündheim. Es wurde für Julius von Braunschweig-Wolfenbüttel 1572 mit Steinen der Harzburg erbaut. In seiner heutigen Form entstand es im 17. Jh. neu und dient v. a. kulturellen Zwecken.

★ Burgberg

Der 483 m hohe, auf drei Seiten steil abfallende Große Burgberg erhebt sich im Südosten der Stadt. Eine Kabinenbahn fährt in wenigen Minuten vom Kurpark aus zum Gipfel hinauf und überwindet in 3 Minuten 186 Höhenmeter. Von der einst mächtigen **Burganlage**, die durch einen 10 m breiten, tief eingeschnittenen Graben in einen

BAD HARZBURG ERLEBEN

AUSKUNFT

Tourist-Information
Nordhäuser Str. 4
38655 Bad Harzburg
Tel. 0 53 22/7 53 30, Fax 7 53 29
www.bad-harzburg.de

EVENTS

Bad Harzburg ist Zielort der jährlichen Harzüberquerung. Überregionale Bedeutung haben mittlerweile die Bad Harzburger Musiktage sowie das im August abgehaltene Salz- und Lichterfest und die Galopprennwoche im Juli.

ESSEN

▶ Preiswert

① *Café Winuwuk*
Waldstraße 9, Tel. 0 53 22/14 59
www.winuwuk.de
tgl. außer Mo. 11.30 – 18.00 Uhr
Im expressionistisch um 1920 als rundliches norddeutsches Knusperhäuschen gebauten Café bekommt man hausgemachten Schmandkuchen und Preiselbeer-Sahne-Torte sowie mittags warme Speisen, z. B. Wildschweinbraten. Im Winter kocht der Wirt seinen Harzer Hexenpunsch.

Molkenhaus
Molkenhaus 1, Tel. 0 53 22/78 43 44
www.molkenhaus.de
Wiedereröffnetes Haus im Nationalpark, direkt am Waldrand gelegen. Serviert werden bürgerliche Küche und Harzer Spezialitäten sowie hausgemachte Kuchen. Für Kinder gibt es eine Mal- und Spielecke (Anfahrt u. a. mit dem Bus Nr. 875 vom Berliner Platz).

ÜBERNACHTEN

▶ Komfortabel

① *Michels Kurhotel Vier Jahreszeiten*
Herzog-Julius-Straße 64
Tel. 0 53 22/78 70, Fax 78 72 00
www.kurhotelvierjahreszeiten.de
Das gehobene Hotel hat seine 74 Zimmer und 14 Suiten teilweise im alten Badehaus von 1856, teilweise im neu angebauten Glashaus. Die Spielbank Bad Harzburg, ein Sole(Salzwasser)-Thermalbad und ein Beautysalon befinden sich mit im Haus.

▶ Luxus bis komfortabel

② *Hotel Victoria*
Herzog-Wilhelm-Straße 74
Tel. 0 53 22/7 80 50, Fax 7 80 55 00
www.harz-hotelvictoria.de
Die seit 1886 im Familienbesitz geführte Stadtvilla bietet 40 zum Teil sehr große Zimmer und eine Juniorsuite. Zum Frühstück sitzt man auf Sofas im Stil der vorletzten Jahrhundertwende unter Zimmerpalmen.

Nicht nur für Harzüberquerer interessant

Bad Harzburg Orientierung

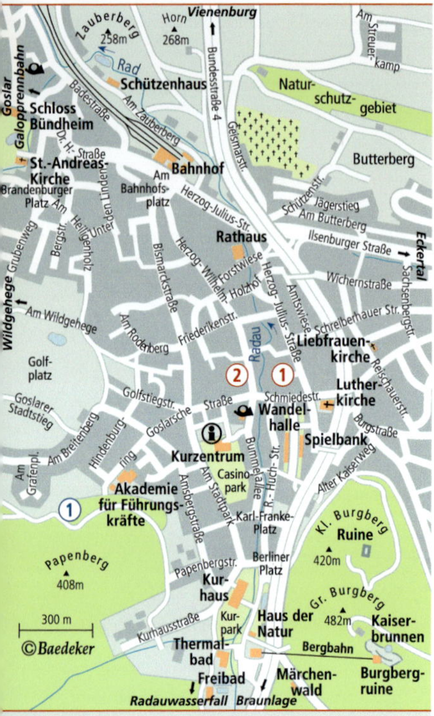

Übernachten

① Michels Kurhotel Vier Jahreszeiten

② Hotel Victoria

Essen

① Café Winuwuk

kleineren östlichen und einen größeren westlichen Burgteil getrennt war, sind nur noch Gräben und einige Mauerreste zu sehen: im Norden der Ostburg die Fundamente eines Palas, im Osten Reste eines Bergfrieds mit vorgelegter Ringmauer und Zwinger, am Nordende der Mauer Fundamente eines Wehrturms; im Nordosten der Westburg der 42 m tiefe Burgbrunnen, der von einer Ende des 11. Jh.s angelegten Wasserleitung aus Tonröhren gespeist wurde; durch ihn soll 1073 Heinrich IV. aus der belagerten Burg entkommen sein; neben dem Brunnen steht die Ruine eines Halbrundmauerturms, der vermutlich aus der Zeit Ottos IV. (1208 – 1218) stammt. Die **Canossa-Säule** wurde 1875 zu Ehren Bismarcks errichtet.

Umgebung von Bad Harzburg

Etwa 3 km südlich von Bad Harzburg liegt an der B 4 im gleichnamigen Tal der 1859 durch eine Ableitung der Radau geschaffene **Wasserfall**. Der Fluss stürzt hier über 22 m hohe Felsklippen in die Tiefe. Auf der gegenüberliegenden Straßenseite befindet sich das Stollenmundloch des Radaustollens.

Von hier sind das **Molkenhaus** und der **Eckerstausee**, der 13 Mio. m³ Wasser fasst, beliebte, nur zu Fuß oder mit dem Bus erreichbare Ziele.

Rabenklippe

Die 555 m hohe Rabenklippe ist eine wilde Felsgruppe, die steil ins Eckertal abfällt (südöstlich von Bad Harzburg; auch vom Großen Burgberg aus zu erreichen); ein Stück des Weges legt man auf dem Kaiserweg zurück.

Die **Nationalpark-Waldgaststätte** Rabenklippe (Di. – So. 10.00 bis 18.00 Uhr, Tel. 0 53 22/28 55, www.rabenklippe.de) ist eine der zehn autofreien Waldgaststätten im Nationalpark Harz – ein wildromantisches Wanderziel mitten im Nationalpark, das nur zu Fuß, per Mountainbike oder mit dem Erdgasbus erreichbar ist. Ab Bad Harz-

! *Baedeker* TIPP

Angeluchst

Im Nationalpark leben wieder Luchse, Nationalpark-Mitarbeiter haben die Tiere ausgewildert. Doch zu sehen bekommt man sie selten. Sogar im Schaugehege Rabenklippe zeigen sich Luchs-Kater Attila und die Dame Bella allenfalls frühmorgens oder abends, wenn die benachbarte Nationalpark-Waldgaststätte geschlossen ist. Infos zur Luchsauswilderung: Tel. 0 55 82/ 91 89 43, www.luchsprojekt-harz.de.

burg Bahnhof fahren Erdgasbusse in etwa 30 Min. über den Märchenwald und das Molkenhaus direkt an die Rabenklippe. Abfahrtszeiten Apr. – Mitte Nov.: 10.46, 11.46, 13.46, 14.46 und 16.46 Uhr. Vom Märchenwald an der B 4 sind es zu Fuß ca. 4 km zur Rabenklippe. Weitere Informationen: www.fahrtziel-natur.de.

Vienenburg
◄ Reisekarte D 1

Die kleine Stadt Vienenburg (6000 Einw.) liegt 10 km nördlich von Bad Harzburg am Zusammenfluss von Oker und Radau. Im Norden erhebt sich der 256 m hohe waldreiche Harlybergzug mit dem Harlyturm; an dessen Fuß erstreckt sich der Vienenburger See. Südlich des Stadtzentrums steht auf einem nach Norden, Westen und Süden abfallenden Landrücken die ehem. Vienenburg, die später zu einem Gutshof umgebaut wurde. Noch gut zu erkennen ist die einstige Ringform der Burg. Erhalten geblieben sind der 24 m hohe runde Bergfried aus dem Mittelalter und Fundamente des Palas. Die in Fachwerk ausgeführten Wirtschaftsgebäude stammen aus dem 18. Jh. 1840 entstand das ehem. Bahnhofsgebäude an der 1843 in Betrieb genommenen Eisenbahnlinie Braunschweig – Bad Harzburg. Der holzquaderverkleidete klassizistische Bau mit Eisensäulen im Innern wurde 1844 aufgestockt und 1888 um einen Saalbau erweitert. Heute beherbergt das älteste erhaltene Bahnhofsgebäude in Deutschland neben der Stadtbücherei ein Eisenbahnmuseum, das die Eisenbahngeschichte der Region vermittelt (Do. – So. 15.00 – 17.00 Uhr, Tel. 0 53 24/78 04 78, www.eisenbahnmuseum-vienenburg.de).

★ ◄ Eisenbahnmuseum

Schladen

Kuscheln mit der Vogelspinne: In der Nähe der Autobahnabfahrt Schladen-Nord (A 395 Bad Harzburg Richtung Braunschweig) gibt es die nach eigenen Angaben **größte Schlangenfarm** Europas mit u. a. rund 1000 Schlangen, Leguanen, Spinnen, Krokodilen, Skorpionen und anderem Gruselgetier (Im Gewerbegebiet 5, Nov. – Feb. 9.00 – 16.00, März, Okt. bis 17.00, Apr. – Sept. bis 18.00 Uhr; Fütterung der Krokodile und Piranhas So. 15.00 Uhr; www.schlangenfarm.de).

Kloster Wöltingerode Nordwestlich außerhalb des Ortes (über die Oker, an der Straße nach Weddingen) liegt das 1174 vermutlich an der Stelle einer älteren Burg gegründete Benediktinerkloster Wöltingerode, das bald darauf zu einem Zisterzienserinnenkloster wurde. Im 13. Jh. war es ein bedeutendes Scriptorium und im 14./15. Jh. ein viel besuchter Wallfahrtsort. Nach der Reformation wurde es 1568 – 1643 ein protestantisches Frauenstift, dann 1643 – 1807 abermals mit Zisterzienserinnen besetzt. Heute nutzt ein Landwirtschaftsbetrieb die nach einem Brand 1676 barock erneuerte Klausur. Im Nonnenchor finden regelmäßig Konzerte statt. Wo früher ein Altar stand, findet sich in der Kirche ein Schnapsregal. Eine kleine Brennerei destilliert Schnäpse und ausgefallene Liköre, manche davon nach Rezepten aus dem 17. Jh. (Führungen: Do. 15.30 Uhr). Nonnen des 1809 unter König Jérôme von Westfalen aufgelösten Klosters haben u. a. das Rezept für den Wöltingeröder Kirsch-Kümmel-Zimtlikör geliefert. Jedes Jahr Mitte September feiert die Klosterbrennerei ein fröhliches Hoffest.

Schnapsaltar ►

Bad Lauterberg

C 3

Bundesland: Niedersachsen
Einwohnerzahl: 11 000
Höhe: 300 m

Die ehem. Bergarbeiterstadt Bad Lauterberg, heute Kneippheilbad, liegt in dem breiten, von bewaldeten Bergen umgebenen Odertal im Südharz am Odertal-Stausee. Eine hübsche Altstadt und schöne Ausflugsziele in der Umgebung haben die Stadt zu einem beliebten Aufenthaltsort gemacht.

Geschichte Um 1183 ließ Graf Sigebodo aus dem Hause Scharzfels auf dem Hausberg das Castrum Lutterberg errichten. Anfang des 15. Jh.s gelangten die Herrschaften Scharzfels und Lutterberg an die nordthüringischen Grafen von Hohnstein, die den Bergbau förderten. 1521 erließen sie für die Grafschaft Lutterberg die Bergfreiheit, in der einheimischen und fremden Bergleuten Vorrechte eingeräumt wurden. Aus einem kleinen, am Fuße des Burgberges gelegenen Dorf entwickelte sich eine Bergbausiedlung. Ab 1688 wurde Kupfer geschürft, 1705 die Kupferhütte und 1733 die Königshütte gegründet. Bei Auseinandersetzungen zwischen dem Herzog von Grubenhagen und den Grafen von Hohnstein wurde die Burg Lutterberg zerstört; während des Dreißigjährigen Krieges und am Ende des 17. Jh.s brannte die Stadt mehrmals bis auf die Grundmauern nieder. 1866 wurde Lauterberg preußisch. 1868 kam es zur Einstellung des Kupferbergbaus und des Hüttenwesens. Der ab 1826 in Lauterberg praktizierende Arzt Ernst Benjamin Ritscher gründete 1839 die Kaltwasserheilanstalt und legte so den Grundstein für den Kurbetrieb. 1906 folgte die Ernennung zum Bad, 1929 erlangte Lauterberg die Stadtrechte.

BAD LAUTERBERG ERLEBEN

AUSKUNFT

Kur- und Touristikbetrieb
Ritscherstraße 4
37431 Bad Lauterberg
Tel. 0 55 24/9 20 40, Fax 55 06
www.badlauterberg.de

ÜBERNACHTEN

▶ Luxus

① ***Vital-Ressort Mühl***
Ritscherstr. 1–3
Tel. 0 55 24/85 080
www.vitalresortmuehl.de
Hier wird ganz auf Wellness gesetzt. Mit Beauty-Oase, hoteleigener Kinderbetreuung und Luxusrestaurant.

② ***Revita Hotel***
Sebastian-Kneipp-Promenade 56 (Am Kurpark), Tel. 0 55 24/8 31
www.revita-hotel.de, 260 Z.
Großes, etwas überladenes, familiengeführtes Park- und Sport-Hotel mit Wellnesslandschaft, Schönheitsstudio und Fitness-Club.

▶ Komfortabel

③ ***Kneipp-Kurhotel Heikenberg***
Heikenbergstr. 19–21, Tel. 0 55 24/85 70, www.heikenberg.de
Mit umfangreicher Kneipp- und Badeabteilung mit Tretbecken u. a. Im Restaurant gibt es täglich ein Vollwertgericht, Büffets, Wild und andere Harzer Spezialitäten.

ESSEN

▶ Erschwinglich/preiswert

① ***Alt Lauterberg***
Hauptstraße 116, Tel. 0 55 24/37 33
Wild-Spezialitäten genießt man im alten Fachwerkhaus im Herzen der Stadt mit mediterraner Küche. Das besondere Augenmerk liegt auf alten Harzer Rezepten wie Blaubeerschmandschnitzel oder Lauterberger Gaumenkitzel namens Riester Kniester.

② ***Berggaststätte Hausberg***
Hausberg 4, Tel. 0 55 24/21 80
www.berggaststaette-hausberg.de
In dem Ausflugslokal auf der 422 m hohen gleichnamigen Anhöhe unter Holzbalken und draußen auf einer weitläufigen Aussichtsterrasse, wird bürgerliche Hausmannskost serviert. Die Hausberg-Seilbahn hinter der Andreaskirche verkehrt tgl. 10.30 bis 19.00 Uhr, im Sommer länger.

Sehenswertes in Bad Lauterberg

Kurpark

Eine Oase unter uralten Bäumen ist der schon im 19. Jh. angelegte Kurpark. Im Flüsschen Oder kann man sich abkühlen und Wassertreten nach den Regeln des Sebastian Kneipp. Im Haus des Gastes gibt es ein Spielzeugmuseum (Öffnungszeiten: Di. – So. 14.30 – 17.00, Do., Sa., So. auch 10.30 – 12.00 Uhr), eine Trink- und Wandelhalle, eine Trophäenausstellung und eine Bibliothek.

★ **St. Andreas**

An der Hauptstraße steht die 1736 an der Stelle mehrerer Vorgängerbauten errichtete Andreaskirche. Im Innern der mit einem bemalten Tonnengewölbe ausgestatteten Kirche verläuft eine zweigeschossige Empore. Der Altaraufsatz entstand nach einem Brand 1667. Der hölzerne Taufengel hängt seit 1801 vor dem Altar. An der nördlichen Kirchentür steht ein 1894 in der Königshütte gegossener Opferengel. In der Kirche finden regelmäßig Musikveranstaltungen statt.

Museen Das Wohnhaus des Badbegründers Ernst Benjamin Ritscher (Ritscherstraße 13) beherbergt das besuchenswerte **Heimatmuseum** mit einer Ausstellung über Brauchtum und Entwicklung Bad Lauterbergs von der Bergarbeiterstadt bis zum modernen Kneipp- und Heilbad. Außerdem sind eine Sammlung von Harzer Mineralien, Bergmannswerkzeug, Bergbaumodelle und Grubenkarten sowie Objekte des Afrikaforschers Herrmann von Wissmann (1853 – 1905) zu sehen (Fr., Sa. 10.00 – 12.00, 15.00 – 17.00, So. 9.30 – 12.30 Uhr.

Im **Kinderland- und Spielzeugmuseum** sind u. a. Puppenhäuser, Kaufmannsläden, Autos und Puppen aus dem 19. und 20. Jh. ausgestellt (Haus des Gastes, Ritscherstr. 4, Di. – So. 14.30 – 17.00, Do., Sa., So. auch 10.30 – 12.00 Uhr).

Besucherbergwerk Über die Wilhelmibrücke gelangt man vom Kurpark zum Besucherbergwerk, einem rund 280 m langen Stollenverbund aus den **ehem. Gruben Aufrichtigkeit und Scholmzeche**. In den Stollen aus dem 17.

Oase unter alten Bäumen: Der Kurpark wurde bereits im 19. Jh. angelegt.

Bad Lauterberg Orientierung

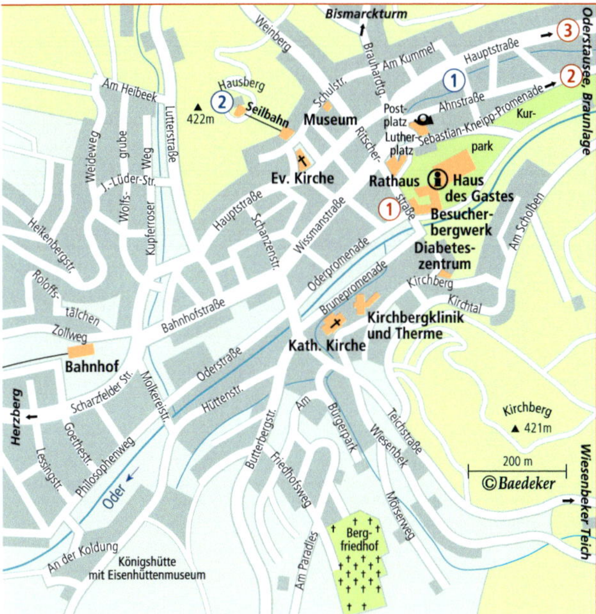

Übernachten
① Vital-Ressort Mühl
② Revita Hotel
③ Heikenberg

Essen
① Alt Lauterberg
② Berggaststätte Hausberg

bis 19. Jh. sind Bergmannswerkzeuge, alte Förderkübel, Gleise, Grubenwagen u. a. ausgestellt (Führungen: Apr. – Okt. Di., Fr., Sa. 15.00, Nov. – März nur Fr. und Sa. sowie n. V., Tel. 0 55 24/9 20 40).

Königshütte

Im Süden des Dorfes wurde 1733/1737 auf dem Gelände der bereits 1580 erwähnten Süßenhütte die Königshütte eröffnet, ein kurhannoversches Eisenhüttenwerk. Ab 1820 wurden das Hochofenwerk und die Gießerei nach Plänen der Oberbergräte Mummenthey und Mühlenpfordt erweitert. Noch bis 2001 befand sich hier eine Gießerei für Grau- und Kugelgrafitguss. Von den historischen Gebäuden sind das 1736 im Oberharzer Baustil errichtete Faktoreihaus, das Eisenmagazin und das Formhaus im neoklassizistischen Stil, die Hüttenschenke aus dem 18. Jh., die Maschinenfabrik vom Beginn des 19. Jh.s und der aus eigener Produktion gefertigte gusseiserne Hüttenbrunnen auf dem Hüttenplatz (Mitte 19. Jh.) erwähnenswert.
Die Anlage ist ein für Norddeutschland einzigartiges industriegeschichtliches Kulturdenkmal. Das Südharzer Eisenhüttenmuseum vermittelt die Grundlagen der ehemaligen Eisenverhüttung und zeigt die Produkte wie den Eisenkunstguss. Besichtigung des Eisenhüttenmuseums und Führung über das Hüttengelände: jeden 2. und 4. Di. im Monat, 15.00 Uhr und nach Vereinbarung, Tel. 05 51/7 70 06 83 oder Tel. 0 55 24/49 19, www.koenigshuette.com.

Umgebung von Bad Lauterberg

In der Umgebung von Bad Lauterberg liegen viele Ausflugsziele, darunter der **Bismarckturm** (Aussichtsturm) auf dem Kummelberg, der 687 m hohe, nördlich gelegene Große Knollen (mit Aussichtsturm), die Einhornhöhle sowie die Burg Scharzfels (►Herzberg).

Am Bergsee **Wiesenbeker Teich**, der zu Beginn des 18. Jh.s von Bergleuten angelegt wurde, findet man ein Strandbad mit Bootsverleih.

1931 – 1933 wurde der 5 km lange **Oderstausee** 4 km nordöstlich von Bad Lauterburg angelegt. Er dient der Stromversorgung sowie zur Regulierung des Wasserstands. Gleichzeitig bietet er viele verschiedene Wassersportmöglichkeiten.

Rückkehr der Schafe ►

Bis in die 1950er-Jahre besserten viele Harzer ihr Einkommen mit der Wolle und dem Fleisch ihrer Schafe auf. Dann lohnte sich die Schafzucht nicht mehr, Wiesen und Haine verbuschten. Inzwischen ziehen wieder Schäfer und Schäferinnen mit ihren Tieren über die Südharzer Wiesen (im Bad Lauteburger Ortsteil Barbis gibt es Schäfereifeste, Hütevorführungen, Wolle, Fleisch und Wollprodukte; Barbiser Str. 134, Tel. 0 55 22/50 20 17, www.schaefereigesellschaft.de).

Bad Sachsa

D 3

Bundesland: Niedersachsen **Höhe:** 330 m
Einwohnerzahl: 9000

Der Kur- und Urlaubsort Bad Sachsa liegt geschützt am Fuße des 660 m hohen Ravensberges, am Südrand des Harzes. Von seiner Spitze, um die ein 3,8 km langer Rundweg führt, bietet sich ein schöner Blick auf den Brocken, zum Kyffhäuser und zum Thüringer Wald. Dort oben befindet sich auch das Skizentrum mit drei Liften, Langlaufloipe und Rodelbahn.

Geschichte

Die erste Erwähnung des Ortes fand im 13. Jh. statt. Nach dem Dreißigjährigen Krieg kam Sachsa zu Brandenburg. Friedrich der Große überließ dem Ort den 619 ha großen, unterhalb des Ravensbergs gelegenen Stadtforst zur Nutzung. Der Kurbetrieb wurde 1876 aufgenommen und seit 1905 trägt die Stadt den Zusatz »Bad«. Bad Sachsas Ortsbild ist von seiner langen Geschichte als Kurort geprägt.

St. Nikolai

Im Ortsmittelpunkt steht die barocke St.-Nikolai-Kirche, deren Westturm noch romanischen Ursprungs ist. Ihr Fachwerkvorbau mit Portal an der Südseite stammt von 1691. Im Innern der ansonsten um 1300 erbauten Kirche sind ein Altar von 1595, Kanzel und Gestühl von 1711 sowie ein Taufbecken von 1887 zu sehen.

Das **Rathaus** besitzt einen schönen jugendstilgeschmückten Sitzungssaal. In der Marktstraße und in der Uffestraße haben sich einige malerische Fachwerkhäuser erhalten. Das **Heimatmuseum** (Hindenburgstraße 6) gibt einen Überblick zur Stadtgeschichte; zu sehen sind außerdem eine Galerie mit Bildern der vorletzten Jahrhundertwende, eine eingerichtete Böttcherwerkstatt, eine Mineralien- und eine Fossiliensammlung. Öffnungszeiten: jeden 1. und 3. So. im Monat 14.00 bis 17.00 Uhr.

Umgebung von Bad Sachsa

Harzfalkenhof

Auf dem 1,5 km nordwestlich von Bad Sachsa gelegenen Katzenstein befindet sich der Harzfalkenhof, eine der beliebtesten Sehenswürdigkeiten des Ortes. Bei regelmäßig stattfindenden Flugvorführungen sind Falken, Adler, Eulen und andere Greifvögel zu sehen. Frühjahr – Herbst 10.00 – 18.00 Uhr.

Märchengrund

Im Katzental liegt der Märchengrund, einer der ältesten Märchenparks in Deutschland. Hier werden in beweglichen Bildern Szenen aus den bekanntesten Märchen dargestellt. Öffnungszeiten: 10.00 bis 18.00, im Winter bis 17.00 Uhr.

BAD SACHSA ERLEBEN

AUSKUNFT

Bad Sachsa Information
Am Kurpark 6
37441 Bad Sachsa
Tel. 0 55 23/3 00 90, Fax 30 09 49
www.badsachsainfo.de

ESSEN

▸ Preiswert

Mackenrode-Limlingerode: Ländliche Kaffeestuben
Hintergasse 57
Tel. 03 63 36/57 77 77
www.wohlferien.harz.de
Gemütliche Räume im 300 Jahre alten, renovierten Bauernhaus, 70 Plätze im Wintergarten. Sonn- und feiertags oft voll. 15 Sorten selbst gebackene Kuchen wie Harzer Brocken; Schlachtplatten. Die gesamte Einrichtung (Tische, Stühle, Lampen, Tischwäsche etc.) und Deko können die Gäste kaufen, außerdem ist die Deele zum Antikladen ausgebaut (Di. – So. 14.00 – 18.00 Uhr).

ÜBERNACHTEN

▸ Fein und teuer

Romantischer Winkel
Bismarckstraße 23
Tel. 0 55 23/30 40
www.romantischer-winkel.de
66 Z., 4 Suiten
Der Romantische Winkel in fünf Gebäudeteilen (im historischen, exklusiven, romantischen, toskanischen und rustikalen Stil) nennt sich Wellness- und Vitalhotel. Geboten werden den Gästen unterschiedlich eingerichtete Zimmer.

▸ Erschwinglich

Salztal-Paradies
Talstr. 28
Tel. 0 55 23/95 09 60
www.ferienpark-salztal-paradies.de
Große Ferienhausanlage mit viel Auslauf für Familien mit kindgerechtem Restaurant, betreutem Kinderclub und freiem Eintritt in das gegenüberliegende Erlebnisbad.

! *Baedeker* TIPP

Ausgegrenzt

Mehr als 10 000 Überbleibsel der DDR haben die nur 44 Mitglieder des Vereins Grenzlandmuseum in der einstigen Tettenborner Dorfschule zusammengetragen, dazu das Innenleben eines Grenzturms. Und alles funktioniert. Erst blinkt es, dann hupt es und dann dröhnt eine blecherne Lautsprecherstimme: »Grenzverletzer ...« Geschossen wird aber nicht mehr. Grenzlandmuseum Bad Sachsa e. V., OT Tettenborn, So. 10.00 bis 12.00, Mi. 13.00 – 16.00 Uhr, Tel. 0 55 23/ 99 97 73, www.gm-badsachsa.de.

Steina 2 km westlich von Bad Sachsa liegt der kleine Luftkurort Steina; rund 350 m hinter der Kirche gelangt man ins Steinatal, wo ein Forstlehrpfad beginnt. Die Tettenborner Straße führt zum Römerstein, dem bekanntesten Zechsteinriff am südwestlichen Harzrand. Dieser Rest des vor rund 258 Mio. Jahren entstandenen Riffs erhebt sich etwa 35 m über einem Wiesengelände. Einer Sage nach wurde hier die Zwergenprinzessin Ruma gefangen gehalten. Sie konnte jedoch unterirdisch fliehen und trat verwandelt als Rhume-Quelle bei Pöhlde wieder hervor.

Ballenstedt

H 2

Bundesland: Sachsen-Anhalt **Höhe:** 225 m
Einwohnerzahl: 7000

Berühmtester Sohn der Stadt ist Albrecht der Bär, erster Markgraf von Brandenburg und Begründer des Hauses Askanien (oder Anhalt). Bekannt ist Ballenstedt außerdem durch den Hofmaler und Schriftsteller Wilhelm von Kügelgen (1802 – 1867) sowie durch die Geschwister Caroline und Wilhelmine Bardua, Erstere eine bedeutende Malerin (1781 – 1864), in den Tagebuchaufzeichnungen der Zweiten (1798 – 1865) bleibt das Ballenstedt des 19. Jh.s lebendig.

Geschichte Graf Esico von Ballenstedt, der erste urkundlich erwähnte Graf von Ballenstedt (seine Schwester war die spätere Uta von Naumburg), ließ neben seiner Burg eine Stiftskirche erbauen. Die Nikolaikapelle der Stiftskirche diente den Grafen von Ballenstedt als Familiengrabstätte. 1123 wurde das Stift zu einem Benediktinerkloster erweitert. Die damaligen Grafen Otto der Reiche und sein Sohn Albrecht, der

spätere Albrecht der Bär, bauten sich im Selketal eine neue Burg, die sie Anhalt nannten. Diese gab den nachfolgenden Geschlechtern den Namen, der sich im heutigen Sachsen-Anhalt wiederfindet.
Während der Bauernkriege 1525 plünderten aufständische Bauern das Kloster. Im Zuge der Reformation wurde es dann aufgelöst. Fürst Wolfgang von Anhalt, überzeugter Protestant, säkularisierte das Kloster. In den beiden folgenden Jahrhunderten nutzten die Fürsten von Anhalt das ehemalige Kloster als Jagd- und Sommersitz, bis sie An-

BALLENSTEDT ERLEBEN

AUSKUNFT

Tourist-Information
Anhaltiner Platz 11
06493 Ballenstedt
Tel. / Fax 03 94 83/2 63 und 97 90 98
www.ballenstedt-harz.de

ESSEN

► Erschwinglich

① *Schlossrestaurant Remter*
Schlossplatz 3
Tel. 03 94 83/9 76 60
Gourmetküche aus frischen Zutaten in einem romanischen Saal unter Rundbogen oder auf der Terrasse mit Blick in den Schlossgarten, mehrgängige Menüs, Ausgefallenes für zwei Personen wie Perlhuhn, Presspoularde, Chateaubriand und Hummer.

② *Hotel & Restaurant Stadt Bernburg*
Allee 44
Tel. 03 94 83/9 70 03
www.hotel-stadtbernburg.de
Harzer Bachforelle oder argentinisches Rumpsteak mit Westernkartoffeln stehen hier auf der Karte. Im Sommer wird auch im Biergarten serviert.

► Preiswert

③ *Kassner*
Breitscheidplatz 18
Tel. 03 94 83/8 13 73
www.restaurant-kassner.de
Schnitzel und andere einheimische Küche in typischer deutscher Gaststätte.

ÜBERNACHTEN

► Luxus

Meisdorf: Parkhotel Schloss Meisdorf
Allee 5
Tel. 03 47 43/980, Fax 9 82 22
www.vandervalk.de
Golfplatz, Minigolf, Fahrradverleih, Sauna, Solarium, Kinderspielplätze, In- und Outdoorbillard, 72 Z. und Suiten 7 km östlich von Ballenstedt
Edle Hotellerie nicht weit von der Burg Falkenstein in einer Schlossanlage mit typischen Zimmern, rustikaler Einrichtung und hohen Decken.

① *Schlosshotel Ballenstedt*
Schlossplatz 1
Tel. 03 94 83/5 10, Fax 5 12 22
www.vandervalk.de
Restaurant, Hotelbar, Konferenzräume, Hallenbad, Sauna, 50 Z. und Suiten
Großer Gasthof Ballenstedt am Schloss Ballenstedt: Das Flaggschiff der Van-der-Valk-Gruppe in Ballenstedt mit großzügiger, moderner Ausstattung wirkt zum Teil etwas protzig. Das Restaurant bietet gehobene deutsche sowie mediterrane Küche.

Ballenstedt Orientierung

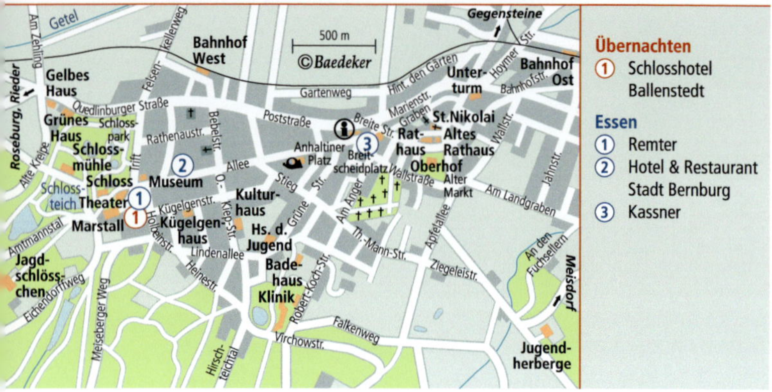

fang des 18. Jh.s auf den Grundmauern das dreiflügelige barocke Schloss errichten ließen. 1543 hatte Ballenstedt das Stadtrecht erhalten. Es dauerte weitere 222 Jahre, bis die Stadt Residenz der Herzöge von Anhalt-Bernburg wurde und damit wirtschaftliche und kulturelle Bedeutung erlangte. Mit dem Tod des letzten Herzogs fielen Residenz und Territorium an Anhalt-Dessau. Das Schloss diente der Familie Anhalt bis zur Bodenreform 1945 als privater Wohnsitz. 1950 zog die Forstfachschule ein, die mit dem Ende der DDR 1990 aufgelöst wurde. Anschließend wurde eine Kunstgalerie eingerichtet.

Sehenswertes in Ballenstedt und Umgebung

Altstadt Von der alten Stadtbefestigung sind der Ober- und der Unterturm, der Marktturm und Teile der Stadtmauer erhalten. Im Mittelpunkt des alten Stadtkerns steht die im 12. Jh. erbaute **Nikolaikirche**, die bis auf den Westturm abgebrannt war, als sie um 1500 in spätgotischem Stil neu entstand. Der **Oberhof**, ein um 1480 erbauter Adelssitz in der Nähe des Neuen Rathauses, gehört heute der Familie von Alvensleben. Das **Alte Rathaus**, ein zweigeschossiger Fachwerkbau von 1683, beherbergt ein Restaurant, die Stadtbibliothek und die Herzogliche Bibliothek mit 17 000 Bänden. Der Marktturm diente bis ins 19. Jh. als Gefängnis.

Neustadt Über den Breitscheidplatz gelangt man durch die Fußgängerzone zum Anhaltiner Platz mit dem Bärenbrunnen und von dort auf die 1710 angelegte Allee. Diese war ursprünglich mit Linden bepflanzt. Heute stehen hier Kastanien. An der Allee, die das Stadtzentrum mit dem Schlossensemble verbindet, stehen noch einige **Patrizierhäuser**, z. B. das Haus Nr. 38 der Schwestern Bardua. Im Haus Kügelgenstraße 35 a lebte Wilhelm von Kügelgen, Hofmaler und Gesellschafter des letzten Herzogs Alexander Carl von Anhalt-Bernburg. Bekannt wurde er durch seine »Jugenderinnerungen eines alten Mannes«.

Schlosstheater

Das 1788 eingeweihte Schlosstheater ist das älteste noch bespielte Theater in Sachsen-Anhalt mit eigenem Spielplan. Hier wirkten die Komponisten Albert Lortzing und Franz Liszt.

Heimatmuseum

In dem 1756 errichteten Barockpalais auf dem Schlossplatz zeigt heute das Städtische Museum die Geschichte der Stadt. Ein Raum erinnert an den Hofmaler Wilhelm von Kügelgen (Allee 37, Di. – Fr. 10.00 – 16.0, So. 14.00 –16.00 Uhr).
Am Schlossplatz steht auch der 1733 als fürstliches Jagd- und Zeughaus erbaute **Große Gasthof** (►Übernachten).

✶ Schloss Ballenstedt

Die Hauptsehenswürdigkeit ist das auf einem steilen Felsen stehende, die Stadt überragende Schloss, eine nach Osten offene barocke Dreiflügelanlage. Es steht an der Stelle eines 1046 gegründeten Kollegiatsstifts, das 1123 in ein Benediktinermönchskloster umgewandelt wurde. Nach dem Bauernkrieg wurde es aufgehoben und gelangte an die Fürsten von Anhalt, die es zu ihrem Jagd- und Sommersitz ausbauten. 1766, als das Schloss Residenz der Fürsten von Anhalt-Bernburg wurde, erfolgten weitere Umbauten am Südflügel. Nach privater Nutzung (bis 1945) beherbergte es bis 1990 eine Ingenieurschule für Forstwirtschaft. Heute befinden sich in seinen Räumen eine Galerie, ein Restaurant sowie im zum Teil romanischen Schlossturm und im ehemaligen Refektorium am westlichen Ende des Nordflügels ein Teil des anhaltischen Museums (Öffnungszeiten: Di. – Do. 10.00 – 16.00, So. 14.00 – 16.00 Uhr).
Von der ehemaligen **Stiftskirche** St. Pancratius und Abundus, einer romanischen Basilika, sind noch Reste erhalten, darunter das Westwerk (der heutige Schlossturm), im Erdgeschoss die Nikolaikapelle mit dem Grab Albrechts des Bären, die zuletzt 1938 nach einem Entwurf von Paul Schultze-Naumburg in eine Gedenkstätte umgewandelt wurde, und die ursprünglich fünfschiffige Krypta im Osten. Mit diesen Sehenswürdigkeiten ist Ballenstedt Station an der Straße der Romanik.

Stuckverzierte Fassaden in Ballenstedt

Lustwandeln unter Bäumen: Der Park der romantischen Roseburg lädt zum Spazierengehen entlang der steinernen Putten ein …

Schlosspark Auf einer Anhöhe südwestlich des Schlosses steht das 1770 erbaute Jagdschlösschen Röhrkopf. Es gehört heute dem Prinzen Eduard von Anhalt. Den Schlosspark, der in den Harzer Wald übergeht, hat der preußische Gartenbaudirektor Peter Joseph Lenné von 1858 bis 1863 umgestaltet. Seine Hauptachse bilden vier terrassenförmig hintereinander angelegte Wasserbecken, im obersten befindet sich eine 24 m hohe Drachenfontäne aus Mägdesprunger Zinkguss (Modell von Johann Heinrich Kureck von 1862). Im westlichen Park stehen mehrere Gebäude, u. a. ein Musikpavillon und die Schlossmühle (1785; beide wieder aufgebaut), ein Gedenkstein für Gustav IV. Adolph, König von Schweden, das Grüne Haus (um 1830; an der Straße nach Rieder) sowie das Gelbe Haus.

✶ Roseburg Lohnende Ausflugsziele in der Umgebung von Ballenstedt sind die mächtige Burg Falkenstein (► Selketal) im dicht bewaldeten, kaum bebauten Selketal und die 2,5 km in Richtung Quedlinburg gelegene Roseburg. Diese wurde 1905 – 1925 im romantischen Stil nach Plänen des Berliner Architekten Bernhard Sehring in einem Park an der Stelle einer bereits 964 erwähnten Festung erbaut. Heute gibt es dort ein Restaurant und eine kleine Pension.

IV. Friedrichshammer Am Wanderweg Selketal-Stieg (von Mägdesprung 3 km Richtung Maisdorf) liegt der IV. Friedrichshammer. Das Café serviert (und verkauft) im eigenen Steinofen gebackenes Brot und Kuchen sowie Mittagstisch (Mägdesprung, IV. Hammer, Tel. 03 94 84/27 15, www.harz-ferienwohnungen.com, Apr. – Okt. tägl. 10.00 –19.00 Uhr, Nov. bis März nur Sa., So.).

Benneckenstein

E 2/3

Bundesland: Sachsen-Anhalt **Höhe:** 520 – 560 m
Einwohnerzahl: 2400

Den Ortsnamen erklärt eine Sage mit folgender Begebenheit: Ein schwer beladenes altes Weiblein ließ sich erschöpft auf dem Boden nieder und schlief ein. Ein junger Jäger setzte sich versehentlich auf sie drauf. Die auf diese Art unsanft Geweckte schrie erbost: »Ben – eck – en – Stein?« Benneckenstein ist ein Luftkur- und Wintersportort im Quellgebiet der Rappbode.

BENNECKENSTEIN ERLEBEN

AUSKUNFT

Kurverwaltung
Straße der Einheit 5, 38877 Benneckenstein; Tel. 03 94 57/26 12, Fax 26 13
www.benneckenstein.de

EVENTS

Höhepunkt ist das seit 1869 am Pfingstmontag stattfindende traditionelle Finkenmanöver am »Wald-Schlösschen«. Als Urahn der Vogelfänger gilt Heinrich I., der gerade seiner Lieblingsbeschäftigung nachging, als man ihm die Königskrone überbrachte. Später hielten sich die Bergleute Buchfinken, die sie in den Berg mitnahmen. Drohte eine Gefahr zum Beispiel durch Gasaustritt, warnten die Finken rechtzeitig.

ESSEN/ÜBERNACHTEN

▶ Erschwinglich/preiswert

Sorge: Raststübl am Köhlerberg
Am Bahnhof von Sorge, Tel. 03 94 57/32 72, www.pension-raststuebl.harz.de – Harzer Hausmannskost in gemütlichem Gasthof; mit Zimmer.

▶ Erschwinglich

Harzhaus Hotel - Restaurant - Café
Heringsbrunnen 1, Tel. 03 94 57/9 40
www.hotelharzhaus.de
Frisch gebackener Kuchen im Café oder Garten, Grillabende in der Köhlerhütte oder Harzer Spezialitäten wie die Köhlerpfanne. Von den 36 Zimmern sind 2 behindertengerecht, 4 Ferienwohnungen
Das große, familiär geführte Landhaus von 1916 in einem parkähnlichen Garten liegt im Naturschutzgebiet oberhalb von Benneckenstein an der Sprungschanze.

ÜBERNACHTEN

▶ Komfortabel/günstig

Hotel zur Brockenbahn
Bahnhofstraße 20 a
Tel. 03 94 57/4 01 86, Fax 4 01 88
www.hotel-zur-brockenbahn.de
Das Hotel (28 B.) liegt direkt am Bahnhof der Brockenbahn mit seinem von Eisenbahnfans über Jahrzehnte gepflegten Eisenbahnmuseum. Im Foyer dreht ein Nachbau der Harzquer- und Brockenbahn seine Runden. Ein Darmstädter Professor hat die Strecken der Harzer Schmalspurbahn im Maßstab von 1:100 in 30-jähriger Arbeit nachgebaut. Im Biergarten steht dazu passend eine originale Diesellok.

Der Ort liegt am Rand einer Hochfläche, die den Übergang zwischen Ober- und Unterharz bildet. Er ist von Wiesen und Wäldern sowie bewaldeten Bergen umgeben, darunter die 602 m hohen Buchenköpfe und der 571 m hohe Rehkopf. Benneckenstein ist die zweithöchste Station der Harzquerbahn.

Die wirtschaftlichen Grundlagen der kleinen Stadt basierten seit dem Mittelalter auf Eisenerzvorkommen und Waldreichtum. Im 19. Jh. arbeiteten hier Nagelschmiede und Holzschnitzer, die ihre Erzeugnisse auf den Märkten des ganzen Landes vertrieben. 1887 pries der Arzt Dr. Richter die klimatischen Vorzüge von Benneckenstein, woraufhin sich der Fremdenverkehr entwickelte.

1645 kam in dem Ort der Komponist, Organist und Musiktheoretiker **Andreas Werckmeister** zur Welt († 1706), der die gleichschwebende Stimmung (Temperatur) erfand. Er teilte den Oktavenraum in zwölf gleiche Halbtöne ein und schuf so die Voraussetzung dafür, dass jede Melodie in jede beliebige andere Tonart transponiert werden kann. Vor seinem ehemaligen Wohnhaus erinnert eine Gedenkstätte an das Wirken des Musikers.

! *Baedeker* TIPP

Bahngeschichten

Harzer Winternächte waren einst sehr lang und einsam. Da kamen Leute sogar auf die Idee, eine Motorraddraisine zu bauen: ein altes, auf ein Gestänge mit Eisenbahnrädern geschweißtes Moped. Es steht jetzt im Eisenbahnmuseum am Bahnhof Benneckenstein. Zu sehen sind außerdem ein alter Fahrkartendrucker nebst Originalfahrkarte aus Pappkarton, unzählige Blechschilder der Reichsbahn und eine Eisenbahneruniform des Kaiserreichs von 1917 (Bahnhofstr. 23, Di. – Sa. 10.15 – 16.15 Uhr, www.bahnmuseum-benneckenstein.ag.vu).

St. Laurentius An der Straße nach Trautenstein erhebt sich auf einer Anhöhe die St.-Laurentius-Kirche, die 1852 an den ursprünglich frei stehenden Glockenturm eines Vorgängerbaus angebaut wurde. Unterhalb der Kirche erstreckt sich ein hübscher Kurpark mit einem Teich und mehreren Sportstätten.

Alte Pfarre In der Unterstadt 34 steht das Werkmeisterhaus, das älteste erhaltene Gebäude Benneckensteins, die ehem. Alte Pfarre. Es wurde 1656 erbaut. Hier lebte und wirkte Andreas Werckmeister (►oben).

Weitere Sehenswürdigkeiten Sehenswert sind außerdem das **Rathaus** (Bahnhofstraße), das aus dem 17. Jh. stammende **Alte Rathaus** (Nordhauser Straße) und die **»Freiheit«**, ein ehemaliges freies Burglehen.

Umgebung von Benneckenstein

Tanne 3 km nördlich von Benneckenstein liegt Tanne (750 Einw.) im Tal der Warmen Bode, ebenfalls eine alte Bergbaustadt, heute jedoch als

Kur- und Wintersportort bekannt. Im Kurpark wurde der Harzgarten, ein Staudengarten mit harztypischer Flora, angelegt.

Sorge Der kleine Ort Sorge (5 km nördlich von Benneckenstein; 140 Einw.) liegt im Tal der Warmen Bode, am Fuß des ►Brockens. Hier stand eine der ältesten Eisenhütten des gesamten Harzes (1945 stillgelegt). Im Ort steht ein schöner Fachwerkbau, der 1770 erbaut und über 100 Jahre als Faktorei (Handelsniederlassung) genutzt wurde.

★ Blankenburg

F 2

Bundesland: Sachsen-Anhalt **Höhe:** 198 m
Einwohnerzahl: 16 300

Beherrscht wird die ehemalige Residenzstadt vom Großen Schloss mit dem ausgedehnten Schlosspark, das sich hoch über der Stadt erhebt. Das Kloster Michaelstein, die Burgruine Regenstein und die Teufelsmauer sind reizvolle Ausflugsziele in der Umgebung.

Ehem. Residenzstadt mit schöner Umgebung Blankenburg, Residenzstadt und Verkehrsknotenpunkt, liegt am Nordrand des Mittelharzes. Wegen seiner geschützten Lage und des milden Klimas sowie der bis an den Ort heranreichenden Laubwälder ist es ein beliebter Kur- und Erholungsort. Ferner ist Blankenburg heute ein wichtiges Industriezentrum für Metall- und Holzverarbeitung, Nahrungsmittel und Forstwirtschaft. Die Stadt besitzt zahlreiche Sehenswürdigkeiten.

Geschichte Die erste Erwähnung der auf dem blanken Kalkfelsen von Lothar von Süpplingenburg errichteten Blankenburg stammt von 1123. Als Hausgut des Süpplingenburger Grafengeschlechts gelangte die Burg nach dem Tod von Kaiser Lothar III. von Süpplingenburg (1075 bis 1137) als Erbe an dessen Enkel Heinrich den Löwen von Braunschweig. Da dieser mit den Erzbischöfen von Magdeburg in Fehde lag, setzten die Erzbischöfe die Regensteiner als Lehnsleute ein. Diese gründeten um 1200 die gleichnamige Stadt am Fuß der Burg, die im 14. Jh. Goslarer Recht, Markt- und Münzrecht erteilt bekam. Bergbau, Hüttenwesen und Bierherstellung verhalfen der Stadt im 16. Jh. zu wirtschaftlichem Aufschwung. Nach dem Aussterben

! *Baedeker* TIPP

Fit auf Schritt und Tritt

Drei Nordic-Walking-Routen firmieren in Blankenburg und Umgebung als Nordic Fitness Park. Die leichte blaue Route führt »rund um die Luisenburg«, die 13,9 km lange schwarze Strecke am Kloster Michaelstein entlang. Unterhalb der Burg Regenstein führt der Regensteiner Raubgrafenweg durch einen Kiefernwald mit Sandboden vorbei an Sandsteinhöhlen. Auf den ausgeschilderten Routen gibt es Nordic-Walking-Kurse. Infos: Touristinformation.

BLANKENBURG ERLEBEN

AUSKUNFT

Tourist- und Kurinformation
Markt 3, 38889 Blankenburg
Tel. 0 39 44/28 98, Fax 6 31 02
www.blankenburg.de

EVENTS

Alljährlich findet Ende Juli vor der Kulisse der Burgruine Regenstein mittelalterliches Treiben mit einem Ritterturnier statt, Ende Juni wird ein Garnisonsfest gefeiert.

ESSEN

► Erschwinglich

① ***Zum Klosterfischer am Kloster Michaelstein***
Michaelstein 14, Tel. 0 39 44/35 11 14
www.zum-klosterfischer.de
Der Klosterfischer serviert in einem traditionell-rustikalen Ambiente Spezialitäten aus fünf Sorten selbst gezüchteter Süßwasserfische. Beliebt sind im Herbst und Winter die verschiedenen Karpfengerichte mit Gemüse (auch Zimmervermietung).

② ***Ristorante Roma***
Grefestraße 14, Tel. 0 39 44/95 46 48
Von der Pizza bis zur italienischen Haute Cuisine reicht das Spektrum. Besonders beliebt sind die Nudelgerichte, die im Sommer auch auf der Dachterrasse serviert werden. Die Nudeln sind größtenteils selbst gemacht.

► Erschwinglich

③ ***Cellarius Restaurant im Kloster***
Michaelstein 3 a, Tel. 0 39 44/36 64 46
Der »Cellarius« (lat. Keller-Küchenmeister der Zisterzienser) serviert am offenen Kamin Feines aus seinem Weinkeller, Bierspezialitäten der Klosterbrauerei Eschwege und Leckereien aus der Klosterküche wie Blankenburger Pfefferfleisch mit Apfel und saurer Sahne mit Calvados.

► Preiswert

④ ***Altdeutsches Kartoffelhaus***
Marktstraße 7, Tel. 0 39 44/35 12 61
Großes Steaksortiment und rund 25 Bratkartoffelspezialitäten, z. B. im indischen Stil mit Curry und Putenfleisch, Harzer Bauernpfanne mit Gemüse und Schweinefleisch, in rustikalem Eichenholzambiente.

ÜBERNACHTEN

► Luxus

① ***Hotel Viktoria-Luise***
Hasselfelder Str. 8, Tel. 0 39 44/911 70
www.viktoria-luise.de
Stilvolle Zimmer in einer Gründerzeitvilla; schöner Blick auf das Schloss und den Barockgarten.

► Komfortabel

② ***Berghotel Vogelherd***
Am Vogelherd 10, Tel. 0 39 44/92 60
www.harzer-berghotels.de
Ein mit viel Holz konservativ eingerichtetes, familiengeführtes Hotel (94 Z.) mit eigenem Park am Fuße des Blankenburger Schlosses.

Rauch und Kanonenfeuer: Garnisonsfest vor der Burgruine Regenstein

der Grafen von Blankenburg ging der Ort 1599 an das Herzogtum Braunschweig-Wolfenbüttel über. 1690 wurde Blankenburg Residenz und 1707 – 1731 reichsunmittelbares Fürstentum. Zwischen 1786 und 1798 lebten hier der spätere König Ludwig XVIII. von Frankreich und einige Hundert Vertreter des Hochadels im Exil.

Sehenswertes in Blankenburg

Hoch über der Stadt erhebt sich das Große Schloss, dass jedoch nur von außen zu besichtigen ist. Es steht an der Stelle der bereits 1123 erwähnten und bis 1546 zu einem Renaissanceschloss umgebauten Blankenburg. Der heutige Bau, eine geschlossene Dreiflügelanlage, entstand 1705 – 1718 für Ludwig Rudolf von Braunschweig. ✶ **Großes Schloss**

Der Innenhof wird im Norden durch den Kirchenflügel mit der Schlosskapelle, im Osten durch den Alten Flügel mit dem Kaiser- oder Ahnensaal – ein zweigeschossiger, mit Stuck verzierter Festsaal – und im Süden mit dem Turmflügel begrenzt. Dieser wurde 1723 hinzugefügt und enthält den Redoutensaal. Von der einstigen Burg blieb der untere Teil eines Bergfrieds im Nebenhof erhalten.

Im nordöstlichen Teil des Schlossparks steht am Ende der Stadtmauer das Kleine Schloss, einst Fürstliches Gartenhaus. 1725 wurde es im Barockstil als Fachwerkbau begonnen und 1777 unter Herzog Karl als Massivbau erneuert. Die zum Garten gewandte Fassade wird durch drei Risalite mit weit ausschwingenden Giebeln gegliedert. **Kleines Schloss**

Im Schloss ist das Museum der Stadt Blankenburg untergebracht. Im Erdgeschoss befindet sich eine Ausstellung zur Entwicklung der barocken Residenz unter Herzog Ludwig Rudolf; in fünf Räumen werden Möbel, Fayencen, Gemälde und Kleinkunst zur Stadtentwicklung im 18. Jh., zum landesherrschaftlichen Absolutismus sowie zur Baugeschichte der beiden Schlösser gezeigt. Im oberen Stock wird die Geschichte der Stadt bis zur Gegenwart vermittelt, Schwerpunkte sind bäuerliche Arbeits- und Hausgeräte mit einer komplett eingerichteten Bauernstube, der Bergbau und das Hüttenwesen (Di. – Sa. 10.00 – 17.00, So. und Fei. 14.00 – 17.00 Uhr, Tel. 0 39 44/26 58. ◄ Museum

Südlich schließt sich der 1725 in seiner heutigen Form angelegte Terrassengarten mit Springbrunnen, Sandsteinfiguren, einer Grotte und der Kopie des Braunschweiger Löwen an, der ersten, 1166 in Braunschweig frei aufgestellten Bronzeplastik in Europa. ◄ Barockgarten

Die Grünanlagen des historischen **Berggartens** sind neu gestaltet. Den »Prinzessinnenturm« aus dem 13. Jh. ließ Herzog Ludwig Rudolph Anfang des 18. Jh.s in ein Spinnstübchen für Prinzessinnen umbauen, heute befindet sich hier eine Ferienwohnung. Öffnungszeiten: Apr. – Sept. 9.00 – 21.00, Okt. – März 10.00 – 17.00 Uhr; Führungen durch die Barockgärten: Mai – Okt. 14.30 Uhr.

← Das Kleine Blankenburger Schloss: einst fürstliches Gartenhaus mit einem wunderschönen Park im Barockstil

Blankenburg Orientierung

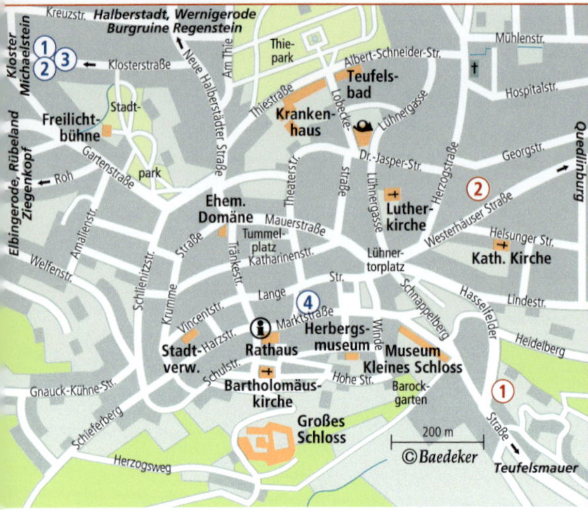

Übernachten
① Hotel Viktoria-Luise
② Berghotel Vogelherd

Essen
① Zum Klosterfischer
② Ristorante Roma
③ Cellarius
④ Altdeutsches Kartoffelhaus

★ **St. Bartholomäus**

Auf halber Höhe zwischen dem Großen Schloss und dem Rathaus liegt die ehem. Zisterzienserkloster- und heutige Bartholomäuskirche. Mit ihrem Bau wurde vermutlich unter Graf Siegfried II. (1186 – 1246) begonnen.

Aus dieser Zeit stammen auch die Stifterfiguren seitlich des Chores und der Sakramentenschrein in der Sakristei. Im 14. Jh. wurde St. Bartholomäus zu einer dreischiffigen gotischen Hallenkirche umgebaut und in der Folgezeit mehrfach restauriert. Unter der sehenswerten Ausstattung befinden sich der Hauptaltar (1712) mit einem Kreuzigungsrelief, die zwischen gedrehten Säulen stehende Sandsteinkanzel, ein Stiftungsgeschenk von 1580, das Taufbecken aus Rü-

! *Baedeker* TIPP

Schlitzohren und Ehrbarkeiten

Kolpingvater Adolf Kolping, Autobauer August Horch, Reichspräsident Friedrich Ebert oder DDR-Mitgründer Wilhelm Pieck – alle waren sie hier, bevor sie berühmt wurden. In schwarzer Kluft mit Knopf im Ohr, Ehrbarkeit um den Hals, dem Charlottenburger, einem zum Gepäckbündel gefalteten Tuch, auf dem Rücken und dem Wanderstab. Herbergsmuseum, Bergstraße 15, Mo. – Do. 14.30 – 17.00 Uhr und nach Vereinbarung, Tel. 0 39 44/36 50 07.

beländer Marmor und die große Triumphkreuzgruppe (16. Jh.). Einige Grabsteine stammen aus dem 14. Jahrhundert. Die Orgel stammt von 1839 und wurde 1932 gründlich erneuert. Besichtigung: tgl. 10.00 – 18.00 Uhr, Tel. 0 39 44/36 90 75.

★ **Rathaus**

An der Südseite des Marktplatzes steht das Rathaus anstelle eines Vorgängerbaus aus dem 14./15. Jh. Das heutige Gebäude entstand Anfang des 16. Jh.s, 1584 erhielt es das zweite Obergeschoss. Acht in die Wände eingemauerte Kanonenkugeln erinnern an den Beschuss der Stadt im Dreißigjährigen Krieg (1625). 1738 wurden der Dachreiter und das Portal am Treppenturm barock umgestaltet. Der Brunnen von 1894 steht anstelle eines steinernen Wassertrogs, den Rohrleitungen mit Wasser aus dem Schlossteich versorgten.

Umgebung von Blankenburg

★ **Burg Regenstein**

3 km nördlich von Blankenburg ragt der 296 m hohe Regenstein auf, ein poröser Sandsteinfelsen, der von Süden allmählich ansteigt, während er nach Norden und Westen etwa 75 m schroff abfällt.

Die Burg wird 1169 zum ersten Mal als Castrum erwähnt und gilt als die **älteste deutsche Felsenburg**. Sie war an der Stelle einer älteren Fluchtburg und Kultstätte erbaut worden; bereits vorhandene natürliche wie auch künstlich in den Felsen gehauene Räume wurden von den Burgherren integriert. Seit 1167 war die Burg Sitz von Konrad, Sohn des Grafen Poppo von Blankenburg, dem Begründer des Regensteiner Grafenhauses. Dieses Geschlecht besaß vom 12. bis 14. Jh. eine Vormachtstellung im Harz und nördlichen Harzvorland. Zeitweise verfügten die Regensteiner über 14 Burgen, in ihrem Dienst befanden sich bis zu 60 Vasallen, und Städte wie Quedlinburg, Derenburg, Halberstadt und Blankenburg standen unter ihrem Einfluss. Durch jahrzehntelange Kriege mit dem Bistum Halberstadt büßten die Regensteiner Grafen in der Mitte des 14. Jh.s ihre Macht ein. In der Mitte des 15. Jh.s gaben sie ihre Stammburg auf

Burgruine Regenstein Orientierung

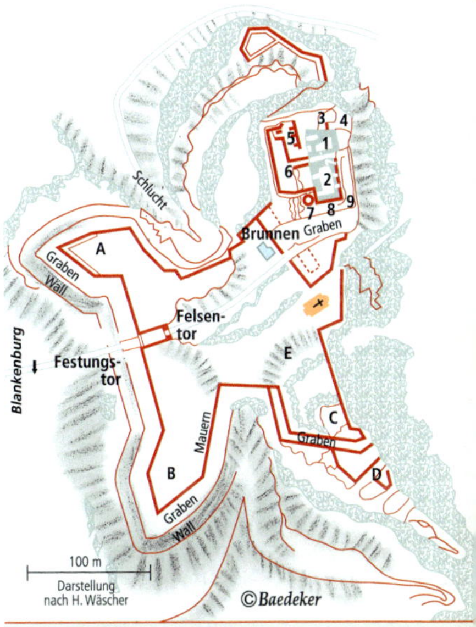

A Scharfe Ecke
B Friedrichsburg
C Hoher Fels
D Friedrich-Wilhelmsburg
E Karlsburg

1 Felsenraum
2 Kapelle
3 Burgverlies
4 Verlorener Posten
5 Zerstörte Räume

6 Zisterne
7 Bergfried
8 Teufelsloch (Verlies)
9 Begräbnisplatz 18.Jh.

und übersiedelten auf die Blankenburg. Damit begann der Verfall der Burg Regenstein. Dem berühmtesten Regensteiner, Graf Albrecht II., widmete Julius Wolff 1884 den Roman »Der Raubgraf«.
In der Mitte des 17. Jh.s brach zwischen dem Herzogtum Braunschweig und Kurbrandenburg ein Streit um die Rechte an der alten Grafschaft Regenstein aus. Dieser gipfelte in der Besetzung der verfallenen Burg durch Brandenburg. Unter dem Großen Kurfürsten Friedrich Wilhelm wurde sie zu einer preußischen Festung ausgebaut mit Mauern und Gräben, vier Eckbastionen und einer fünften inneren, der sog. Karlsburg. Im Siebenjährigen Krieg eroberten die Franzosen 1757 die Festung. Obwohl sie kurz danach von den Preußen zurückgewonnen wurde, ließ Friedrich II. sie 1758 bis auf die Grundmauern schleifen.
Erhalten sind von der mittelalterlichen Burg der Stumpf eines runden Bergfrieds und mehrere in den Sandsteinfelsen gehauene Räume (geöffnet: Apr. – Okt. tgl. 10.00 – 18.00, Nov. – März Mi. – So. bis 16.00 Uhr, Tel. 0 39 44/6 12 90).

★ **Kloster Michaelstein**

Öffnungszeiten:
Mai – Sept.
Di. – So.
10.00 – 18.00
Okt. – Apr.
Di. – Sa.
14.00 – 17.00
So. 10.00 – 17.00

www.kloster-michaelstein.de

5 km nordwestlich von Blankenburg liegt hinter dem Ortsteil Oesig (Michaelsteinerstraße in Richtung Heimburg) das ehem. Zisterzienserkloster Michaelstein. Es war 1140 bei der Höhlenkirche Volkmarskeller gegründet und 1152 hierher verlegt worden. 1525 und 1533 wurde es so schwer beschädigt, dass die Klosterkirche abgebrochen werden musste; 1544 wurde es in eine protestantische Klosterschule umgewandelt und der Westflügel im 18. Jh. als Jagdschloss der Blankenburger Herzöge ausgebaut. Nach 1945 wurde es teils landwirtschaftlich, teils als Wohnung genutzt. Seit 1968 ist die Anlage Sitz des **Telemann-Kammerorchesters** und des Instituts für Aufführungspraxis der Musik des 18. Jh.s, außerdem beherbergt sie ein Musikinstrumentenmuseum.
Von den vier Flügeln der Klausur sind der östliche und der südliche im romanischen Stil erhalten. Der westliche Flügel (hier liegt auch der Eingang) wurde 1718 barock umgebaut, der nördliche ebenfalls verändert. Um 1270 erhielt der Kreuzgang sein Kreuzrippengewölbe. Im Ostflügel (an dessen Ende erinnern Mauerreste an die hier einstmals anschließende Sakristei der Klosterkirche) liegt der Kapitelsaal, im Südflügel das Calefaktorium (Wärmestube) und das Refektorium (Speisesaal), das heute als Konzertsaal genutzt wird. Im Westflügel wurde 1718 nach Plänen von Hermann Korb die flachgedeckte Hofkirche mit Emporen und Hoflogen eingerichtet. Hier liegen auch die Räume des **Musikinstrumentenmuseums** mit über 700 Instrumenten aus drei Jahrhunderten. Sehens- und hörenswert ist die fantastische Maschine des Ingenieurs und Gelehrten Salomon de Caus (1576 bis 1626), eine mit Wasserrädern angetriebene Klangorgel, die heute noch funktioniert.
An der südlichen Außenmauer des Refektoriums befindet sich der nach alten Vorbildern angelegte **Klostergarten** mit über 200 Zauber- und Heilkräutern, die im Mittelalter verwendet wurden.

Der Klostergarten von Michaelstein, in dem mittelalterliche »Zauber«- und Heilkräuter gedeihen, gehört zu den Kleinodien Blankenburgs.

★★ **Teufelsmauer**

An der Südostseite von Blankenburg beginnt die sagenumwobene Teufelsmauer, ein schroff gezackter, mit Strauchwerk bewachsener Sandsteinrücken, der sich parallel zum Harz bis Timmenrode erstreckt, nach einer 3 km langen Unterbrechung bei Thale und Neinstedt sowie zwischen Gernrode und Ballenstedt wieder auftaucht, wo er als sog. Gegensteine endet. Funde versteinerter Meerestiere bezeugen, dass der Nordharz vor etwa 90 Mio. Jahren eine Küstenlandschaft war. Durch tektonische Verwerfungen kam die Sedimentformation außerhalb des Erdreichs aufrecht zum Stehen und begann zu verwittern. Einer Legende nach verabredeten Gott und Teufel, dass Letzterer so viel Land erhalten solle, wie er bis zum ersten Hahnenschrei ummauern könne. Der bereits um 3.00 Uhr morgens krähende Hahn einer Bauersfrau unterbrach den Teufel, der vor Wut die schon fertigen Teile der Mauer zerhieb. Übrig blieben nur bizarre, in die Landschaft ragende Felsformationen, die bereits 1852 unter Naturschutz gestellt wurden und die seit dem 19. Jh. zu den beliebtesten Sehenswürdigkeiten im Harz gehören.
Verschiedene Tourenvorschläge führen an der Teufelsmauer entlang; einen herrlichen Rundblick genießt man vom 319 m hohen **Großvaterfelsen**; schöne Aussichtspunkte bietet auch der **Löbbeckestieg**, ein 1879 vom Blankenburger Bürgermeister angelegter Kammweg (nur für Schwindelfreie), der bis zum Kuckucksberg führt, einem einstigen Stützpunkt der Burg Regenstein. Der Abstieg erfolgt über Timmenrode bei ►Thale.

★★ Bodetal

D–G 2

Bundesland: Sachsen-Anhalt

Das Durchbruchstal im Ramberggranit zwischen Tresenburg und Thale gehört zu den schönsten und abwechslungsreichsten des Harzes. Bei ►Thale bilden die beeindruckenden Felsen der 403 m hohen Rosstrappe zusammen mit dem 451 m hohen Hexentanzplatz ein großartiges »Felsentor«, das den Fluss, der hinter Thale das Gebirge verlässt, in die große Ebene entlässt.

Verlauf des längsten Flusses im Harz

Die 169 km lange Bode entsteht durch den Zusammenfluss zweier Bäche, die beide am Südwesthang des ►Brockens entspringen. Gespeist werden sie von den Sickerwassern der Hochmoore dieses Berges mit den höchsten Niederschlagsmengen in Mitteldeutschland. Die Warme Bode beginnt nicht weit von Oderbrück im Schwarzen Sumpf. Über Braunlage, Sorge und Tanne erreicht sie Königshütte, wo sie sich mit der über Schierke und Elend heranfließenden Kalten Bode zur Bode vereint.

Nur kurz gebremst durch ein Sperrwerk zieht sie durch Rübeland (► Elbingerode) nach Wendefurth, wo sie gestaut wird (Rappbodetalsperre, ►Hasselfelde). Anschließend fließt sie über Altenbrak und Treseburg zu der am Harzrand gelegenen Eisen- und Hüttenstadt ► Thale. Hier verlässt sie den Harz, um bei Oschersleben den Großen Bruchgraben aufzunehmen, der eine Verbindung nach Westen zum Flussgebiet der Weser herstellt. Bei Nienburg mündet sie in die Saale und über die Elbe schließlich ins Meer.

★★ Tal der Bode

Die schönsten Abschnitte

Es gibt drei besuchenswerte Talabschnitte der im Ostharz gelegenen Bode: Die obersten Talabschnitte unmittelbar nach den Quellen von Kalter und Warmer Bode (►Brocken), das Rübeländer Kalksteingebiet mit seinen Tropfsteinhöhlen sowie der Abschnitt zwischen Treseburg und Thale, das Durchbruchstal im Ramberggranit. Eine botanische Besonderheit des Bodetals sind etwa 500 Eiben, die teilweise über 2500 Jahre alt sind und als die ältesten Bäume in Europa gelten. Den einstigen Verlauf der Bode markiert besonders eindrucksvoll der Einschnitt des Bodetals unmittelbar am dicht bewaldeten nördlichen Harzrand bei ►Thale.

Altenbrak

Der auch als »Perle des Bodetals« bezeichnete Kurort **Altenbrak** (420 Einw.; 340 m) liegt am Ufer der Bode, umgeben von ausgedehnten Laub- und Nadelwäldern, zwischen der Rappbodetalsperre (im Nordwesten) und Treseburg (südöstlich). Vermutlich entstand der 1448 erstmals erwähnte Berg- und Hüttenort im 13. Jahrhundert. Nach einem Brand gründeten die Einwohner an der »olden Brake«,

der brachliegenden Stelle, den heutigen Ort. 1729 legten schwäbische Bergleute oberhalb des Dorfes die Ludwigshütte an, die zusammen mit dem Eisenwerk 1875 stillgelegt wurde.
3 km flussaufwärts liegt **Wendefurth**, Ortsteil von Altenbrak, an dem gleichnamigen, der Rappbodetalsperre vorgelagerten Stausee. Der 3,5 km lange, 10 Mio. m³ fassende Wendefurther Stausee, Unterbecken eines Pumpspeicherwerks mit 80 MW Energieerzeugung, hat große Bedeutung für den Wassersport (z. B. Rudern); hier wird auch Forellenzucht betrieben. Der Talsperrenbetrieb bietet in der Wendefurther Talsperre Führungen auch in der Sperrmauer an (Talsperrenbetrieb des Landes Sachsen-Anhalt, Timmenröder Straße 1 a, Tel. 0 39 44/94 22 30, www.rappbodetalsperre.de).

Wanderung von Thale nach Treseburg
◄ (10 km)

Der genau dem Flusslauf folgende wildromantische und mit einem blauen Dreieck markierte Wanderweg führt flussaufwärts durch eine von Granitfelsen und bewaldeten Steilwänden eingefasste Schlucht. Das abwechslungsreiche Gebiet mit seiner Fülle von Naturschönheiten, seltenen Pflanzen und Tieren steht unter Naturschutz. Der Weg ist ein Teilstück des Harzer-Hexen-Stiegs (► Touren S. 117)
Ausgangspunkt ist die im Süden gelegene Talstation der Thaler Schwebebahn. Nun folgt man der Bode am linken Flussufer. Kurz vor dem Katersteg (nach rund 1 km) zweigt rechts der sog. Präsidentenweg ab, der zur Rosstrappe hinaufführt (► Thale). Kurz hinter dem Gasthaus Königsruhe (► S. 344) führt die Katersteg genannte Brücke zum **Kleinen Waldkater**, einer Jugendherberge und Gaststätte

Naturschutzgebiet Bodetal Wanderplan

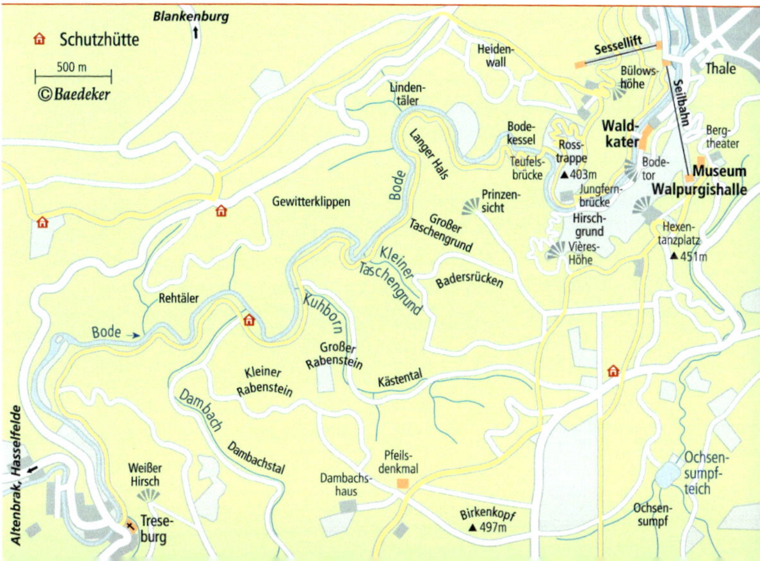

Tief in den Felsen eingeschnitten liegt das Bodetal: Prinzessin Brunhilde soll einst auf

am gegenüberliegenden Ufer. Angeblich soll es die früher im Bodetal heimischen Wildkatzen wieder vermehrt geben. Eine Marke zeigt den Hochwasserstand an der Jahreswende 1925/1926 an.

Goethefelsen ▶ Etwa 200 m oberhalb des Katerstegs erhebt sich der Goethefelsen, eine steil aufragende Felswand mit einer 1949 angebrachten Gedenktafel, die an die Besuche des Dichters in den Jahren 1783, 1784 und 1805 erinnert. Ursprünglich hieß der Felsen Siebenbrüderfelsen: Weil sieben Riesen einst eine Jungfrau verfolgten, waren sie zur Strafe versteinert worden.

Wenige Meter talaufwärts ragt eine riesige Granitplatte in das Flussbett hinein, der sog. Goethestein. Hier rastete der Überlieferung nach Goethe und studierte die Verwitterungsspalten des Granits. Eine weitere Legende bezieht sich auf den nahe gelegenen **Kronensumpf**, die tiefste Stelle unweit des Steins: Auf ihrer Flucht vor einem Riesen namens Bodo sprang die Königstochter Brunhilde auf einem Ross von der Rosstrappe zum Hexentanzplatz hinüber. Dabei verlor sie ihre Krone. Der Riese jedoch stürzte ab. Seither muss er als Höllenhund die Krone bewachen, die auf dem Grund des nach ihm genannten Flusses liegt (einer anderen Legende zufolge liegt die Krone im Bodekessel, ► unten). Die hufeisenförmige Einkerbung im Steinbo-

der Flucht vor Ritter Bodo zu Pferd übergesetzt haben; hier Blick von der Rosstrappe.

den der **Rosstrappe** (► Thale) soll von Brunhildes Pferd stammen. Der Bodetalweg führt weiter in den Hirschgrund und über die **Jungfernbrücke** (bereits 1820 verkaufte hier ein Thaler Bürger Erfrischungen). Auf dem gegenüberliegenden (rechten) Bodeufer beginnt ein Fußweg zum Hexentanzplatz.

Der Wanderweg führt nun um den Rosstrappefelsen herum. Rechter Hand zweigt die **Schurre** ab, ein steil ansteigender, um 1850 ausgebauter Zickzackweg. Er führt durch ein Geröllfeld zur Rosstrappe hinauf. Bei jedem stärkeren Regenfall rutscht und »schurrt« das Geröll weiter talabwärts. Wenn man sich für diesen Abstecher entscheidet, entdeckt man auf halber Höhe und etwas abseits des Weges ein Überbleibsel des Bergbaus, die Zinnoberhöhle.

Als Nächstes erreicht man die Teufelsbrücke. Vor ihrer Errichtung war ein Weiterwandern unmöglich, da der **Blaue Sumpf** das Durchwaten des Flusses verwehrte. Hier windet sich die Bode durch ein ganz besonders enges Tal. Schürfungen und Strudeltöpfe an den umliegenden Felswänden sind eindrucksvolle Zeugnisse der Erdgeschichte. Sie erinnern daran, dass der Flusslauf ursprünglich viel höher lag als heute. Von der Teufelsbrücke eröffnet sich auch ein fesselnder Blick aufwärts zur senkrecht abfallenden Wand des Rosstrap- ◄ Teufelsbrücke pefelsens (403 m) und auf der gegenüberliegenden Talseite zum Felsen des Hexentanzplatzes (451 m).

Bodekessel ► Nach Überquerung der Teufelsbrücke gelangt man an den Bodekessel. Auch hier wird die Kraft des fließenden Wassers durch höher gelegene Auswaschkehlen in den Felswänden deutlich. Die natürlichen Gegebenheiten erschwerten besonders im Bodekessel die Arbeit der früher hier tätigen Holzflößer, die gefällte Baumstämme flussabwärts zu den Hütten flößen sollten. An manchen Stellen war der Fluss so unzugänglich, dass die Flößer sich über der reißenden Strömung abseilen mussten, um hängen gebliebene Baumstämme wieder freizubekommen. Zwischen Teufelsbrücke und Bodekessel befand sich bis 1784 ein kleiner Wasserfall, der die Flößerei jedoch behinderte und daher gesprengt wurde.

Langer Hals ► Danach geht es abwechselnd bergab und bergauf. Das anstehende Gestein geht von Granit in weicheren Schiefer über. Die Hänge werden sanfter, Felsen sind nur noch gelegentlich zu sehen. Zum Schluss umrundet man den Langen Hals, einen Bergvorsprung, überquert die beiden Bäche Großer und Kleiner Taschengrund, passiert den Einschnitt zum Kästental und gelangt schließlich zum Ausgang des Dambachstals. Die letzten 3 km bis Treseburg führen entlang der nun ruhig dahinfließenden Bode.

Rückweg ► Ein möglicher Rückweg führt über den Aussichtspunkt **Weißer Hirsch** (►unten), am Dambachshaus und dem Denkmal für Wilhelm Pfeil vorbei (einem Oberforstmeister, 1773 – 1859), entweder links über die La-Vières-Höhe oder geradeaus dem Fußweg folgend, der neben dem Fahrweg zum Hexentanzplatz führt.

Treseburg Das 150 Einwohner zählende Treseburg liegt in einer Flussschlinge an der Einmündung der Luppbode in die Bode. Die beiden Flüsse bilden eine alte Grenze, die ehemals preußischen Besitz im Süden und Osten von braunschweigischem im Norden und Westen trennte. Der Ort führt seinen Namen auf eine 1060 als Tretheburg erwähnte Burg zurück, die ihn nördlich überragte und vermutlich im Bauernkrieg zerstört wurde. Zwischen dem 15. und 19. Jh. wurde hier Bergbau und Hüttenwesen betrieben. Heute ist der Luftkurort, der von bis zu 500 m hohen, mit Laub- und Nadelwäldern bewachsenen Bergen umgeben ist, ein schöner Ausgangspunkt für Wanderungen im Bodetal. Ein empfehlenswertes Quartier mit guter regionaler Küche ist das **Ferienhotel Forelle** (Tel. 03 94 56/56 40, www.hotel-forelle.de; Kat. komfortabel). In der Umgebung finden sich die Harzer Katzenaugen, ein mit grüner Hornblende durchwachsener Quarz, der geschliffen als Schmuckstein verwendet wurde.

Weißer Hirsch ► Einen schönen Blick auf Treseburg genießt man vom Weißen Hirsch, dem 414 m hohen Felsvorsprung östlich des Ortes. Ein Fußweg beginnt jenseits der Bodebrücke und führt über die Luppbode in rund 30 Min. hinauf.

Wilhelmsblick Zum nördlich gelegenen Wilhelmsblick folgt man dem Fußweg am linken Ufer der Bode flussabwärts, zur Rosstrappenstraße hinauf, durch einen 20 m langen, 1861 erbauten Tunnel, von oben hat man einen schönen Blick auf das Bodetal. Eine Felstreppe führt zur **Krügershöhe** (365 m) hinauf, von der man die Bode an sechs verschiedenen Stellen sieht.

Braunlage

D 2

Bundesland: Niedersachsen
Einwohnerzahl: 5500
Höhe: 560 – 620 m

Im Mittelpunkt des Harzes, am Südfuß des 971 m hohen Wurmbergs und umgeben von Wald und Wiesen, liegt der Kur- und Wintersportort Braunlage in dem nach Süden offenen Tal der Warmen Bode.

Sehenswertes in Braunlage

Ortsbild

Vom historischen Ortskern ist nur wenig erhalten, z. B. ein Fachwerkhaus am Heinrich-Jasper-Platz, gegenüber der Trinitatiskirche, vom Anfang des 17. Jh.s mit geschnitztem Gebälk. Weitere schöne Fachwerkhäuser befinden sich an der Herzog-Wilhelm-Straße und in der Pfarrstraße 1 (ein spätbarockes Pfarrhaus mit Walmdach und teils waagerechter, teils senkrechter Verbretterung). Die **St.-Trinitatis-Kirche** von 1889 ist typisch für den Harz mit Brettern verkleidet.

Wer Ruhe und Entspannung sucht, der ist hier genau richtig: Idylle im Kurpark von Braunlage.

Braunlage *Orientierung*

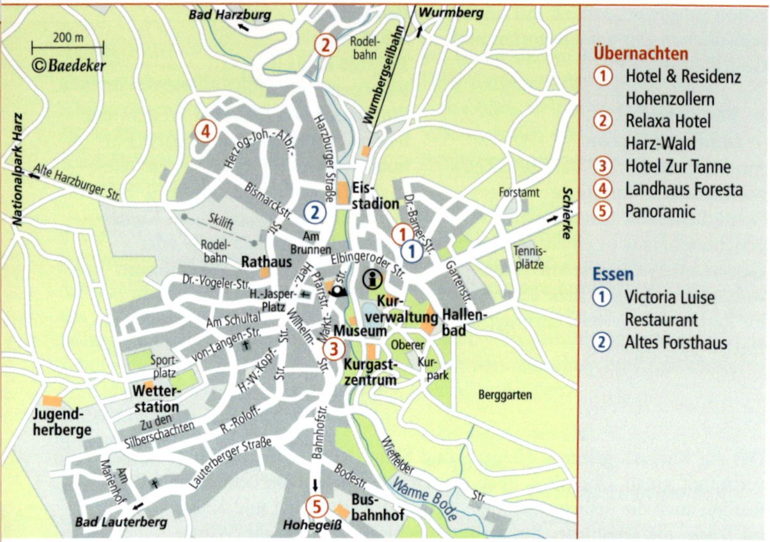

hen im Mai und Juni. Die Kurverwaltung vermittelt Kräuterspaziergänge und botanische Wanderungen.
Im Gebiet »Dicke Tannen« westlich des Ortes stehen bis zu 400 Jahre alte »Rottannen«, eine Fichtenart. Info: Kurverwaltung, Tel. 0 55 83/2 41, www.hohegeiss.de.

★★ Brocken im Nationalpark Harz

D 2

Bundesland: Sachsen-Anhalt

Der Brocken ist mit 1142 m der höchste Berg des Harzes. Aufgrund des dort herrschenden rauen Klimas hat er die niedrigste Waldgrenze der deutschen Mittelgebirge. Seit der Öffnung der Brockenmauer am 3. Dezember 1989 zählt das kleine Bergplateau wieder zu den meistbesuchten Reisezielen im Harz, und an manchen Tagen finden wahrhafte Völkerwanderungen auf den Gipfel statt.

Namensherkunft

Ungeklärt ist die Namensherkunft des Brockens, der einst auch Brakenberg hieß und außerhalb des Harzes volkstümlich als **Blocksberg** bekannt ist. Urkundlich erwähnt wird sein Name erstmals 1401 als »Brockenberge« in einem Landfriedensbündnis, 1407 als »Brocberg« in einem Forstverzeichnis und 1490 in einem Brief des Grafen Heinrich zu Stolberg-Wernigerode, in dem von »de gantze Brackenberg«

BROCKEN ERLEBEN

ÜBERNACHTEN

▸ **Komfortabel**

Brockenherberge
Brockenplateau
Tel. 03 94 55/1 20, Fax 1 21 00
www.brockenhotel.de
Wohnen in einem umgebauten Fernsehturm von 1938. Die faszinierende Weite auf dem Brocken hoch über dem Rest der Welt erlebt nur, wer sich spätabends oder frühmorgens auf dem Plateau den Wind um die Nase wehen lässt, wenn die Tagesausflügler schon weg oder noch nicht da sind. Dieses Erlebnis ist die Übernachtung auf dem Gipfel wert.

die Rede ist. Bracken stand für abgestandene, zur Nutzung untaugliche Bäume. Im Mittelalter stand Bruch aber auch für Moor, und da es auf dem Brocken seit Jahrhunderten Moore gibt, könnte sein Name auch daher rühren.

Naturschutz

1890 richtete der Göttinger Biologe Albert Peter auf dem Brocken einen Alpenpflanzengarten ein. 1937 wurden der Brocken sowie weitere Gebiete (Ilsetal, Tal der Kalten Bode, Königsberg, Heinrichshöhe, Renneckenberg und Hohnegebiet) zum Naturschutzgebiet. Nach Ende des Zweiten Weltkriegs blieb der größte Teil des Hochharzes militärisches Sperrgebiet und die Natur konnte sich infolge der aufgezwungenen Abgeschiedenheit regenerieren. Zum Schutz des Brockenmassivs mit seinen Bergfichtenwäldern und Hangmooren wurde 1990 der Hochharz zum Nationalpark erklärt. Seit 2006 gibt es nur noch den Nationalpark Harz, beide Nationalparks (Harz und Hochharz) sind in einem Park vereinigt worden.

Pflanzenwelt

Auf der abgerundeten Kuppe, die u. a. von Granitblöcken und zu Grus verwittertem Granit, dem Hexensand, bedeckt ist, existieren die für den Brocken so typischen subalpinen Zwergstrauchheiden. Diese sind aus der Sicht des Naturschutzes besonders wertvoll, da sie sehr selten gewordene Überbleibsel aus der Eiszeit beherbergen. Ansonsten dominieren im Hochharz die **Bergfichtenwälder** wie der Reitgrasfichtenwald, der Moorfichtenwald und der Blockfichtenwald. Stark entwickelt ist hier die Moos- und Flechtenvegetation. Darunter sind viele bestandsbedrohte Flechtenarten, die sehr langsam wachsen und 30 bis 50 Jahre benötigen, um die Größe eines Fingernagels zu erreichen. Die **Moorfichtenwälder** mit ihren Torfmoosdecken und dem Scheidigen Wollgras leiten zu einer offenen Moorvegetation über. Hier finden wir auch Zwergbirken und die Krähenbeere.

Geschichte der Besteigungen

1518 bestätigte Kaiser Maximilian I. Graf Botho III. zu Stolberg-Wernigerode den Brocken als Reichslehen. Die Erstbesteigung des Bergs ist unbekannt, kann aber bei der Landwehr- (1401) und Forstbegren-

zung (1407) vorausgesetzt werden. Sicher sind die Brockenbesteigungen des Nordhäuser Arztes und Botanikers Johannes Thal ab 1570, der 1588 auch ein Werk über die Harzer Pflanzenwelt veröffentlichte. Die erste Beschreibung des Berges stammt vom Hildesheimer Bürgermeister Henni Arneken, der 1579 den Brockengipfel erklomm. 1591 hatte Herzog Heinrich Julius von Braunschweig mit Ehefrau und Hofstaat eine Gipfelfahrt auf einem eigens dafür durch den Wald geschlagenen Weg unternommen. Unter den zahlreichen weiteren Gipfelstürmern sei noch Zar Peter der Große (1697) erwähnt. Goethe bestieg den Brocken 1777, 1783 und 1784, seine Eindrücke schlugen sich u. a. im »Faust« nieder, der 1790 erschien.
Der Berg zog auch andere Literaten an, u. a. Heinrich Heine (1824, »Die Harzreise«) und Hans Christian Andersen (1831). Otto von Bismarck weilte zweimal auf dem Gipfel (1832 und 1846, als er hier seine zukünftige Ehefrau kennen lernte), und Hermann Löns besuchte den Berg während eines mehrwöchigen Urlaubs in Wernigerode sogar insgesamt 16 Mal. Viele Künstler haben ihre Ansicht vom Brocken als Gemälde, Skizze oder Zeichnung hinterlassen.

Auf den Brocken

Geschichte nach 1945

Seit Dezember 1989 ist der höchste Berg des Harzes wieder zugänglich. Am 20. April 1945 hatten die Amerikaner den Brocken besetzt und für jeden Zivilverkehr gesperrt. Infolge des Viermächteabkommens und der Aufteilung Berlins mussten sie ihn am 27. April 1947 räumen (nachdem sie vorher alles Brauchbare demontiert und den Rest zerstört hatten). Nach ihrem Abzug nahmen sowjetische Truppen ihre Stelle ein. Die über den Harz verlaufende innerdeutsche Grenze zwischen der Bundesrepublik Deutschland und der Deutschen Demokratischen Republik wurde nach dem Mauerbau in Berlin (13. August 1961) geschlossen, mit Sperranlagen befestigt und somit praktisch unüberwindlich.
Auf der kahlen Brockenkuppe, auf der schon 1936 – 1938 ein Fernsehsendeturm aufgestellt worden war, ließ der Staatssicherheitsdienst der DDR einen Horchposten mit aufwändigen Spionageeinrichtungen, v. a. zur Überwachung des westlichen Funkverkehrs, errichten. Das westliche »Pendant« stand bis zu seiner Sprengung im August 1994 übrigens auf dem südlich gegenübergelegenen Wurmberg (►Braunlage).

? WUSSTEN SIE SCHON ...?

- ... dass die Brockenwirte Hans und Daniel Steinhoff auf dem Brockengipfel jedes Jahr rund 1,4 Mio. Gäste bewirten? Zur Auswahl stehen ein Imbiss im Bahnhofsgebäude der Harzer Schmalspurbahn und auf der Terrasse davor, der Goethesaal in einem Nebengebäude des Brockenhotels, der Touristensaal mit Selbstbedienung am Fuß und das Café Hexenklause im 7. Stock des Brockenhotels.

Bilderbuchwetter: Nicht immer wird man mit guter Sicht belohnt, denn oft steckt der Brockengipfel im Nebel. →

Wege auf den Brocken

Mit dem Auto geht es nicht; letzte Station mit großen Parkplätzen ist Schierke. Am bequemsten geht es mit der Schmalspurbahn (► S. 177). Die Besteigung des Brockens ist aus verschiedenen Himmelsrichtungen und auf verschieden langen Wanderwegen möglich. Fast alle Wege führen ganz oder streckenweise durch den Nationalpark. Hier dürfen die markierten Wege nicht verlassen werden.

Anstieg von Schierke

Die meisten Bergtouren beginnen vorzugsweise in ► Schierke. Hier bilden seltsam verwitterte **Granitfelsen** natürliche Aussichtswarten, darunter die »Feuersteinklippen« (761 m; 20 Min. nördlich), die in Goethes »Faust« vorkommenden »Schnarcher« am Barenberg (696 m; 30 Min. südlich), der »Ahrensklint« (Klint = Klippe; 822 m, 40 Min. nördlich) und die »Hohneklippen« (80 Min. nordöstlich).
Nun folgen 11 km sanfter Aufstieg. Die für den Autoverkehr gesperrte, asphaltierte **Brockenstraße** ist ideal für den nächstlichen Abstieg. Es stehen **drei Routen** zur Auswahl. Die kürzeste, aber steilste und schwierigste führt durch das Eckerloch. Der rund 17 km lange Glas-

Nationalpark Harz • Brocken *Orientierung*

hüttenweg ist landschaftlich abwechslungsreich und nicht zu steil. Vom Bahnhof Schierke geht es zu den Feuersteinklippen und zum Ahrensklint. Kurz darauf stößt man auf den alten Glashüttenweg (benannt nach einer ehem. Glashütte im Jakobsbruch), der an den Kapellenklippen vorbei zur Wernigeröder Skihütte am Brockenbett führt, wo er auf die Brockenstraße trifft. Der leichteste (und langweiligste) Anstieg erfolgt über die **Brockenstraße**. Sie beginnt am oberen Ortsende und führt westwärts zunächst mäßig bergan, nach 2 km in einer Rechtskehre stärker ansteigend, stets durch Wald, und in einer weiteren Kehre über das Schwarze Schluftwasser. Kurz darauf kreuzt man die Schienen der Brockenbahn (► unten) und gelangt in Windungen zum Brockenbett (910 m; 7 km von Schierke). Hier führt ein 200 m langer Bohlenstieg in die Moorwildnis hinhein. Weiter geht es scharf links und im Bogen wieder stärker bergauf und unterhalb der Heinrichshöhe hinauf. Jenseits eines zweiten Bahnübergangs (1028 m) erreicht man die Brockengipfelfläche.

! *Baedeker* TIPP

Brockenleuchten

Die Wolken werfen rasende Schattenfiguren auf das Grasland. Die Granitbrocken, die überall auf dem Plateau herumliegen, erscheinen im fahlen Licht wie Dämonen. Wer die Stille und die Weite des Brockens erleben will, muss bleiben, bis die Ausflügler mit dem letzten Zug verschwunden sind und in der Brockenherberge übernachten oder sommerabends zu Fuß ins Tal zurückgehen (Brockenherberge ►Übernachten).

Anstieg von Bad Harzburg

Die 23 km lange Route zum Brocken hat ihren Ausgangspunkt am Parkplatz an der Bergbahn, an der Straße nach Torfhaus. Mit derselben fährt man zunächst auf den 483 m hohen Burgberg hinauf. Von hier folgt man dem Kaiserweg bis zum Molkenhaus (Gaststätte). Am Kinderspielplatz vorbei gelangt man zum Eckerstausee, über die Staumauer und die Scharfensteinklippe zur Hermannsklippe und den Bismarckklippen, dann über den 1019 m hohen Kleinen Brocken bis zum Brockengipfel.

Anstieg von Altenau/ Torfhaus

◄ Nationalpark-Besucherzentrum

Der klassische Goetheweg ist der schnellste Aufstieg. Er beginnt am 800 m hoch liegenden Torfhaus (► Altenau; von Altenau fährt im Sommer täglich der Brockenbus nach Torfhaus), wo das neue Nationalpark-Besucherzentrum auf dem Großparkplatz neben der Bavaria Alm über historische Harzreisen, Naturschutzstrategien im 21. Jh. und über den Nationalpark Harz informiert.

Der ausgeschilderte 8 km lange und gut befestigte **Goetheweg** erinnert an den Dichter, der von hier »des gefürchteten Gipfels schneebehangenen Scheitel« bestieg (»Harzreise im Winter«, am 10. Dezember 1777). Der Weg führt von Torfhaus aus an Mooren vorbei den Abbegraben hinauf. Bei den Quitschenbergklippen und der Luisenklippe befindet sich ein Rastplatz. Weiter geht es am Goethebahnhof vorbei (ein ehem. Haltepunkt der Brockenbahn), streckenweise über Knüppeldämme, zum Goethemoor. Hier genießt man einen

Resistent gegen die Kälte: Im Winter ist die Fahrt mit der Brockenbahn auf den Gipfel ein unvergessliches Erlebnis.

schönen Blick über das Hochmoor. Kurz unterhalb des Gipfels trifft der Weg auf die Brockenstraße, auf der man den Gipfel erreicht.

Anstieg von Ilsenburg

Der 13 km lange Anstieg beginnt in ►Ilsenburg. Der Heinrich-Heine-Weg (er beschrieb den Weg, den er 1824 erwanderte, in seiner »Harzreise«, ► Praktische Informationen, Literatur) gilt als der **schönste Anstieg**. Vom zentralen Wanderpunkt Blochhauer führt er auf Waldwegen durch das malerische Ilsetal. Rund 3 km vor dem Gipfel trifft er ebenfalls auf die Brockenstraße.

Brockenbahn

Von der Harzquerbahn (►Touren) zweigt bei der Station Drei Annen Hohne (540 m) die 1899 eröffnete Brockenbahn ab. Auf ihrer Fahrt überwindet sie enorme Steigungen (max. 1: 30). Zunächst wendet sie sich ansteigend nach Westen und kreuzt hinter der Station Schierke die Brockenstraße, überquert am klippenreichen Eckerloch das Schluftwasser (845 m) und umfährt in einem weiten Bogen den Königsberg. Dann durchschneidet sie im weiteren Verlauf eine Moorfläche (Aussichtsplattform) und windet sich zuletzt spiralförmig zum Gipfel hinauf, zu der in 1130 m Höhe liegenden Endstation.

! *Baedeker* TIPP

Brockengarten

Die meisten der niedrigen, struppigen, graugrünen oder filzig-behaarten Pflanzen schmiegen sich zwischen die Granitsteine. Erst aus der Nähe zeigen sie sich als Kleinode mit bizarren Formen und prächtigen Blüten. Im rauen Klima der Brockenkuppe überleben nur noch Pflanzen der Hochgebirge oder der nordischen Tundra. Seltene Pflanzen aus 1500 Arten wachsen hier am Fuße der Brockenspitze. Führungen von Mai – Okt. Mo. – Fr. 11.30 und 14.00 Uhr, Sa., So. auch im Anschluss an die Brocken-Rundwanderweg-Führung der Nationalpark-Ranger (Tel. 0 39 43 / 55 02 20, www.nationalpark-harz.de).

Auf dem Brockengipfel

Das Klima auf dem waldfreien Plateau ist rau und entspricht etwa 1900 m Höhe in den Alpen. Am höchsten Punkt steht die Brockenuhr, etwas niedriger der Brockenturm. Er wurde 1936 – 1938 von der Deutschen Reichspost als erster Fernsehturm erbaut (52 m, 14 Etagen), 1948 jedoch um sechs Stockwerke gekürzt. Die unteren Etagen wurden zum Hotel und Restaurant umgebaut, in den oberen installierte die Deutsche Post Sendeanlagen (UKW und Fernsehen). Daneben stehen der 121 m hohe Antennenträger von 1973 und der dreigeschossiger Neubau der Telekom. Davor duckt sich das ältestes Gebäude auf dem Brocken, das **»Wolkenhäuschen«** von 1736.

Eine Ausstellung im **Brockenhaus**, der ehemaligen Stasi-»Moschee«, unterrichtet über die Geschichte des Berges und des Nationalparks (tgl. 9.30 – 17.00 Uhr, www.brockenmuseum.de). Vom ersten Brockenhaus, 1800 auf dem Gipfel erbaut und später mehrfach zerstört und wieder aufgebaut, finden sich nur noch Ruinenreste.

Die heutige **Wetterwarte** ist bereits der dritte Observatoriumsbau und steht seit 1939 an dieser Stelle. Seit 1836 werden hier regelmäßig die Wetterdaten erfasst. Der Brockengarten wurde 1890 als Außenstelle des Göttinger Botanischen Gartens angelegt. Ein erstes Empfangsgebäude auf dem Brocken entstand 1898 aus Holz, das heutige **Bahnhofsgebäude** an gleicher Stelle 1923 aus Brockengranit (Gaststätte). Die **Granitklippen** am südlichen Plateaurand tragen mythisch-mystische Bezeichnungen wie Teufelskanzel und Hexenaltar.

Die Chance, die viel gerühmte Fernsicht (bis 125 km im Umkreis) zu genießen, ist sehr gering, denn über 300 Tage im Jahr hüllt sich der Berg in Nebelwolken. Wenn bei tief stehender Sonne der Schatten von Personen oder Gebäuden auf eine aufsteigende Nebel- oder Wolkenwand riesenhaft vergrößert erscheint, spricht man vom **»Brockengespenst«**. Fernsicht

★★ Clausthal-Zellerfeld

B/C 2

Bundesland: Niedersachsen **Höhe:** 535 – 600 m
Einwohnerzahl: 14 500

Clausthal-Zellerfeld wird umgeben von rund 70 Teichen, die einst für den Antrieb der Entwässerungspumpen und Wasserräder in den nahen Bergwerken angelegt wurden. Die beiden 1924 vereinigten Städte Clausthal und Zellerfeld gehörten zu den sieben alten Bergstädten des Oberharzes. Heute ist die Stadt Sitz einer Universität.

Mit ihren schönen Fachwerkhäusern, der größten Holzkirche Deutschlands, einer berühmten Geosammlung mit mineralogischen Sammlungen und einem Bergwerksmuseum ist sie außerdem idealer Ausgangspunkt für Ausflüge in das umliegende Gebiet.

Geschichte Zellerfeld entwickelte sich um das etwa 1150 gegründete Benediktinerkloster Cella, als hier mit dem Holz der ausgedehnten Wälder die Verhüttung der Erze des Rammelsberges begann. Bald fanden sich auch Silberadern. Nach 1348 war die Entwicklung rückläufig bzw. kam zum Erliegen, als durch die Pest der größte Teil der Oberharzer Bevölkerung starb. 1431 wurde das Kloster aufgelöst.
Herzog Heinrich d. J. von Braunschweig-Wolfenbüttel veranlasste die Wiederaufnahme des Bergbaus. Der Ort erlebte einen erneuten Aufschwung und erhielt 1532 die Bergfreiheit. Im Dreißigjährigen Krieg wurde die Stadt von Tillys Truppen geplündert, 1672 bei einem Großfeuer zerstört und auf dem heute noch erkennbaren barocken, schachbrettartigen Grundriss wieder aufgebaut.
Clausthal entstand zu Beginn des 16. Jh.s bei einer mittelalterlichen Wegklause auf dem Gebiet von Herzog Ernst von Braunschweig-Grubenhagen, der es 1554 zur Freien Bergstadt erhob. Während der

CLAUSTHAL-ZELLERFELD ERLEBEN

AUSKUNFT

Tourist-Information
Dietzelhaus, Bergstr. 31
38678 Clausthal-Zellerfeld
Tel. 0 53 23/8 10 24, Fax 8 39 62
www.oberharz.de

EVENTS

Clausthal-Zellerfeld:
Jedes Jahr findet im Februar ein internationales Schlittenhunderennen statt, das, sollte der Schnee einmal ausbleiben, als Wagenrennen veranstaltet wird.
Wildemann:
Seit dem 16. Jh. gehört der am Pfingstsonntag unternommene Viehaustrieb zur festen Tradition. Auf heidnischen Ursprung geht das sog. Osterwasserholen am Ostersonntag zurück: Eine Gesundheit und Glück versprechende Wanderung zur Irmgardquelle wird schweigend begonnen, um dann fröhlich feiernd zu enden.

ESSEN

► Preiswert

④ ***Anno Tobak***
Osteröder Straße 4, Tel. 0 53 23/7 81 07, www.anno-tobak.de
Urige Studentenkneipe schräg gegenüber der Marktkirche.

⑤ ***Café Sti(e)lbruch***
Bornhardtstraße 11
Tel. 0 53 23/8 20 77 (tgl. 11.00 – 18.00, Fr., Sa. bis 20.00, Do. bis 22.00 Uhr)
www.cafe-stilbruch.harz.de
Gemütliches Café und Weinstube im Zellerfelder Kunsthandwerkerhof mit selbstgebacknem Kuchen, guten Weinen oder Snacks.

► Erschwinglich

① ***Glück-Auf***
An der Marktkirche 7
Tel. 053 23/16 16
Traditionsreiches Lokal unter neuer Leitung.

② ***Zechenhaus Untere Innerste***
Untere Innerste 6, Tel. 0 53 23/8 42 00
www.zechenhaus-untere-innerste.de
(Mi. – So. 12.00 – 22.00 Uhr)
Ägyptische, mexikanische und spanische Spezialitäten in altem Harzer Zechenhaus, ca. 2 km abseits der Straße B 242 nach Bad Grund. Wer den langen Rückweg über die Holperpiste durch den Wald nicht mehr schafft, kann eines der beiden Zimmer hinter dem Haus mieten.

③ ***Polsterberger Hubhaus***
Polsterberg 1, Tel. 0 53 23/55 81
www.polsterberger-hubhaus.harz.de
(Juni – Okt. tgl. 11.00 – 19.00 Uhr, Nov. – Mai nur Mi. – So. und n. V.)
Die engagierte Inhaberin serviert in einem 1801 von Bergleuten erbauten Hubhaus, heute eine gemütliche Waldgaststätte, Harzer Spezialitäten aus heimischen Zutaten.

⑥ ***Wildemann: Wolfscountry Ranch am Spiegeltaler Zechenhaus***
Im Spiegeltal, Tel. 0 53 23/9 67 83
www.wolfscountry-ranch.com
Gastronomie (Di. bis So. 11.00 – 21.00 Uhr) in uriger Waldgaststätte in ehem. Pumpenhaus sowie Fahrten und Wanderungen mit Alaskan Malamuten.

ÜBERNACHTEN

► Luxus/komfortabel

① ***Goldene Krone***
Am Kronenplatz 3
Tel. 0 53 23/93 00, Fax 93 01 00
www.goldenekrone-harz.de
Im ersten Gästehaus an dieser Stelle von 1690 übernachteten u. a. Heinrich Heine, Robert Koch und andere illustre Reisende. Heute gibt es in dem prächtigen Oberharzer Holzhaus z. B. Tourentipps für Motorrad- und Radfahrer sowie gute Traditionsküche.

► Komfortabel/günstig

② ***Wildemann: Parkschlösschen***
Im Spiegeltal 39, Tel. 0 53 23/61 97
www.parkschloesschen.harz.de
Rustikal eingerichtetes Hotel mit Appartements, kleiner Sauna, großer Liegewiese und Grillplatz.

③ ***Buntenbock: Landhaus Kemper***
An der Trift 19, Tel. 0 53 23/17 74
www.landhaus-kemper.de
Nach den Plänen eines Künstlers umgestaltete Brauerei mit u. a. »blauem Salon« und Wintergarten. Im Restaurant gibt es zu Speisen aus heimischen Zutaten Bioweine.

④ ***Wildemann: Hotel Rathaus***
Bohlweg 37, Tel. 0 53 23/62 61
www.hotel.rathaus.harz.de
Günstige, freundliche Zimmer, in der Ratsstube gibt es Harzer Wild- und Bergmannspezialitäten aus heimischen Produkten.

Ein Superlativ: Die Marktkirche in Clausthals Altstadt ist mit 2200 Sitzplätzen Deutschlands größte Holzkirche.

Blüte des Bergbaus 1640 – 1750 waren die Clausthaler Gruben die bedeutendsten im Oberharz. 1775 gründete der Berghauptmann von Reden in Clausthal eine Fachschule für Bergbau, die 1821 mit einer Forstschule verbunden wurde. 1834 erfand hier Julius Albert das Eisenseil, das zum ersten Mal im 480 m tiefen Schacht der Grube Carolina eingesetzt wurde.

1843 kam in der Stadt Robert Koch zur Welt († 1910), der Arzt, Bakteriologe und Nobelpreisträger von 1905. Die beiden Städte Clausthal und Zellerfeld wurden 1924 vereinigt, die Gruben wegen der erschöpften Erzvorkommen kurz darauf geschlossen.

Seit 1972 bildet Clausthal-Zellerfeld zusammen mit dem Ortsteil Buntenbock, der Bergstadt ► Altenau mit Torfhaus, der Bergstadt Wildemann und Schulenberg die Samtgemeinde Oberharz.

Clausthal

★ Marktkirche zum Hl. Geist

Die an der Stelle eines beim Stadtbrand zerstörten Vorgängerbaus 1637 – 1642 erbaute Marktkirche zum Heiligen Geist beherrscht den in der Ortsmitte von Clausthal gelegenen Hindenburgplatz. Mit 2200 Sitzplätzen ist sie die größte Holzkirche Deutschlands. Sie besitzt vier seitlich vorgebaute Treppentürme, ihr Äußeres ist vollständig mit Brettern verkleidet, in die verschieden große, rechtwinklige Sprossenfenster eingeschnitten sind. An ihrer Westseite erheben sich der in ein Achteck übergehende Glockenturm mit Welscher Haube und ein Dachreiter mit Uhr, der ebenfalls eine Welsche Haube trägt. Der 22 m breite Kirchensaal wird im Innern von einer an drei Seiten umlaufenden Empore umgeben, das Mittelschiff von einem korbbogigen Tonnengewölbe überspannt. An der Westseite ist die Empore zweigeschossig; die im Osten gelegene Chorempore ist mit dem 1641 von Andreas Duder geschaffenen reliefgeschmückten Hochaltar verbunden, ein im Knorpelstil angefertigtes Meisterwerk des frühen Barocks. Dargestellt werden Abendmahl, Kreuzigung und Auferstehung. Besichtigung: Beginn der Karwoche – Okt. Mo. – Sa. 10.30 bis 12.30 und 14.00 – 17.00, So. 13.00 – 17.00 Uhr, im Winter unregelmäßige Öffnungszeiten, Nov. geschlossen.

Landesbergamt

Westlich der Marktkirche steht das lang gestreckte, 1726 – 1730 auf dem massiven Erdgeschoss eines Vorgängerbaus errichtete holzverkleidete Landesbergamt. Die in Quaderform gehaltene Bohlenverschalung der Frontseite ist von 1838, die übrigen Fassaden sind verschiefert. In seinem Innern sind das Treppenhaus und ein prächtiger Rokokosaal sehenswert. Im Hof steht ein Fachwerkgebäude des 18. Jh.s; es entstand 1907 als Gebäude der Bergakademie, die 1864 aus der seit 1821 bestehenden Bergschule hervorgegangen war.

Clausthal-Zellerfeld Orientierung

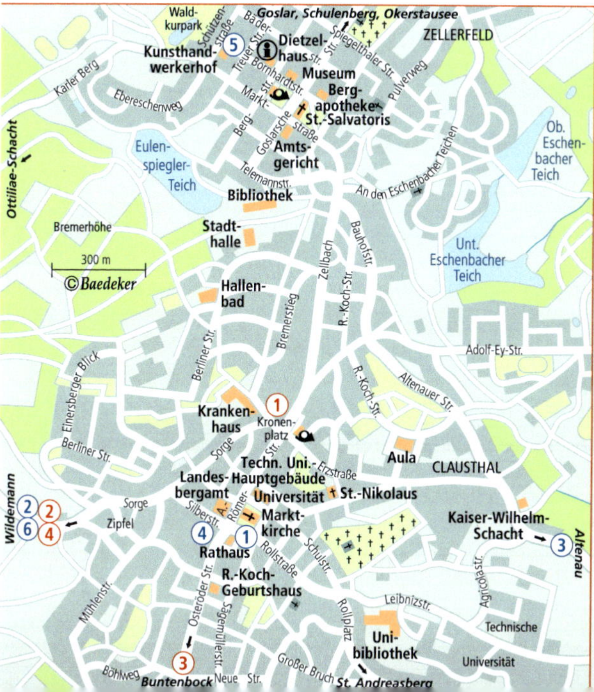

Übernachten
① Goldene Krone
② Parkschlösschen
③ Landhaus Kemper
④ Rathaus

Essen
① Glück-Auf
② Zechenhaus Untere Innerste
③ Polsterberger Hubhaus
④ Anno Tobak
⑤ Café Sti(e)lbruch
⑥ Wolfscountry Ranch im Spiegeltaler Zechenhaus

Rathaus Im Süden des Hindenburgplatzes liegt das dreistöckige Rathaus (1730), in dem Goethe 1777 bei seiner Harzreise übernachtete.

✶✶ GeoMuseum Nördlich der Kirche befindet sich in den Gebäuden der 1775 gegründeten ehem. Bergakademie die Technische Universität (seit 1968). Hier ist die berühmte Geosammlung mit einer der größten mineralogischen Sammlungen Europas, die mehr als 120 000 Exponate umfasst, untergebracht (Adolph-Roemer-Straße 2 a, http://geomuseum.tu-clausthal.de). Breiten Raum in der seit der Gründung der Bergschule angelegten Sammlung nehmen die Minerale und Gesteine des Harzes sowie die Geschichte ihrer Entstehung ein. Öffnungszeiten: Di. – Fr. 9.30 – 12.30 und 14.00 – 17.00, Sa. 14.00 bis 17.00, So. 10.00 – 13.00 Uhr.

Die **Universitätsbibliothek** beherbergt die Bibliothek von Caspar Calvör mit rund 4000 Hand- und Druckschriften aus dem 17. und 18. Jahrhundert.

Zellerfeld

Marktplatz Mittelpunkt des Ortsteils Zellerfeld, dessen schachbrettartiges Straßenmuster das Ortsbild bestimmt, ist der Thomas-Merten-Platz an der Bornhardtstraße, der von der auf der gegenüberliegenden Seite befindlichen St.-Salvatoris-Kirche beherrscht wird.

St. Salvatoris

Öffnungszeiten: Beginn der Karwoche – Okt. Adventssonntage 25.12. – 30.12 15.00 – 17.00

Von 1674 – 1684 entstand nach den Plänen von Erich Hans Ernst ein einschiffiger Steinbau, aus städtebaulichen Gründen übrigens in Nord-Süd-Ausrichtung, der 1863 von Conrad Wilhelm Hase im Innern zu einer dreischiffigen Hallenkirche umgebaut wurde. In der Kirche befinden sich das Grabmal von Caspar Calvör (► oben) und ein Altarbild des Leipzigers Werner Tübke.

Der spitzbogige **Flügelaltar** umfasst acht Bildtafeln. Das Bildprogramm des 4,20 m hohen und 4 m breiten Tryptichons entspricht mit der zentralen Kreuzigungsszene, der Madonna mit dem Kind und der Auferstehung traditionellen Mustern. Die Grablegung in der Predella wird von zwei Engeln begleitet. Im geschlossenen Zustand sieht man den Paradiesgarten – ohne Adam und Eva – realistisch und anschaulich mit Urvögeln und Sauriern dargestellt, die Predella zeigt das Abendmahl. Der 1997 für die Kirche geschaffene Flügelaltar verdankt seine Wirkung nicht zuletzt der Farbigkeit, die auf die Umgebung abgestimmt ist. Auslöser für den Auftrag des traditionellen Flügelaltars war das Bau-

! *Baedeker* TIPP

Frisch auf den Tisch

Über seine Grenzen hinaus bekannt ist der Zellerfelder Bergbauernmarkt, bei dem man auch nach 18.00 Uhr noch frisches Gemüse einkaufen kann. Erst um diese Uhrzeit beginnt nämlich die »Grüne Allee« in der Bornhardtstraße immer donnerstags mit Fleisch, Fisch, Bio-Brot, Landprodukten, aber auch Blumenhändlern und Kunsthandwerkern. Also noch schnell das Abendessen eingekauft ...

ernkriegspanorama in Bad Frankenhausen (► Abb. S. 43), in dem der Künstler ein monumentales, 1722 m² großes Historienbild schuf, ein eindrucksvolles düsteres Zeitporträt.

Markant: 66 holzgeschnitzte Gesichter an den Balkenenden der Fratzenapotheke

Gegenüber steht die 1674 für Johann Andreas Herstelle erbaute **Bergapotheke** (Fratzenapotheke, Bornhardtstraße 12), ein bretterverkleideter Fachwerkbau mit 66 geschnitzten fratzenhaften Köpfen an den Balkenenden der Außenwände. 1682 wurde das Gebäude um reiche, teilweise vollplastisch ausgeführte Stuckdecken mit biblischen und mythologischen Darstellungen ergänzt.

In dem 1892 gegründeten Oberharzer Bergwerksmuseum wird die Bergbaugeschichte der Region vom Mittelalter bis zum Ende des 19. Jh.s lebendig. Seinen Haupteingang bildet das um 1700 erbaute Rathaus (Bornhardtstraße 16). Im Hauptgebäude sind eine Mineraliensammlung, Modelle des Bergbau- und Hüttenwesens, bergmännische Ausrüstung, Münzen, Zinn- und Kupfergeschirr sowie Gegenstände des Oberharzer Brauchtums ausgestellt. Nördlich schließt sich das Schachtgebäude aus dem Jahr 1787 mit dem Zugang zum 250 m langen Besucherstollen des Schaubergwerks an. In dem original eingerichteten Schacht wird die Untertagearbeit der mit Bergkittel, Mooskappe und Harzer Frosch (Grubenlampe) ausgestatteten Bergmänner gezeigt. Sie fuhren mit der 1833 hier erfundenen Fahrkunst (► Sankt Andreasberg) in den unteren Füllort und nach anstrengender Arbeit wieder ans Tageslicht.

★★ Oberharzer Bergwerksmuseum

◄ www.oberharzer-bergwerksmuseum.de
Tel. 053 23/9 89 50
Öffnungszeiten: tgl. 10.00 – 17.00

Auf dem **Freigelände** befinden sich historische Gebäude und Grubeneinrichtungen. In der Radstube ist ein Wasserrad von 6 m Durchmesser zu sehen. In der Bergschmiede wurden die für die Gruben, Pochwerke und Hütten erforderlichen Werkzeuge hergestellt. Hatte der Bergmann auf dem Gange Erz geschürft, setzte er einen Schacht an, stellte darüber einen Handhaspel auf, warf Kübel und Seil ein und förderte das Erz und Gestein zu Tage. Ab einer Tiefe von 30 m wurde mithilfe von Pferdekraft gearbeitet. Der 1830 errichtete Pferdegaipel (aus der Grube »Hilfe Gottes« in ► Bad Grund) ist eine jahrhundertelang üblicherweise eingesetzte Förderanlage, welche bis zu Tiefen von etwa 200 m benutzt wurde. Im Vorhaus über dem Schacht sieht man ein originales kreuzgeflochtenes Hanfseil, welches bis zur Erfindung des Eisendrahtseils 1834 benutzt wurde. Über das Feldgestänge wurde die mit einem Wasserrad gewonnene Kraft bis zu mehreren Hundert Metern übertragen (im Hauptgebäude ist eine Darstellung dieser Einrichtung zu sehen). Striegel und Striegelgerenne dienten zur Regulierung des Wasserstandes in den Teichen. Im Pochwerk wurde das geförderte Roherz zerkleinert und anschließend unter fließendem Wasser in erzhaltige schwere und die leichteren Bestandteile getrennt. Das Auswaschen besorgten Kinder vom 10. Lebensjahr an, Mädchen bis zur Konfirmation, Jungen bis zum Berufsanfang als Berg- oder Hüttenmann.

Dietzelhaus

Nicht weit vom Oberharzer Bergwerksmuseum befindet sich das 1673 für den Oberbürgermeister Daniel Flach erbaute Dietzelhaus; ein repräsentatives Bürgerhaus im Fachwerkstil mit reich verzierter Haustür.

Glockenspiel

Das Gebäude des ehemaligen Postamtes auf dem Thomas-Merten-Platz schmückt ein Glockenspiel. Beim Klang der Glocken tgl. um 9.10, 12.10 und 17.30, freitags, samstags und sonntags zusätzlich um 15.10 Uhr, setzen sich zwei geschnitzte Bergleute auf einer nachgebildeten »Fahrkunst« in Bewegung.

Kunsthandwerkerhof

Am Ende der Bornhardtstraße lädt der Kunsthandwerkerhof zu einem Besuch ein. In der alten Zellerfelder Münze sind neben dem Antik-Café Sti(e)lbruch (► Essen), einem gemütlichen Café in historischem Ambiente, auch eine Glasbläserei, ein Atelier für Holz- und Glas-Spielerei, eine Goldschmiede und ein Atelier für Seidenmalerei untergebracht. Den Kunsthandwerkern kann bei der Arbeit zugeschaut und ihre Erzeugnisse können käuflich erworben werden.

Ottiliae-Schacht

Am Westrand des Stadtteils Clausthal, 2 km südwestlich vom Museum entfernt, liegt der Ottiliae-Schacht mit dem 1876 errichteten und ältesten noch erhaltenen stählernen Fördergerüst in Deutschland. Die über Tage gelegenen Anlagen können nach Voranmeldung besichtigt werden (Anmeldung beim Bergwerksmuseum, ► oben). Hier werden v. a. die Horizontal- und Vertikalfördertechniken im Harzer Erzbergbau dargestellt.

Kaiser-Wilhelm-Schacht ►

Die Übertageanlagen des 1930 stillgelegten Kaiser-Wilhelm-Schachts gehören ebenfalls zum Museum; zu sehen sind u. a. Maschinenhaus, Schachthalle, Kaue und Versorgungsgebäude der Anlage sowie das zweitälteste Fördergerüst in Deutschland (1880).

Umgebung von Clausthal-Zellerfeld

Mittlerer Pfauenteich

Clausthal-Zellerfeld ist von einer Teichlandschaft mit vielen Wanderwegen umgeben. Östlich von Clausthal liegt der älteste im Harz angelegte Teich, der schon 1298 als Banedick erwähnte Mittlere Pfauenteich.

Keine Berührungsängste bestehen zwischen Mensch und Tier beim Viehaustrieb in Wildemann!

★ **Wildemann**

◀ Reisekarte B 1/2

In einer Flussschleife der Innerste, 9 km westlich von Clausthal-Zellerfeld, liegt der Kneipp- und Luftkurort Wildemann (420 m) in einem engen Tal. Wegen seines Ortsbilds und seiner schönen Umgebung wird er auch das »Kleintirol des Harzes« genannt. Die kleinste der sieben Oberharzer Bergstädte zählt heute 1300 Einwohner; 1529 erhielt der Ort die Stadtrechte und Mitte des 16. Jh.s die Bergfreiheit zugesprochen. Ab 1520 hatten hier Bergleute aus dem Erzgebirge den Bergbau nach seinem Niedergang um 1310 wieder aufgenommen.

Ihren Namen erhielt die hiesige Grube nach der berühmten **Harzer Sagengestalt**: Zu Zeiten der ersten Besiedlung des Harzes kamen Bergleute in die Gegend des heutigen Wildemann. Sie entdeckten Fußspuren und, als sie ihnen nachgingen, einen Mann und eine Frau, nur mit einem Gürtel aus Laub bekleidet. Es gelang ihnen, den wilden Mann, der als Waffe eine ausgerissene Tanne trug, gefangen zu nehmen. In der Höhle der Waldmenschen entdeckte man ihre Vorräte, Beeren und rohes Fleisch. Sie konnten dem wilden Mann jedoch kein Wort entlocken, und als man ihn zum Herzog nach Braunschweig schickte, starb der Gefangene unterwegs. In diesem Augenblick fand man in der Höhle die erste Erzader. 1524 wurde am Nordfuß des Gallenbergs der Tiefe Wildemann-Stollen angesetzt, dem 1551 der 25 m höhere Obere Wildemann-Stollen folgte, der heutige 19-Lachter-Stollen.

✶ 19-Lachter-Stollen ► 139 Jahre lang – von 1551 bis 1690 – haben Generationen von Bergleuten den 19-Lachter-Stollen nur mit Schlägel und Eisen in den Oberharzer Stein geschlagen. Das Lachter ist das alte Hannoversche Maß (1,92 m) für die Tiefe eines Stollens. Bis 1924 leiteten die Bergleute über den 19-Lachter-Stollen das Wasser aus dem höher gelegenen Erzbaustollen. Auf 500 m zeigt das Besucherbergwerk heute, wie die Stollen früher in die Grauwacke geschlagen und an vielen Stellen mit Eisen und Holz abgestützt wurden. Zu sehen sind im angrenzenden Ernst-August-Schacht ein mehr als 100 Jahre altes hölzernes Kehrrad und ein Turbinenraum mit einer elektrischen Fördermaschine aus der Frühzeit des 20. Jh.s (Führungen: Mai – Okt. Di. – So. 11.00, 14.00; auch 15.30 ab 5 Pers., Nov. – Dez. Sa. 14.00, So. 11.00, Febr. – Apr. Di. – So. 11.00, 14.00 Uhr (Auskunft über weitere Termine: Tourist-Information Wildemann, Bohlweg 5, Tel. 0 53 23/61 11, Fax 61 12, www.19-lachter-stollen.de).

! *Baedeker* TIPP

Glückliche Ziegen

Wenn die Glöckchen auf den Buntenbocker Bergwiesen klingeln, sind die Harzer Ziegen von Barbara Ellendorff und Michael Siemann nicht weit. Auf ihrem Hof werden nach alter Tradition Frischkäse, Weißschimmelkäse, Schnittkäse und Sauerrahmbutter aus frischer Ziegenmilch produziert (Verkauf ab Hof: Sa. 9.00 – 12.00 Uhr, Moosholzweg 14, Ziegenhof Buntenbock, Tel. 0 53 23/26 16, www.ziegenhof-buntenbock.de).

Elbingerode

E 2

Bundesland: Sachsen-Anhalt
Höhe: 460 m
Einwohnerzahl: 4200

Neben hübschen Fachwerkhäusern besitzt der Ort zwei Schaubergwerke, welche über die mehr als 1000-jährige Geschichte des Bergbaus im Mittelharz und über die Arbeit in der Grube berichten.

Geschichte Die 1206 als Avelingeroth erwähnte Siedlung, die bereits im 13. Jh. Markt- und Münzrecht besaß, sowie die um 1200 erbaute Burg lagen am wichtigen Königsstieg Trogfurt – Nordhausen in einem vermutlich schon im 10. und 11. Jh. genutzten königlichen Jagdrevier. In den folgenden Jahren wechselte Elbingerode mehrfach die Herrschaft, von den Wernigerödern gelangte es an die Grafen von Heldrungen und schließlich 1427 – 1564 an die Grafen von Stolberg. Seine Blütezeit erlebte der Eisenerzbergbau in dem sog. Elbingeröder Komplex zwischen der großen Pestepidemie 1347 – 1349 und dem Dreißigjährigen Krieg, dann begann der Niedergang.

Stadtbild Zu den Sehenswürdigkeiten des Städtchens gehören Fachwerkhäuser, eine alte Apotheke, das Brauhaus und die nach einem Brand 1858 im

ELBINGERODE ERLEBEN

AUSKUNFT

Fremdenverkehrsamt
Markt 3, 38875 Elbingerode
Tel. 03 94 54/894 87, Fax 4 52 83
www.elbingerode.de

ESSEN/ÜBERNACHTEN

▶ Preiswert/erschwinglich

Restaurant Berghof
Fahrstraße 15
Tel. 03 94 54/4 26 90
www.berghof-elbingerode.de
Gutbürgerliche Küche, besonders beliebt sind die verschiedenen Berghofteller und -töpfe. Übernachten kann man in dem dazugehörenden Hotel Goldenen Adler (2 Min. entfernt).

▶ Erschwinglich/komfortabel

Mandelholz: Grüne Tanne
Mandelholz 1, (an der Bundesstraße 27)
Tel. 03 94 54/4 60, Fax 4 61 55
www.mandelholz.de
Wellnesshaus mit Sauna, Massagen, Kosmetik, Reiki-Behandlungen, Akupunktur, Schröpfen mit Saugglocken und weitere Gesundheitsangebote
Das familiengeführte Haus (24 Z.) liegt in der Nähe der Mandelholztalsperre direkt am Wald. Mit organisierten Kabarett-, Musik- und Gesprächsabenden haben die Gäste Anschluss an das Harzer Geschehen. Nicht verpassen: Kabarettauftritte von Schaller und Schulze!

ÜBERNACHTEN

▶ Komfortabel/günstig

Elend: Hotel & Pension Harzhaus
Heinrich-Heine-Weg 1
Tel./Fax 03 94 55/3 86, www.kukki.de
Wohnen wie zu DDR-Zeiten in einem ehemaligen Ferienheim der Staatssicherheit (Stasi), orange-braune Farbtöne, braune Vorhänge, die Kammern unterm Dach sehen aus wie ein Schlafwagen der Reichsbahn. Zum Essen gibt es Kukki's Erbsensuppe mit/ohne Bockwurst.

gotischen Stil wiedererbaute Stadtkirche. Auf dem 503 m hohen Galgenberg, einer zum Naturdenkmal erklärten Kalksteinklippe mit üppiger Vegetation, ließen die Halberstädter Bischöfe Galgen aufstellen und gelegentlich Aufsässige und Wilddiebe hängen.

Schaubergwerk Büchenberg
Führungen:
tgl. 10.00, 12.00, 14.00, 16.00
24., 25.12. und 1.1. geschl.
www.schauberg werk-buechen berg.de

2 km nordöstlich außerhalb von Elbingerode lädt das Schaubergwerk Büchenberg zu einem Besuch ein (Anfahrt: an der B 244 in Richtung Wernigerode nach 2 km Abzweigung in Richtung Heimburg). Mehr als 1000 Jahre lang wurde hier bis zur Stilllegung der Grube 1970 Eisenerz geschürft. Ein insgesamt 600 m langer Rundgang (rollstuhlgeeignet) führt zur ersten Sohle und in deren Streckenvortrieb. In einem Querstollen wird die Entwicklung der bergmännischen Bohrtechnik gezeigt, ferner Anlagen zur Grubenentwässerung und zum Abtransport der Erze mittels Seilbahnloren zur 8 km entfernten Bahnverladung nach Minsleben.
Ein **bergbaugeschichtlicher Lehrpfad** (Ausgangspunkt ist ein kleiner Parkplatz an der B 244, ca. 3,5 km nördlich von Elbingerode) führt

Elbingerode Schaubergwerk Büchenberg

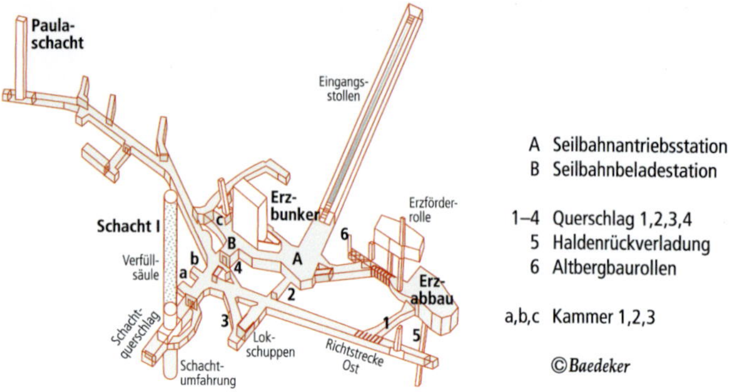

an Stollenmundlöchern, Pingen, Suchschürfungen, Schachthalden und anderen Zeugnissen des Elbingeröder Bergbaus vorbei.

★ **Besucherbergwerk**

Zwischen Elbingerode und Rübeland liegt im Mühlental (an der B 27) das Besucherbergwerk **Drei Kronen und Ehrt**. Die seit 1530 betriebene Eisenerz- und Schwefelkiesgrube wurde im Jahr 1990 stillgelegt. Mit einer Grubenbahn wird über einen Tagesstollen eingefahren; unter Tage informiert eine Ausstellung über die Entwicklung der Bergbautechnik von ihren Anfängen bis zur Stilllegung. Führungen: Mai–Okt. 9.00, 11.00, 13.00, 15.00 und 16.00, Nov.–Apr. 10.00, 11.00, 13.00 und 15.00 Uhr, Mühlental 13, 38875 Elbingerode, Tel. 03 94 54/4 29 10, Fax 4 87 40, www.dreikronenundehrt.de.

Umgebung von Elbingerode

★★ **Rübeländer Tropfsteinhöhlen**

Öffnungszeiten: täglich Feb.–Juni, Sept., Okt. 9.00–16.30 Juli, Aug. bis 17.30 Nov.–Jan. bis 15.30 im Winter zeitweise eine Höhle geschl. Tel. 03 94 54/49 32 www.harzer-hoehlen.de

Baumannshöhle und Hermannshöhle stehen beide unter Naturschutz und gehören zu den schönsten Tropfsteinhöhlen in Mitteleuropa. Der Zugang der Baumannshöhle liegt auf dem linken Bodeufer an der Blankenburger Straße, der Zugang zur Hermannshöhle auf dem rechten Bodeufer unterhalb des Felsens mit dem Höhlenbären. 1536 entdeckte der Bergmann Friedrich Baumann auf der Suche nach Erz auf dem linken Bodeufer die später nach ihm benannte Tropfsteinhöhle. Beachtenswert ist der Natursteinfußboden in der neuen Eingangshalle zur **Baumannshöhle**, er besteht aus acht (!) Harzer Gesteinsarten, u. a. aus dem Rübeländer Marmor. Besonders sehenswert ist der 40 x 60 m große Goethesaal, in dem Festspiele und Theateraufführungen für Kinder und Erwachsene stattfinden (www.harzer-hoehlenfestspiele.de); aber auch der Besuch der Schildkrötenschlucht, der Palmengrotte oder der Säulenhalle bietet beeindruckende Naturerlebnisse. In der über 1 Mio. Jahre alten Baumannshöhle entdeckten Höhlenforscher versteinerte Knochen, denen als Einhornknochen große Heilkraft zugesprochen wurde, bis man sie 1734 als Bärenknochen identifizierte, sowie menschliche Spuren aus der Jungsteinzeit, u. a. Tonscherben und Werkzeug. Goethe besuchte die Höhle in den Jahren 1777, 1783 und 1784.

◄ Hermannshöhle

1866 stieß Wilhelm Angerstein beim Straßenbau auf ein zweites Höhlenlabyrinth, die auf dem rechten Bodeufer gelegene Hermannshöhle. Mit ihrer Erkundung wurde 1868 unter der Leitung von Hermann Grotian begonnen. Im Innern der 3 km langen, aus drei Stockwerken bestehenden Höhle wurden Knochen von Höhlenbären gefunden. Besonders sehenswert sind die Kristallkammer und der Olmensee mit seinen 11 Grottenolmen. Die bis zu 25 cm langen Schwanzlurche stammen aus dem jugoslawischen Karst und wurden hier 1932 und 1956 ausgesetzt. Vermutlich sind sie allesamt männliche Tiere, eine Vermehrung ist daher nicht möglich.

Blauer See

An der Straße Richtung Hüttenrode liegt im Kalksteinbruch der Blaue See. Sein kalkhaltiges Wasser absorbiert alle Farben des Tageslichts bis auf das Blau, dadurch entsteht die scheinbare Färbung des Wassers. Leider verdient der 1,5 km² große Blaue See seinen Namen nur noch im Frühjahr. Im Sommer, wenn der See zum viel besuchten Badesee wird, übersteigt die damit verbundene Verschmutzung seine Selbstreinigungskräfte.

Leuchtende Blautöne im Frühjahr am gleichnamigen See

Bodfeld Der Name »Bodfeld« bezeichnete einen Jagdhof und ein mittelalterliches Eisengewinnungs- und Verhüttungszentrum. Dieses wurde zur Unterscheidung wahrscheinlich als »Lüttges (Kleines) Bodfeld« bezeichnet. Der Standort dieser beiden »Bodfelds« lag nach heutigen Erkenntnissen einige Kilometer auseinander.

Der **Jagdhof**, von dem Grundmauern und ein Wall erhalten sind, war eine kleine, befestigte Pfalz auf dem »Schlosskopf«, ca. 3 km nordöstlich von Elbingerode. Pfalzen waren im Mittelalter die immer wieder genutzten Stationen der Wanderkönige, die in ihrem Herrschaftsgebiet umherzogen.

Die wahrscheinlich schon im 13. Jh. verlassene **Bergbausiedlung** lag im Papental, ca. 2 km südöstlich von Elbingerode. Hier finden sich die Reste der vermutlich im 10. Jh. erbauten Andreaskirche sowie im Wald versteckte Schlackenhalden und sog. Pingen, Reste des ehemaligen Eisenerzbergbaues.

Themenwanderwege ► Bodfeld eignet sich gut als Ausgangspunkt für Wanderungen auf den »Wegen der deutschen Kaiser und Könige des Mittelalters im Harz« und auf dem montangeschichtlichen Lehrpfad.

★★ Gernrode

G 2

Bundesland: Sachsen-Anhalt **Höhe:** 230 m
Einwohnerzahl: 4000

Abgesehen von der reizvollen Hanglage ist die Stadt wegen ihrer weithin sichtbaren, über 1000 Jahre alten Stiftskirche aus ottonischer Zeit bekannt. Eine Besonderheit ist die Kuckucksuhrenfabrik in der Altstadt, die einzige außerhalb Süddeutschlands, die auch besichtigt werden kann.

Geschichte Zur Sicherung seiner ostsächsischen Besitzungen erbaute sich Markgraf Gero (937 – 965) oberhalb des Steinbaches die Burg Geronisroth. 961 gründete er auf dem Burggelände ein Nonnenkloster, dem seine verwitwete Schwiegertochter Hathui als Äbtissin vorstand. Zusammen mit der päpstlichen Bestätigungsbulle erhielt das Kloster 963 eine Reliquie des hl. Cyriakus, dem die Klosterkirche geweiht wurde. Nach Geros Tod erhob Otto I. das Kloster zum Reichsstift, die Schutzvogtei in Gernrode ging auf die Askanier über. 1136 ist erstmals ein nach Gero benanntes Dorf östlich des Burgbergs erwähnt, dessen weitere Entwicklung mit dem Kloster verbunden blieb. Ende des 12. Jh.s erhielt der Ort das Marktrecht und vermutlich 1539 das Stadtrecht.

In der Folgezeit fiel der Besitz an die Fürsten von Anhalt (seit 1709 Anhalt-Bernburg). Im nahen Gebirge wurde seit dem frühen Mittel-

Ottonisches Kleinod: die Stiftskirche St. Cyriakus →

GERNRODE ERLEBEN

AUSKUNFT

Gernrode-Information
Suderöder Straße 8, 06507 Gernrode
Tel. 03 94 85/3 54, Fax 3 54
www.gernrode.de

VERKEHR

Seit 2006 verbindet die Selketalbahn über Gernrode die Welterbestadt Quedlinburg mit dem Brocken, Wernigerode und allen anderen Stationen der Harzer Schmalspurbahn.

ESSEN

► Preiswert

Der Pizzabäcker
Wilhelm-Pieck-Straße 14, Mo. geschl. Tel. 03 94 85/6 32 02, www.pizza-harz.de – Pizza aus dem Steinofen in allen Varianten, vorzugsweise mit Harzer Käse, sowie Salate, Aufläufe...

► Erschwinglich/preiswert

Historische Gaststätte und Fischrestaurant Bückemühle
tägl. geöffnet, ►Übernachten
Das freundlich-rustikale Haus mit Gästezimmern und einer kleinen Ferienwohnung in einer alten Bückemühle serviert Fischspezialitäten – teils aus der eigenen Räucherei – und Fleischgerichte.

Gasthof Zum Bären
Marktstraße 21, Tel. 03 94 85/54 50
www.gasthof-zum-baeren.harz.de
Gemütliches Restaurant in der Gernroder Altstadt (So. geschl.). Im alten Gemäuer wird vorrangig gediegene Küche, u. a. Wild, geboten. Mit Biergarten.

Sternhaus
Sternhaus, Tel. 03 94 85/2 73
www.sternhaus-harz.de; Mo., Di. geschl. – Das Sternhaus im gleichnamigen Ortsteil von Gernrode liegt mitten im Wald. Das spiegelt sich in der Speisekarte wider. Auf den Tisch kommt alles aus dem Wald, vorwiegend Wild.

ÜBERNACHTEN

► Komfortabel

Pension Bückemühle
Am Bückeberg 3, Tel. 03 94 85/4 19
www.bueckemuehle.de
Zweckmäßige Zimmern mit heller Holzeinrichtung in einer alten Mühle. Mit Terrasse am Teich (►Essen).

alter Bergbau auf Silber, Kupfer und Zinn betrieben. Einen erneuten Aufschwung erlebte die Stadt im späten 19. Jh. im Zuge der Entwicklung zum Luftkurort.

✶✶ Ehem. Stiftskirche St. Cyriakus

Reichsstift Gernrode

Das von Gero auf dem Burggelände gegründete Kloster gehörte neben jenen von ► Quedlinburg, Gandersheim (► Bad Gandersheim) und Essen zu den vornehmsten Stiften des Reiches. Noch in der Frühphase der Reformation wurde es 1521 in ein freiweltliches protestantisches Damenstift umgewandelt und schließlich Ende des 16. Jh.s aufgelöst. Fortan diente die Stiftskirche als evangelische Pfarrkirche. Öffnungzeiten: Apr. – Okt. Mo. – Sa. 9.00 – 17.00, So.

nach dem Gottesdienst bis 17.00, Nov. – März tägl. 15.00 – 16.00 Uhr; tägl. Führungen um 15.00 Uhr u. n. Vereinb. Tel. 03 94 85/2 75.

Baugeschichte

Die aus Kalkbruchstein erbaute einstige Stiftskirche St. Cyriakus gehört zu den besterhaltenen romanischen Sakralbauten der ottonischen Zeit in Deutschland. Man vermutet den Baubeginn bereits im Jahr 959, da für 965 die Bestattung des Markgrafen Gero vor dem Hochaltar der Kirche bezeugt ist. In der ersten Hälfte des 12. Jh.s erfolgte ein weit reichender Umbau, auf den vor allem der heutige Westabschluss zurückgeht. Für die Unterbringung der Gebeine des hl. Metronius baute man eine zweite Krypta an der Westseite der Kirche, darüber entstand der Westchor, an die Stelle des Mittelturms traten die beiden seitlichen runden Türme. Zur gleichen Zeit wurden auch die Emporen im Querhaus eingebaut. Um 1170 entstanden die Stiftsgebäude und der Kreuzgang, von dem nur der zweistöckige Nordflügel erhalten blieb. 1858 – 1872 kam es zu einer grundlegenden Restaurierung nach den Plänen des preußischen Konservators und Schinkelschülers Ferdinand von Quast. Die zwischenzeitlich geschlossenen Langhausarkaden wurden wieder geöffnet, Balkendecken, Orgel, Kanzel und Gestühl nach altem Vorbild neu geschaffen, die Apsiden, die neue Decke und die Bogenlaibungen ausgemalt und der Dachreiter wieder aufgesetzt; 1907 – 1910 wurden die Rundtürme und 1965 die Ostkrypta renoviert. Am Kirchengrundriss fällt die deutliche Achsenverschiebung (besonders der Querachsen) ins Auge.

Quadratischer Mittelpfeiler flankiert von zwei Säulen, die wiederum von zwei äußeren Pfeilervorlagen gerahmt werden: ergibt den Gernröder Stützenwechsel.

Innenraum Die dreischiffige, flach gedeckte Basilika wird durch das nördliche Seitenschiff betreten. Das Langhaus wird von den steilen Proportionen seiner Hochwände bestimmt. Auf beiden Seiten ruhen vier Arkaden auf einem quadratischen Mittelpfeiler, zwei seitlich gestellten Säulen sowie zwei äußeren Pfeilervorlagen (Gernroder Stützenwechsel). Die Kapitelle tragen reichen ornamentalen und figürlichen Schmuck. Über den Seitenschiffen befinden sich die im 12. Jh. zugemauerten, 1859 wieder freigelegten Langhausemporen mit Zwillingsarkaden und Blendbögen, die auf byzantinische Baugewohnheiten zurückgehen sollen. Theophanu, Ehefrau Ottos II., stammte ursprünglich aus Byzanz und hielt sich mehrere Male im benachbarten Quedlinburg auf.

Der erhöhte **Ostchor** mit der darunter liegenden dreischiffigen Ostkrypta ist der älteste Bauteil der Kirche; hier befand sich vermutlich die Reliquie des hl. Cyriakus. In der Chorapsis wird Christus als Weltenrichter, darunter der hl. Cyriakus als Schutzpatron der Kirche und unter diesem der Stifter Gero mit seinen Söhnen Gero und Siegfried dargestellt. Links außen folgt Hathui, die erste Äbtissin und Ehefrau Siegfrieds (die Wandmalerei stammt aus dem 13. oder 14. Jh.). In der Vierung, die mächtigen Bögen wurden im 19. Jh. nach Abbruchspuren rekonstruiert, steht das spätgotische Steingrabmal (Tumba von 1519) für den Kirchenstifter Markgraf Gero († 965).

Vor dem Westchor steht ein romanischer **Taufstein** aus der zweiten Hälfte des 12. Jh.s, eine ländliche Arbeit aus Alsleben, mit mehreren Christusdarstellungen, Maria, Johannes dem Evangelisten und Engeln. In der Apsis des Westchors befindet sich eine Darstellung des Jüngsten Gerichts. Im Kircheninnern sind außerdem ein Tafelbild des Markgrafen Gero in archaisierender Tracht (um 1510) sowie verschiedene Äbtissinnengrabsteine (14. – 16. Jh.) sehenswert.

Von besonderer Bedeutung ist das **Heilige Grab**, das um 1050 – 1075 in das südliche Seitenschiff eingefügt wurde (im 12. Jh. umgebaut; 1926 – 1929 und 1954 restauriert). Es besteht aus einer Vor- und der eigentlichen Grabkammer und ist die älteste erhaltene Nachbildung des Heiligen Grabes in Jerusalem. Im Innern der normalerweise verschlossenen Grabkammer befinden sich die Reste eines Christus-Sarkophages und zwei beschädigte Stuckfiguren; eine weibliche Gestalt (Maria Magdalena?) und eine durch ihr Gewand als Bischofsfigur gedeutete Person; möglicherweise ist aber auch Christus dargestellt.

Die Außenwände des Heiligen Grabes sind mit Stuckornamenten und

Gernrode *St. Cyriakus*

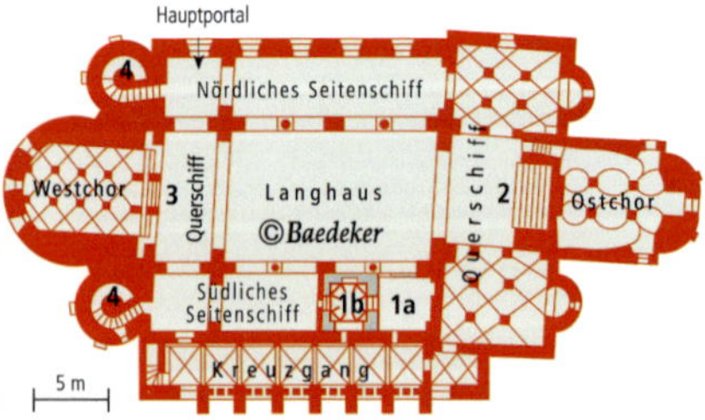

1 Heiliges Grab
 a Vorkammer
 b Grabkammer
2 Grabmal des Markgrafen Gero
3 Romanischer Taufstein
4 Rundtürme des Westwerkes

-figuren reich verziert. Dargestellt wird das Ostergeschehen: an der nördlichen Wand die Nolimetangere-Szene mit dem auferstandenen Christus am leeren Grab und Maria Magdalena. An der Westseite steht in einer Nische eine Frauenfigur, eingerahmt von einem doppelten Rankenfries mit symbolhaften und bisher nicht entschlüsselten Tieren und Ornamenten, in der linken oberen Ecke ist Johannes der Täufer auszumachen, rechts steht ihm möglicherweise der Stammvater Moses gegenüber.

! *Baedeker* TIPP

Osterspiel in der Stiftskirche

Um 5.00 Uhr morgens beginnt am Ostersonntag das Osterspiel. Frauen und Männer in weißen Gewändern spielen nach einer Vorlage aus dem 12. Jh. die Auferstehung Christi, begleitet von lateinischen Gesängen und Orgelspiel (Tel. 03 94 85/275, www.stiftskirche-gernrode.de).

Von den Stiftsgebäuden ist nur der zweigeschossige spätromanische Nordflügel des **Kreuzgangs** (um 1200; stark restauriert) mit Kreuzgratgewölbe und reich verzierten Kapitellen erhalten. Im Stiftshof steht ein großes Marmorbecken; das Drachenrelief an der Westwand innen ist aus dem 11./12. Jahrhundert.

Sehenswertes in Gernrode und Umgebung

Marktplatz

Mittelpunkt der an Fachwerkbauten (v. a. 17./18. Jh.) reichen Stadt ist der dreieckige Marktplatz mit dem schlichten Rathaus (1665, 1910 erneuert). An der Marktstraße stehen einige klassizistische Putzbauten. An die frühere Pfarrkirche **St. Stephanus**, deren Langhaus 1847 zu einem Schulgebäude umgebaut wurde, erinnert der ursprünglich spätromanische Westturm mit barocker Haube und einer fast 800 Jahre alten Glocke. Die Küsterei, ein Fachwerkbau über einem gemauerten Erdgeschoss, ist aus dem 16. Jahrhundert. Die einzige Kuckucksuhrenfabrik Norddeutschlands kann besichtigt werden (Fabrikverkauf; Lindenstr. 7, tägl. 9.00 – 17.00 Uhr, www.harzeruhren.de). Von 281 m hohen Stuben- oder Stufenberg im Süden der Stadt (15 Min.) hat man eine schöne Aussicht.

◂ Uhrenfabrik

* ◂ Stubenberg

Bad Suderode

Erholungssuchende finden im kleinen Bad Suderode, westlich von Gernrode, filigrane Bäderarchitektur, eine seit 1179 bekannte, starke Calciumquelle und einen alten Kurpark.

Stecklenberg

Etwas weiter westlich folgt Stecklenberg, ein weiterer Kurort, mit zwei Burgruinen. Die nahe gelegene **Stecklenburg** wurde vermutlich im 11. Jh. in einen vor- und frühgeschichtlichen Wall hinein- und im 12. Jh. ausgebaut. Erhalten sind Grundmauern und Reste des Bergfrieds, des Palas sowie Reste der südlichen Ringmauer. Die größere, 1164 erstmals erwähnte **Lauenburg** entstand wohl unter Heinrich IV. Bis Ende des 15. Jh.s war sie bewohnt. Obwohl sie später als Steinbruch verwendet wurde, sind noch beeindruckende Reste erhalten, u. a. die Ruine des 30 m hohen Bergfrieds.

✶✶ Goslar

C 1

Bundesland: Niedersachsen **Höhe:** 260 m
Einwohnerzahl: 44 000

Wegen ihrer vielen Sehenswürdigkeiten, dazu zählen fünf große Kirchen, die Kaiserpfalz, die Reste der mittelalterlichen Stadtbefestigung sowie zahlreiche schöne Fachwerk- und Steinhäuser, wird die alte Kaiser-, Reichs- und Hansestadt Goslar auch das »nordische Rom« oder die »Schatzkammer der Deutschen Kaiser« genannt.

Geschichte

Mit der Intensivierung des Silberbergbaus im Oberharz und der Kupfergewinnung auf dem Rammelsberg am westlichen Ortsrand wächst die Siedlung Goslar ab dem 10. Jh. zur Stadt heran. In den Jahren 1005, 1009 und 1015 lässt Heinrich II. die ersten Hoftage und Reichssynoden in der Goslarer Pfalz, damals vermutlich auf dem

Highlights Goslar

Kaiserpfalz
Deutschlands Wanderkaiser bezogen am Harzrand Quartier: Größter weltlicher Bau der deutschen Romanik.
▸ Seite 202

Großes Hl. Kreuz
In dem Hospiz aus dem 13. Jh. sind heute Kunsthandwerker angesiedelt.
▸ Seite 209

Marktplatz
In der Platzmitte steht der Brunnen aus dem 13. Jh. mit dem Reichsadler. Versäumen Sie nicht den Huldigungssaal mit den farbenprächtigen auf Holz gemalten Bildern. Das Glockenspiel erzählt die Geschichte des Rammelsberger Bergbaus.
▸ Seite 210

Figuren an den Fachwerkhäusern
Das Dukatenmännchen an der Kaiserwort steht für den Reichtum der dort einst ansässigen Gilde – ebenso derb: die Darstellung der Butterhanne am Brusttuch.
▸ Seite 212, 213

Mönchehaus-Museum
Zeitgenössische Künstler und mittelalterliche Architektur, aber die Kunst der Moderne hat auch überall in der Stadt ihre Spuren hinterlassen.
▸ Seite 213

Neuwerkkirche
Wandmalereien aus dem 13. Jh. zeigen Maria mit sieben Tauben, sieben Löwen auf einem Thron mit sieben Stufen.
▸ Seite 215

Weltkulturerbe Rammelsberg
Er bescherte der Stadt einst ihren Reichtum, heute erzählt das Museum 3000 Jahre Bergbaugeschichte.
▸ Seite 218

Thronende Mutter Gottes in der Neuwerkkirche→

← Typisches Fachwerkgässchen in der Altstadt

Mittelalterliche Symbolik an den Kapitellen der Domvorhalle: Von der einst prächtigen Stiftskirche der kaiserlichen Pfalz ist nur die Vorhalle erhalten.

Liebfrauenberg, ausrichten. Mitte des 11. Jh.s entstehen unter Kaiser Heinrich III. die später als Goslarer Dom bezeichnete und um 1820 wegen Baufälligkeit abgerissene Stiftskirche St. Simon und Judas und der Saalbau der Kaiserpfalz. Sie zählen zu den bedeutendsten Bauwerken der Salierzeit. Vom Dom ist nur die Vorhalle erhalten. In den Boden eingelassene Steine zeichnen den Umriss der Kirche nach.

10 Jh.	Intensivierung des Silberbergbaus und der Kupfergewinnung auf dem Rammelsberg
Mitte 11. Jh.	Unter Heinrich II. entsteht die Kaiserpfalz.
1050	Heinrich IV. kommt in Goslar zur Welt.
1219	Goslar erhält das Stadtrechtsprivileg.
1992	Goslar und der Rammelsberg werden Weltkulturerbe der UNESCO.

1050 kommt in Goslar der Sohn Heinrichs III., der spätere Heinrich IV., zur Welt. Heinrich III. stirbt am 5. Oktober 1056 bei einem Jagdunfall im Harz. Zuvor hatte er bestimmt, dass sein Herz in Goslar bestattet wird. Es findet seinen Aufbewahrungsort in der zur Kaiserpfalz gehörenden St.-Ulrichs-Kapelle. Der Rest seines Körpers wird in Speyer beigesetzt.

Gut 100 Jahre später zählt Goslar mit rund 5000 Einwohnern, einer Stadtbefestigung, fünf Pfarrkirchen und vier Stiftskirchen bereits zu

den größeren Städten Deutschlands. Die Berg- und Hüttenwerke, Metallhandel und eine Münzpräge bringen Geld in die Stadt. Die Staufer, vor allem Friedrich I. Barbarossa, an den heute ein Standbild vor der Kaiserpfalz erinnert, machen Goslar wieder zu einem wichtigen Herrschaftsort. Friedrich II. verleiht Goslar 1219 das Stadtrechtsprivileg. Mit dem Erwerb der Reichsvogtei und der Verleihung des Heerschildrechts wird die Stadt im 14. Jh. **Freie Reichsstadt**. Nachdem kurze Zeit später die Erträge des Bergwerks am Rammelsberg zurückgegangen waren, beginnt ab etwa 1460 eine neue Blütezeit. In dieser Zeit entstehen das Rathaus, mehrere Gildehäuser, gotische An- und Umbauten an den Kirchen sowie weitere noch heute erhaltene spätmittelalterliche Bauwerke.
Nach langen Auseinandersetzungen mit dem Herzog von Braunschweig-Wolfenbüttel **muss Goslar 1552 die Rechte am Rammelsberg und an den Harzer Wäldern zurückgeben**. Die Stadt verliert damit eine wichtige Einnahmequelle und auch angesichts des wachsenden internationalen Fernhandels ihre wirtschaftliche Bedeutung. 1632 besetzen schwedische Truppen die Stadt. Plünderungen und hohe Abgaben beschleunigen den Niedergang im Dreißigjährigen Krieg.
1728 und 1780 vernichten Stadtbrände jeweils mehr als 200 Gebäude. 1802 übernimmt Preußen die Herrschaft über Goslar, das damit seinen Status als Freie Reichsstadt verliert. Reformen in Wirtschaft und Verwaltung schaffen die Voraussetzung für einen **Wiederaufstieg**. Mit der Entdeckung weiterer Erzvorkommen auf dem Rammelsberg wird das Bergwerk wieder wichtigster Wirtschaftsfaktor und Arbeitgeber der Stadt. 1868 beginnt die Restaurierung der über die Jahrhunderte verfallenen Kaiserpfalz. Nach der Reichsgründung 1871 gilt sie deutschen Nationalisten als Nationaldenkmal. Gut 40 Jahre später bemächtigen sich die Nazis der Salier und Staufer als deutsche Helden. Obwohl die Region landwirtschaftlich wenig hergibt, wird Goslar Reichsbauernstadt. Auf den Reichsbauerntagen feiert das Regime seine Blut- und Boden-Ideologie. Wie überall in Deutschland stecken die Nazis und ihre Helfer 1938 die Synagogen an. Nur eine Hand voll Mitglieder der jüdischen Gemeinde überleben die Deportation und die Konzentrationslager. Der jüdische Friedhof an der Stadtmauer blieb erhalten. Am 10. April 1945 befreien US-Truppen die vom Bombenkrieg verschont gebliebene Stadt.
Die **Erzvorräte** im Rammelsberg, den die Nazis im Zuge ihres Autarkiestrebens Mitte der 1930er-Jahre u. a. mit einer riesigen Erzaufbereitungsanlage erweitert hatten, **gehen in den 1980er-Jahren zur Neige**. Am 30. Juni 1988 stehen die Bergleute für die letzte Lore Spalier. Verpackungskünstler Christo wickelt den Förderwagen später in weiße Stoffbahnen ein. In den 1990er-Jahren entsteht mit Unterstützung des Landes Niedersachsen und mehrere Stiftungen auf dem Rammelsberg eines der modernsten und lebendigsten Museen Deutschlands. Die Verantwortlichen achten darauf, möglichst wenig zu ver-

GOSLAR ERLEBEN

AUSKUNFT

Goslar Marketing GmbH
Markt 7, 38640 Goslar
Tel. 0 53 21/7 80 60, Fax 78 06 44
www.goslar.de

AUSGEHEN

Wenn die meisten Touristen schlafen, beginnt in der östlichen Altstadt das Nachtleben. Gemütlich sitzt man im Museumscafé auf alten Sofas und an Gründerzeittischen (Bergstraße 60). Das Brauhof-Plaza lockt mit zwei Kneipen und einer Diskothek (►unten). Die Goslarer Wege sind kurz. Gegenüber treffen sich die, die es gerne etwas schicker haben, zu gehobener internationaler Küche im Lil (Marktstraße 15) oder eher schräg bis rockig in der Musikkneipe Kö.

EVENTS

Mai/Juni (Freitag nach Pfingsten bis zum darauffolgenden Wochenende): Tage der Kleinkunst an verschiedenen Spielorten in der Stadt, mit Theater, Kabarett, Musik und Kleinkunst (www.kulturkraftwerk.de).
Erstes August-Wochenende: Kunsthandwerkermarkt mit rund 150 Ausstellern in der Altstadt.
2. Oktober-Wochenende: Eine Zeitreise ins Mittelalter bietet der Kaisermarkt auf dem Marktplatz.
Oktober: Kaiserring-Verleihung, wichtiges Kulturereignis mit Ausstellung (►S. 214).
3. Advent: Unter dem Motto weihnachtlicher Rammelsberg erstrahlt der Roeder-Stollen im Glanz zahlloser Kerzen, mit Bläser- und Zither-Klängen (www.rammelsberg.de).

PARKEN

Die kleine Altstadt ist bequem zu Fuß zu durchstreifen. Es empfiehlt sich daher, das Auto auf dem großen Parkplatz an der im Süden gelegenen Kaiserpfalz stehen zu lassen.
Für Wohnmobile geeigneter Parkplatz: Füllegrube, Astfelder Str., Zufahrt ab B 6 in Richtung Altstadt; ca. 10 Min. Fußweg zum Markt.

ESSEN

► Fein & teuer

① ***Henry's Restaurant und Lounge***
Markt 6, Tel. 053 21/38 22 700
www.henrys-erleben.de
Individuell eingerichtete Zimmer; im Feinschmeckerrestaurant Tixy wird ambitioniert international und regional gekocht.

► Erschwinglich

Baedeker-Empfehlung

► Erschwinglich

③ ***Worthmühle***
Worthstraße 4, Tel. 0 53 21/4 34 02
www.worthmuehle.de; Mo. – Do. 17.00 bis 22.00, Fr. – So. auch 12.00 – 14.00 Uhr
Restaurant mit deutscher Küche und Harzer Spezialitäten wie der Beamtenstippe, Wildgerichten und der Rammelsberger Steigerplatte. Man sitzt gemütlich unter dunklen Fachwerkbalken in der ehemaligen Mühle von 1540 beim traditionellen Gose-Bier, einem wiederentdeckten obergärigen Weizenbier, gebraut nach Rezepten aus dem 12. Jahrhundert.

② ***Zwinger***
Thomasstraße 2, Tel. 0 53 21/48 03
www.goslarer-zwinger.de
Restaurant im historischen Turm der Stadtmauer, italienische Spezialitäten, selbst gemachte Pasta, Vorspeisenbüfett.

④ ***Maltermeister Turm***
Rammelsberger Straße 99
Tel. 0 53 21/48 00
In diesem über 500 Jahre alten Turm wohnten die Maltermeister, die das für den Bergbau benötigte Holz verwalteten. Ausflugsrestaurant oberhalb der Stadt mit wunderschönem Blick, beliebter Treff der Drachenflieger (Di. geschl.).

ÜBERNACHTEN

► Luxus

① ***Niedersächsischer Hof***
Klubgartenstraße 1 – 2
Tel. 0 53 21/31 60
www.niedersaechsischer-hof-goslar.de
63 Zimmer in einem modernisierten, 1930 erbauten und denkmalgeschützten Tagungshotel direkt am Bahnhof. Einige der Zimmer sind für Rollstuhlfahrer geeignet. Beim Einrichten mit modernen Kunstwerken verschiedener Stilrichtungen half das Mönchehaus-Museum.

② ***Kaiserworth***
Markt 3, Tel. 0 53 21/70 90
www.kaiserworth.de
Im reich mit Figuren verzierten ehemaligen Gildehaus der Fernhandelskaufleute, einem der prachtvollsten Gebäude am Marktplatz, residieren die Gäste in teilweise urig verwinkelten Zimmern, die sich – partiell mit antiken Möbeln eingerichtet – auf fünf Kategorien verteilen. Sehenswert und besuchenswert ist das Restaurant unter gotischen Spitzbögen.

► Komfortabel

③ ***Zur Alten Münze***
Münzstraße 10
Tel. 0 53 21/2 25 46, Fax 1 84 16
www.hotel-muenze.de (10 Zimmer)
Logis in einem familiengeführten, 500 Jahre alten, rustikal eingerichteten Fachwerkhaus in der Fußgängerzone.

④ ***Die Tanne***
Bäringer Straße 10
Tel. 0 53 21/3 43 90, Fax 34 39 34
www.die-tanne.de
Der schieferverkleidete Altbau mit 25 modern eingerichteten Zimmern ist zu Fuß nur zehn Minuten vom Marktplatz entfernt.

► Komfortabel/günstig

⑤ ***Gästehaus zum Georgenberg***
Klosterstraße 6
Tel. 0 53 21/1 80 50
www,gaestehaus-zum-georgenberg.de
Familiär geführtes Gästehaus in ruhiger Lage mit acht modern eingerichteten Zimmern.

► Günstig

⑥ ***Gästehaus Schmitz***
Kornstraße 1, Tel. 0 53 21/2 34 45
www.schmitz-goslar.de
Nur ein paar Schritte vom Marktplatz entfernt findet sich hier eine liebevoll geführte Pension in einem irrgartenähnlich verwinkelten Fachwerkhaus. Frühstück gibt es bei der Wirtin in der Küche oder in einem der vielen kleinen Speiseräume.

Netter Service in der Worthmühle

Goslar Orientierung

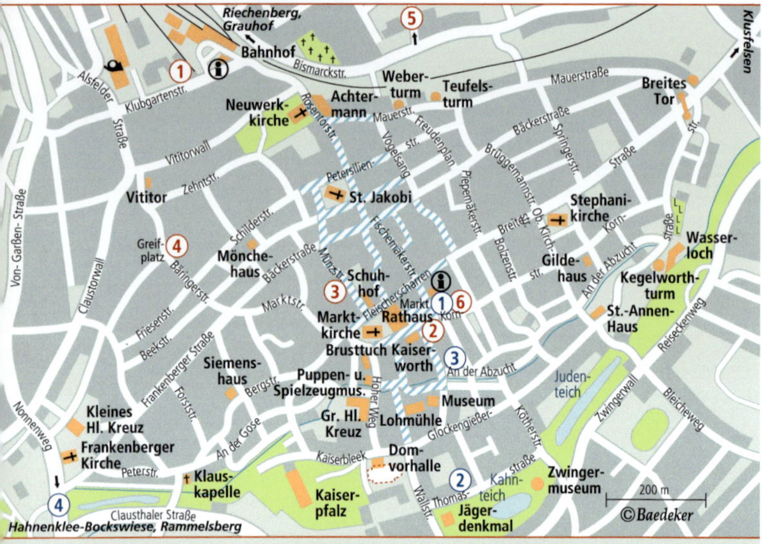

Übernachten

1. Niedersächsischer Hof
2. Kaiserworth
3. Zur Alten Münze
4. Die Tanne
5. Gästehaus zum Georgenberg
6. Gästehaus Schmitz

Essen

1. Henry's
2. Zwinger
3. Worthmühle
4. Maltermeister Turm

UNESCO-Weltkulturerbe ►

ändern und Geschichte am authentischen Ort zu präsentieren. 1992 nimmt die Kulturorganisation der Vereinten Nationen UNESCO den Rammelsberg zusammen mit der Goslarer Altstadt als elftes deutsches Kulturgut in die Liste des Welterbes der Menschheit auf.

★★ Kaiserpfalz

Die erste Kaiserpfalz, die östlich des heutigen Gebäudes lag, entstand vermutlich 1005 – 1015 während der Regierungszeit von Heinrich II. Unter Heinrich III. erhielt der Pfalzbereich ab 1040 – 1050 seine bedeutenden Bauten, es entstanden das Kaiserhaus, der Dom (die Stiftskirche St. Simon und Judas) und die Ulrichskapelle.

In der Mitte liegt der zweigeschossige Saalbau, an seiner Südseite die Ulrichskapelle und an der Nordseite ein Wirtschaftsgebäude. 1289 brannte das Gebäude ab. Ein Jahr später übernahm die Stadt durch den Erwerb der Reichsvogtei die Anlage und nutzte sie als Gerichtsstätte und Sitz der Zollverwaltung. In den folgenden Jahrhunderten versuchte man durch mehrere Ausbesserungen, den fortschreitenden Verfall aufzuhalten. Die St.-Ulrichs-Kapelle wurde 1575 städtisches

Gefängnis, der Saalbau diente als Lagerhaus. 1867 – 1879 erhielt das Hauptgebäude mit dem großen Saal seine heutige Gestalt. Die große Freitreppe vor der Ostfassade wurde 1886/1887 hinzugefügt.

Beschreibung

Der 50 m lange und 17 m breite Bau wird an seiner Fassade im Obergeschoss durch ein großes Mittelfenster betont. Hier befindet sich im Inneren eine Querhalle, die die Flucht aus sechs längs aufeinander folgenden Gewölben unterbricht. Diese Unterbrechung durch den Wintersaal, die wahrscheinlich aus dem 12. Jh. herrührt, wird durch eine Holztonne noch verstärkt.

◄ Inneres

Der Zustand des **Kaisersaals** entspricht, bis auf die Deckenkonstruktion von 1477, den Restaurierungen vom Ende des 19. Jahrhunderts. Nach der Kaiserproklamation von Wilhelm I. in Versailles kam man auf die Idee, das neue Kaisertum in die mittelalterliche Tradition zu stellen. Vor diesem Hintergrund ist besonders die Ausmalung nach Plänen von **Hermann Wislicenus** (1825 – 1899) zu sehen.

In insgesamt 67 Szenen werden die Wände wie von einem Wandteppich bedeckt. Die Hauptszene der Gründung und Verherrlichung des neuen Kaiserreichs – in der Mitte – wird von Szenen der mittelalterlichen Kaisergeschichte umfasst und märchenhaft verklärt: Dornröschen steht symbolhaft für das wiedererwachte Deutsche Reich. Im gleichen Zusammenhang kann das Erwachen Barbarossas im Kyffhäuser gesehen werden. Stilistisch sind die Bilder in der bereits damals überholten Tradition der Nazarener zu sehen. Im Einzelnen sind die folgenden Szenen dargestellt: Auf der Südwand besiegt Karl der Große die Sachsen und stürzt die Irminsäule; auf der Längswand (v. l. n. r.) baut Heinrich II. in Goslar die Villa Regia; Heinrich II. wird von Papst Benedikt VIII. in der Peterskirche gekrönt; Heinrich III. baut die Pfalz aus; Heinrich III. führt Papst Gregor IV. nach Deutschland; Geburt Heinrichs IV., der mit dem Bann belegt wird und gegen die Fürsten und seinen eigenen Sohn kämpft; Heinrich V. wird in der Pfalz in Goslar durch einen Blitz verletzt. Auf dem großen Mittelbild die Reichsgründung von 1871: Kaiser Wilhelm I., gefolgt vom Kronprinzen, umgeben von Bismarck, Moltke, Prinz Friedrich Karl und General Roon; Konrad III. spricht Heinrich dem Stolzen Bayern ab; Kniefall Friedrich Barbarossas vor Heinrich dem Löwen (1176); Heinrich der Löwe erhält Bayern als Lehen; Friedrich Barbarossas Kreuzzug und Sieg bei Ikonium; Friedrich II. versöhnt sich in Goslar mit dem Sohn Heinrichs des Löwen; Friedrich II. empfängt eine sarazenische Gesandtschaft an seinem Hof in Palermo; Ruine der Kaiserpfalz nach dem Brand von 1289, vor der ein alter Mann Kindern von den großen Zeiten erzählt.

Auf der Nordwand sind Luther auf dem Reichstag in Worms (1521) und das Erwachen Barbarossas im Kyffhäuser (►dort) dargestellt.

An der Nordseite des Gebäudes folgt ein mit Rundfenstern ausgestatteter jüngerer Anbau, der neben verschiedenen Verwaltungsräumen eine Sammlung von Zustands- und Rekonstruktionszeichnungen der Pfalz beherbergt.

Ulrichskapelle ★ Im Erdgeschoss steht das aus dem ehem. Dom hierher überführte bemalte Grabmal Heinrichs III. († 1056), in dem sich die vergoldete Kapsel mit seinem Herzen befindet (der Kaiser selbst ist im Dom zu Speyer begraben). Die auf dem Grab ruhende Platte zählt zu den Meisterwerken mittelalterlicher Plastik (um 1250).
Hinter der St.-Ulrichs-Kapelle steht die Plastik **»Goslarer Krieger«** des Briten Henry Moore (1898 – 1986), erster Kaiserringträger 1975.

Domvorhalle Von dem 1819 – 1822 abgerissenen Dom blieb nur die Domvorhalle erhalten. Farbige Pflastersteine auf dem heutigen Parkplatz zeichnen den einstigen Domgrundriss nach, dessen Längsachse auf die Mitte der Kaiserpfalz ausgerichtet war. Er war von Heinrich III. als Stiftskirche St. Simon und Judas gegründet worden; Baubeginn war 1047. Die Weihe der kreuzförmigen, dreischiffigen Basilika mit Stützenwechsel, Querhaus und zweitürmigem Westbau erfolgte 1050. Um 1144 wurde sie eingewölbt und im Spätmittelalter gotisch verändert.
Die am Westende des ehem. nördlichen Seitenschiffs gelegene Vorhalle wurde zwischen 1150 und 1200 als Eingang zum Dom angebaut. Ihre Außenfassade öffnet sich in zwei Rundbogenarkaden, mit einer mit reichem plastischen Schmuck überzogenen Mittelsäule, am Kapitell hat sich für die romanische Zeit recht ungewöhnlich der Künstler namens Hartmann verewigt. An der Giebelwand befinden sich zwei Nischenreihen mit farbigen Relieffiguren aus Stuck (v. l. n. r.): Heinrich III. mit einem Modell des Doms, die Kirchenpatrone Simon, Matthias und Judas sowie Kaiser Konrad II. (?), darüber Maria zwischen zwei Leuchtern und Engeln.
Im Innern der Vorhalle wurden die aus dem Dom geretteten Ausstattungsstücke aufgestellt. Neben Architekturfragmenten und verschiedenen Grabsteinen steht als wichtigstes Stück der nach dem Vorbild zu Aachen geschaffene Kaiserstuhl, ein aus dem 12. Jh. stammender Sandsteinsitz mit durchbrochenen, reich verzierten Bronzelehnen (11. Jh.), Meisterwerke der mittelalterlichen Erzgießereiarbeit.

Altstadt

Klauskapelle Die Klauskapelle war im 12. Jh. zunächst als Stadttorkapelle erbaut worden. Später wurde sie in die Stadtbefestigung einbezogen. In ihrem Innern ist sie mit einer bemalten Flachdecke (geschmückt mit den Wappen des Herzogs von Sachsen und Goslarer Patrizierfamilien sowie gotischen Rosetten) ausgestattet.
Eine Ausstellung erinnert an die Schicksale der unter Tage Verunglückten. Auf die als Lauftext über die Kirchenbänke gezogenen Bibelzitate wurden Auszüge aus den Frankenberger Kirchenbüchern der letzten Jahrhunderte gelegt. In nüchternen Worten berichten diese von Bergleuten, die – nachdem sie von einem Erzbrocken un-

ter Tage erschlagen oder vor Erschöpfung im Dunkeln zu Tode gestürzt waren – sechs oder acht unversorgte Kinder hinterließen. Besichtigung nach Vereinbarung, Tel. 2 24 64.

An der Giebelwand der Domvorhalle sind die einst farbig gestalteten Kirchenpatrone Matthias und Judas dargestellt.

Am Südwestrand der Altstadt steht die sehenswerte dreischiffige, im 12. Jh. auf kreuzförmigem Grundriss erbaute **Frankenberger Kirche**, die um 1230 einem neu gegründeten Kloster angeschlossen wurde. Die ursprünglichflach gedeckte Kirche wurde um 1250 eingewölbt. Ende des 13. Jh.s erhielt sie den halbkreisförmigen Chorabschluss. Ende des 15. Jh.s erfolgte die Einbeziehung ihres Westbaus in die Stadtmauer. Die zwei quadratischen Westtürme wurden 1784 abgebrochen und durch den barocken Haubenturm ersetzt.
Wandmalereien mit Szenen aus dem Alten Testament (u. a. das Urteil Salomons, Davids Salbung sowie David und Goliath) über den Arkaden im Mittelschiff sind vermutlich um 1230 entstanden; man hat sie Ende des 19. Jh.s freigelegt und in linearer Zeichnung auf neuem Putz nachgemalt. Die Malereien der Westwand sind etwas jünger und stellen z. B. die Begegnungen Abrahams mit Melchisedek, den segnenden Christus, Abrahams Opfer, Kain und Abel sowie Christus als Weltenrichter dar.
Von den übrigen Ausstattungsstücken sind der Altar (1675), die Kanzel (1698) und die Emporenbrüstung (Arbeiten aus der Werkstatt der Goslarer Bildschnitzerfamilie Jobst Heinrich Lessen d. J. und Heinrich Lessen d. Ä.), der Grabstein eines kaiserlichen Vogts und seiner Frau im südlichen Seitenschiff (um 1260) sowie das Kruzifix (15. Jh.) erwähnens- und sehenswert.

★ **Frankenberger Kirche St. Peter und Paul**
Öffnungszeiten:
Apr. – Okt.
9.00 – 18.00
und auf Anfrage
Tel. 0 53 21/2 24 64

Unterhalb der Frankenberger Kirche steht das Kleine Heilige Kreuz. Seine Grundmauern stammen von einem im 14. Jh. gestifteten Hospital und Altenheim. 1668 erhielt es seinen Fachwerkaufbau (Besichtigung nach Vereinbarung, Tel. 2 24 64).
An das Kleine Heilige Kreuz schließen das 1505 gebaute Küsterhaus und ein Torbogen aus dem Jahre 1510 an (dieser stand bis zu Anfang des 20. Jh.s in der Bergstraße 61). Der Brunnen am Frankenberger Plan ist ein Nachbau des Rathaushofbrunnens von Nürnberg, den Pankraz Labewolf im 16. Jh. schuf. Die Brunnensäule und die Figur sind von G. Fürstenberg (1951).

Kleines Heiliges Kreuz

Fachwerk und Schiefer Goslar besitzt eine gut erhaltene Altstadt mit vielen historischen, aus dem 15. bis zum 18. Jh. stammenden Gebäuden (rund 800 aus der Zeit vor 1800), darunter befinden sich v. a. reich dekorierte Fachwerkbauten. Die meisten sind Traufenhäuser mit verschiefertem Giebel (wenn vorhanden). **Sehenswerte Ensembles** befinden sich in der Bergstraße, Jakobistraße, Frankenbergerstraße, Kettenstraße, Abzuchtstraße, Worthstraße und Glockengießerstraße.

Steinbauten Zu den ältesten Wohnhäusern gehören die steinernen Kemenaten, die für den Adel, die Stiftsgeistlichkeit oder Patrizier gebaut wurden. Sie bestanden aus je einem Raum im Erd- und Obergeschoss sowie einem Kamin. Beispiele sind u. a. die Kapelle des Großen-Hl.-Kreuz-Spitals (um 1225, ► unten)), die ursprünglich als Kurie eines Stiftsherrn diente; Schreiberstraße 1, Reste von 1250; Schreiberstaße 2, Ende 13. Jh. mit kleeblattbogigen Zwei- und Dreifenstergruppen; Frankenbergerstraße 23 (14. Jh.). Gotische Steinbauten aus dem 15. und 16. Jh. sind in der Worthstraße 7 (um 1500), Königstraße 1 a (um 1510) und Königstraße 1 (1514; Goslarer Museum, ► unten), Marktstraße 1 mit Fassade zur Münzstraße (1517, im kreuzrippengewölbten Obergeschoss Steinmetzarbeiten in der Art der Jakobi-Vorhalle) und Schreiberstraße 10 (1518) zu finden.

Fachwerkbauten Der Holzreichtum des Harzes ist sicher mit ein Grund für die Vorliebe für diese Bauweise. Typisch für die Häuser im späten 15. und frühen 16. Jh. sind meist auf Knaggen vorkragende Obergeschosse und die Treppen- und Trapezfriese an den Schwellhölzern. Sehenswerte Beispiele sind das **Küsterhaus der Frankenberger Kirche** (1504), das **Brusttuch** im Hohen Weg 1 (► unten) sowie das **Mönchehaus** in der Mönchestraße 3 (► unten).

Zwischen 1550 und dem frühen 17. Jh. entstanden viele Häuser, deren in Kreise oder Halbkreise gegliederte Brüstungsbohlen mit Rosetten- oder Fächerornamenten, symbolischen sowie figürlichen Darstellungen geschmückt wurden. Ende des 17. Jh.s weisen dann zahlreiche Häuser Beschlagwerk- und Knorpelwerkdekoration auf, hierzu gehört z. B. das Siemenshaus (► unten).

Die stark vereinfachten Fachwerkformen des 18. Jh.s, als Ideenreichtum und Fantasie allmählich nachließen, entstanden zum großen Teil nach den Bränden von 1728 und 1780. Beispiele stehen v. a. in der Breiten Straße.

Siemenshaus Das 1693 erbaute Stammhaus der Familie Siemens (Schreiberstraße 12) gehört mit seinem Seitenflügel und den Wirtschaftsgebäuden zu den größten und besterhaltenen Bürgerhäusern der Stadt. Di. und Do. 10.00 – 12.00 Uhr können Deele (Diele), Hof und Brauhaus nach Voranmeldung besichtigt werden (Tel. 2 38 37 oder 78 06 20). Gegenüber steht das **Fachwerkhaus des Glockengießers Magnus Karsten** mit schönen Schnitzereien (1595; heute Hotel) als ein Beispiel für einen reichen figürlichen und symbolischen Darstellungskanon.

Gefängnis, der Saalbau diente als Lagerhaus. 1867 – 1879 erhielt das Hauptgebäude mit dem großen Saal seine heutige Gestalt. Die große Freitreppe vor der Ostfassade wurde 1886/1887 hinzugefügt.

Beschreibung

Der 50 m lange und 17 m breite Bau wird an seiner Fassade im Obergeschoss durch ein großes Mittelfenster betont. Hier befindet sich im Inneren eine Querhalle, die die Flucht aus sechs längs aufeinander folgenden Gewölben unterbricht. Diese Unterbrechung durch den Wintersaal, die wahrscheinlich aus dem 12. Jh. herrührt, wird durch eine Holztonne noch verstärkt.

◄ Inneres

Der Zustand des **Kaisersaals** entspricht, bis auf die Deckenkonstruktion von 1477, den Restaurierungen vom Ende des 19. Jahrhunderts. Nach der Kaiserproklamation von Wilhelm I. in Versailles kam man auf die Idee, das neue Kaisertum in die mittelalterliche Tradition zu stellen. Vor diesem Hintergrund ist besonders die Ausmalung nach Plänen von **Hermann Wislicenus** (1825 – 1899) zu sehen.
In insgesamt 67 Szenen werden die Wände wie von einem Wandteppich bedeckt. Die Hauptszene der Gründung und Verherrlichung des neuen Kaiserreichs – in der Mitte – wird von Szenen der mittelalterlichen Kaisergeschichte umfasst und märchenhaft verklärt: Dornröschen steht symbolhaft für das wiedererwachte Deutsche Reich. Im gleichen Zusammenhang kann das Erwachen Barbarossas im Kyffhäuser gesehen werden. Stilistisch sind die Bilder in der bereits damals überholten Tradition der Nazarener zu sehen. Im Einzelnen sind die folgenden Szenen dargestellt: Auf der Südwand besiegt Karl der Große die Sachsen und stürzt die Irminsäule; auf der Längswand (v. l. n. r.) baut Heinrich II. in Goslar die Villa Regia; Heinrich II. wird von Papst Benedikt VIII. in der Peterskirche gekrönt; Heinrich III. baut die Pfalz aus; Heinrich III. führt Papst Gregor IV. nach Deutschland; Geburt Heinrichs IV., der mit dem Bann belegt wird und gegen die Fürsten und seinen eigenen Sohn kämpft; Heinrich V. wird in der Pfalz in Goslar durch einen Blitz verletzt. Auf dem großen Mittelbild die Reichsgründung von 1871: Kaiser Wilhelm I., gefolgt vom Kronprinzen, umgeben von Bismarck, Moltke, Prinz Friedrich Karl und General Roon; Konrad III. spricht Heinrich dem Stolzen Bayern ab; Kniefall Friedrich Barbarossas vor Heinrich dem Löwen (1176); Heinrich der Löwe erhält Bayern als Lehen; Friedrich Barbarossas Kreuzzug und Sieg bei Ikonium; Friedrich II. versöhnt sich in Goslar mit dem Sohn Heinrichs des Löwen; Friedrich II. empfängt eine sarazenische Gesandtschaft an seinem Hof in Palermo; Ruine der Kaiserpfalz nach dem Brand von 1289, vor der ein alter Mann Kindern von den großen Zeiten erzählt.
Auf der Nordwand sind Luther auf dem Reichstag in Worms (1521) und das Erwachen Barbarossas im Kyffhäuser (►dort) dargestellt.
An der Nordseite des Gebäudes folgt ein mit Rundfenstern ausgestatteter jüngerer Anbau, der neben verschiedenen Verwaltungsräumen eine Sammlung von Zustands- und Rekonstruktionszeichnungen der Pfalz beherbergt.

KAISERPFALZ

★★ **In der mächtigen Kaiserpfalz am Südrand der Goslarer Altstadt nahmen die während des Mittelalters im Reich umherziehenden deutschen Könige Quartier. Sie ist Deutschlands größter weltlicher Bau aus der Romanik.**

Öffnungszeiten:
Apr. – Okt. tgl. 10.00 – 17.00
Nov. – März tgl. 10.00 – 16.00

① Ulrichskapelle

Die Bauzeit der doppelgeschossigen Ulrichskapelle ist nicht eindeutig geklärt, sie entstand zwischen 1050 und 1150. Ihr Erdgeschoss besitzt den Grundriss eines griechischen Kreuzes, das Obergeschoss weist die Form eines Achtecks auf.

② Grabplatte Heinrichs III.

Die Grabplatte mit der Figur des Herzogs stammt aus dem 13. Jh. und ist nach dem Grabmal Rudolfs von Schwaben in Merseburg (um 1080) das zweite figürliche Grabmal für einen König überhaupt. Heinrich III. hielt sich mit Abstand am häufigsten in der Goslarer Pfalz auf, mindestens 22 Besuche sind überliefert, annähernd 200 Besuchstage lassen sich nachweisen; hier feierte er die Kirchenfeste wie Ostern, Weihnachten und Pfingsten und hier kam 1050 sein Sohn und Nachfolger Heinrich IV. zur Welt.

③ Ostfassade

Die offene Ostfront war die Schauseite, die Westseite sowie die Giebelseiten waren durchmauert, eine Fensterfront auch an der Saalrückseite wäre schon deshalb nicht denkbar gewesen, weil der Saal bei widrigen Wetterbedingungen nicht nutzbar gewesen wäre, denn Fensterverglasungen waren zu jener Zeit noch nicht möglich. Bei Ostwind stand im darunter liegenden Geschoss ein gleich großer Raum zur Verfügung, der sogar über eine Warmluftheizung verfügte, die eine Temperierung bis 16 °C ermöglichte.

④ Kaisersaal

Der Saalbau, der im Kern noch erhalten ist, entstand um 1045 unter Heinrich III. Er ist mit 47 x 16 m der größte Profanbau der salischen Zeit.

⑤ Ausmalungen

Hermann Wislicenus (ein Schüler der Nazarener Julius Schnorr von Carolsfeld und Peter Cornelius) hatte die Aufgabe, ein zentrales Bild zur Kaiserproklamation von 1871 mit Szenen aus der mittelalterlichen Kaisergeschichte zu verbinden.

Heinrich II. wird durch Papst Benedikt VIII. 1014 zum Kaiser gekrönt. Die demütige Haltung des Kaisers wurde Wislicenus von der zeitgenössischen Kritik übel genommen.

Im spätromantischen Stil hat er das Werk verwirklicht. Für Wislicenus war die Ausmalung von über 600 m² ein Lebenswerk, in 20 Jahren hat er mit seinen Schülern 68 Gemälde geschaffen.

⑥ Dornröschenturm

Nach der Gründung des Deutschen Reiches 1871 wollte man der Kaiserpfalz den Charakter eines Nationaldenkmals geben. Dabei kümmerte man sich wenig um originalgetreue Rekonstruktion; der Treppenturm am Südgiebel, der sog. Dornröschenturm, entstammte der Idee, dass ein deutsches Schloss einen solchen Turm besitzen sollte, auch die Kopien der Burglöwen der Welfen vor der Kaiserpfalz sind wohl auf den nationalen Gedanken zurückzuführen.

✶ **Hospiz Großes Hl. Kreuz**

1254 stiftete der kaiserliche Vogt Dietrich von Sulinge das ehem. Spital zum Großen Heiligen Kreuz als Heim für alte, kranke und pflegebedürftige Bürger der Stadt (Hoher Weg 7). Es besteht aus mehreren Gebäuden, von denen heute das Eckhaus mit einem großen Portal und einer durchlaufenden Diele im Innern sowie die am Hohen Weg anschließende ältere Kemenate (1225) die bedeutendsten sind. In ihrem Erdgeschoss mit einfachen Rundbogenfenstern befindet sich die St.-Johannis-Kapelle (im Innern stehen ein steinerner Altar aus dem 13. Jh., ein barockes Kruzifix mit versilbertem Körper sowie eine Bibel von 1671). Daneben liegt eine im 16. Jh. überbaute Toreinfahrt.
An der Nordseite des Hauptgebäudes wurden um 1650 in zwei Geschossen 18 Kammern für die ehem. Bewohner, die sog. Pfründnerkammern, eingebaut; eine Galerie führt ins Obergeschoss. Mehrere Kruzifixe aus dem 13. Jh. und ein Triumphkreuz von 1538 hängen links über dem Kapelleneingang. In einer zugemauerten Fensternische an derselben Wand steht die überlebensgroße Figur eines Schmerzensmannes (um 1530). In den unteren Kammern sind Kunsthandwerker mit Werkstätten und Verkaufsräumen untergebracht.
Ebenfalls im Hohen Weg befindet sich ein privates **Musikinstrumenten- und Puppenmuseum** (Hoher Weg 5). Zahlreiche Musikinstrumente aus drei Jahrhunderten sowie Puppen und anderes Spielzeug sind hier ausgestellt. Öffnungszeiten: tgl. 11.00 – 17.00 Uhr.

Das Große Hl. Kreuz war früher das bedeutendste Hospital in Goslar. Heute sind u. a. Kunsthandwerker in das Gebäude eingezogen.

Einst standen entlang der Abzucht, so heißt die innerhalb der Stadt fließende Gose, 28 Mühlen. Nur die im 16. Jh. erbaute **Lohmühle** ist erhalten geblieben. Hier wurde aus Baumrinde und Baumfrüchten die Lohe hergestellt, ein für Gerber wichtiger Rohstoff.

✶ **Goslarer Museum**

Öffnungszeiten: Apr. – Okt. Di. – So. 10.00 – 17.00 sonst bis 16.00

Unweit östlich steht in der Königstraße 1 das Goslarer Museum, das in einem zweigeschossigen Patrizierhaus von 1514, einem anschließenden Fachwerkbau vom Ende des 15. Jh.s sowie einem 1922 – 1933 erbauten Neubau untergebracht ist. Zu sehen sind Sammlungen zur Stadtgeschichte; ein Teil der Ausstattung des ehem. Doms St. Simon und Judas, darunter der Krodoaltar, ein bronzener Reliquienschrein aus dem 11. Jh., der von vier knienden Bronzefiguren getragen wird, sowie Glasmalereien aus dem 13. Jh., spätgotische Wandteppiche und eine aus sieben überlebensgroßen Figuren bestehende Kreuzigungsgruppe (um 1520); Gildezimmer, Apotheke und Druckereiraum schildern das Wirtschaftsleben der Stadt und Möbel, Musikinstrumente, Bronze-, Zinn- und Silbergeräte, Glas, Porzellan und Tonwaren lassen Kulturgeschichte lebendig werden. Den Abschluss bildet eine geologisch-mineralogische Abteilung.

✶✶ Marktplatz

Marktbrunnen

Mittelpunkt der schönen Altstadt ist der Marktplatz mit dem Rathaus (an der Westseite), der Kaiserworth und dem Marktbrunnen. Der 1546 aufgestellte Brunnen stammt noch aus dem 13. Jahrhundert. Der im 14. Jh. zu den zwei Bronzeschalen hinzugefügte vergoldete Reichsadler symbolisierte den Status der Freien Reichsstadt. Neben der Rathaustreppe steht der bronzene »Nagelkopf« von **Rainer Kriester** (1935 in Plauen geboren).

Rathaus

Das Rathaus ist ein einfacher gotischer, aber dennoch repräsentativer Steinbau, der in mehreren Bauabschnitten entstand. Sein Hauptflügel öffnet sich zur Marktseite in fünf breiten Arkaden, die um 1450 entstanden, also während der spätmittelalterlichen Blütephase. Zwischen dem vierten und fünften Bogen befand sich einst der Pranger, heute steht hier eine Säule mit einer Nachbildung der Goslarer Normalelle. Sie entsprach etwa einer Unterarmlänge (67 cm). Die sechs Fenster über den Arkaden sind von 1896, sie werden von spitzen Giebeln bekrönt. An der Südseite führt eine Freitreppe von 1537 in die große Diele (Deele) des Hauptgeschosses. An der Westseite befinden sich verschiedene Anbauten aus dem 15. und 16. Jh.; über dem

! *Baedeker* TIPP

Süßhachtig und buitzelnd

»Von wärmender Natur, etwas süßhachtig, und anschließend buitzelt es mit einem Weingeschmack auf der Zunge.« Was vor 1000 Jahren König Otto III. mundete, hat der junge Braumeister Odin Paul jetzt wiederentdeckt. Die Stadt führt Touristen auf »den Spuren der Goslarer Gose« durch die Gassen. Zum Schluss darf probiert werden: Gose-Bier, Gose-Brot und Gose-Schmalz. Infos: ►Goslar Marketing GmbH.

Eingang zum Ratskeller ein Sandsteinrelief von Kaiser Konrad II.
Im Nordwesten schließt sich die 1498–1506 errichtete Marienkapelle an, in einer Nische über dem Eingang befindet sich ein spätgotisches Marienstandbild. An der nördlichen Giebelfront wurde 1560 ein Fachwerkobergeschoss angebaut.
Hauptsehenswürdigkeit ist der ehemalige Sitzungssaal der Goslarer Ratsherren. Der »Huldigungssaal« wurde zwischen 1505 und 1520 eingerichtet. Seine Wände, die Decke und sogar die Fensternischen sind vollständig mit Tafelgemälden eines niedersächsischen Meisters ausgekleidet. Rankenschnitzwerk krönt die einzelnen Wandtafeln. An der kassettierten Decke sind Christi Verkündigung, Geburt, Anbetung und Darstellung im Tempel, umgeben von den vier Evangelisten und zwölf Propheten, dargestellt. Kunstvoll geschnitzte Kielbogen von Hans Smet und Heinrich Marborg bilden die Rahmen der Wandgemälde, auf denen der Bürgermeister Papen, der Stifter der Bilder, vor der Jungfrau kniend, elf Kaiser und zwölf Sibyllen zu sehen sind. An der Ostwand befindet sich die 1506 geweihte nischenartige Dreieinigkeitskapelle, in der die Ratsherren vereidigt wurden (Wandgemälde: Ecce Homo, Kreuztragung, Kreuzigung und Gnadenstuhl; auf den Innenseiten der Türflügel Christus als Schmerzensmann und Maria als Mater dolorosa). Zu den Ausstattungsstücken gehören die Kopie des um 1230 entstandenen Goslarer Evangeliars mit schönen byzantinisch beeinflussten Miniaturen, Silberbecher, eine Silberschale und sakrale Gegenstände. In einem verkleinerten, originalgetreuen Nachbau des Saales entführt eine multimediale Präsentation die Besucher in die Vergangenheit.
Außerhalb der genannten Zeiten ist der Huldigungssaal im Rahmen der Stadtführung »Tausend Schritte durch die Altstadt« zu besichtigen (Information und Karten gibt es in der Tourist-Information).

Goslarer Wahrzeichen: der Reichsadler aus dem 14. Jahrhundert

★
◄ Huldigungssaal
Besichtigung:
15.3.–2.11
Ende Nov.–Dez.
Mo.–Fr.
11.00–15.00
Sa., So., Fei.
10.00–16.00

Glockenspiel

Vier Mal täglich erzählen die Figuren im Zwerchgiebel des »Kämmereigebäudes« an der Ostseite des Marktplatzes die **Geschichte des Rammelsberger Bergbaus**. 1968 stiftete die damalige Preussag AG das Glockenspiel. Zusätzlich erklingen um 8.30 Uhr das Morgenlied sowie um 18.30 Uhr das Abendlied (ohne Figurenumlauf). Spielzeiten: tgl. 09.00, 12.00, 15.00 und 18.00 Uhr.

Kaiserworth: 1491 für die Tuchhändler erbaut

An der Südseite des Marktes steht die **Kaiserworth**, die 1494 als Gildehaus der Gewandschneider (Tuchhändler) erbaut wurde (das hohe Satteldach wurde später aufgesetzt; heute Hotel). Das Erdgeschoss des zweigeschossigen Gebäudes öffnet sich mit einer sechsbogigen Arkadenhalle zum Marktplatz. In der Mittelachse des Obergeschosses trägt ein achteckiger, kleinerer Turm einen Erker mit geschweifter Haube. In Nischen über figürlichen Konsolen stehen acht hölzerne Kaiserfiguren aus dem 17. Jh. (daher der Name Kaiserworth; Worth = Wohnhaus) und an der Ostseite noch zwei steinerne Figuren, Abundantia und Herkules (Sinnbilder für nie versiegenden Reichtum und Kraft) darstellend; an der Konsole darunter das bekannte **Dukatenmännchen** (ebenfalls Ausdruck für den Reichtum der Gilde).

✶ Marktkirche

Hinter dem Rathaus erhebt sich an der Westseite des Marktes die Marktkirche St. Cosmas und Damian, die ab 1170 an der Stelle eines Vorgängerbaus als kreuzförmige, dreischiffige Basilika errichtet wurde. Die beiden Türme wurden im 13. Jh. fertig gestellt, 1593 erhielten sie ihre unterschiedlichen Helme (der Nordturm diente bis ins 19. Jh. als Wach- und Aussichtsturm), die 1844 nach einem Brand erneuert wurden.

1240 trat an die Stelle der Flachdecke ein spitzbogiges Kreuzgratgewölbe, um 1300 wurde der Chor erweitert, mit einem Rippengewölbe überspannt und mit fünf hohen Maßwerkfenstern versehen. Ende des 15. Jh.s entstanden die beiden äußeren Seitenschiffe. Zu den bemerkenswerten Ausstattungsgegenständen gehören neun spätromanische Glasmalereien mit Szenen aus dem Leben der Kirchenpatrone St. Cosmas und Damian. Sie entstanden um das Jahr 1250 für die Chorfenster der Marktkirche. Im südlichen Querschiff sind Reste spätgotischer Malereien erhalten, u. a. die Versuchung durch den Satan und die Anbetung des Goldenen Kalbs. Das Messingtaufbecken mit Flachreliefs ist von Magnus Karsten (1573), die Wandleuchter aus Messing (1581) stammen von Hans Morten. Die reich verzierte hölzerne Kanzel mit biblischen Szenen von Hans Seck ist ebenfalls von 1581. Der Hochaltar stammt von Andreas Gröber (1659; nach einem Brand 1844 verändert) und zeigt (von oben nach unten) das

Ostergeschehen. Sehenswert ist auch das Wandgrabmal des Arztes Andreas Wilhelm Fischbeck (†1708), der zusammen mit seiner Frau und seinem Sohn dargestellt ist. Öffnungszeiten: Apr. – Okt. täglich 11.00 – 17.00 Uhr, sonst nur Fr. – So.; Kirchenführungen Mo. und Sa. 12.30 Uhr; www.marktkirche-goslar.de.

*** Brusttuch**

Gegenüber dem Westportal der Marktkirche steht im spitzen Winkel zweier Straßen das eigenartigste Goslarer Bürgerhaus, das sog. Brusttuch, das 1521 – 1526 im Auftrag des Hüttenbesitzers Johannes Thalling erbaut wurde. Auf einen hohen steinernen Unterbau folgt ein niedriges gotisches Fachwerkgeschoss mit einem Erker an der Stirnseite sowie ein steiles, windschiefes Dach. Seinen Namen hat das Haus vermutlich von den »Brosdokern«, den Gewandschneidern, die vor dem Haus ihre Umschlagtücher anboten.
Unterhalb der oberen Fenster verläuft ein breiter Bogenfries mit holzgeschnitzten biblischen und anderen Bildern sowie derb-lustigen Darstellungen von Menschen und Tieren, darunter auch die **»Butterhanne«**, eine Magd, die sich in den drallen Schenkel zwickt und inzwischen Wahrzeichen Goslars geworden ist. Sie stammen von dem Bildhauer Simon Stappen, der auch in Braunschweig, Celle und ►Osterwieck (Eulenspiegelhaus) gearbeitet hat. Im Innern des heutigen Hotels sind schöne Räume mit Schnitzwerk, Balkendecken und Gemälden zu sehen.

! *Baedeker* TIPP

Stadtführung in der Pferdekutsche

Von der Marktkirche fährt die Pferdekutsche durch Goslar entlang der alten Domvorhalle und der Kaiserpfalz, an den Fachwerkhäusern früherer Bergmannsfamilien vorbei bis zum Stammsitz der Industriefamilie Siemens. Tgl. ab 11.00 Uhr steht das Gespann an der Marktkirche bereit. Neben diesen Stadtrundfahrten bietet Rüdiger Hasenbalg auch Planwagenfahrten von Eckertal in den Nationalpark Harz und nach Ilsenburg an. Info: Goslar Marketing GmbH ►S. 200

Oberstadt

Bäckergildehaus

Nordwestlich vom Brusttuch steht das Bäckergildehaus (1501 – 1557; Marktstraße 45, heute Sitz der Industrie- und Handelskammer); neben dem rechten Fenster am Unterbau sind ein Adler und typische Goslarer Backwaren dargestellt, das Wappen der Bäckergilde.

Zinnfigurenmuseum

In einer 1644 erbauten ehem. Poststation mit historischem Innenhof (Münzstraße 11) befindet sich heute ein Zinnfigurenmuseum mit über 100 Schaubildern zur Stadt- und Weltgeschichte. Öffnungszeiten: tgl. 10.00 – 17.00 Uhr.

*** Mönchehaus Museum**

Das 1528 erbaute Mönchehaus in der Mönchestraße 1 gehört zu den schönsten Bürgerhäusern der ehemaligen Kaiserstadt. Es ist heute ein Museum für **moderne Kunst** mit einer reich verzierten Eingangstür,

! *Baedeker* TIPP

Kunst und gut

Jedes Jahr im Oktober wird in der historischen Kaiserpfalz einem international anerkannten Künstler der Kaiserring verliehen. Henry Moore eröffnete 1975 den Reigen der geehrten Künstler, viele weitere namhafte folgten, zuletzt David Lynch. Mittlerweile sind auch die Kritiker der zeitgenössischen Kunst gezähmt und haben das internationale Renommee des Kunstpreises für die Stadt Goslar anerkannt. Der Kaiserringverleihung folgt eine Ausstellung des Preisträgers im Mönchehaus-Museum.

Öffnungszeiten: Di. – So. 10.00 – 17.00

www.moenchehaus.de

einer zweigeschossigen Diele sowie dem Apostelzimmer mit Grisaillenmalerei von Daniel Poppe (1561) im Obergeschoss. Das ehemalige Bürgerhaus bildet mit den Ausstellungen zeitgenössischer Kunst in Deele und Kammern, dem ehemaligen Speichergeschoss, Nebengebäuden und Kellerräumen und dem Garten eine gelungene Synthese von Geschichte und Gegenwart. Zu den sehenswerten Exponaten gehören Werke von Christo, Baselitz, Beuys, Video-Künstler Nam June Paik oder Anselm Kiefer. Dem Engagement des im Mönchehaus-Museum ansässigen Kunstvereins ist auch die Aufstellung von zahlreichen zeitgenössischen Skulpturen im Goslarer Stadtbild zu verdanken.

St. Jakobi

Unweit nordöstlich befindet sich die älteste Pfarrkirche Goslars, die 1073 erstmals erwähnte Kirche St. Jakobi, die in mehreren Phasen erbaut wurde. Sie entstand im 11. Jh. als flach gedeckte, dreischiffige Pfeilerbasilika. Im 12. Jh. kam das Westwerk mit Maskenkonsolen und Fabelwesen hinzu, die beiden Rundtürme wurden erst im 16. Jh. fertig gestellt (im 17. Jh. verändert, die Glockenstube ist aus dem 18. Jh.). Um 1250 erfolgte die Einwölbung der Kirche und ein neuer Chor wurde angefügt. Um 1500 begann der Umbau zur Hallenkirche: Die Seitenschiffe wurden durch breitere Neubauten ersetzt und die Mauern des Mittelschiffs entfernt. Die südliche Vorhalle wurde 1526 erbaut.

Inneres ►

An den Chorwänden im Innern der Kirche befinden sich seitlich der Fenster fünf um 1270 gemalte Prophetenfiguren unter Baldachin-Nischen. Weitere Wandmalereien aus dem 16. Jh. sind an der südlichen Längswand zu sehen. Zur Ausstattung zählen außerdem die drei 1727 von Jobst Heinrich Lessen d. Ä. für die Klosterkirche Riechenberg geschaffenen Altäre (Hochaltar und zwei Seitenaltäre), das Taufbecken von 1592, die Orgel (um 1650 mit älteren Teilen), das spätgotische Vesperbild, eine 1515 von Hans Witten aus Lindenholz

★ Pietà ►

geschaffene Pietà, ein Meisterwerk spätgotischer Schnitzarbeit, sowie die mit Flachreliefs geschmückte Kanzel von 1620.

★★ **Neuwerkkirche**

Öffnungszeiten:
Apr. – Okt.
Mo. – Fr.
10.00 – 12.00
14.30 – 16.00
Sa. 10.00 – 12.00

Nördlich der Jakobikirche steht in der Rosentorstraße die dreischiffige, kreuzförmige Pfarrkirche Neuwerk mit Querhaus und zweitürmigem Westbau. Sie war Klosterkirche eines Benediktinerinnenklosters, das der kaiserliche Vogt Volkmar von Wildenstein im 12. Jh. vor den Toren Goslars gegründet hatte. Die Nonnen folgten bald darauf den Regeln des Zisterzienserordens, ohne ihm jedoch anzugehören. Von dem Kloster ist nur die 1173 erstmals erwähnte Neuwerkkirche erhalten. Während des ersten Bauabschnitts im 12. Jh. entstanden Chor und Querhaus (1186 Weihe des Hauptaltars), bis 1200 folgten Langhaus und der Westbau, dessen Turmspitzen erst im 14. Jh. fertig gestellt wurden. 1220 – 1230 wurde das Langhaus eingewölbt und ausgemalt. Im Tympanon über dem Hauptportal ist eine etwas verblasste spätromanische Malerei erhalten, eine thronende Gottesmutter mit dem Jesuskind. An der Ostseite beeindruckt die zweigeschossige Chorapsis; die untere Zone ist mit Halbsäulen und einem Rundbogenfries versehen, in der oberen stützen Freisäulen über weit ausladenden Konsolen eine Blendarkade.
Im Innern der Kirche befinden sich beeindruckende **Wandmalereien** von 1230/1240, die im 18. Jh. übertüncht und im 19. Jh. wieder freigelegt worden sind. In der Wölbung der Chorapsis ist die thronende Mutter Gottes mit dem Jesuskind dargestellt. Über ihrem Kopf schweben sieben Tauben, die Gaben des Heiligen Geistes darstellend; ihr Thron steht auf den sieben Stufen der Seligkeit, die auf beiden Seiten von je sieben Löwen flankiert werden. Sie verkörpern die Stämme Israels sowie die zwölf Apostel. Links von dieser Gruppe steht Petrus, daneben kniend der Erzengel Gabriel, rechts Paulus und Stephanus. Zwischen den Apsisfenstern finden sich vier alttestamentarische Szenen (v. l. n. r.): Jakobsleiter, Abrahams Opfer, Jephtha erschlägt seine Tochter, Judith mit dem Haupt des Holofernes.
Die Lettnerkanzel mit Stuckreliefs von 1230 dient heute als Orgelempore. Für die eigenartigen henkelförmigen Ausbuchtungen an den Halbsäulen im Mittelschiff der Kirche gibt es keine schlüssigen Erklärungen, dargestellt sind ein menschliches Gesicht, ein Teufelskopf, eine sich in den Schwanz beißende Schlange und ein Kranz. Am Pfeiler gegenüber vom Hauptportal befindet sich das Steinrelief eines Engels, der ein Spruchband trägt. Darauf hat sich der Steinmetz und mögliche Baumeister Wilhelmus selbst ein Denkmal gesetzt (frühes 13. Jh.). Das Sakramentshäuschen ist von 1484; am nördlichen Seitenaltar eine Lindenholz-Pietà von 1476, am südlichen Seitenaltar eine Eichenholz-Pietà (Mitte 15. Jh.). Erwähnenswert sind außerdem die Vesperbilder in den Nebenapsiden (15. Jh.) und das spätgotische Stiftergrab in der Vierung mit den Bildnissen des Klostergründers Volkmar von Wildenstein und seiner Frau Helena († um 1500).
Im **romanischen Garten** der Neuwerkkirche steht die Granitskulptur »Tor in Goslar« des Schweizer Künstlers Max Bill (1908 – 1994).

Die Neuwerkkirche aus dem 12. Jahrhundert: einst Klosterkirche eines Benediktinerinnenklosters vor den Toren Goslars

Gleich hinter dem Rosentor steht in der Rosentorstraße außerdem das in Bronze gegossene Figurenpaar »Mann mit Stock, Frau mit Regenschirm« des 1932 in Kolumbien geborenen, in New York und Paris lebenden Malers und Plastikers Fernando Botero.

Georgenberg Im Norden der Stadt liegt der 275 m hohe Georgenberg mit den Grundmauern des um 1025 gegründeten Augustinerchorherrenstifts. Es wurde 1527 bei den Kämpfen mit dem katholischen Herzog Heinrich von Braunschweig von den Bürgern Goslars selbst zerstört. Im 12. Jh. wurde eine Kirche in der Form eines achteckigen Zentralbaus erbaut, an den später ein dreischiffiger Chor angefügt wurde. Ausgrabungen ergaben, dass an dieser Stelle zuvor eine karolingische Burg gestanden hatte.

Unterstadt

Stephanikirche An der Breiten Straße, die in den Osten der Altstadt führt, erhebt sich die Stephanikirche, die 1729–1734 nach Plänen des Hannoveraner Baumeisters Daniel Köppel an der Stelle eines 1142 erstmals erwähnten Vorgängerbaus errichtet wurde. Die dreischiffige Hallenkirche besitzt einen mächtigen Westturm, große Rundbogenfenster zwischen den kassettierten Strebepfeilern und einen polygonalen Chorabschluss. Unter den Ausstattungsgegenständen befindet sich eine schöne spätbarocke Altarwand von Johann Caspar Mohr und Philipp Conrad Hirschbeck (1767), das Abendmahlsbild in der Predella entstand um 1610 (Christoph Gertner zugeschrieben); die Orgelempore wurde von Jobst Heinrich Lessen d. J. für die Klosterkirche Riechenberg geschaffen (um 1735). Kanzel und Taufstein sind von 1743. Im Haus Breite Straße 95 kam der französische Feldherr Moritz von Sachsen (1696 – 1750) zur Welt, Sohn von August dem Starken und der Gräfin Aurora von Königsmarck.

St.-Annen-Haus

Das in einem Garten gelegene St.-Annen-Haus (Glockengießerstraße 65) gehörte zum 1488 eingerichteten Spital der Jakobigemeinde und dient seither als Altenheim. Der Fachwerkbau wurde 1671 mit großer Diele erneuert, nach Osten schließen sich die Chorkapelle, Küche und Wohnräume an. Bei einem Umbau 1713 wurde die Dielendecke farbig bemalt. Den hier aufgestellten Schnitzaltar stiftete Jobst Heinrich Lessen d. J. 1713; die Kruzifixe sind aus dem 13. und 16. Jh.; die Malereien auf beiden Seiten des Altars entstanden um 1600, die Glasmalereien im Chorfenster in der zweiten Hälfte des 17. Jahrhunderts. Eine Nesseltuchstickerei aus dem 14. Jh. zeigt 32 Szenen der Lebens- und Leidensgeschichte der hl. Margarete.

Klusfelsen

Östlich vom Breiten Tor liegt der über 30 m hohe Sandsteinfelsen Klus am Abhang des Petersbergs mit einer bereits 1169 erwähnten, in den Felsen gehauenen Kapelle.

Ehem. Chorherrenstift St. Peter

Auf der Kuppe des 275 m hohen Petersbergs wurden 1871 die Fundamente des 1050 von Heinrich III. gestifteten Chorherrenstiftes St. Peter freigelegt, eine dreischiffige romanische Säulenbasilika mit vorgelegtem Querschiff, die um 1527 zerstört und später als Steinbruch benutzt wurde. Von hier oben genießt man einen schönen Blick auf die Stadt Goslar.

✶ Stadtbefestigung

Schutz gegen Angriffe

Die Stadtbefestigung von Goslar, von der noch eindrucksvolle Reste erhalten sind, stammt ursprünglich aus dem 12. Jh., sie wurde im 15. und 16. Jh. jedoch erheblich verstärkt. Die 1,5 m dicke, bis zu 10 m hohe Stadtmauer besaß zahlreiche halbrunde und eckige Wehrtürme, wobei das im Osten gelegene 1443 erbaute **Breite Tor** mit besonders aufwändigen Bauten geschützt wurde, diente es doch der Verteidigung gegen den Herzog von Braunschweig-Wolfenbüttel, mit dem die Stadt besonders lange im Streit lag. Um 1500 wurde das Breite Tor zur Hauptzufahrt zur Stadt. Zwei weitere Türme flankierten den eigentlichen Torturm, von denen einer noch heute über die Stadt wacht. Ebenfalls erhalten geblieben ist der **Werderhof**, der sich zwischen dem inneren und dem heute abgebrochenen äußeren Tor befand und ehemalige Torkaserne für die Stadtverteidiger war. Auch das Vititor und das Claustor gehörten zur ehemaligen Stadtbefestigung. Letzteres wurde 1505 mit dem 47 m hohen Rundturm versehen und 1728 verkürzt. Neben einem der Türme steht die Skulptur

Breites Tor: eines der am besten geschützten mittelalterlichen Stadttore

»Gedenkstätte Goslar«, eine Cor-Ten-Stahlplatte des Amerikaners **Richard Serra** (geb. 1939), Kaiserringträger 1981.

In der Mauerstraße stehen der halbrunde Weberturm und der Teufelsturm. Zwischen Breitem Tor und St.-Annen-Wall im Süden der Stadt befindet sich das sog. **Wasserloch**, ein Festungsbau über der Gose, die hier die Befestigung durchfließt. Der leicht verletzbare Bereich der Stadtbefestigung war durch ein ausgeklügeltes System von Absperranlagen gesichert. Weiter südlich schließen sich ein Teil der Stadtmauer und der Kegelworth-Turm an.

Auf dem Thomaswall am Kahnteich steht der mächtige, 1517 erbaute **Zwingerturm** mit 5,50 m starken Mauern und 24 m Durchmesser. Er sollte den Rammelsberg und die Ostflanke des Stadtwalls schützen. Im Belagerungsfall fanden bis zu 1000 Menschen auf seinen vier Etagen Schutz. Heute beherbergt er ein Restaurant und ein Museum des späten Mittelalters, in dem Waffen, Belagerungsgeräte und Folterwerkzeuge ausgestellt sind. Öffnungszeiten: März 10.00 – 16.00, Apr. – Mitte Nov. bis 17.00 Uhr.

Rosentor ► Am ehem. Rosentor, von dem heute nur noch der Torzwinger erhalten geblieben ist, steht das Hotel Achtermann (1908) mit einem Tagungszentrum. An seiner Nordseite sieht man in einer Nische eine Kaiserfigur und zwei Wappen.

Warttürme ► Außerhalb befanden sich Warttürme, u. a. auf dem Rammelsberg der Maltermeisterturm und auf dem Sudmerberg die Warte.

Maltermeisterturm ► Vom Maltermeisterturm, im 14. Jh. auf halber Höhe des Rammelsbergs errichtet, wurde das Bergwerk überwacht. Ab 1578 kündigte die Glocke den Bergleuten Beginn und Ende der Schicht an; 1750 zog hier der sog. Maltermeister ein, der das Grubenbrandholz verwaltete (Malter = Raummaß für Holz; 1 Malter = 1,859 m^3). Vom Turm hat man einen schönen Blick.

★★ Weltkulturerbe Rammelsberg

Museum · Besucherbergwerk

An dem südlich die Stadt überragenden, 636 m hohen Rammelsberg befinden sich die 1988 stillgelegten Erzgruben. Einer Sage zufolge legte hier das Pferd des Ritters Ramm beim Scharren mit seinen Hufen eine Silberader frei. Der 968 erstmals urkundlich erwähnte Bergbaubetrieb begann vermutlich in der Bronzezeit. Mit der »vom Bergbau geprägten» Goslarer Altstadt gehört der Rammelsberg, ein »Meisterwerk des kreativen menschlichen Genius« seit 1992 zum UNESCO-Weltkulturerbe.

◄ www.rammelsberg.de
Öffnungszeiten: tgl. 9.00 – 18.00

Überall auf dem 22 000 m² großen Museumsgelände des Rammelsbergs wurden die bis zu 3000 Jahre alten Spuren des Bergbaus gesichert. Denkmäler am authentischen Ort: In Schächten, Stollen, Gängen, in der Erzaufbereitung und im ehem. Magazin sieht es heute noch so aus, als wäre gerade der letzte Bergmann nach Hause gegangen. Für die Gestalter des Museums ist dies »ein durchgängiges Prinzip«, das die Besucher in jedem der vier Häuser wiederfinden.
Die **multimediale Ausstellung** im ehemaligen Magazin des Bergwerks erzählt in Texten, Bildern und Tönen **3000 Jahre Bergbaugeschichte**: An Hörstationen berichten ehemalige Steiger und Hauer von ihrer Arbeit. Begleitet vom Dröhnen der Hammerschläge und Maschinen sieht man auf großen Eisenlochwänden, wie die Bergleute Erzbrocken aus den Strecken schlagen. Mit Installationen wie den aneinander geschweißten Leitern, im Bergbau Fahrten genannt, zeigt das Museum »Ehrfurcht vor den einfachen Dingen und der alltäglichen Welt der Arbeit«. An anderer Stelle hören die Museumsbesucher Geschichten von Berggeistern und Teufeln, die die frommen Bergleute unter Tage ängstigten. Man erfährt, dass die Dunkelheit der größte Feind des Bergmanns war. Viele stürzten zu Tode oder verletzten sich schwer, weil das ständig von der Decke tropfende Wasser oder ein Luftstoß das schwache Licht ihrer Ölfunzel gelöscht hatte.
Nachvollziehbar wird dies auf dem Weg des Wassers durch den rund 200 Jahre alten **Roederstollen**. Die Museumsbesucher folgen den Wasserleitungen durch die manchmal nur 1,30 m niedrigen, ständig tropfenden, dunklen Gänge und bekommen erklärt, wie die Ingenieure schon damals nach den Plänen des Oberbergmeisters Roeder Wasser aufgestaut und zum Antrieb der Erzförder»aufzüge« ins Bergwerk leiteten. Bis zu 18 t schwere, hölzerne Wasserräder, die die Bergleute in Einzelteilen in die Schächte schleppen mussten, trieben die sog. Künste an. Über lange Stangen, deren Enden sich irgendwo im Dunkel der Stollen verloren, steuerten die Maschinisten ihre Wasserräder. Wo die Kraft der Männer mit ihren Werkzeugen nicht ausreichte, um das Erz aus dem Berg zu holen, setzte man Feuer ein. In der Hitze lösten sich Gesteinsbrocken. Heute erinnert im Roederstollen ein mit flackerndem Licht inszenierter Feuerholzstapel an die Brände unter Tage. Das unterirdische Höllenspektakel aus Flammen, Qualm und Hitze inspirierte Goethe zu Szenen in seinem Faust II.
In der ehem., 1936 – 1938 in den Hang gebauten **Erzaufbereitung** folgen die Besucher dem Weg der rohen, aus dem Berg gebrochenen Gesteinsbrocken durch alle Verarbeitungsstufen. Nachdem die ton-

◄ weiter auf S. 224

Wie die Bergleute bis in die 1990er-Jahre fahren heute Besucher in das ehemalige Bergwerk Rammelsberg ein.

GLÜCK AUF!

Wo Hexen und Teufel hinter Bäumen lauern, sind die Zwerge nicht weit. Und die lieben, wie man aus Märchen weiß, den Bergbau. Da wären sie gerade recht im Harz. Vor rund 3000 Jahren begannen die Menschen im Harz, dem Boden Metall abzuringen. In Pingen genannten Erdgruben suchten unsere Vorfahren nach eisen- und kupferhaltigem Gestein, bevor sie vor etwa 1000 Jahren damit begannen, ihre Schächte und Stollen immer tiefer und verzweigter in den Boden zu treiben.

»Die Unterwelt des Harzes sieht aus wie ein Schweizer Käse«, sagt Gerd Braune von der Arbeitsgemeinschaft Bergbau in Sankt Andreasberg. Heute erinnern Bergbaumuseen und Schaubergwerke in Goslar, Hettstedt, Clausthal-Zellerfeld, Lautenthal, Bad Grund und anderen Orten an die Zeit, als der Harz die **Schatzkammer Deutschlands** war. In Clausthal-Zellerfeld erzählen Johann Wolfgang von Goethe, der Berghauptmann von Treba und andere Persönlichkeiten in originalgetreuer Kleidung vom Bergbau im 18. Jahrhundert. Auf dem Rammelsberg fahren die Besucher in leuchtend bunte Stollen ein, verfolgen den Weg des Erzes durch mehrere Stockwerke hohe Steinbrecher und Schredder, und in Sankt Andreasberg steigen sie auf Leitern und gelangen mit der ältesten erhaltenen Fahrkunst der Welt in den Bauch der Erde.

Der **»schwerste Bergbau der Welt«** befand sich im Mansfelder Land. Die Bergleute mussten den harten Kupferschiefer aus dem ebenso harten Zechsteinkalk herausschlagen. Eine Knochenarbeit.

Mansfelder Krummhals

Bis in die 1920er-Jahre schlugen die Bergleute den Kupferschiefer in 40 bis 50 cm niedrigen Stollen kriechend aus dem Berg. Die Hunde genannten flachen Loren mit dem abgeschlagenen Gestein band man Kindern an einen Fuß. So zogen die Treckjungen ihre schwere Last auf allen vieren ins Freie. Wer nicht vorher schon an einer Staublunge oder bei einem Unfall gestorben war, litt am »Mansfelder Krummhals«. Weil die Hauer das Gestein im Liegen herausschlagen mussten, verformte sich über die Jahre ihre Halswirbelsäule.

Erst die Einführung der Presslufthämmer verschaffte Erleichterung. Um die sperrigen Bohrhämmer unter Tage einsetzen zu können, musste

man die Schächte auf rund 1 m erhöhen. »Mehr als Sitzen war allerdings nicht drin«, sagt Erich Hartung, ehemaliger Steiger und heute Leiter des Schaubergwerks in Wettelrode bei Sangerhausen. Dabei blieb es bis zur Schließung des letzten Schachts 1989. Die harte Arbeit war in der DDR gut bezahlt: 1200 Mark im Monat, gut ein Drittel mehr als der Durchschnittslohn. Trotz Wohnungsnot bekamen die Bergleute im Mansfelder Land problemlos eine der begehrten Neubauwohnungen. Dennoch hielten die meisten nicht lange durch. In der ganzen DDR suchte das Mansfeld-Kombinat ständig Lehrlinge und Facharbeiter für die Bergwerke.

Zeugen der Vergangenheit

Überall im Mansfelder Land hat der Kupferschieferbergbau seine Spuren hinterlassen. Wie geheimnisvolle Kultstätten untergegangener Zivilisationen ragen kahle Pyramiden aus der sanften, grünen Hügellandschaft: Die **Abraumhalden** jenes Bergbaus, der dieses Land 800 Jahre lang nährte und bestimmte.

Computergehäuse und Fahrradfelgen, Kochgeschirr, Büromöbel oder Schulbänke – das Mansfelder Museum in Hettstedt zeigt die Auswirkungen des Kupferschieferbergbaus. »Wir mussten 5 % Konsumgüter produzieren«, sagt Museumsleiter Ludwig Rommel. Über 40 000 Menschen beschäftigte der Volkseigene Betrieb (VEB) Kombinat Wilhelm Pieck in der DDR. Dazu gehörten neben den beiden Stammbetrieben des Kupferschieferbergbaus in Sangerhausen und Eisleben mit 18 000 Beschäftigten die Silber- und Bleihütte auf dem Museumsgelände in Hettstedt, das Mansfelder Bohrmaschinen- und Wagenheberwerk, ein Walzwerk, Möbelfabriken und sogar eine Haushaltswarenfabrik.

Unrentabel war die Gewinnung von Kupferschiefer schon zu DDR-Zeiten. Doch der Staat förderte den Abbau so lange, wie die Subventionen für das heimische Kupfer billiger waren als das Importkupfer. Das bekam man schließlich nur für die ständig knappen Devisen aus dem Westen. Fast ebenso wichtig war das Silber. Auch wenn die Ausbeute im Mansfelder Land, Europas größtem Silberbergbau, gering war. Außerdem war die Mansfeld AG noch aus Vorkriegszeiten an der Börse in Frankfurt/Main notiert. So hatte die DDR einen Fuß in der Tür der westlichen Wirtschaft, auf den sie nicht verzichten wollte.

Strenge, reiche Mutter der Stadt

Als vor rund 800 Jahren der Kupferschieferbergbau im Mansfelder Land begann, war Goslar auf der anderen

Seite des Harzes dank der dortigen Erzvorkommen bereits eine der bedeutendsten und reichsten Städte Deutschlands. Viele Bergleute bezahlten den Wohlstand der Stadt und der Landesherren mit ihrem Leben. Andere ließen ihre Gesundheit in den bis zu 25 km langen Stollen, Schächten und Strecken des Rammelsbergs am Stadtrand von Goslar. Eine in ihrer Schlichtheit bewegende Ausstellung in der Klauskapelle des ehemaligen Goslarer Bergmannsviertels Frankenberg erinnert heute an die Schicksale der unter Tage Verunglückten. Die Not der Opfer war es schließlich, die die Rammelsberger Bergleute 1537 zur Gründung der **ersten deutschen Knappschaftsversicherung** bewog. Jeder zahlte von seinem Lohn einen Pfennig in eine Sammelbüchse.

Im Mansfelder Land, in Goslar und den freien Bergstädten des Harzes ist mit dem Bergbau eine eigene Kultur und Identität entstanden. Nur die Bergleute durften im Mittelalter und der frühen Neuzeit im Oberharz eigenes Vieh halten, und nur die Bergstädte hatten eine **eigene, unabhängige Gerichtsbarkeit**. Mit solchen Privilegien und für damalige Verhältnisse achtbarer Bezahlung lockten die Landesherren im Mittelalter Ingenieure und Bergarbeiter aus dem Erzgebirge und anderen Teilen des Reiches in den Harz. Hier, wo im rauen Klima außer Wald kaum etwas wuchs, war der Bergbau mehr als 1000 Jahre lang die wichtigste Einnahmequelle.

Als die Rammelsberger Bergleute am 28. Juni 1988 für die letzte Erzlore wie für einen geliebten Toten Spalier standen, flossen Tränen. »Wir wussten, dass die Erzvorräte zur Neige gingen. Trotzdem war es ein bewegender Moment«, erinnert sich der ehemalige Bergmann und Betriebsrat Otto Hoffmann. »Wenn wir da drinnen im Berg überleben wollten, mussten wir zusammenhalten. Das war eine große Solidarität, ganz anders als in anderen Branchen.« Heute erinnert ein Paket an das Ende einer Epoche: Verpackungskünstler **Christo** hat den letzten Förderwagen in Stoffbahnen gewickelt.

Von Fahrkünsten und Pochjungen

Gänge, Schächte und Stollen von 120 km Länge haben die Bergleute auf der Suche nach silberhaltigem Erz unter dem Städtchen Sankt Andreasberg gegraben. Heute öffnet die Arbeitsgemeinschaft Bergbau die teilweise verschütteten Stollen und Schächte für Wissenschaft und Tourismus. Knapp 5 km Stollen sind bereits wieder freigelegt.

Bis ins 19. Jh. stieg man über Leitern in den 810 m tiefen Stollen. Jeden

Kinderarbeit im Mansfelder Bergbau: Die Treckjungen zogen die Loren mit dem abgeschlagenen Gestein auf allen vieren ins Freie.

Morgen 1,5 Stunden über 3000 Sprossen weit hinunter und jeden Abend den gleichen Weg 2,5 Stunden wieder herauf. Über den Daumen gehängt trugen die Bergleute ihre Lebensversicherung, den Harzer Frosch. Die Ölfunzel leuchtete keinen Meter weit. Löschte ein Wassertropfen von der Decke oder ein Luftzug das Flämmchen, war nur noch Finsternis. So mancher stürzte in der Dunkelheit in den Tod.
Erleichterung brachte die paternosterähnliche **Fahrkunst** von 1833. An zwei parallel zueinander eingesetzten Stangen wurden Trittbretter befestigt. Je zwei Drahtseilpaare bewegten die am oberen Ende mit einer Pleuelstange verbundenen Stangen so auf und ab, dass jeweils die eine nach oben und die andere nach unten glitt. Indem die Bergleute nun im richtigen Moment das Trittbrett wechselten und damit jeweils 1,60 m weiter nach oben oder unten fuhren, verkürzten sie ihren Auf-/Abstieg auf nur noch 45 Minuten. Angetrieben wurde die Fahrkunst ebenso wie der Aufzug zur Förderung der Erztonnen mit Wasserkraft.

Oberharzer Wasserregal

Dazu hatten die Bergleute im ganzen Oberharz seit dem 16. Jh. zahlreiche Gräben und künstliche Teiche gebaut. Der größte dieser Teiche ist der Oderteich zwischen dem Andreasberger Ortsteil Sonnenberg und der Bundesstraße 4. Sieben Jahre lang (1714 – 1721) bauten die Andreasberger die 22 m hohe und 184 m lange Staumauer aus behauenen Granitblöcken. Noch um 1890 trieb das Wasser des Oderteichs 88 Wasserräder an. Dazu leitete man es über Wehre und Dämme durch den gemauerten Rehberger Graben 7 km weit nach Sankt Andreasberg. Im Winter wurde der Graben zugedeckt, damit das Wasser auf dem Weg zu den Wasserrädern, die Pumpen und Aufzüge in den Bergwerken bewegten, nicht gefror. Dieses einmalige Netzwerk aus mehreren 100 km langen Gräben und mehr als 75 Stauteichen sammelte das Wasser aus Wäldern und Flüssen im ganzen Oberharz, um es, gesteuert von zahlreichen Wehren, auf die in die Gruben eingebauten Wasserräder zu leiten. Sie übertrugen die Wasserkraft auf Gestänge, die die Fahrkünste antrieben und vor allem halfen, das in die Bergwerke eindringende Grund- und Regenwasser abzupumpen.
Als nach Einführung der Dampfschiffe die Silberimporte aus Südamerika immer billiger geworden waren, rentierte sich die Grube nicht mehr. Sie wurde geschlossen. Im ehem. Grubenhaus hängt ein Modell der Fahrkunst. Eine Ausstellung erinnert im Heimatmuseum an das harte Leben der Bergleute und Pochjungen.

»Als wäre der letzte Bergmann gerade nach Hause gegangen ...« Das Besucherbergwerk Rammelsberg hat die Spuren des Bergbaus gesichert.

nenschweren Brocken durch zahlreiche, noch heute funktionstüchtige, höllisch lärmende, stockwerkehohe Zermalmer und Schredder geschickt wurden, kamen sie in der untersten Etage als staubfeines Pulver an. In einem Raum des Magazins berichtet ein Fernsehreporter »live« vom Kampf um den Rammelsberg während der Reformation. Martin Luther kommentiert auf dem Bildschirm den Streit zwischen Landesherren und der Stadt Goslar um den Rammelsberg zu Beginn des 16. Jahrhunderts. Das Volk, versichert der Reformator, habe alles Recht, sich über die schlechte Versorgung zu beklagen, müsse jedoch friedlich bleiben. Die Reformation sei keine Revolution. Dabei blieb es.

Umgebung von Goslar

Klosterruine Riechenberg

3 km nordwestlich von Goslar liegen die Reste des 1117 gegründeten und 1803 aufgelösten Augustinerklosters Riechenberg. Von der 1122 geweihten Klosterkirche St. Maria ist nur die vor 1150 angelegte

Krypta vollständig erhalten; zu sehen sind außerdem der Nordflügel des Querhauses mit Apsis, die nördlich sich anschließende Sakristei mit spätgotischem Netzgewölbe und einer Bibliothek im Obergeschoss sowie weitere Mauer- und Säulenfragmente. Die barocke Kirchenausstattung befindet sich in der St.-Jakobi-Kirche in Goslar (► oben). Der Grundriss der dreischiffigen, flach gedeckten Basilika mit sächsischem Stützenwechsel ist noch erkennbar.

Neben den Querhausapsiden gelangt man in die Krypta, die als die schönste und bedeutendste romanische Krypta Niedersachsens gilt. Die Säulen des dreischiffigen, kreuzgratgewölbten Hallenraumes sind kunstvoll gestaltet. Ihre Einzelformen sind durch oberitalienische Einflüsse bedingt, die durch Königslutter vermittelt sein könnten. 1150 wurde der Mitbegründer des Stifts, Propst Gerhard, in der Krypta beigesetzt.

* ◄ Krypta

Nordwestlich der Kirche liegt das Klostergut mit Wirtschaftsgebäuden aus der Mitte des 18. Jh.s, der geschmückte Portalbau ist von 1737. Führungen: Mai – Okt. Di. 14.30 und 15.30 Uhr, Tel. 2 17 12.

* **Klosterkirche Grauhof**

4 km nördlich, im Stadtteil Jürgenohl, befindet sich das 1803 aufgelöste Augustinerkloster Grauhof, das nach der Zerstörung des Klosters 1527 auf dem Georgenberg (►oben) hierher verlegt worden war. Die Klosterkirche, eine der prächtigsten Barockkirchen Norddeutschlands, entstand 1711 – 1717 nach Plänen des Mailänders Francesco Mitta; Daniel Köppel fügte 1741 die zweigeschossige Sakristei hinzu. Seit 1946 wird das Kloster von Franziskanern betreut.

Der Mittelraum der dreijochigen Kirche wird von Kreuzgewölben überspannt, die hohen Kapellen dagegen sind tonnengewölbt. Unter dem erhöhten, lang gestreckten und gerade schließenden Chor liegt eine Gruft. Unter der reichen Ausstattung befindet sich der 1717 fertig gestellte Hochaltar, in der Giebelzone über dem Altarbild (»Christus am Kreuz«, Joh. H. Pickhart, 1794) sind überlebensgroße Schnitzfiguren der Schutzheiligen Augustinus und Georg mit der Erdkugel, darüber abschließend drei Sonnen als Symbole der Dreifaltigkeit zu sehen.

An den Seitenwänden steht das 1717 fertig gestellte Chorgestühl; vier der sechs Altäre in den Seitenkapellen stammen vermutlich von Franz Lorenz Biggen (Altäre aus dunkelgrauem Marmor mit Reliefs, Figuren und Ornamenten aus weißem Marmor; von ihm ist auch das Grabmal des Propstes Bernhard Goeken); die beiden übrigen Altäre sind Meisterwerke des sog. Knorpelstils (1670), der Marienaltar (im Norden) wird Wilhelm Schorigus d. J., der Passionsaltar Jobst Heinrich Lessen d. Ä. zugeschrieben. Die Kanzel ist von 1721, die Orgel wurde 1737 von Christian Treutmann angefertigt. Sie besitzt 42 Register und rund 3500 Pfeifen und gilt als eine der größten und schönsten deutschen Barockorgeln.

Die Pläne für die südlich der Kirche gelegenen Konventsgebäude und den Kreuzgang stammen ebenfalls von Mitta. Der Westflügel wurde 1815 abgerissen.

Hahnenklee-Bockswiese

B/C 1

Bundesland: Niedersachsen **Höhe:** 600 m
Einwohnerzahl: 1400

Laut einer Sage geht Hahnenklee auf einen Hahn zurück, der hier im 12. Jh. zufällig Erz freigelegt haben soll. Sicher ist, dass im 13. Jh. in Hahnenklee und auch in Bockswiese Erze abgebaut wurden.

Nicht in Norwegen, sondern im Oberharz steht diese Stabkirche.

Der Kur- und Wintersportort gehört heute zur 17 km nördlich gelegenen Stadt ► Goslar. Ein vielfältiges Angebot an sportlichen und kulturellen Veranstaltungen, zahlreiche in der Nähe gelegene Ausflugsziele sowie die in Deutschland einzigartige **nordische Stabkirche** haben den Ort zu einem gern besuchten Ferienort gemacht.

Im 14. Jh. haben Mönche des Benediktinerklosters Cella in Hahnenklee einen Viehhof angelegt, der sich zu einem Gutshof entwickelte. Erstmals werden erwähnt: 1541 die Gruben Erasmus und Ritter St. Jürgen, 1548 der 1,1 km lange Hahnenklee-Stollen im Granetal und schließlich 1577 die Gruben »Drei Brüder« und »Gnade Gottes«. Mit einigen Unterbrechungen wurde der Bergbau in Hahnenklee bis 1828 und in Bockswiese bis 1930 betrieben. Der Fremdenverkehr begann sich ab 1880 zu entwickeln und bildet bis heute die Haupteinnahmequelle.

Sehenswertes in Hahnenklee-Bockswiese

★ **Stabkirche**

Auf einem zwischen Hahnenklee und Bockswiese gelegenen Hügel steht die nach dem schwedischen König benannte Gustav-Adolf-Kirche, Deutschlands einzige Stabkirche. Sie wurde 1907/1908 nach Plänen von Karl Mohrmann ganz aus Holz erbaut. Der Baustil hat seinen Ursprung im nordeuropäischen Raum, wo schon 1000 – 1100 nach dem Vorbild der Wikingerschiffe solche Kirchen errichtet wurden. Das Langhaus mit seinem pyramidenförmigen dreistufigen Dach wird in der Mitte von einem ebenfalls dreifach gestuften Dachreiter überragt. An der Ostseite schließt ein turmartiges rundes Dach die halbrunde Apsis ab, im Westen erhebt sich der frei stehende Glockenturm. Zwölf Masten oder Stäbe bestimmen die Grundkonstruktion der Kirche. Die Querbalken sind ohne Verwendung von Nägeln genutet und gespundet. Im Innern gliedern runde Holzstützen den Kirchenraum und tragen die Emporen. Decke und Wände sind holzverkleidet. Altar und Kanzel sind von dem Goslarer Bildhauer Seegebarth, die Gemälde stammen von dem Maler Böhlmann.

Weitere Sehenswürdigkeiten

Auf dem Waldfriedhof befindet sich das Grab des Berliner Operettenkomponisten und Kapellmeisters **Paul Lincke** (1866 – 1946), der seinen Lebensabend in Hahnenklee verbrachte. Im Haus der Kurverwaltung erinnert eine Ausstellung in der **Heimatstube** an ihn. Öffnungszeiten: Fr., Sa. 15.00 – 17.00 Uhr.

◂ Liebesbankweg

Der 7 km lange Liebesbankweg verbindet die Sehenswürdigkeiten des Orts und seiner Umgebung zu einer Rundwanderung. Einkehrmöglichkeiten gibt es im Berggasthaus Auerhahn (Tel. 0 53 25/23 69, Mi. – So., im Café Egerland, Tel. 22 93, und in der Bocksberghütte, Tel. 23 09; www.liebesbankweg.de).

Bocksberg

Eine Kabinenseilbahn fährt direkt aus dem Ort auf den 726 m hohen Bocksbergs. Von dort führt ein steiler Weg zum Auerhahnteich (611 m) hinab; in seiner Nähe liegt das Forsthaus Auerhahn, ein ehem. Jagdhaus der Herzöge von Braunschweig aus dem Jahr 1675.

HAHNENKLEE-BOCKSWIESE ERLEBEN

AUSKUNFT

Touristinformation der Hahnenklee Tourismus Marketing GmbH
Kurhausweg 7
38644 Goslar-Hahnenklee
Tel. 0 53 25/5 10 40, Fax 51 04 17
www.hahnenklee.de

EVENTS

Wie vielerorts im Harz wird in der Nacht vom 30. April auf den 1. Mai das *Walpurgisfest* gefeiert. Der Brauch hat eine lange Geschichte: Die Germanen waren überzeugt, dass Gott Donar und Göttin Freya in der Nacht zum 1. Mai den Frühling zeugten. Nach der Christianisierung wurde aus der Mai- die Walpurgisnacht, benannt nach der hl. Walpurga, die als Benediktinernonne im 8. Jh. lebte. Teufel und Hexen waren fortan die christlichen Symbole für das Böse.

AKTIV

Hahnenklee ist ein Fahrrad- und Montainbike-Paradies. Eine besondere Attraktion ist der gleichnamige Bikepark. Die Räder werden mit der Seilbahn auf den Bocksberg transportiert; mit 7 Abfahrten und einem Übungsparcours bietet das Gelände für Anfänger und für Profis Spaß pur! Räder und Zubehör können vor Ort ausgeliehen werden. Infos: www.bikepark-hahnenklee.de und www.seilbahn-bocksberg.de.

★★ Halberstadt

G 1

Bundesland: Sachsen-Anhalt **Höhe:** 125 m
Einwohnerzahl: 39 600

Mit ihrem gotischen Dom, der Liebfrauenkirche und dem wertvollen Domschatz gehört die Stadt zu den kulturellen Höhepunkten einer Harzreise. Nachdem die alte Fachwerkstadt Halberstadt 1945 durch Luftangriffe im Zentrum zu 82 % zerstört wurde, erinnern nur noch 447 Fachwerkhäuser an die einstige Hansestadt. Heute ist Halberstadt Modellstadt für die Sanierung seines historischen Stadtkerns.

Halberstadt liegt im nördlichen Harzvorland am Südufer der Holtemme und wird als das **»Tor zum Harz«** bezeichnet. Im Nordwesten wird die Stadt vom Huy, im Süden von den Spiegelsbergen umgeben. Bereits im 9. Jh. war sie Bischofssitz und wurde zu einem Zentrum der Christianisierung.

804	Karl der Große verlegt den Bischofssitz nach Halberstadt.
1387	Halberstadt tritt der Hanse bei.
2. Hälfte 18. Jh.	Zeit geistig-kultureller Blüte durch Johann Wilhelm Ludwig Gleim
1945	Durch Luftangriffe wird Halberstadt im Zentrum zu 82 % zerstört.

Geschichte

Ausgrabungen unter dem heutigen Dom ergaben, dass die Gegend bereits vor über 6000 Jahren besiedelt war. Aufgrund der Lage am Schnittpunkt zweier wichtiger Straßen entwickelte sich eine Siedlung, in welche Karl der Große 804 den ursprünglich in Seligenstadt (► Osterwieck) gegründeten Bischofssitz verlegte. Neben der ersten Siedlung im Bereich der heutigen Altstadt entstand eine weitere auf dem Domberg. Eine dritte entwickelte sich mit dem Markt im Gebiet des heutigen Fischmarkts. 989 erhielt der Bischof von Halberstadt von Otto III. das Markt-, Münz- und Zollrecht sowie die Gerichtsbarkeit. 1108 wird Halberstadt erstmals als Stadt bezeichnet. 1179 zerstörte Heinrich der Löwe, Neffe Kaiser Friedrich Barbarossas, die Stadt, die 1184 so weit wiederhergestellt war, dass sie das Goslarer Stadtrecht übernahm. 1387 trat sie der Hanse bei und trieb einen ausgedehnten Handel mit den Niederlanden, Flandern und England.

← Halberstadt zählte vor dem Zweiten Weltkrieg zu den bedeutendsten Fachwerkstädten. Inzwischen sind viele Fachwerkhäuser saniert.

Immer als Kulisse gut: die beiden Türme des Halberstädter Doms am Domplatz

Mehrere Versuche der Bürgerschaft, sich aus der bischöflichen Oberherrschaft zu befreien, misslangen. Nach dem Dreißigjährigen Krieg wurde das Bistum Halberstadt 1648 aufgelöst und in ein brandenburgisch-preußisches Fürstentum umgewandelt. Ende des 17. Jh.s verhalfen durch den Großen Kurfürsten ins Land gerufene Hugenotten der Stadt zu einem erneuten Aufschwung. Eine Zeit geistig-kultureller Blüte erlebte Halberstadt in der zweiten Hälfte des 18. Jh.s, als der Dichter und Domsekretär Johann Wilhelm Ludwig Gleim (1719 – 1803) in der Stadt lebte. 1806 – 1813 gehörte Halberstadt zum Königreich Westfalen, 1816 wird es in die preußische Provinz Sachsen eingegliedert. Nach Anschluss an das Eisenbahnnetz 1843 siedelte sich in Halberstadt Industrie an.

Domplatz

Historisches Zentrum

Im Osten beherrscht der Dom St. Stephanus und Sixtus den Domplatz, dem im Westen der Bischofspalast gegenüberstand. An ihn schloss sich die viertürmige romanische Liebfrauenkirche mit dem Chorherrenstift an. Den Platz, die frühere Domburg, umgab eine aus Mauern und im Süden aus Gräben bestehende Befestigung. Diese wurde durch fünf ebenfalls befestigte Zugänge durchbrochen. Von der Sicherung der Anlage sind heute nur noch die Domberg-Stützmauern erhalten. Den Domplatz umgaben ursprünglich 44 Kurien der Dom- und Stiftsherren, hier finden sich heute das Gleimhaus, das Städtische Museum und das Heineanum, Deutschlands größte private Vogelsammlung. Nordöstlich des Dombezirks befinden sich weitere romanische und gotische Kirchenbauten, u. a. die Katharinen- und die Moritzkirche und im Osten die Martinikirche. Größtenteils handelt es sich dabei um Klosterkirchen, denn bis ins 16. Jh. gab es in Halberstadt sechs verschiedene Klöster.

★★ Dom St. Stephanus und Sixtus

Öffnungszeiten: Offener Dom: Mai – Okt. Mo. – Sa. 10.00 – 17.00, So. ab 11.00, Nov. – Apr. Di. – So. 11.00 – 16.00 Uhr; offener Domschatz (Museum): Di. – Sa. 10.00 – 17.00, So., Fei. ab 11.00 Uhr
Genaue Zeiten über Führungen durch Dom und Domschatz, Tel. 0 39 41/2 42 37 und www.dom-und-domschatz.de

Der Dom St. Stephanus und Sixtus ist eine lang gestreckte, kreuzförmige Basilika von großer einheitlicher Wirkung, ein Meisterwerk in der Geschichte der norddeutschen Gotik. Bereits 804 hatte Karl der Große hier einen aus Seligenstadt (► Osterwieck) verlegten Mis-

Highlights Halberstadt

Dom St. Stephanus und Sixtus
Ein Meisterwerk der norddeutschen Gotik: Der Domschatz birgt den Brautschatz Theophanus, der byzantinischen Ehefrau Ottos II.
► Seite 231

Liebfrauenkirche
Die Chorschranken gehören zu den schönsten Arbeiten sächsischer Plastik des 13. Jahrhunderts.
► Seite 236

Gleimhaus
Der Dichter pflegte einen lebhaften Schriftwechsel, u. a. mit Lessing, Goethe, Schiller ... Viele wertvolle Zeugnisse seiner Korrespondenz lassen sich hier bestaunen.
► Seite 237

Spiegelsberge
Im Landschaftspark aus dem 18. Jh. mit vielen Spazierwegen locken ein Jagdschloss, ein riesiges Weinfass und ein Aussichtsturm.
► Seite 243

Huy
Einen Abstecher wert: der bewaldete Bergrücken mit der Klosterkirche St. Maria, die (trotz barocker Innenausstattung) als schönstes Beispiel niedersächsischer Baukunst an der Schwelle zur Hochromanik gilt und heute wieder ein Benediktinerkloster birgt.
► Seite 243

Halberstädter Madonna aus dem Domschatz

Halberstadt St. Stephanus und Sixtus

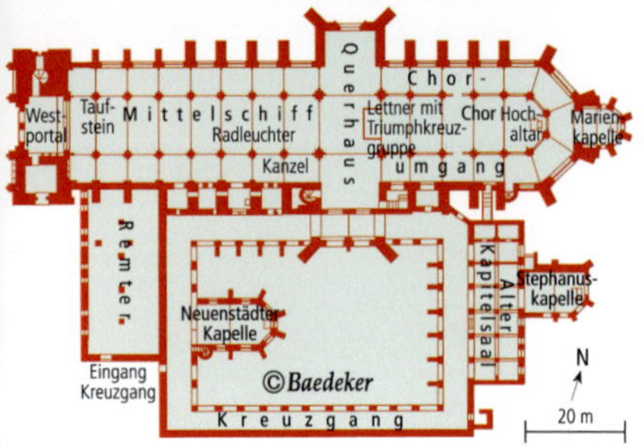

sionsstützpunkt zu einem Bistum erhoben. Die karolingische Kirche wurde 859 zum ersten Mal erweitert und in der Folgezeit mehrfach erneuert.

Der heutige Bau entstand etwa ab 1236, die Weihe fand zweieinhalb Jahrhunderte später, 1491, statt. Zuerst wurde die zweitürmige Westfassade errichtet, während der noch in Benutzung bleibende romanische Bau des 11. Jh.s nach und nach abgerissen wurde. Die Bauleute kamen von der Zisterzienserabtei ► Walkenried. Gegen Ende des 13. Jh.s folgten die anstoßenden ersten drei Joche des Langhauses. Nach einer längeren Unterbrechung wurden die Arbeiten mit dem Bau der Marienkapelle wieder aufgenommen, 1354 wurde mit dem hochgotischen Chor begonnen (1401 fertig gestellt). Erst dann folgten das übrige Langhaus und das Querschiff. Trotz der langen Bauzeit und der verschiedenen Bauabschnitte blieben der aus Frankreich übermittelte Baugedanke und die Einheitlichkeit der gesamten Anlage gewahrt. Die entscheidenden, im 13. Jh. festgelegten Maßverhältnisse wurden im Wesentlichen beibehalten. Die obersten Stockwerke der beiden Westtürme mit den achteckigen Spitzhelmen sind nach rheinischem Vorbild 1893 – 1896 errichtet worden. Nach starker Beschädigung wurde der Dom 1946 – 1960 nach alten Vorlagen wieder aufgebaut.

Inneres Das Innere der dreischiffigen Basilika spiegelt die **einheitliche stilistische Erscheinung** der Außensicht wider. Die Bündelpfeiler des Langhauses, auf denen ein Kreuzrippengewölbe ruht, stehen dicht zusammen, was aus den Fundamenten des Vorgängerbaus erklärbar wird. Das Querhaus ist weit nach Westen vorgezogen, im Osten schließen sich ein lang gestreckter Chor mit Umgang sowie eine Scheitelkapelle an. Der Chorraum wird vom Langhaus durch einen spätgotischen Lettner von 1510 abgeschlossen, hohe Steinschranken trennen ihn vom Umgang.

Am Haupteingang steht ein auf vier Löwen ruhendes Taufbecken aus Rübeländer Marmor von 1195; der prächtige Orgelprospekt an der Westempore ist von 1718 (mit neuem Orgelwerk); die Skulpturen auf den Pfeilerkonsolen bezeichnen den Übergang vom 15. zum 16. Jh. (Nordseite: Katharina, Johannes, Schmerzensmann, Maria, Mauritius und Sebastian; Südseite: Maria und Erasmus); an der Westseite des nördlichen Seitenschiffs: Stephanus; an der Decke ein schmiedeeiserner Radleuchter vom Beginn des 16. Jahrhunderts. Die Kanzel stammt von 1592, auf den Bildern die Evangelisten, eine Darstellung des Ostergeschehens am Kanzelkorb sowie drei Tugenden am

Kanzelaufgang; vor der Vierung die Skulpturen des Georg und Hieronymus; neben dem Lettner Laurentius und Maria Magdalena; an der Südempore der Gründer des Bistums, Karl der Große; an der Nordempore die Geschichte des Sündenfalls. Über dem Lettner befindet sich die um 1220 für den Vorgängerbau geschaffene holzgeschnitzte Triumphkreuzgruppe: in der Mitte der Gekreuzigte, links Maria, rechts Johannes, unter ihren Füßen die Mächte der Finsternis in Gestalt des Drachens und eines Königs. Zu beiden Seiten Engelsgestalten mit dem dreifachen Flügelpaar. Der tragende Balken der ganzen Gruppe zeigt vorderseitig die Köpfe der Apostel, zum Hohen Chor hin die der Propheten.

Die **Glasmalereien** der Marienkapelle und des Chorumgangs sind noch original, sie stammen größtenteils aus dem 14. und 15. Jh., sind jedoch nicht alle vollständig erhalten; sehenswert sind außerdem die 14 Statuen an den Chorpfeilern (zwölf Apostel und die hll. Stephanus und Sixtus), die Lichterkrone aus dem 15. Jh. und die Plastiken der hll. Hieronymus (um 1460), Georg mit dem Drachen (1487) und Sebastian (1510) an den Vierungspfeilern sowie mehrere Grabdenkmäler aus dem 15. – 17. Jahrhundert.

Blick in das Dominnere: Eine rein gotische Erscheinungsweise kennzeichnet den Bau, der zweieinhalb Jahrhunderte bis zur Fertigstellung benötigte.

Kreuzgang An die Südseite des Doms schließt sich der zweigeschossige kreuzgratgewölbte Kreuzgang aus dem 13. Jh. an, sein Obergeschoss wurde im 16. Jh. durch den Einbau eines neuen Kapitelsaals verändert. An der Ostseite des Kreuzgangs liegt der alte Kapitelsaal aus dem 12. Jh., an den sich die Stephanskapelle anschließt. Am Westflügel springt die 1516 geweihte Neuenstädter Kapelle in den Kreuzgang-

HALBERSTADT ERLEBEN

AUSKUNFT

Halberstadt Information
Hinter dem Rathause 6
38820 Halberstadt
Tel. 0 39 41/55 18 15, Fax 55 10 89
www.halberstadt.de

ESSEN/ÜBERNACHTEN

► Preiswert/komfortabel

① *Langenstein: Schäferhof Langenstein*
Quedlinburger Straße 28 a
Tel. 0 39 41/61 38 41, Fax 61 46 86
www.schaeferhof-langenstein.de, 14 Z., 6 App.
Bio-Hofladen auf historischem Schäferhof, Öko-Café im historischen Kellergewölbe mit selbst gebackenen Kuchenspezialitäten und Wohnen bei den Schafen auf einem alten Bauernhof, wo selten gewordene Schafrassen (Merino) nachgezüchtet werden. Für Gäste und Besucher gibt es Workshops in Wollverarbeitung, Töpfern und anderen alten Handwerkskünsten.

Entspannt schlafen im Parkhotel

ÜBERNACHTEN

► Luxus/komfortabel

① *Parkhotel Unter den Linden*
Klamrothstraße 2
Tel. 0 39 41/6 25 40, Fax 6 25 44 44
www.pudl.de
Der vom Werkbund-Architekten Hermann Muthesius vor bald 100 Jahren entworfene mächtige Sandsteinbau erinnert an ein Kloster. Dazu passt die gediegene Atmosphäre im Innern. Die großzügigen Zimmer im Vorderhaus (wegen der Straße leider nicht ganz leise) haben ihr Ambiente aus der Bauzeit des Hauses behalten, manches Badezimmer auch.

Baedeker-Empfehlung

► Komfortabel

② *Halberstädter Hof*
Trillgasse 10
Tel. 0 39 41/2 70 80, Fax 2 61 89
www.halberstaedter-hof.eckpunkt.de
Schöne, verwinkelte, große und kleine Zimmer in einem uralten Fachwerkhaus nur einen Steinwurf vom Domplateau am Rande der Altstadt in wunderbar ruhiger Lage. Manche der Eichen für die mächtigen offenen Fachwerkbalken wurden im 14. Jh. gefällt.

garten vor. Vor dem Westflügel liegt der im 12. Jh. erbaute dreigeschossige, zweischiffige Remter (Speisesaal, Refektorium) mit tonnengewölbtem Keller.

★★ **Domschatz**

◂ www.dom-und-domschatz.de

Öffnungszeiten:
Di. – Sa.
Apr. – Okt.
9.00 – 18.00,
sonst 10.00 – 17.00
So., Fei. ab 11.00

Der Halberstädter Domschatz mit über 650 Exponaten gehört zu den bedeutendsten Kunstschätzen überhaupt. Untergebracht ist er teils in den historischen Räumen der Domklausur sowie in einem nach Plänen von Helge Sypereck neuerbauten Museum (Domplatz 16 a). Sehr viele Stücke stammen aus Byzanz und vermutlich aus dem **Brautschatz Theophanus**, der byzantinischen Ehefrau Ottos II. Der Grundstock der Sammlung geht auf eine Stiftung des Halberstädter Bischofs Konrad zurück, der 1205, nach dem Vierten Kreuzzug, zahlreiche Kunstschätze aus Byzanz mitbrachte.
Zu sehen sind altchristliche, byzantinische und mittelalterliche Kunstgegenstände, darunter liturgische Gewänder und Geräte des 11. – 16. Jh.s, Reliquien, drei romanische Wandteppiche, nach den auf ihnen dargestellten Personen Abrahams-, Christus- und Karlsteppich genannt (sie wurden um 1180 und um 1235 für die Chorwände des Doms aus Wolle gewirkt), Handschriften und Buchmalereien, ein karolingisches Evangeliar und eine byzantinische Weihbrotschale (11. Jh.). Aus der Liebfrauenkirche stammen ein spätromanischer Stollenschrank (um 1220) mit figürlichen Tafelmalereien und die um 1230 in Eichenholz gefertigte Halberstädter Madonna.

Halberstadt Orientierung

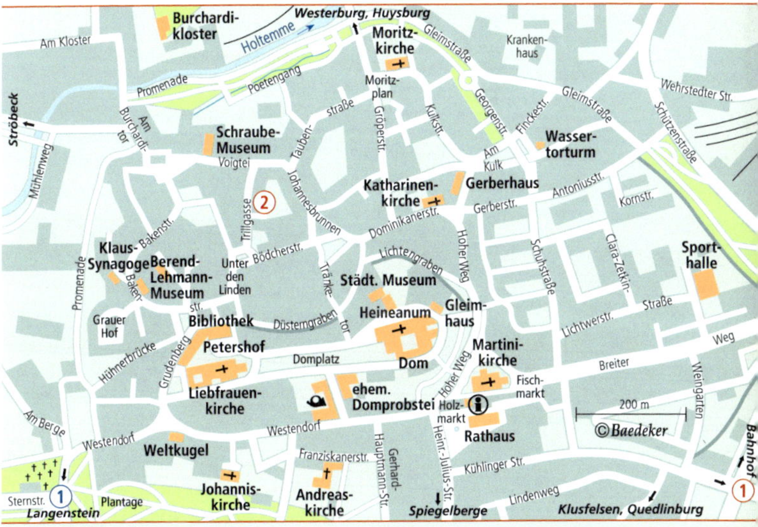

Übernachten
① Parkhotel Unter den Linden
② Halberstädter Hof

Essen
① Schäferhof Langenstein

Ehem. Propstei

Südwestlich vom Dom liegt die zweigeschossige ehem. Dompropstei, die 1591 – 1611 im Auftrag von Heinrich Julius, Herzog von Braunschweig und Bischof von Halberstadt, erbaut wurde. Ein steinerner Laubengang trägt ein in Fachwerk ausgeführtes Obergeschoss. In den zum Domplatz gerichteten Brüstungsfeldern des Obergeschosses sind zahlreiche Wappen ehem. Domherren angebracht. Heute dient das 1956 – 1960 restaurierte Gebäude Ausbildungszwecken. Nebenan steht das neuromanische Postgebäude mit 1986 freigelegten Deckenmalereien.

★★ **Liebfrauenkirche**

Besichtigung: Mai – Okt. Mo. – Sa. 10.00 – 17.00 So. ab 11.00 Nov. – Apr. Mo. – Sa. 10.00 – 16.00 So. ab 11.00

An der Westseite des Domplatzes steht die viertürmige Liebfrauenkirche, eine dreischiffige Pfeilerbasilika aus Bruchsteinen, die zu den schönsten Kirchen im romanischen Stil in dieser Region gehört. **Führungen**: tgl. 13.30 Uhr und nach Voranmeldung, Tel. 0 39 41/2 42 10. Vermutlich wurde sie 1005 – 1020 erbaut und im 12. Jh. nach Hirsauer Vorbild erneuert (1956 – 1960 wieder aufgebaut). Ein rechteckiges Turmpaar überragt das Langhaus im Westen, ein achteckiges im Osten. Der Innenraum ist betont schlicht gehalten; Chor und Querschiff wurden im 13. Jh., das Langhaus erst im späten Mittelalter eingewölbt. 1839 – 1848 wurde das Gewölbe im Langhaus wieder entfernt und durch eine flache Holzdecke ersetzt.

Sehenswert sind u. a. die **Chorschranken** mit spätromanischen farbigen Stuckreliefs (um 1200), die die Vierung von den Querhausarmen trennen und zu den hervorragendsten Werken sächsischer Plastik des 13. Jh.s gehören. Die ausdrucksstarken Gebärden der Figuren, Maria und Jesus im Zentrum sowie sechs ihnen zur Seite gestellte Apostel, zeugen ebenso vom **Streben nach Wirklichkeitsnähe** wie der bewegte Faltenwurf und die lebensnahen Gesichter. Damit manifestiert sich gleichzeitig die Überwindung der spätromanischen Stilauffassung. Das aus spätromanischer Zeit stammende Triumphkreuz (um 1230) zählt zu den schönsten sächsischen Monumentalkreuzen. Auch das gotische Vesperbild (um 1420) ist sehenswert.

Der westlich der Kirche gelegene **romanische Kreuzgang** wurde im 15. Jh. gotisch erneuert. Hier werden Architekturreste von Halberstädter Fachwerkbauten ausgestellt. Öffnungszeiten: Mo. – Fr. 9.00 bis 16.00 Uhr.

Macht nicht nur Kinder neugierig: Museum Heineanum

Petershof

Schon seit dem 10. Jh. ist der nördlich von der Liebfrauenkirche stehende Petershof (Domplatz 49) die **ehem. Bischofsresidenz**. Das heutige Bauwerk mit seinem schönen Renaissanceportal entstand 1552 – 1555, verlor jedoch bei späteren Umbauten seine charakteristischen Giebel.
Die Peterskapelle gehört ebenfalls zum bischöflichen Palast. Der heutige Bau, der im 14. Jh. entstand, diente der reformierten Gemeinde später zusammen mit den Hugenotten, die sich im 17. Jh. in der Stadt ansiedelten, als Gotteshaus, bis sich diese zwischen 1712 und 1718 eine eigene Kirche, die Franzosenkirche, bauten (im Zweiten Weltkrieg zerstört). Seit kurzer Zeit erfahren die Peterskapelle und der Nordflügel des Petershofs eine recht ungewöhnliche Umnutzung: Die **Stadtbibliothek** Heinrich Heine hat hier Einzug gehalten. Sie zählt nun in ihrer gelungenen Verknüpfung von Alt und Neu zu den schönsten Bibliotheken Deutschlands (►Baedeker-Special S. 238).

Städtisches Museum

An der Nordseite des Domplatzes (Domplatz 36) steht das in der ehem. Spiegel'schen Kurie untergebrachte Städtische Museum. Der zweigeschossige Barockbau mit hohem Mansardendach, auffälligem Mittelrisalit, Giebelfeld und Spiegel'schem Wappen wurde 1782 erbaut. Das Museum besitzt Sammlungen zur Ur- und Frühgeschichte des Nordharzer Vorlandes und zur Stadtgeschichte. Ausgestellt sind ferner kunsthandwerkliche Objekte, Gemälde und Plastiken aus fünf Jahrhunderten, eine historische Apotheke (1800) und eine Handschuhmacherwerkstatt vom Anfang des 20. Jahrhunderts. Öffnungszeiten: Di. – Fr. 9.00 – 17.00, Sa., So. 10.00 – 17.00 Uhr.

Museum Heineanum

In einem Seitenflügel der ehem. Spiegel'schen Kurie befindet sich das Museum Heineanum mit der seit 1830 vom Ornithologen Ferdinand Heine (1809 – 1894) angelegten Vogelsammlung. Gezeigt werden – vom Saurier bis zum Urvogel – Vögel des Harzes, Vögel der Welt und bedrohte Vögel. Die Sammlung besteht aus insgesamt rund 17 000 Vogelpräparaten und 5800 Gelegen. Besonders wertvoll sind zwei montierte Saurierskelette aus der Halberstädter Umgebung, Plateosaurus und Eurycleidus sowie der Urvogel Archaeopteryx. Öffnungszeiten wie Städtisches Museum, www.heineanum.de.

Gleimhaus ★

◄ Literaturmuseum

An der Nordseite des Doms steht das Gleimhaus, wo der Dichter und Domsekretär **Johann Wilhelm Ludwig Gleim** (1719 – 1803; ►Berühmte Persönlichkeiten) von 1747 bis zu seinem Tod lebte. Der seinerzeit viel gelesene Gleim ist heute v. a. als Organisator und Sammler bekannt. Er pflegte **leidenschaftliche Schriftwechsel** und Kontakte zu allen großen Dichtern seiner Zeit, u. a. Bürger, Goethe, Herder, Klopstock, Lessing, Schiller und Wieland. Im sog. »Freundschafts- oder Musentempel« hängt eine von ihm angelegte Sammlung mit **122 Bildnissen berühmter Zeitgenossen** (►Abb. S. 58). Heute beherbergen das Fachwerkhaus aus dem 16. Jh. sowie der Neubau eines der kostbarsten Archive deutscher Nationalkultur mit über 10 000

◄ weiter auf S. 241

AUFERSTANDEN AUS PLATTEN UND RUINEN

Wer in Halberstadt aus dem Zug steigt, muss einen guten Grund haben. Vor dem Bahnhof, von dessen Fassaden der Putz bröckelt, verfallen die Bürgerhäuser aus besseren Zeiten. Der Weg in die Innenstadt führt durch ein Meer immer gleicher Plattenbauten, die die örtliche Wohnungsbaugesellschaft mit Farbe, neuen Fenstern, Bäumchen und Beeten geschminkt hat.

Im April 1945 bombten britische und US-amerikanische Flieger die Innenstadt mit ihren mehr als 2000 niederdeutschen Fachwerkhäusern in Schutt und Asche. Militärisch war die Stadt bedeutungslos. Nach dem Krieg fehlten vor allem Wohnungen. Die DDR-Verwaltung ließ **Fachwerkhäuser abreißen und Plattenbauten hochziehen**. Noch 1990 waren 2000 Wohnungssuchende gemeldet.

Inzwischen stehen mehr als 3000 Wohnungen leer. Die Zahl der Einwohner ist um ca. 12 % auf knapp 40 000 gesunken. Vor allem junge Leute ziehen auf der Suche nach anständig bezahlter Arbeit in den Westen. Die, die geblieben sind, schieben Arbeitslosenfrust. Oder sie engagieren sich für ihre verkannte Stadt, die schon in der DDR als hässlich und langweilig galt. Die Menschen, die an ihre Ideen und die Zukunft ihrer Stadt glauben, machen den Charme der Stadt aus. Die Bremerhavener Architekten Christof Hallegger und Ursula Hülsdell waren von den versteckten Schätzen ihrer Wahlheimat so begeistert, dass sie ihr Büro an den Domplatz verlegten.

Eine Kapelle wird Bibliothek

Die nach ihren Plänen zur Stadtbibliothek umgebaute **Kapelle im Petershof** wurde 2000 zur schönsten Bibliothek Deutschlands gewählt und erhielt den Architekturpreis des Landes Sachsen-Anhalt. Durch die hohen Kirchenfenster fällt weiches Tageslicht in den großen, offenen Lesesaal mit

Obwohl man sich um die Sanierung des historischen Kerns bemüht hat, war nicht jedes Fachwerkhaus in einem erhaltenswerten Zustand. Eine gelungene Verbindung von Alt und Neu stellt die Peterskapelle als neue Behausung der Stadtbibliothek dar (Abb. nachfolgende Seite).

seiner Galerie. Die Kinderbücher stehen hinter schweren, dunklen Eichentüren in den ehemaligen städtischen Gefängniszellen. Seit 1869 tagte in der Peterskapelle das Kreisgericht. Ein Teil des Gebäudes war Stadtgefängnis.

2002 hat Hallegger mit der Restaurierung des Petershofs begonnen. Mit seinen Plänen zum Wiederaufbau des Hotels Halberstädter Hof und der Gestaltung des neuen Rathauses war er schon ein stadtbekannter Mann geworden, als 1996 der Stadtrat beschloss, das im Krieg zerstörte Rathaus aus dem 14. Jh. wieder aufzubauen.

Gleich 1990 hatte der Bund Halberstadt mit zehn anderen ostdeutschen Städten in das **»Modellprogramm für Stadtsanierung und Stadterneuerung«** aufgenommen. Seitdem sind umgerechnet mehr als eine halbe Milliarde Euro in die Stadtsanierung geflossen. Mit »jährlich rund 1500 öffentlichen Kulturveranstaltungen« und vier überregional einmaligen Museen versucht Halberstadt, sich wieder als das Tor zum Harz an der Straße der Romanik und der Deutschen Fachwerkstraße zu profilieren. Rund um den mächtigen gotischen Dom aus dem 13. und 14. Jh. stehen noch die alten, **prächtigen Kurienhäuser und der ehemalige Bischofspalast**, der rund 450 Jahre alte Petershof.

Das Ensemble erinnert an die einstige Bedeutung des 804 gegründeten Bischofssitzes. Jahrhundertelang war Halberstadt das wirtschaftliche und kulturelle Zentrum des nordöstlichen Harzvorlands. Für den Architekten Hallegger spielt Halberstadt mit dem Gleimhaus, dem Dom und der Moses Mendelssohn Akademie in der »Kultur-Bundesliga«.

Die DDR hatte zu vieles zu gleich gemacht. Die aus uniformen Plattenbauten errichteten Wohngebiete haben nur so lange funktioniert, wie die Bewohner eine Heimat an ihren Arbeitsplätzen hatten. Das soziale Leben fand in der Familie und in den Betrieben statt und nicht im öffentlichen Raum.

Jüdische Spuren

Nach dem Ende der DDR-Großbetriebe brauchten vor allem die ostdeutschen Städte Bürger, die die Stadt als die ihre begriffen und sich für

Urbanität und Lebensqualität mit Geld und Engagement einsetzten. Leute wie Hallegger oder Jutta Dick, die Leiterin der Moses Mendelssohn Akademie. Sie erforscht in der Unterstadt die Geschichte der einst blühenden **jüdischen Gemeinde**. Bis in die 1930er-Jahre war die jüdische Gemeinde 600 Jahre lang eine der größten Deutschlands. 1938 zwangen die Nazis die Halberstädter Juden, ihre berühmte Barocksynagoge abzureißen. Inzwischen graben Archäologen die Reste des Prachtbaus vor dem Berend-Lehmann-Museum wieder aus. Übrig geblieben sind das ehemalige **Mikwenbad, das Kantorhaus und die Klaussynagoge** aus dem 17. Jahrhundert. Heute versucht die Moses Mendelssohn Akademie, die Erinnerung an die zuletzt 10 000 Halberstädter Juden wach zu halten: Jutta Dick holt Fachleute nach Halberstadt, führt die in alle Welt zerstreuten letzten Halberstädter Juden durch die Stadt und kämpft unermüdlich um Spenden und Sponsorengelder für den Erhalt der letzten Reste des einst so prächtigen jüdischen Halberstadt.

Wer genau hinsieht, findet rund um die Bakenstraße gleich unterhalb des Domplatzes noch viele Spuren jüdischen Lebens, z. B. die des Industriellen Hirsch. In rund 100 Jahren war aus dem 1805 von einem Altmetallhändler gegründeten Unternehmen ein Industriebetrieb mit 50 000 Angestellten und Niederlassungen in der ganzen Welt gewachsen. Im einstigen Hauptgebäude des 1927 wegen antijüdischer Übergriffe nach Berlin verlegten Unternehmens sitzt heute die Hauptverwaltung der AOK.

Inzwischen haben Jutta Dick und ihre Mitstreiter erreicht, dass Archäologen die Reste der einst prächtigen Halberstädter Barocksynagoge freilegen. Gleich hinter der Brachfläche mit den frisch ausgegrabenen Steinbrocken aus dem 17. und 18. Jh. erinnert das Berend-Lehmann-Museum an den preußischen Hofjuden und das 18. Jahrhundert.

Jüdische Spezialitäten aus aller Welt werden wieder im kleinen Café Hirsch vor dem Museum serviert. So kehrt nach Vertreibung, Krieg und Verfall das Leben in alte Halberstädter Mauern zurück.

Originalbriefen, Porträts, Landkarten und Grafiken aus der damaligen Zeit sowie eine wertvolle Bibliothek mit ca. 12 000 Bänden. Domplatz 31, Öffnungszeiten: Di. – Fr. 9.00 – 17.00, Nov. – Apr. bis 16.00, Sa., So. 10.00 – 16.00 Uhr, www.gleimhaus.de.

St. Martini

Südöstlich vom Dom steht die dreischiffige Marktkirche St. Martini mit zwei unterschiedlich hohen Türmen, die jahrhundertelang als Wachtürme dienten (damit der auf dem Südturm wohnende Wächter freie Sicht hatte, blieb der Nordturm niedriger) und heute das Wahrzeichen von Halberstadt sind. Mit ihrem Bau wurde im 13. Jh. an der Stelle und unter Einbeziehung einer romanischen Vorgängerkirche nach Hirsauer Vorbild begonnen. Im 14. Jh. wurde sie als gewölbte gotische Hallenkirche weitergeführt. Sehenswert sind ein um 1300 entstandener Bronzekessel, die Kanzel von 1595, der Orgelprospekt von 1596 und der Hochaltar von 1696. Zwischen den beiden Türmen befindet sich eine Aussichtsplattform mit einer kleinen Ausstellung zur Baugeschichte.

Weitere Sehenswürdigkeiten

Roland

Vor dem Rathaus, einem Neubau aus dem Jahr 1998, steht ein 4,50 m hoher, steinerner Roland von 1433 (der zweitälteste deutsche Roland nach Bremen). Er versinnbildlicht den städtischen Besitz des Markt-, Münz- und Zollrechts sowie der Gerichtsbarkeit. Weitere Rolandsfiguren sind im Harz u. a. in Nordhausen, Quedlinburg, Neustadt und Questenberg erhalten.

◄ Berend-Lehmann-Museum

Nahe dem Standort der ehemaligen jüdischen Synagoge befindet sich heute in der Judenstraße 25/26 das Berend-Lehmann-Museum, ein Museum zur jüdischen Geschichte und Kultur. Die Bezeichnung Be rend Lehmann geht auf den gleichnamigen Hofjuden (1661 – 1730) zurück, Finanzier für den preußischen, hannoverschen und vor allem den sächsischen Hof. Durch sein Mäzenatentum erlebte die jüdische Gemeinde Halberstadts eine Blütezeit (Sa., So. 10.00 – 16.00, Mai bis Okt. Di. – Fr. 9.00 – 17.00, Nov. – Apr. Di. – Fr. ab 10.00 Uhr). Im **Museumskaffee Hirsch** gibt es Spezialitäten nach alten jüdischen Rezepten wie Latkes oder Zander im Mazemantel (Tel. 0 39 41/58 32 38).
Die nordöstlich vom Dombezirk stehende **Katharinenkirche** gehörte zu einem im 13. Jh. von den Regensteiner Grafen gegründeten Dominikanerkloster und wurde im 14. Jh. als dreischiffige gotische Hallenkirche errichtet.
Seit dem 13. Jh. hatte sich auf dem Martiniplan und um den Holz- bzw. Fischmarkt herum die Altstadt entwickelt, hier standen das 1381 aus Sandstein erbaute Rathaus sowie prachtvolle **Fachwerkhäuser**. Die erhaltenen, großteils restaurierten Häuser aus dem 15. bis 19. Jh. stehen v. a. nördlich des Domplatzes in der Unterstadt sowie in den Straßen rund um die Katharinenkirche, z. B. St. Florian (Ecke Gerber-, Dominikanerstraße und Hoher Weg), ein historisches Gasthaus von 1578.

Festlich gedeckte Tafel im Schraube-Museum

Schraube-Museum ▶ In der Voigtei 48 gibt es kleines Museum zur bürgerlichen Wohnkultur und zum Handwerk um 1900 (der Eingang liegt im Innenhof). Im Hof des Hauses Voigtei 6 (um 1700 mit klassizistischer Haustür) steht ein im 19. Jh. erbauter **Holzkran** als technisches Denkmal.

An der Ecke der Straßen Westendorf und Grudenberg steht die sog. **Weltkugel**, ein um 1557 erbautes Gebäude; aus der 2. Hälfte des 15. Jh.s und eines der ältesten Fachwerkhäuser der Stadt ist das Haus Westendorf 25; das Haus Nr. 45 stammt von 1588. Nicht weit entfernt steht die **Johanniskirche**, die 1648 am Ende des Dreißigjährigen Krieges erbaut wurde, mit einem frei stehenden Glockenturm.

★ St. Moritz Nördlich von St. Florian gelangt man zur Kirche St. Moritz, die im 11. Jh. als romanische Pfeilerbasilika errichtet und nach 1238 in eine flach gedeckte Basilika umgebaut wurde (1978 restauriert). Im Innern sind der Mittelschrein eines spätgotischen Flügelaltars, ein Bronzeleuchter, das aus dem 15. Jh. stammende Chorgestühl sowie der Orgelprospekt von 1787 sehenswert (Jesseorgel).

Stadtbefestigung Reste der zwischen 1230 und 1323 errichteten Stadtmauer, die im 18. Jh. jedoch abgebrochen wurde, sind in der Schützen- und Schwanebecker Straße erhalten, dazu gehört auch der im Nordosten der Stadt stehende Wassertorturm von 1444. Ganz in der Nähe steht die Ruine der Franzosenkirche (1713 – 1718), die an die nach 1685 unter dem Großen Kurfürsten in Brandenburg angesiedelten Hugenotten erinnert.

✶ **Spiegelsberge**

Am südlichen Stadtrand liegen die Spiegelsberge, eine 180 m hohe, parallel zum Harz verlaufende Sandsteinklippe der Oberkreide. 1761 ließ Ernst Ludwig Christoph von Spiegel (1711 – 1785) die Landschaft zu einem **Landschaftspark des 18. Jh.s** umgestalten. Hier steht u. a. der **Aussichtsturm Belvedere**, ein 1769 – 1782 erbautes **Jagdschlösschen** mit Teilen des abgerissenen Schlosses in Gröningen, heute eine beliebte Ausflugsgaststätte. Im Keller befindet sich das aus dem Gröninger Schloss stammende **»Große Weinfass«** mit 144 000 l Fassungsvermögen, das 1594 von Michael Werner, dem Erbauer des Heidelberger Fasses, angefertigt wurde. Am Fuße der Spiegelsberge liegt das Spiegelmausoleum.

Hier befindet sich auch ein 7 ha großer **Tiergarten** (Zugang Kirschallee) mit heimischen Tieren wie Rothirsch, Mufflon, Wildschwein, Fuchs und Dachs. In den Volieren nisten Eulen und Greifvögel. Der Tiergarten wurde für artgerechte Haltung ausgezeichnet.Öffnungszeiten: tgl. 9.00 – 17.00, im Sommer bis 19.00 Uhr.

> ! *Baedeker* TIPP
>
> **639 Jahre hören**
>
> »So langsam wie möglich« führt der Komponist John Cage mit seinem Werk Organ2/ASLSP – As slow as possible in der Kirche St. Buchardi durch die nächsten 639 Jahre. Die Aufführung begann mit einer fast anderthalbjährigen Pause am 5. September 2000. Seit dem 5. Januar 2003 erklingen die ersten Töne – ein zweigestrichenes Gis, ein eingestrichenes H und ein eingestrichenes Gis. Öffnungszeiten: Di. – So. 11.00 bis 16.00 Uhr; Info: www.john-cage.halberstadt.de

Umgebung von Halberstadt

Langenstein
◂ Reisekarte F/G 1

8 km südwestlich von Halberstadt liegt Langenstein am Fuße eines schmalen, vermutlich schon in frühgeschichtlicher Zeit besiedelten Bergrückens. Hier entstand um 1150 eine Burg, die im 13. Jh. in den Kämpfen zwischen dem Bischof von Halberstadt und den Regensteiner Grafen eine große Rolle spielte; 1644 wurde sie von den Schweden geplündert und 1653 abgebrochen. Auf dem Weg zur **Burgruine Altenburg** kommt man an mehreren in den Sandstein gehauenen Wohnungen vorbei; die letzte war noch bis 1916 bewohnt.

Im Langensteiner Park, der um 1858 von dem Gartenarchitekten Pätzold angelegt worden ist, steht ein **ehemaliges Schloss** (heute Rehabilitationszentrum). Im Giebelfeld des zweigeschossigen Gebäudes befindet sich noch das Wappen der in Genua geborenen Maria von Branconi (1746 – 1793), in deren Auftrag es 1778 – 1781 erbaut worden war. Sie hatte in Italien den Braunschweiger Erbprinzen Karl Wilhelm Ferdinand kennen gelernt und war ihm nach Deutschland gefolgt. Schnell entwickelte sich der Ort zu einem gesellschaftlichen Mittelpunkt, der zahlreiche illustre Besucher anzog, unter ihnen auch Goethe.

4 km östlich von Langenstein befindet sich die **Gedenkstätte Langenstein-Zwieberge**, ein ehemaliges Außenlager des Konzentrationslagers Buchenwald.

Huy

Etwa 8 km nordwestlich von Halberstadt beginnt der Huy (der Hohe), ein auf 314 m Höhe ansteigender, etwa 18 km langer, bewaldeter Bergrücken.

Kloster Huysburg Reisekarte F/G 1 ►

Neben einer reichhaltigen Flora und Fauna sind die Flüstergrotte, die Daneilshöhle, der Jürgenbrunnen, die Gletschertöpfe und die Huysburg zu sehen. Letztere ist eine alte Wallburganlage, auf der um 1084 der Halberstädter Bischof Burchard II. ein Benediktinerkloster gründete, das 1804 aufgelöst wurde.

St. Maria ►

Die 1121 geweihte dreischiffige Klosterkirche St. Maria ist weitgehend erhalten (bis auf den zweitürmigen Westbau mit seinen spätgotischen Türmen und die eingewölbten Seitenschiffe) und gilt als **schönes Beispiel niedersächsischer Baukunst an der Schwelle zur hochromanischen Architektur.** Im 18. Jh. erhielt sie ihre jetzige barocke Ausstattung.

In den zum Teil noch erhaltenen Klostergebäuden (u. a. der nördliche Kreuzgangflügel aus der Zeit um 1400, das einstige Refektorium, heute Bibliothek, und das sog. Neue Gebäude von 1746) befindet sich seit 1972 wieder ein Benediktinerkloster (Info: Benediktinerpriorat, Tel. 0 394 25/96 10).

Schloss Röderhof

1804 bekam General von Knesebeck vom Preußenkönig Friedrich Wilhelm III. den Röderhof geschenkt, ein ehem. Klostergut. Dieser ließ am Fuße des Huys in romantisierendem Stil Schloss Röderhof errichten.

Im umliegenden Park findet man noch romanische Bauteile des Klosters. Eine empfehlenswerte Wanderung beginnt am Kloster Huysburg und folgt dem Kammweg in Richtung Huy-Neinstedt (rund 1,5 Std.).

Schöne Baukunst an der Schwelle zur Hochromanik: St. Maria

Harzgerode

G 3

Bundesland: Sachsen-Anhalt
Höhe: 390 m
Einwohnerzahl: 4900

Das hübsche Städtchen mit den im Selketal gelegenen Ortsteilen Mägdesprung, Alexisbad und Silberhütte, war einer der Mittelpunkte des Unterharzer Bergbaus. Heute ist die zeitweise Residenz einer Nebenlinie des anhaltischen Fürstenhauses ein Ferienort.

Geschichte

Harzgerode entstand vermutlich im Zusammenhang mit der 975 im Selketal gegründeten Propstei Hagenrode. Die Gewinnung und Verarbeitung der Silber- und Eisenerze prägten dann nachhaltig die weitere Geschichte. Unter Otto III. erhielt der als Hansacanroth erstmals erwähnte Ort ab 993 Markt- und Münzrecht. Im 13. Jh. gelangte er an die Askanier, 1535 an die Fürsten von Anhalt. Unter diesen entstand das Schloss in der Ortsmitte. 1338 erhielt Harzgerode Stadtrecht. In der Alten Münze wurde 1539 aus der Ausbeute des Birnbaumschachtes bei Harzgerode der **erste anhaltische Silbertaler** geprägt. 1893 wurde der Bergbau im Harzgeroder Revier beendet. Heute bieten mittelständische Unternehmen Erwerbsmöglichkeiten. Darüber hinaus hat sich Harzgerode mit seinen Ortsteilen im ► Selketal zu einem beliebten Ferien- und Ausflugsort entwickelt. Seit 2008 steht hier die weltweit erste Skisprungschanze aus Aluminium (www.ebremmelschanze.de.tc).

HARZGERODE

AUSKUNFT

Tourist-Information
Markt 2, 06493 Harzgerode
Tel. 03 94 84/3 24 21
www.harzgerode.de

ESSEN

► Preiswert/erschwinglich

Schlosskeller
Schlossstr. 3, Tel. 03 94 84/22 43
www.schlosskeller-harzgerode.de
Deutsche Küche in einem über 300 Jahre alten Kellergewölbe; am letzten August-Wochenende treffen sich hier Motorradfreaks aus ganz Deutschland.

Markt

An dem von schönen Fachwerkhäusern umgebenen Marktplatz steht auch der 1901 eingeweihte **Rathausneubau**, der auf den Grundmauern eines Vorgängerbaus von 1639 errichtet wurde. Auf einem massiven Erdgeschoss mit großen Rundbogenfenstern erheben sich zwei Fachwerkgeschosse mit einem Erker und einem hübschen Turm. Der gegenüberliegende ehemalige **Roeder'sche Hof** (Markt 8) wurde Anfang des 17. Jh.s und die frühere **Bergfaktorei** (Markt 5) in der ersten Hälfte des 18. Jh.s erbaut. Schöne alte Häuser stehen auch in der Mittelstraße und in der Oberstraße.

◄ St.-Marien-Kirche

An der Ostseite des Marktes befindet sich die dreischiffige St.-Marien-Kirche, die 1698 auf den Resten eines romanischen Vorgängerbaus errichtet wurde. Bemerkenswert ist die Innenausstattung der tonnengewölbten Kirche mit einer dreistöckigen Empore sowie einer reich gestalteten barocken Fürstenloge von 1699, die die ganze Ostseite einnimmt.

Schloss
Besichtigung:
Di. – Fr.
10.00 – 12.00
13.00 – 16.00
Sa., So.
11.00 – 16.00

An der Stelle einer 1326 erstmals erwähnten Burg steht das 1549 bis 1552 erbaute dreigeschossige Renaissanceschloss. Der fast quadratische Innenhof wird durch eine rundbogige Toreinfahrt mit dem alten Bernburger Wappen betreten. Nachdem es im 18. Jh. als Residenz aufgegeben worden war, wurde das Schloss zu Verwaltungs- und Wohnzwecken genutzt.
Im Schloss kann der restaurierte Ostflügel über den Wendelstein betreten werden. Hier wurde die **Heimatstube** mit Sachzeugen zur Entwicklung des Harzgeröder Bergbaus und der Gießereiindustrie sowie zur Siedlungs- und Stadtgeschichte eingerichtet. Der früher als Rittersaal genutzte Festsaal besitzt einen Parkettfußboden aus 18 im Harz vorkommenden Holzarten. Im Wehrgang sind Kunstgussobjekte aus der Sammlung Carl Horn (Leihgaben des Burg- und Schlossmuseums Allstedt, des Kultur- und Heimatvereins Harzgerode und private Leihgaben) ausgestellt. Die Ölgemälde in einer Fensternische der heutigen Bibliothek vermitteln den Zeitgeschmack der fürstlichen Bewohner im ausgehenden 17. Jahrhundert.

Hasselfelde

F 2

Bundesland: Sachsen-Anhalt **Höhe:** 460 m
Einwohnerzahl: 3300

Hasselfelde ist wie viele Harzer Orte durch den Bergbau entstanden. Der Luftkurort ist in das weitläufige Miteinander kleiner Flüsse und das Talsperrensystem von Bode und Rappbode eingebunden. Täglich sind Fahrten zum Brocken mit der Harzquer- und Selketalbahn möglich. Reines Quellwasser speist das 10 000 m² große Waldseebad.

Geschichte In der östlich von Hasselfelde liegenden Königsburg weilte 1043 und 1052 Kaiser Heinrich III. zur Jagd. 1222 bekam der Ort Stadtrechte verliehen und schützte seine Bewohner durch den Bau einer Stadtmauer. Als Besitzung des Hochstiftes Halberstadt ging Hasselfelde als Lehen an die Blankenburger Grafen und gehörte nach deren Aussterben von 1599 bis 1918 zum Herzogtum Braunschweig.

Stadtbild Die Stadtmauer zerstörten bereits 1346 die Hohnsteiner, die mit den Blankenburger Grafen der Stadt in ständiger Fehde lagen. Fünf große Feuersbrünste zwischen 1559 und 1893 vernichteten die gesamte mittelalterliche Bausubstanz von Hasselfelde. Die Stadt wurde danach an geraden, schachbrettartig neu angelegten Straßen wieder aufgebaut. Von der einstigen Königsburg blieben einige Mauerreste erhalten; die neugotische Stadtkirche entstand 1845 – 1851 an der Stelle eines niedergebrannten Vorgängerbaus.

Die nach Plänen des Schinkelschülers und braunschweigischen Baumeisters Ottmer erbaute und 1851 eingeweihte klassizistische **St.-Antonius-Kirche** beherbergt ein Altarbild von Hofmaler Quensen. Öffnungszeiten: tgl. 10.00 – 18.00 Uhr.

HASSELFELDE

AUSKUNFT

Tourist-Information
Breite Str. 17, 38899 Hasselfelde
Tel. 03 94 59/7 13 69, Fax 7 60 55
www.hasselfelde.de

ESSEN

► Preiswert/erschwinglich

Hagenmühle
Hagenstr. 6, Tel. 03 94 59/713 20
www.hotel-hagenmühle.de – Deutsche Küche in gemütlicher Atmosphäre in ehem. Wassermühle, mit Hotel.

Harzköhlerei Stemberghaus
Stemberghaus 1, Tel. 03 94 59/7 22 54
Köhlerschmaus und Kuchen in einem Köhlereimuseum (►Tipp S. 248).

Umgebung

Am Ortsrand von Hasselfelde liegt die **Hasselvorsperre** und bei Trautenstein die **Rappbodevorsperre** (jeweils ca. 1,5 Mio. m³ Wasserinhalt). In ihnen wird das Wasser gereinigt, bevor es zur Trinkwassertalsperre der Rappbode weiterfließt. Beide Staumauern sind jeweils etwa 140 m breit. Um die beiden etwa 4 km langen Stauseen führen Wanderwege mit Aussichtspunkten. Hier brüten Fischreiher und zahlreiche andere Wasservögel. Im Frühjahr blühen verschiedene Orchideenarten, Trollblumen und andere seltene Pflanzen.

★ ◄ Wilder Rabenstein

Ein Wanderweg führt vom Ort entlang der Hasselvorsperre zum Naturdenkmal Wilder Rabenstein mit der Großen und Kleinen Raben-

! Baedeker TIPP

Ballermänner, ...

... Saloon, Sattlerei, ein paar Läden in klapprigen Holzhäusern an einer staubigen Straße. Die Main Street in Pullman City sieht so aus, wie wir uns ein Wildwest-Provinzkaff anno 1880 vorstellen. Zwei Bestatter streiten sich um eine Schnapsleiche, dann kommen Soldaten und die legendären Postreiter. Die tägliche Westernshow lässt uns wissen, dass die Indianer doch nicht die Bösen waren. Pullman City, Am Rosentale 1, Tel. 03 94 59/73 10, www.pullmancity-2.de.

steinklippe, ein Aussichtspunkt direkt über dem Stausee der Rappbodetalsperre. Am rechten Ufer der Rappbodevorsperre befinden sich noch die Reste des Burggrabens und mehrerer Wälle der **Trageburg**, einer vermutlich im 13. Jh. an einem Rappbodeübergang erbauten Schutzburg.

Carlshaus

1998 hat die Harzer Schmalspurbahn 6 km südlich von Hasselfelde auf einer 626 m hohen Erhebung einen 50 m hohen Funkturm gebaut. In 30 m Höhe gibt es hier eine Aussichtsplattform mit Weitblick zum Brocken, zum Auerberg und zum Kyffhäuser.

✶ **Rappbodetalsperre**
Reisekarte E/F 2 ►

Die Rappbodetalsperre wird von der Warmen und Kalten Bode (► Brocken), Rappbode (die südlich von Benneckenstein entspringt), Bode und Hassel gespeist und ist mit ihren Ausläufern 8 km lang und der größte Stausee im Harz. In seiner Umgebung haben sich eher selten gewordene Pflanzen und Wasservögel angesiedelt.

Neben dem Hochwasserschutz für die Anwohner des Bodetals, der Energieerzeugung und der Bewässerung für landwirtschaftliche Nutzflächen des nördlichen Harzvorlands steht die Trinkwasserversorgung niederschlagsarmer Gebiete im Vordergrund: Jährlich werden rund 60 Mio. m^3 sauberes Trinkwasser (nachdem sie die Trinkwasseraufbereitungsanlage Wienrode durchlaufen haben) in die Ballungsgebiete der wasserarmen Gegenden abgegeben.

Das gesamte, 1952 – 1952 erbaute Rappbodetalsperrensystem besteht aus mehreren kleineren Stauseen: dem Hochwasserschutzbecken Kalte Bode (zwischen Mandelholz und Königshütte), der Überleitungssperre Königshütte (am Zusammenfluss von Kalter und Warmer Bode) mit Überleitungsstollen in die Rappbodesperre; der Rappbodevorsperre (nördlich von Trautenstein), der Vorsperre Hassel (nordwestlich von Hasselfelde), der Rappbodetalsperre, die wichtigste Talsperre des Bodesystems, und der erst 1966 errichteten Talsperre Wendefurt (nur hier ist Wassersport erlaubt).

Den schönsten Blick über die Rappbodetalsperre hat man von der **Aussichtsplattform** oberhalb der 106 m hohen, 415 m langen Staumauer. Vom Parkplatz auf der Rübeländer Seite führt ein Weg (3 Min.), der als Lehrpfad angelegt ist, zur Aussichtsplattform hinauf.

! *Baedeker* TIPP

Dampfende Meiler

Die Harzköhlerei Stemberghaus erzählt an der Bundesstraße 81 (ca. 5 km Richtung Blankenburg) die Geschichte der Harzer Köhler. Zu DDR-Zeiten produzierte der Betrieb in Eisenmeilern Holzkohle, die in Westdeutschland als heimisches Produkt der Lüneburger Heide verkauft wurde. Tel. 03 94 59/7 22 54, www.harzkoehlerei.de, Öffnungszeiten: tgl. 10.00 – 17.00 Uhr.

Trautenstein
Reisekarte E 2 ►

Im oberen Rappbodetal liegt der Hasselfelder Ortsteil Trautenstein (5 km westlich von Hasselfelde; 600 Einw.). In seiner Umgebung wurden früher Eisen-, Silber- und Kupfererze abgebaut. Sehenswert ist die 1701 geweihte barocke Fachwerkkirche mit Holztonnengewölbe und Hufeisenempore. Der Taufstein ist ein klassizistischer Harzer Eisenguss von 1830 und in der Form eines antiken Altars gestaltet.

★ Herzberg

C 3

Bundesland: Niedersachsen
Einwohnerzahl: 10 200
Höhe: 235 – 300 m

Herzberg liegt an den Ausläufern des Siebertals, am Südwestrand des Harzes. Die Stadt wird vom Schlossberg mit dem 960 Jahre alten Welfenschloss überragt.

Geschichte

1029 soll Werner von Lutterberg, Herr zu Osterode und Vogt zu Pöhlde, an der Stelle des heutigen Schlosses ein Jagdhaus erbaut haben, das 1157 von Heinrich dem Löwen im Tausch gegen die Burg Badenweiler von Kaiser Friedrich Barbarossa erworben wurde. Bis 1866 blieb das Schloss im Besitz der Welfen, bis 1714 war es fürstliche Residenz. Nach der Teilung des Welfenhauses 1286 kam Herzberg an die Linie Braunschweig-Grubenhagen und nach deren Aussterben 1596 bis 1714 an die Linie Braunschweig-Lüneburg. Im Schutze der Burg entstand eine 1337 erstmals erwähnte Siedlung, die 1568 das Markt- und 1569 das Braurecht erhielt. Im 18. und 19. Jh.

HERZBERG ERLEBEN

AUSKUNFT

Tourist-Information
Marktplatz 30/32
37412 Herzberg
Tel. 0 55 21/85 21 11, Fax 85 21 20
www.herzberg.de

ÜBERNACHTEN

▸ Komfortabel

Englischer Hof
Vorstadt 8 – 10
Tel. 0 55 21/896 90, Fax 89 69 14
www.englischer-hof.de, 30 Z.
Vier-Sterne-Hotel mit Asia-Wellness-Angebot.

Sieber: Hotel garni Haus Iris
An der Sieber 102 b
Tel. 0 55 85/3 55, Fax 15 12
www.harzweb.de/haus-iris
Schlichte Privatpension, nach hinten raus ruhige Zimmer, manche davon sehr klein. Ein nettes, funktionales Quartier für Leute ohne Luxusansprüche.

▸ Komfortabel/günstig

Scharzfeld: Hotel Thiele
Harzstraße 18
Tel. 0 55 21/37 02, Fax 13 02
www.hotel-thiele.de
Landgasthaus mit 9 Zimmern im Jahrhundertwendestil, in dem Heidedichter Hermann Löns 1902 – 1908 seine Sommerfrische verbrachte. Innen geht es bodenständig rustikal zu. Zur Einhornhöhle ist es nur ein Katzensprung.

entwickelten sich mehrere Betriebe, darunter eine bedeutende Gewehrfabrik. 1866 gelangte der Ort an Preußen. 1929 wurde Herzberg, was ursprünglich Hirschberg bedeutete, zur Stadt erhoben.

✶✶ Schloss Herzberg

www.museum-schloss-herzberg.de ►

Öffnungszeiten:
Apr. – Okt.
Di. – So.
10.00 – 13.00
14.00 – 17.00
Nov. – März
Di. – Fr.
11.00 – 13.00
14.00 – 16.00
Sa., So. bis 17.00

Das in Fachwerkbauweise ausgeführte Schloss Herzberg liegt im Westen der Stadt auf einem Bergrücken oberhalb der Sieber. Der heutige Bau entstand mit Ausnahme der Kellergewölbe nach einem Brand 1510 als vierflügelige Renaissance-Fachwerkanlage neu und diente bis 1714 als fürstliche Residenz. 1629 kam hier als Sohn von Herzog Georg von Calenberg Ernst August zur Welt, der erste Kurfürst von Hannover und Begründer des englisch-hannoverschen Königshauses. Gegenwärtig befinden sich hier seit 1885 das Amtsgericht (verhandelt wird in der ehem. Schlossküche im Sieberflügel), Wohnungen, im Stammhausflügel ein Restaurant, das Museum Schloss Herzberg und ein Forstmuseum (►unten).

Den Hof betritt man durch ein Tor im Stammhausflügel, der mit dem Wappen des Herzogs Johann Friedrich geschmückt ist (1735 datiert). Erdgeschoss und erstes Obergeschoss sind massiv, das zweite in Fachwerk ausgeführt. Auf der Hofseite kragt es weit vor und liegt auf fünf schlanken Säulen auf.

An den Stammhausflügel stößt im Osten der Graue Flügel (1861 spätklassizistisch erneuert). Unter Herzog Christian Ludwig erfolgten 1648 – 1660 umfangreiche Umbauten, u. a. entstanden der lang gestreckte Sieberflügel sowie der dreigeschossige Fachwerktreppenturm mit Welscher Haube und offener Laterne im Winkel zwischen Sieber- und Grauem Flügel. Sowohl Portale als auch Fachwerkstreben sind mit buntem Schnitzwerk im Knorpelstil verziert.

Schloss Herzberg Orientierung

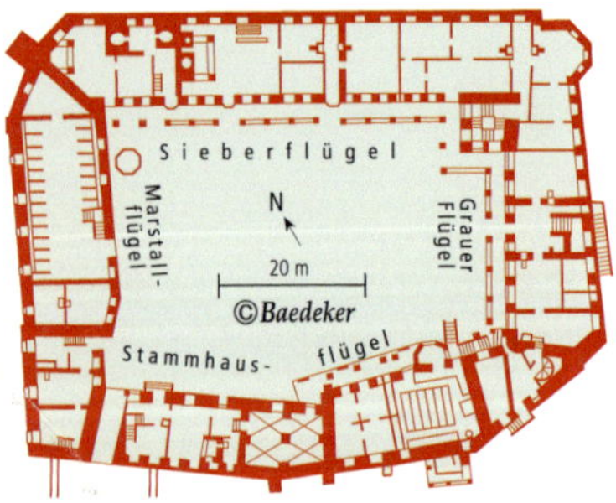

Museen im Schloss

Das Museum Schloss Herzberg liefert Informationen zur Bau- und Schlossgeschichte und zu den Welfen in Herzberg und kann außerdem eine stadtgeschichtliche Abteilung vorweisen. Die Ausstellung der niedersächsischen Landesforstverwaltung »Der Harz – Land und Leute einst und jetzt« zeichnet im Rückblick 1000 Jahre Harzer Geschichte nach.

An den Stammsitz der Welfen erinnert auch ein **Faksimile des Evangeliars Heinrichs des Löwen**, das zu den größten Leistungen der Buchkunst im Mittelalter gehört. Geschaffen hat das Original, das sich in der Herzog-August-Bibliothek in Wolfenbüttel befindet, im

Ein Fachwerkschloss prägt die Stadt Herzberg.

12. Jh. der Mönch Herimann in seiner Werkstatt im Kloster Helmarshausen für den Herzog und dessen Ehefrau, die englische Königstochter Mathilde. Im Rittersaal finden regelmäßig Konzerte und Vorträge statt.

Umgebung von Herzberg

Großer Knollen/ Hanskühnenburgklippe

Sowohl Sieber als auch Lonau sind geeignete Ausgangsorte für Wanderungen, u. a. auf den 687 m hohen Großen Knollen (mit Aussichtsturm und Baudenbewirtschaftung) oder auf die Hanskühnenburgklippe. Auf dem 811 m hohen Bergrücken steht ein 8 m hoher Quarzitfelsen, der an eine Ruine erinnert und Anlass zur Sage von einer verwunschenen Burg gab.

✶ Einhornhöhle

◄ www.einhornhoehle.de
Öffnungszeiten: März – Okt. Di. – So. 10.00 – 17.00 Jan. – März Sa., So. 11.00 – 16.00

Bekannt geworden ist der Ort auch durch die Einhornhöhle 2 km nördlich von Scharzfeld. Der natürliche Hohlraum im über 270 Mio. Jahre alten Zechstein-Dolomit entstand in Hunderttausenden von Jahren durch Verwitterung. Im Innern der 600 m langen Höhle herrscht eine Durchschnittstemperatur von 5,3 °C. Ihre früheste Beschreibung lieferte 1583 der spätmittelalterliche Chronist Johannes Letzner; bekanntere Besucher waren u. a. Wilhelm Leibniz (um 1700), Goethe (1784), Rudolph Virchow (1872) und Hermann Löns (Anfang des 20. Jh.s). Man betritt die Höhle durch einen 1903 künstlich angelegten, 14 m langen Stollen (365 m) und steigt durch einige größere Hallen zum früheren Eingang hinauf (390 m). Der größte Raum ist die Blaue Grotte, in die Tageslicht fällt. Schon frühzeitig gefundene fossile Knochen (denen man heilende Kräfte zuschrieb) von

Raubtieren, u. a. von Höhlenbären, haben zur Legende des Einhorns geführt. Spätere Funde ergaben die Anwesenheit von Menschen in der Höhle vor über 100 000 Jahren.

! *Baedeker* TIPP

Der Höhlenbär und der Neandertaler

Was macht der Höhlenbär mit dem Einhorn und dem Neandertaler unter den Harzer Bergen? Aufklärung liefert Ralf Nielbock mit seinem Team auf einer Erlebnisführung durch die Einhornhöhle dienstags bis sonntags zwischen 10.00 und 17.00 Uhr (letzte Führung 16.00 Uhr). In der Wanderbaude Haus Einhorn gibt es zum Abschluss außergewöhnliche Harzer »slow-food«-Produkte. Info: Tourist-Information Herzberg (►Erleben).

Die **Burgruine Scharzfels** liegt malerisch auf einem 120 m über dem Odertal aufragenden Dolomitfelsen, der vermutlich schon in ur- oder frühgeschichtlicher Zeit besiedelt war.
250 m nordöstlich von hier stand auf einem Steilabfall die mittelalterliche **Burg Frauenstein**, die das Gelände nördlich der Burg Scharzfels kontrollierte. 250 m südwestlich der Burg Scharzfels legte im Siebenjährigen Krieg der französische Marschall Vaubecourt die Geschützbasis **Scharzfels-Schandenburg** an, von der aus der nahe Scharzfels belagert wurde.

Rhumequelle

Ein schöner Spaziergang führt zur 4 km südlich gelegenen Rhumequelle, auch Rhumesprung genannt. Aus dem 40 m tiefen Hauptquelltrichter, zahlreichen Nebenquellen, vermehrt durch den Zufluss zweier Talbäche, sprudeln bis zu 5000 l Wasser pro Sekunde. Damit ist die Rhumequelle eine der wasserreichsten in Europa.

Hettstedt

K 3

Bundesland: Sachsen-Anhalt **Höhe:** 150 – 180 m
Einwohnerzahl: 18 600

Zahlreiche Abraumhalden in unmittelbarer Umgebung der Stadt erinnern an die über 800-jährige Bergbaugeschichte. Seit 1200 wurde hier wie auch in der Umgebung von ►Mansfeld und Eisleben (►Lutherstadt Eisleben) Kupfererz abgebaut und verhüttet.

Geschichte

1046 schenkte Kaiser Heinrich III. den Marktflecken Heiczstete dem Bischof von Meißen. In den unversöhnlich geführten Auseinandersetzungen mit dem Klerus machte Heinrich der Löwe 1181 den Ort dem Erdboden gleich. Doch bald darauf begann für Hettstedt eine lang währende Blütezeit: 1199 wurde auf dem Kupferberg Kupferschiefer gefunden, bald darauf abgebaut und verarbeitet. Das Mans-

← Schon im 18. Jh. zog die Einhornhöhle Besucher an – auch Goethe war hier.

Stattlich: das 1535 erbaute Saigertor

felder Gebiet war der ergiebigste Kupferbezirk Deutschlands: Zwischen Eisleben und Hettstedt gab es neun größere Hütten. Auf Kupfer beruhte bis ins 20. Jh. – trotz vieler Kriegswirren und verheerender Stadtbrände – das wirtschaftliche Leben in der Stadt.

Ab 1430 wurde Hettstedt mit einer **Stadtmauer** umgeben. Entlang der Wipper stehen noch Teile der Ringmauer; von den drei Stadttoren sind im Norden das 1535 erbaute Saigertor und im Osten das 1556 errichtete Brücktor, Franzosenturm genannt, erhalten. Ein Bergfried mit Fachwerkaufsatz erinnert an ein Wasserschloss, das im 13. Jh. zum Schutze des Bergbaus im Süden der Innenstadt entstand. Seit dem 19. Jh. befindet sich hier ein Brauereibetrieb.

Das jetzige **Rathaus** ist 1525 erbaut worden, verlor jedoch 1684, 1879 und 1913 durch Umbauten sein ursprüngliches Aussehen. Die 1418 – 1429 errichtete **Jacobikirche** wurde nach einem Brand 1704 – 1706 wieder aufgebaut. Im Innern besitzt der Chor ein beachtenswertes spätgotisches Netzgewölbe, das Langhaus ein Tonnengewölbe von 1706. Sehenswert ist auch die barocke Innenausstattung und die restaurierte Rühlemann-Orgel.

✶ **Mansfeld-Museum**

Öffnungszeiten: Mi. – Fr. 10.00 – 16.00 Sa., So. bis 17.00 www.mansfeld-museum-hettstedt.de

Laut Cyriakus Spangenberg, dem einstigen Mansfelder Chronisten, entdeckten 1199 zwei Goslarer Bergknappen namens Nappian und Nauke hier in Hettstedt das Kupfererz. Das Mansfeld-Museum spiegelt die rund 800-jährige Geschichte des Mansfelder Kupferschieferbergbaus wider (Schlossstraße 7, Tel. / Fax 0 34 76/20 07 53).

Das **Technikmuseum** ist im Barockschloss Burgörner untergebracht, auch Humboldtschloss genannt (Schlossstraße 7; Anfahrt: Man verlässt Hettstedt in Richtung Mansfeld, vor dem Ortsausgang Hettstedt zweigt man kurz hinter der Eisenbrücke nach Burgörner-Altdorf ab). Das Schloss war einst Landsitz der Familie von Dacheröden, in die Wilhelm von Humboldt einheiratete. Sehenswert sind die zweiläufige barocke Treppe von 1726 und der Schöne Saal mit seiner für die Entstehungszeit typischen Gutsherrenhaus-Dielung.

Die Exponate des Museums sind sowohl innen als auch im Freigelände ausgestellt. Zu sehen sind historische berg- und hüttenmännische Werkzeuge, Schrift- und Sachzeugen des Altbergbaus sowie die den Bergbau begleitenden Industriezweige, ein Streckenvortrieb mit Streb und Förderanlage, eine original eingerichtete Revierstube sowie der funktionstüchtige Originalnachbau der ersten deutschen Dampfmaschine Watt'scher Bauart, die am 23. 8. 1785 auf dem damaligen König-Friedrich-Schacht in der Flur von Burgörner in Betrieb genommen worden ist, um das Sickerwasser aus dem Schacht zu pumpen. Außerhalb des geschlossenen Museumskomplexes befindet sich das Lichtloch 24 (rund 100 m tief) des Mansfelder Schlüsselstollens. Im Festsaal des Schlosses finden Wechselausstellungen und Konzerte statt.

Mansfelder Bergwerksbahn

Eine dampflokbetriebene Schmalspurbahn (750 mm Spurbreite) verkehrt zwischen Klostermansfeld und dem Eduard-Schacht südlich von Hettstedt-Burgörner (► Mansfeld, Umgebung, Tel. 03 47 72/ 2 76 40, www.bergwerksbahn.de).

Umgebung von Hettstedt

Schloss Oberwiederstedt/ Novalis-Museum

Öffnungszeiten: Di. – So. 10.00 – 16.00

Schloss Oberwiederstedt, im Dörfchen Wiederstedt 3 km nördlich von Hettstedt gelegen, beherbergt heute eine Forschungsstätte für Frühromantik und ein Novalis-Museum. Auf dem Stammsitz der Familie von Hardenberg wurde 1772 der Dichter Georg Philipp Friedrich von Hardenberg, genannt Novalis, geboren (► Berühmte Persönlichkeiten). Das Schloss von 1561 – ursprünglich stand an der gleichen Stelle ein Augustinerinnenkloster – nahm die Familie von Hardenberg 1634 in Besitz. Seit Mitte der 1980er-Jahre war es dem Verfall preisgegeben; sein Abriss konnte durch das Kuratorium »Novalis-Geburtshaus e. V.« verhindert werden. Nach einer Teilrestaurierung wurde 1989 das Novalis-Museum eröffnet, welches dem Leben und Schaffen des Dichters gewidmet ist. Heute finden wöchentlich Veranstaltungen statt, der Schlosspark lädt den Besucher mit dem »Blauen Garten« jederzeit zum Spaziergang ein (Schäfergasse 6, 06333 Oberwiederstedt, Tel. 0 34 76/85 27 20, Fax 85 27 27, www.novalis-museum.de).

Sandersleben

Nordöstlich von Hettstedt, nur 4 km entfernt, liegt das Wipperstädtchen Sandersleben, das sich im 11. Jh. bei einer Burg herausbildete, die im 16. Jh. in ein noch heute bewohntes Schloss umgebaut worden ist. Sehenswert ist auch das Rathaus, ein Renaissancebau von 1559 mit drei Giebeln, Erker und Freitreppe. Die Marienkirche wurde 1519 aus Feldsteinen gebaut. Innen befindet sich ein Figurengrabstein mit einem knienden Ritter.

Walbeck

Das 5 km nordwestlich von Hettstedt gelegene Walbeck war im Mittelalter ein viel besuchter Königshof, in dessen Schutz 985 das Benediktinerinnenkloster St. Andreas gegründet wurde. Von dem ottonischen Bauwerk, das 1525 von aufständischen Bauern zerstört wurde, blieben Teile des Kreuzgangs und zwei Räume erhalten, die beim Bau des Schlosses, heute Schule, Verwendung fanden. Im ehem.

Schlossgarten ist ein kleiner Tierpark eingerichtet. Die barocke Dorfkirche besitzt eine kostbare Innenausstattung.

✶ **Burgruine Arnstein**

Südöstlich außerhalb (in Richtung Sylda) des 10 km nordwestlich von Hettstedt gelegenen Harkerode erhebt sich auf einem Bergrücken über dem Einetal die wuchtige Burgruine Arnstein, an diese schließen östlich ein Doppelwall und ein Graben an, die zur frühmittelalterlichen Schalksburg gehören.

Die Burg Arnstein besteht aus westlicher Haupt- und östlicher Vorburg und entstand vor 1135 im Auftrag des Grafen von Arnstein zum Schutz der Harzrandstraße zwischen Wernigerode und Eisleben. Sie wechselte mehrfach den Besitzer. Nach dem Aussterben der Arnsteiner gelangte die Burg 1296 an die Grafen von Falkenstein, von diesen Mitte des 14. Jh.s an die Grafen von Regenstein und schließlich 1387 an die Grafen von Mansfeld. Unter diesen kam es zu Um- und Neubauten (1530 unter Hoyer von Mansfeld). Am Übergang vom 15. zum 16. Jh. wurde sie zu einem Wohnschloss umgebaut. Von der ab 1736 dem Verfall preisgegebenen Anlage sind noch Reste von Bergfried und Palas zu sehen. Der romanische Palas besaß ursprünglich drei überwölbte Geschosse, in der Gotik wurde er in ein gewölbtes Erdgeschoss und drei durch Balkendecken geschiedene Obergeschosse umgebaut. Hier schrieb 1788 Freiher Adolf Franz von Knigge (1752 – 1796) sein berühmt gewordenes Erziehungsbuch »Über den Umgang mit Menschen«, kurz **Knigge** genannt.

Ilfeld

E 3

Bundesland: Thüringen
Einwohnerzahl: 3100
Höhe: 260 – 540 m

Der Erholungsort Ilfeld liegt am Südharzrand vor den bewaldeten Harzbergen; hier tritt das Flüsschen Behre aus dem engen Ilfelder Tal in das niedrigere Harzvorland aus.

Geschichte

Um 1150 ließen die Bielsteiner Grafen auf dem heutigen Burgberg die Ilburg bauen. Schon kurze Zeit später wurde die Burg aufgegeben. Elger II. erwarb durch Heirat und Erbschaft die nahe Burg Hohnstein und nahm auch den Namen der Burg an. Er stiftete das Kloster Ilfeld, das mit Prämonstratensermönchen aus Pöhlde (► Herzberg, Umgebung) besetzt wurde.

Sehenswertes in Ilfeld und Umgebung

Im Ort stehen mehrere Fachwerkhäuser, u. a. das **Fachwerkensemble** in der Burgstraße, der ältesten Straße Ilfelds. Im Gasthof »Goldene Krone« übernachtete Goethe 1777 während einer seiner Harzreisen.

ILFELD ERLEBEN

AUSKUNFT

Ilfeld-Information
Altes Rathaus, Ilgerstraße 51
99768 Ilfeld, Tel. 03 63 31/320 33
www.suedharztouristik.de

ESSEN

► Erschwinglich/preiswert

Neustadt: Burggasthof Ruine Hohnstein
Tel. 03 63 33/4 90 49
www.burghohnstein.de; Mo. geschl.
Deftige Spezialitäten mit Blick auf die Ruine der einst mächtigen Burg. Sagenhaft ist bei klarem Wetter die Aussicht weit ins südliche Harzvorland auf das Kyffhäusergebirge und die Gipshänge des geplanten Biosphärenreservats Gipskarst.

► Preiswert

Neustadt: Hotel Hohnstein
Burgstr. 42, Tel. 03 63 31/467 18
www.hotel-hohnstein.de – Gute Hausmannskost in Traditionshaus.

Sophienhof (ca. 15 km in Richtung Hohegeiß): Ziegenalm
Dorfstraße 44, Tel. 03 63 31/4 82 35
www.ziegenalm.de – Das Fleisch kommt aus der eigenen Ziegenzucht. Spezialitäten in der Almstube: Lammragout, Ziegensalami, Ziegenkäseschnitzel mit Brot sowie Schweinespezialitäten (Ostern bis 15.11. Mi. – So. 10.00 – 18.00, 16.11. bis Palmsonntag nur Do., Sa. und So. 10.00 – 18.00 Uhr). Auf dem Hof gibt es auch drei Ferienwohnungen.

ÜBERNACHTEN

► Luxus/komfortabel

Neustadt: Landhotel Neustädter Hof
Burgstraße 17 & 49
Tel. 03 63 31/90 90, Fax 90 91 00
www.neustaedter-hof.eu
Gemütliches Landhotel in großem Fachwerkhaus aus dem 18. Jh. im Zentrum der idyllischen kleinen Fachwerk-Altstadt. Ein heimeliges Haus zum Wohlfühlen.

Rabensteiner Stollen

◄ www.rabensteiner-stollen.de

Von 1737 bis 1949 wurde im 2 km entfernt von Ilfeld gelegenen Rabensteiner Stollen Steinkohle abgebaut. Bergbaustudenten der Universität Clausthal-Zellerfeld haben durchgesetzt, dass hier Europas einziges Steinkohlen-Besucherbergwerk entstand. Die Besucher fahren mit einer alten Grubenbahn ins fast komplett erhaltene Bergwerk. Bislang ist erst ein Teil des insgesamt 6,5 km langen Stollens für den Besucherverkehr erschlossen. Auf dem Freigelände zeigt eine Ausstellung Bergbaugeräte vergangener Zeiten. Di. – So. 10.00 bis 17.00, im Winter bis 16.00, letzte Führung: 16.00 (Winter: 15.00) Uhr und nach Vereinbarung, Tel. 03 63 31/4 81 53.

Lange Wand

Südlich von Ilfeld erstreckt sich am linken Behreufer die rund 100 m lange und bis zu 25 m hohe Lange Wand. Das Naturdenkmal entstand, weil das Flüsschen Behre den Untergrund über lange Zeit wegschwemmte. Das **Besucherbergwerk Lange Wand** erinnert an den Ilfelder Kupferschieferbergbau. Vom 16. Jh. bis 1860 bauten die Bergleute hier wie im Mansfelder Land kupferhaltiges Schiefergestein ab.

Das Schaubergwerk hat keine festen Öffnungszeiten. Führungen vermittelt die ►Ilfeld-Information.

Neustadt
Reisekarte E/F 3 ►

4 km südöstlich von Ilfeld liegt der von Wäldern umgebene Erholungsort Neustadt (260 m; 1200 Einw.).

★ Burgruine Hohnstein ►

Hauptsehenswürdigkeit ist die oberhalb der Stadt auf einem nach drei Seiten steil abfallenden Bergsporn gelegene Burgruine Hohnstein. Die Anlage bestand aus einer hoch gelegenen Oberburg (Kernburg), die im Süden durch eine tiefer gelegene Unterburg und im Osten durch eine Vorburg mit angrenzendem Bollwerk geschützt war, und gehörte zu den größten mittelalterlichen Burganlagen im Harzgebiet. Sie entstand um 1120 im Auftrag von Graf Konrad von Hohnstein. Durch Heirat gelangte die Burg an die Grafen von Ilfeld, die sich fortan nach der Burg in Hohnstein umbenannten. 1413 erwarben die Grafen von Stolberg die Burg und ließen sie zu einem wehrhaften Renaissanceschloss umbauen. Im Dreißigjährigen Krieg brannte sie aus und blieb seither Ruine. 1908 ließen die Grafen von Stolberg im äußeren Burghof ein romantisches Jagdschloss errichten; der dortige Gasthof wurde 2001 wieder eröffnet (►Essen).

Ilsenburg

E 1

Bundesland: Sachsen-Anhalt
Höhe: 240 – 300 m
Einwohnerzahl: 7000

Der Luftkurort Ilsenburg liegt zu Füßen des ►Brockens am Ausgang des Ilsetals und ist idealer Ausgangspunkt für Wanderungen. Das Zentrum rund um den Forellenteich ist neu gestaltet.

Geschichte

Der Ort entstand zu Füßen der bereits 995 erwähnten Elysinaburg (Elysinen = Erlen), einer königlichen Jagdpfalz. Der Bischof von Halberstadt ließ sie zu einem Benediktinerinnenkloster umbauen, das 1525 von aufständischen Bauern gestürmt und teilweise niedergebrannt wurde. Nach der Reformation gelangte die Siedlung an die Grafen von Stolberg-Wernigerode, die 1650 – 1710 hier ihren ständigen Sitz hatten. 1546 ging hier der erste Hochofen im Harz in Betrieb. Die Eisenkunstguss-Erzeugnisse wurden berühmt und in viele Länder exportiert. Sie entstanden teilweise nach Modellen großer Künstler, darunter Dürer, Schinkel, Mucha, Thorwaldsen.

Sehenswertes in Ilsenburg

Schloss

Das etwas höher gelegene Schloss Ilsenburg steht auf dem Gelände des 1003 errichteten Benediktinerklosters. Die bis auf Westflügel und Kreuzgang erhaltenen **Klosterbauten** entstanden zwischen 1120 und 1176. Nach der Reformation ging das Kloster in den Besitz der Gra-

ILSENBURG ERLEBEN

AUSKUNFT

Tourismus Ilsenburg
Marktplatz 1
38871 Ilsenburg
Tel. 03 94 52/1 94 33, Fax 9 90 67
www.ilsenburg.de

EVENTS

Ein Großereignis ist der seit 1927 stattfindende Brockenlauf.

ESSEN · ÜBERNACHTEN

▶ Erschwinglich/günstig

Gasthof Vogelmühle
Vogelsang 1, Tel. 03 94 52/9 92 30
www.vogelmuehle-ilsenburg.de
Gasthof mit Pension im Gebäude einer 300-jährigen Getreidemühle, die ihr besonderes Flair durch ein direkt vor den Fenstern der Gaststube laufendes Wasserrad erhält, gutbürgerliche Küche (Mo. geschl.).

ÜBERNACHTEN

▶ Luxus

Zu den Rothen Forellen
Tel. 03 94 52/93 93, Fax 93 99
www.rotheforelle.de
Auf traditionelle chinesische Medizin spezialisierter Wellness-Bereich mit Whirlpool, Blockhaus-Sauna, Aromagrotte, Beautystudio und Schwimmbad. Gediegener Luxus in einem Fachwerkhaus am Marktplatz mit Blick auf den See und auf die neue Promenade. Auch der Küchenchef ist ausgezeichnet.

Gediegener Luxus im Landhaus-Stil

fen von Stolberg-Wernigerode über, die dort seit 1609 ihren Wohnsitz hatten. Graf Botho ließ ab 1862 das im neuromanischen Stil aufgeführte kleine Schloss (den sog. Bothobau) auf den Fundamenten der alten Wirtschaftsgebäude errichten.

★ St. Petri und Pauli

Sehenswert ist die 1078 – 1087 nach kluniazensischem Vorbild erbaute **Klosterkirche**. Durch Zerstörungen und Umbauten im 16. Jh. zeigt sie sich heute ohne ihre nördlichen Bauteile (Turm, Seitenschiff, Querhaus, Chorseitenschiff und Apsiden). Die ursprünglich dreischiffige Anlage besaß eine typische Doppelturmanlage im Westen (heute steht nur noch der Stumpf des Südturms). Um 1200 wurde die flache Holzbalkendecke durch ein Kreuzrippengewölbe, im 16. Jh. durch das heutige Kreuzgratgewölbe ersetzt. Im Innern sind noch Teile des verzierten Fußbodenestrichs (Ende 12./Anfang 13.

Jh.), die reich geschnitzte Altarwand, die Kanzel (beide von Bastian Heidekamp, 1706) und die barocke Grabplatte des Grafen Ernst zu Stolberg-Wernigerode (1710) zu sehen.
Im Südflügel liegt das dreischiffige Refektorium (Speisesaal), dessen Gewölbe von zwölf Säulen mit reich verzierten Kapitellen getragen wird; im Ostflügel liegen Sakristei, Kapitelsaal und Dormitorium. Öffnungszeiten: Mo. – Fr. 8.00 – 16.00 Uhr, Sa., So. nach Vereinbarung, Tel. 03 94 52/1 8 01 55, www.klosterilsenburg.de.

Marienkirche Auf halbem Weg zwischen Schloss und Ortschaft steht die ursprünglich 1131 als Hospitalkirche des Klosters geweihte Dorfkirche, die 1883 im neuromanischen Stil erneuert wurde; der Taufstein stammt aus der Reformationszeit (Jost Wink) und ein Kruzifix aus dem 13. Jh. (Besichtigung nach Voranmeldung im Pfarramt, Tel. 26 37). Vor der Kirche stehen mehrere Grabsteine aus dem 17. und 18. Jh.; die Kreuzigungsgruppe aus Ilsenburger Kunstguss ist die Nachbildung einer Figurengruppe des Nürnberger Bildhauers Adam Krafft (1460 – 1508). Nebenan befindet sich die Grabstätte des Malerehepaars Georg Heinrich und Elise Crola, der Stifter der Figurengruppe.

Das romantische Ilsetal schätzte schon Heinrich Heine, der die Ilse als eine Prinzessin bezeichnete, die lachend und blühend den Weg hinabläuft.

Hütten- und Technikmuseum

Im Wohnsitz der Grafen zu Stolberg-Wernigerode aus dem 18. Jh. ist das Hüttenmuseum untergebracht. Die Ausstellung vermittelt Einblick in die Geschichte und Arbeitsweise der Ilsenburger Eisenhütte und zeigt schöne alte gusseiserne Ofenplatten aus dem 16. – 18. Jh.; im Innenhof des dreiflügeligen Baus lädt ein gemütliches Café zu einer kleinen Pause ein (Marienhöferstraße 9). Öffnungszeiten: Mo., Di., Do., Fr. 13.00 – 16.00, Sa. 14.00 – 16.30 Uhr, Tel. 03 94 52/22 22.

Nationalparkhaus

Das Nationalparkhaus informiert über die Tier- und Pflanzenwelt (Ilsetal 5, tgl. 8.30 – 16.30 Uhr, Tel. 03 94 52/8 9494.

Umgeburg von Ilsenburg

★ Ilsetal

Von Ilsenburg führen Ranger Gäste kostenlos z. B. ins Ilsetal. Über den Bergbach, der über das grün bewachsene Granitgestein tost und sprudelt, schrieb Heinrich Heine 1824: »Ja, die Sage ist wahr, die Ilse ist eine Prinzessin, die lachend und blühend den Berg hinabläuft.« Nach Heinrich Heine wurde der gleichnamige Weg benannt, der durch das wild zerklüftete Ilsetal zum ►Brocken führt.

◄ Zanthier-Park

Auf dem Weg kommt man an der alten Nagelhütte (1762) des Blockhauers und am Zanthier-Park vorbei. Der Waldreformer Hans Dietrich von Zanthier (1717 – 1778) begründete im Haus neben dem Park 1763 die erste deutsche Forstakademie. Im Park informiert ein Lehrpfad über die hier vorkommenden Gesteinsarten.

Ilsestein

Der 474 m hohe Ilsestein ragt etwa 150 m über der Ilse auf. Verwitterte Fundamente erinnern an die sagenumwobene, um 1018 erbaute und 1107 zerstörte Ilsenburg. Der hohe Eisengehalt des Ilsesteingranits bedingt ein Abweichen der Kompassnadel. Vom Ilsestein geht es an der Ilsesteinquelle vorbei zu den 521 m hohen Paternosterklippen, von denen sich ein schöner Blick zum Brocken bietet (Beschreibung des Wanderwegs ►Brocken). Auch die südlich vom Ilsestein gelegene **Waldgaststätte Plessenburg**, ein ehem. Jagdschloss der Grafen von Stolberg-Wernigerode, ist ein lohnendes Ausflugsziel.

> **? WUSSTEN SIE SCHON ...?**
>
> - ... dass in der »Nationalparkgemeinde« Ilsenburg der Heinrich-Heine-Weg beginnt, einer der schönsten Aufstiege zum Brocken?

Ilsefälle

Rund 5 km südwestlich von Ilsenburg befinden sich die als Naturdenkmal geschützten Ilsefälle. Ein Denkmal erinnert an Heinrich Heine, der auf seiner Harzreise hier auch vorbeikam.

Kloster Drübeck

3 km östlich von Ilsenburg liegt Drübeck, der Ortsname leitet sich wohl von Dri Beke (drei Bäche) ab. Bereits 960 wurde das Benediktinerinnenkloster St. Vitus erwähnt. Im Bauernkrieg und während des Dreißigjährigen Kriegs wurden das 1540 in ein ev. Kanonissenstift umgewandelte Kloster und die Kirche schwer beschädigt.

★ Klosterkirche ► Die heutige Klosterkirche, Teil der Straße der Romanik, entstand im 12. Jahrhundert. Ihr 1860 restaurierter zweitürmiger Westbau besitzt eine Westapsis, die sich zum Langhaus öffnet. Das Innere der einst dreischiffigen Basilika (nördliches Seitenschiff und nördliches Querhaus sind zerstört) wird durch die flache Balkendecke und den einfachen Stützenwechsel bestimmt. Die Arkadenbögen im Langhaus werden durch Entlastungsbögen betont; fünf der sechs **Kapitelle** der Langhaussäulen sind vermutlich älter als die Kirche. Im 18. Jh. wurden die einst fünfschiffige, unter dem Chor gelegene Krypta sowie der Chor um fast die Hälfte gekürzt. Damals wurden auch die Fenster im Mittelschiff teilweise zugemauert. Unter der Ausstattung befindet sich ein schöner Schnitzaltar (um 1500), eine Leinenstickerei aus der ersten Hälfte des 14. Jh.s. sowie Reste von Stuckverzierungen. Vor dem heutigen Kircheneingang wurde ein Teil des Fußbodens des Kreuzgangflügels freigelegt. Bei Helligkeit ist die Kirche geöffnet; Führungen nach Vereinbarung, Tel. 03 94 52/9 43 34.

! *Baedeker* TIPP

Klostergärten wie vor 300 Jahren

Vor dem mächtigen Westwerk der romanischen Klosterkirche Drübeck blühen historische Klostergärten. Nach Plänen aus dem 18. Jh. haben die Drübecker auch den Äbtissinnengarten sowie den Obst- und Rosengarten wieder angelegt und ein Gartenhaus originalgetreu nachgebaut (www.kloster-druebeck.de).

★★ Kyffhäuser

G 4

Bundesland: Thüringen **Höhe:** bis 474 m

Südlich des Harzes erhebt sich zwischen den fruchtbaren und seit ur- und frühgeschichtlicher Zeit besiedelten Tälern von Helme und Unstrut, der Goldenen und der Diamantenen Aue, der Kyffhäuser.

Kleines Ebenbild des Harzes

Schöne Laubwälder überziehen den etwa 19 km langen und 7 km breiten Bergstock. Mit seinen Schluchten, wilden Höhlen und Wäldern gilt er als kleines Ebenbild des Harzes. An der höchsten Stelle, im Kulpenberg nahe am Nordrand, misst er 474 m. Manche Partien an der Süd- und Westflanke sind kahl: Hier wächst wegen der Verkarstung kein Baum, dafür überziehen ökologisch wertvolle Magerwiesen große Teile des Geländes. Die Talsperre Kelba am nördlichen Fuß des Gebirges ist ein beliebter Rastplatz von Kranichen.

Königspfalz Tilleda

Auf dem Pfingstberg nahe der gleichnamigen Gemeinde am nördlichen Kyffhäuser stand die einst 972 erstmals erwähnte Königspfalz Tilleda. Zwischen 974 und 1250 hielten hier fast alle deutschen Könige und Kaiser Hof oder gingen hier auf die Jagd. 1180 bereitete Friedrich I. seinen Feldzug gegen Alexandria in »Tullede« vor, 1189

Kyffhäuser Orientierung

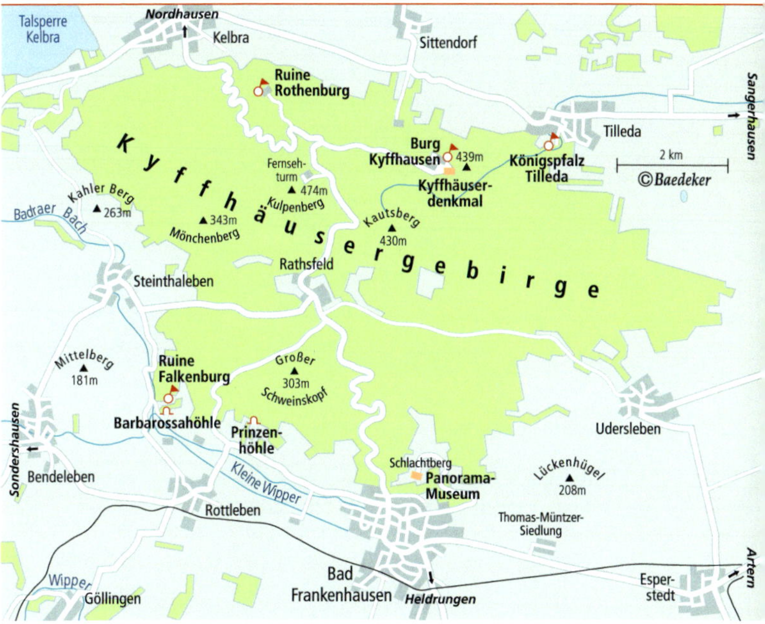

trafen sich hier Kaiser Heinrich VI. und der Sachsenherzog Heinrich der Löwe und legten auf einem Versöhnungsfest die Familienstreitigkeiten zwischen Welfen und Staufern bei. Nach 1250 wurde Tilleda aufgegeben. 1870 entdeckten Heimatforscher die überwachsenen Ruinen der einstigen Pfalz. Ab 1935 grub man die Hauptburg, ab 1959 die Gesamtanlage aus. Heute ist sie ein **Freilichtmuseum**

Sie bestand aus einer im 10. Jh. errichteten, 65 x 90 m großen Hauptburg und einer dreimal größeren Vorburg. Die wichtigsten Gebäude waren die Pfalzkirche, der Versammlungssaal und das mit einer Warmluftheizung ausgestattete Wohngebäude. Auch ein Friedhof mit rund 420 Gräbern wurde freigelegt. Noch heute sind in der Hauptburg die Fundamente von Palas, Wohnturm, Kapelle und Tor zu sehen. Zu ebener Zugangsseite nach Westen war die Hauptburg durch drei hintereinander liegende Wälle und Gräben gesichert. An dieses Verteidigungssystem schloss sich die ausgedehnte Vorburg an. In ihr wohnten und arbeiteten die hörigen Handwerker und Personen des erweiterten Hofstaates. 233 Gebäude unterschiedlicher Größe und Bauform wurden entdeckt: Wohnhäuser aus gestampftem Lehm mit Herdstelle oder Backofen, Wirtschaftsgebäude zur Eisen-, Elfenbein-, Knochen- und Geweihverarbeitung, darunter auch zwei 166 m² große Bauten, die als Tuchmachereien dienten. Nach Westen und Nordwesten hin sicherte eine 1,20 bis 2,50 m starke Umfassungsmauer die

Öffnungszeiten:
März, Nov. tgl.
10.00 – 16.00
April – Okt.
10.00 – 18.00

Königspfalz Tilleda Orientierung

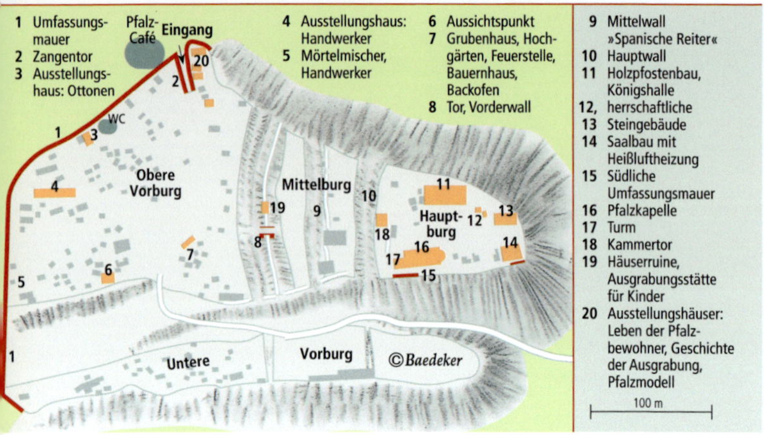

Vorburg. Erhalten sind davon auch die Reste einer großen Toranlage, die von der Mauer aus 30 m trichterförmig in die Vorburg hineinragte. Bei den Ausgrabungen wurden auch Hausrat und Werkzeug gefunden, u. a. Messer, Scheren, Hufeisen, Münzen, Schnitzereien und sogar ein Spielwürfel.

Reichsburg Kyffhausen

Öffnungszeiten: täglich Apr. – Okt. 9.30 – 18.00 Nov. – März 10.00 – 17.00 www.kyffhaeuser-denkmal.de

Der markante Rücken des Kyffhäusers (457 m) trug an seiner Westflanke einst die größte deutsche Burganlage des hohen Mittelalters. Die erste Burg »Kuffese« (Kuppel) entstand vermutlich im 10. Jahrhundert. Ihr Ausbau zur großen dreiteiligen Anlage mit Ober-, Mittel- und Unterburg erfolgte dann unter Heinrich IV. (1056 – 1106). Eine ihrer Aufgaben war der Schutz der nahegelegenen Kaiserpfalz Tilleda. Sie wurde mehrfach zerstört und wieder aufgebaut, schließlich im 15. Jh. aufgegeben. Von der 600 m langen, 60 m breiten Burg sind nur Ruinen geblieben. Die gewaltige Burg beeindruckte nicht nur Goethe, der 1776 Teile der Ruinen malte. Sie hat wohl auch Stoff für die **Kyffhäuser-Sage** geliefert, die in etlichen Varianten kursiert: Der populärsten Fassung nach soll Kaiser Friedrich I. Barbarossa (bzw. der älteren Fassung nach Friedrich II.) im Berg ruhen. Sollte das Reich in Not geraten, würde er aus dem Schlaf erwachen und zur Rettung herbeieilen.

Kaiser-Wilhelm-Nationaldenkmal ▶

Schon von Weitem erblickt man auf der Westspitze des Kyffhäusers das 81 m hohe, einer Pyramide nachempfundende Kaiser-Wilhelm-Nationaldenkmal. Es entstand 1890 – 1896 im Auftrag der deutschen Kriegsvereine nach Plänen von **Bruno Schmitz**. Die Anlage aus rotem Sandstein nimmt einen Großteil der ehemaligen Oberburg ein. Vom Parkplatz mit seinen zahlreichen Andenkenläden und Thüringer-Bratwurstbuden führt ein ca. 5-minütiger Fußweg zum Eingang. Über einen breiten Aufweg erreicht man die riesige Terrasse mit dem

Der Sage nach soll der im Kyffhäuser ruhende Friedrich I. Barbarossa (unten) durch die Reichseinigung durch Kaiser Wilhelm I. (oben) erlöst worden sein.

sogenannten **Felsenhof**: Dort denkt ein in Stein gehauener mehr als 6 m großer Barbarossa mit wallendem Bart und düsterer Miene über den Lauf der Zeiten nach. Über ihm erhebt sich das stolze Reiterstandbild Kaiser Wilhelms I. Er hatte 1871 mit der Reichseinigung, wie man ihm nachsagte, Kaiser Barbarossa erlöst. Markantestes Bauteil der Anlage ist der 57 m hohe Turm, den eine Krone abschließt. Die 247 Stufen hinauf werden mit einem grandiosen Ausblick auf die Goldene Aue belohnt. Bei gutem Wetter sieht man sogar den Brocken im Harz. Eine kleine Ausstellung im Erdgeschoss stellt die **Geschichte des Denkmals** dar – und das Unbehagen, das es unter anderen politischen Vorzeichen hervorrief. Der Ideologie des Dritten Reiches entsprach das monarchistisch-nationale Element nur bedingt. Auch in DDR-Zeiten hatte man seine Schwierigkeiten damit und plante, die Krone zu entfernen und das Reiterstandbild zu verschrotten. Stattdessen sollten ein Ruhrkumpel, eine Bauersfrau oder ein Schmied als Flaggschiff dienen. Letztlich ist aus allen Plänen nichts geworden und Wilhelm reitet stolz wie je. Ein kleines **Museum** zeigt Modelle der Reichsburg. Eine besondere Attraktion ist der 176 m tiefe **Burgbrunnen, angeblich der tiefste der Welt**. Kinder können

Reichsburg Kyffhausen Orientierung

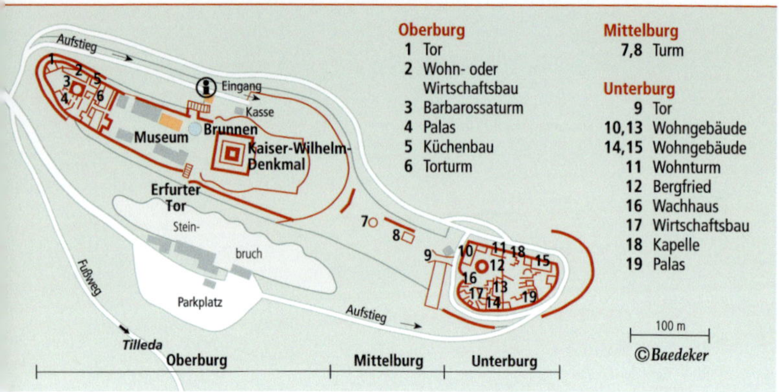

sich »Steine« am Automaten ziehen, hineinwerfen und sich vom alten Barbarossa erschrecken lassen. Von der Unterburg sind noch Teile des Ringwalls und der Burgkapellen erhalten.

Bad Frankenhausen und Umgebung

Salzstadt Das Städtchen (8700 Einw.) am Südhang des Kyffhäusers wurde um 300 von Franken gegründet. 998 ist erstmals von den Salzpfannen die Rede, und Salzgewinnung und Solequellen bildeten die wichtigsten Grundpfeiler der Wirtschaft des Orts und hat ihm 1927 das Prädikat »Bad eingetragen«. Ins Licht der Geschichte rückte Frankenhausen 1525: Beim **Bauernaufstand** wurde hier die letzte Schlacht geschlagen. **Thomas Müntzer** führte die auf dem Schlachtberg versammelten Bauern an. Doch die Erhebung wurde von den Fürsten blutig niedergeschlagen, es kam zu einem beispiellosen Gemetzel. Müntzer wurde gefangen genommen, gefoltert, zum Widerruf seiner aufrührerischen Reden gezwungen und enthauptet. In der DDR-Zeit besann man sich gerne auf Thomas Müntzer und setzte ihm auf dem Schlachtberg ein monumentales Denkmal: das Panorama-Museum.

Sehenswertes
Oberstadt ► Alter Kern der Stadt ist die sog. Oberstadt mit der **Kirche »Unserer Lieben Frau«** (14. Jh.) und dem schiefsten Turm Deutschlands. Weil Wasser den Gips und das Salz im Boden unter dem Turm auslaugt, neigt sich dieser langsam, aber deutlich: 4,22 m sind es aktuell. In der Nähe steht der nicht weniger auffällige **Hausmannsturm**, der Rest einer 998 erwähnten Burg. Unterhalb des Turmes treten die beiden Salzquellen aus. Wo einst Siedehütten für Salz und Wohlstand sorgten, dehnt sich heute der **Kurpark Kyffhäuser Therme** aus (Öffnungszeiten Thermalbecken, Sauna und Wellness-Bereich: tgl. 9.00 – 22.00 Uhr; www.kyffhaeueser-therme.de). Im nachgebauten
Schloss ► **Salzsiedehaus** erfährt man, wie die Salzsiederei funktionierte. Vom

Anger aus führt die Klosterstraße mit ihren schönen Fachwerkhäusern zum Markt. Nicht zu verfehlen ist via Schlossstraße das Schloss der Fürsten zu Schwarzburg-Rudolstadt im Stadtzentrum. Zerstört 1525 und 1533 als Renaissanceschloss wieder aufgebaut, beherbergt es heute das **Kreisheimatmuseum**. Neben Geschichte und Naturkunde wird auch die Geologie des Raumes anschaulich dargestellt (geöffnet: Di. – So. 10.00 – 17.00 Uhr). Südlich des Schlosses jenseits der B 85 in Richtung Bahnhof liegt die **Altstädter Kirche** (12. Jh.) mit romanischen und spätgotischen Malereien.

✶ Panorama-Museum

Mit 123 x 14 m darf Bad Frankenhausen auf das **größte Gemälde der Welt** stolz sein. 1983 – 1987 malten **Werner Tübke** und 15 Assistenten an dem Werk mit dem Titel »Frühbürgerliche Revolution in Deutschland«. In historisierender realistischer Darstellung zeigt es die Bauernkriegs-Schlacht 1525 mit rund 3000 Personen, darunter auch Luther, Cranach, Dürer und der Künstler. Tübke (geb. 1929) wollte aber nicht nur Schlachtengetümmel, sondern das Bild einer Epoche zwischen Mittelalter und Neuzeit darstellen (Nov. – März Di. bis So. 10.00 – 17.00, April – Sept. bis 18.00 Uhr). Von außen wirkt der runde, im Volksmund »Elefantenklo« genannte Monumentalbau ziemlich ungewöhnlich.

✶ Barbarossa-Höhle

Die **einzige Gips-Anhydrit-Schauhöhle Europas** befindet sich bei Rottleben, 7 km nordwestlich von Bad Frankenhausen. Wie im Kalk-

BAD FRANKENHAUSEN ERLEBEN

AUSKUNFT

Tourist-Information
Anger 10, 06567 Bad Frankenhausen
Tel. 03 46 71/7 17 17, Fax 7 17 19
www.kyffhaeuser-tourismus.de

EVENTS

Fliederfest am 2. Maiwochenende mit einem großen Umzug. Im September erinnert ein Mittelaltermarkt und ein Umzug in historischen Kostümen an den Bauernkrieg.

ESSEN

► Preiswert
Alte Hämmelei
Bornstr. 33, Tel. 03 46 71/51 20
www.alte-haemmelei.de
Gutbürgerliche Küche mit schönem Biergarten (auch Weinangebot).

ÜBERNACHTEN

► Komfortabel
Hotel Residenz
Am Schlachtberg 3
Tel. 03 46 71/7 50, Fax 7 53 00
www.residenz-frankenhausen.de
Sehr schön und ruhig gelegen (96 Z.) mit Blick auf Bad Frankenhausen. Hauseigene Therme, großes Beauty- und Wellnessangebot.

► Günstig
Thüringer Hof
Anger 15
Tel. 03 46 71/5 10 10, Fax 51 01 62
www.thueringer-hof.com
Mitten in der Altstadt gelegenes Gasthaus. Es bietet 22 helle freundliche Zimmer und ein gutes Restaurant.

ist auch im Gipskarst das Wasser an der Entstehung der Höhlen beteiligt. Die Auswaschungen gehen im Gips sogar noch schneller voran. Sehr ungewöhnlich sind die von der Decke herabhängenden »Lappen«. Sie entstehen, weil sich das Anhydrit durch Wasseraufnahme in Gips umwandelt und dabei etwa 3 bis 5 cm in einem Jahrhundert »wächst«. Öffnungszeiten: Apr. – Okt. tgl. 10.00 – 17.00; Nov. bis März 10.00 – 16.00 Uhr, nur mit Führung.

Weitere Sehenswürdigkeiten

Bei Oldisleben südöstlich von Bad Frankenhausen bricht die Unstrut durch den Bergrücken von Hainleite und Schmücke. Die sog. Thüringer Pforte nutzen auch Bundesstraßen und Bahnstrecke. Schon im Mittelalter passierten Handelswege diesen Engpass, daran erinnern die heute noch an der Engstelle aufragenden Türme der Oberen und Unteren Sachsenburg (13. Jh.) und die Ruinen der Hakenburg.

Heldrungen ►

In Heldrungen, wenige Kilometer östlich der Thüringer Pforte und 13 km südöstlich von Bad Frankenhausen, wurde 1525 **Thomas Müntzer** nach der blutigen Schlacht von Frankenhausen auf der **Wasserburg** gefangen gehalten. Die eindrucksvolle Anlage geht auf eine mittelalterliche Burg (13. Jh.) zurück. Umfangreich umgebaut wurde sie zwischen 1664 und 1668 nach Plänen des sächsischen Baumeisters Johann Moritz Richter. Führungen: Di. – Fr. 9.00 – 12.00, 12.30 – 16.30, Sa. 13.00 – 16.00, So. 9.00 – 12.00, 14.00 bis 16.00 Uhr.

Modellbahn Wiehe ►

Wiehe, 29 km östlich von Bad Frankenhausen, ist ein Muss für Modellbahnfreunde und alle, die sich für Züge im Kleinformat mit liebevollen Details begeistern können (Mo. – So. 10.00 – 18.00 Uhr; www.modellbahn-wiehe.de).

Langelsheim

B/C 1

Bundesland: Niedersachsen
Höhe: 210 m
Einwohnerzahl: 14 000

Die heutige kleine Industriestadt Langelsheim am Nordrand des Harzes entstand 1972 aus dem Zusammenschluss mehrerer Gemeinden. Die beiden Fremdenverkehrsorte Wolfshagen und Lautenthal liegen im Harz bzw. Oberharz, umschlossen vom Naturpark Harz.

Sehenswertes in Langelsheim und Umgebung

Pfarrkirche

Im nördlichen Stadtteil erhebt sich die 1754/1755 unter Verwendung älterer Bauteile errichtete Pfarrkirche. Im Innern steht ein barocker Kanzelaltar, der 1755 aus zwei älteren Stücken zusammengesetzt wurde: Kanzel und Altar, zwei Meisterwerke der Holzschnitzkunst im Knorpelstil, beide 1675 von Jobst Heinrich Lessen d. Ä. geschaffen (von ihm stammt auch der ähnliche Altar für die Frankenberger Kirche in ►Goslar).

✶ Kanzelaltar ►

Von den **Fachwerkhäusern** sind der Große Hof (Braunschweiger Straße; 1557) und das ehem. Amtshaus von 1552, ein schöner, auf einem massiven Erdgeschoss ruhender Fachwerkbau (einst Haus eines Ritterguts), erwähnenswert. Im **Heimatmuseum** Langelsheim (Harzstr. 8, Tel. 0 53 26/50 40) sind verschiedene Sammlungen zu sehen, u. a. zur Ortsgeschichte, verschiedene Handwerkerräume mit alten Werkzeugen und Maschinen und ein Harzer Forstraum vor (geöffnet: 1. und 3. So. im Monat 10.30 – 12.00, 2. und 4. Sa. im Monat 15.00 – 17.00 Uhr).

★ **Innerstetalsperre**

Südwestlich von Langelsheim erstreckt sich die 1964 – 1966 erbaute Innerstetalsperre, die zur Regulierung des Hochwassers dient. Ihr Staudamm ist 32 m hoch und 750 m lang. Sie fasst bis zu 20 Mio. m³ Wasser und ist ein beliebtes Ausflugsziel (für den Wassersport freigegeben; Motorboote sind nicht zugelassen).

Wolfshagen

◄ Reisekarte B 1

Zwischen der Granetal- und der Innerstetalsperre, umgeben von bewaldeten Bergen, liegt das ehem. Holzhauer- und Köhlerdorf Wolfshagen, heute Stadtteil von Langelsheim (2800 Einw.; 6 km südlich). Hier kam 1797 Hans Heinrich Engelhard Steinweg zur Welt, der zunächst das Orgelbauhandwerk erlernte, sich 1825 nach seiner Heirat in ► Seesen niederließ und anfing, mit Erfolg Klaviere zu bauen. 1850 wanderte er nach New York aus, wo er mit seinen Söhnen eine eigene Firma gründete, die bald zu den besten der Welt zählte: Steinway & Sons. Er starb 1871.

Auf einer Anhöhe steht die ab 1731 erbaute **St.-Thomas-Kirche**, ein mit Brettern verschalter, zweistöckiger Fachwerkbau . 1846 wurde das Tonnengewölbe im Innern durch eine flache Decke, 1848 die ursprüngliche Welsche Haube durch eine Laterne mit schlanker Spitze ersetzt.

6 km östlich des Ortes liegt die **Granetalsperre** mit dem gleichnamigen Stausee (1966 – 1969). Sein Staudamm ist 61 m hoch und 600 m lang, über einen 7,5 km langen Stollen wird er mit Wasser aus dem Okerstausee angereichert. Er dient der Trinkwasserversorgung, daher ist kein Wassersport erlaubt.

LANGELSHEIM

AUSKUNFT

Tourist-Information Lautenthal
Kaspar-Bitter-Straße 7 b
38685 Langelsheim
Tel. 0 53 25/44 44, Fax 69 17
www.lautenthal-info.de

Tourist-Information Wolfshagen
Im Tölletal 21
38685 Langelsheim
Tel. 0 53 26/40 88, Fax 70 14
www.wolfshagen.de

ÜBERNACHTEN

► **Komfortabel**

Wolfshagen: Berghotel
Heimbergstraße 1
Tel. 0 53 26/40 62, Fax 44 32
www.berghotel-wolfshagen.com
Großes, im alpenländischen Stil erbautes Hotel am Fuß des Heimsbergs, zwischen Innerste- und Granetalsperre, freundlich-nüchtern eingerichtet.

Lautenthal B 1

Geschichte

Bereits im 13. Jh. hatten im Lautenthaler Grubenfeld Schmelzhütten gestanden, die Erze aus dem Rammelsberg bei Goslar verarbeiteten. Einen enormen Aufschwung erlebte der Ort, als im 15. Jh. am Kranichsberg ein reicher Erzgang entdeckt wurde. Herzog Heinrich d. J. von Braunschweig-Wolfenbüttel erteilte dem Ort 1538 die bergfreiheitlichen Stadtrechte, und zahlreiche aus dem Erzgebirge stammende Bergleute sowie ihnen folgende Handwerker und Händler siedelten sich hier an. Die immer geringer werdenden Erzvorkommen führten schließlich zur Einstellung des Bergbaus; die Lautenthaler Silberhütte arbeitete bis 1988.

★ Historisches Silberbergwerk Lautenthals Glück

Das Besucherbergwerk am nordwestlichen Ortsausgang (Wildemanner Straße 11) wurde 1975 auf dem Grubengelände des seit 1600 existierenden Gold- und Silberbergwerks Lautenthals Glück gegründet. Es umfasst den rund 1 km langen Tiefen Sachsenstollen (► unten) sowie Teile der Grubenfelder der ehem. Bergwerke Großer St. Jakob, Güte des Herrn, Maaßen und Lautenthals Glück und vollzieht die über 1000-jährige Geschichte des Oberharzer Berg- und Hüttenwesens nach (Wildemanner Straße 11 – 21, Tel. 0 53 25/44 90, www.lautenthals-glueck.de; tgl. 10.00 bis 17.00, im Winter bis 16.00 Uhr und nach Vereinbarung).

Zackige Grubenausfahrt: der »Feurige Elias« im historischen Silberbergwerk

Der Haupteingang liegt in einem Schachthaus mit einem 22 m hohen Holzturm, das bis 1915 in Bockswiese stand. Auf dem Freigelände steht das 15 m hohe, funktionstüchtige Wasserkunstrad; früher trieb es die Pumpen und Fahrkünste in den Gruben an. Der Besucher fährt mit der Grubenbahn »Feuriger Elias« in den Tiefen Sachsenstollen (260 m) bis zum Hauptschacht der Grube Lautenthals Glück ein. Die alte Fördermaschine und auch die anderen Maschinen befinden sich noch im Originalzustand von 1930, dem Jahr der Stilllegung. Auf dem Rundgang zu alten Abbauen werden die Geräte vorgeführt und man erhält einen Eindruck von der Arbeit unter Tage. Anschließend gelangt der Besucher mit der Bahn ins Freigelände, wo eine Reihe historischer Grubengeräte und -anlagen aufgebaut sind. In den ehem. Bergwerksgebäuden befindet sich ein Bergbaumuseum. Um den **Kranichsberg** herum führt schließlich ein Bergbaulehrpfad (Beginn am Rathausplatz im Ortszentrum).

Der **Tiefe Sachsenstollen** wurde 1549–1612 bis zu einer Tiefe von 1000 m vorgetrieben. Bis 1880 entwässerte er alle östlich der Innerste gelegenen Lautenthaler Gruben, 1851 kam der in Gittelde begonnene, 1880 vollendete Ernst-August-Stollen dazu (►Bad Grund).

! *Baedeker* TIPP

Wander- und Radwege

Die alte Bahntrasse Goslar – Altenau wurde 1976 eingestellt. Seit 1986 verläuft hier ein schöner Wander- und Fahrradweg von Langelsheim über Lautenthal nach Wildemann durch das Innerstetal.

Brauereimuseum

Im Räumen des ehemaligen städtischen Brauhauses von 1600 informiert ein Museum über die Bierherstellung früherer Zeiten (Rathausplatz 7, Tel. 0 53 25/42 82).

Lutherstadt Eisleben

K 3

Bundesland: Sachsen-Anhalt **Höhe:** 128 m
Einwohnerzahl: 20 500

Das Städtchen ist als Geburts- und Sterbeort des Reformators Martin Luther (1483–1546, ►Berühmte Persönlichkeiten) bekannt. Seinen Aufschwung verdankte es dem Kupfererzbergbau, der vom 13. Jh. bis zum Ende der DDR betrieben wurde.

Geschichte

1229 nahmen die Mansfelder Grafen Besitz von Eisleben, das dank der Entdeckung, dem Abbau und der Verhüttung von Kupferschiefer einen raschen Aufschwung erlebte. Graf Albrecht von Mansfeld-Hinterort gründete 1511 eine Bergarbeitersiedlung, die 1514 als Neustadt-Eisleben das Stadtrecht erhielt und erst 1818 mit der Altstadt vereinigt wurde. Nachdem der Dreißigjährigen Krieg zum Zusammenbruch von Bergbau, Landwirtschaft, Handel und Gewerbe führte, kam es unter Kurfürst Georg von Sachsen, der den Bergbau 1671 zur unabhängigen Nutzung freigab, zu einem neuen Aufschwung. Schon in den letzten Jahren der DDR wurde der Kupferschieferbergbau jedoch nur noch betrieben, um Devisen für Importkupfer zu sparen. Mit dem Ende der DDR schlossen im Mansfelder Land die letzten Bergwerke.

Sehenswertes in Lutherstadt Eisleben

Marktplatz

Im Kern von Eisleben liegt der lang gestreckte, rechteckige Markt, umgeben von schönen alten Bürgerhäusern. Das 1883 zum 400. Ge-

Der große Reformator blickt auf seine Stadt hinab: Lutherdenkmal von 1883.

burtstag aufgestellte Lutherdenkmal von Rudolf Siemering erinnert an den Reformator; Reliefs mit Szenen aus seinem Leben schmücken den Sockel.
Dahinter steht das **spätgotische Rathaus** mit einem steilen, dreigeschossigen Satteldach. Es wurde 1519 – 1530 mit einer doppelläufigen Freitreppe an der Nordseite erbaut, 1874 wurde der zweigeschossige Vorbau angefügt. Der steinerne Kopf mit Lilienkrone an der Nordostfassade soll den sog. Knoblauchkönig Hermann von Salm-Luxemburg darstellen, der 1081 zum Gegenkönig von Heinrich IV. gewählt wurde.
Um den Markt liegen auch die ehem. Stadtsitze der drei verschiedenen Mansfelder Grafenfamilien: für die Linie Mittelort (Markt 34; von 1601, heute Mohrenapotheke) sowie für die Linien Vorder- und Hinterort (Markt 56 und 58; in Letzterem befindet sich ein wappengeschmückter Rittersaal aus der Erbauungszeit).

✶ **St. Andreas**

Hinter dem Rathaus steht die St.-Andreas-Kirche mit einem mächtigen Nordturm sowie zwei achteckigen Türmen an der Westfassade. Sie geht auf einen Vorgängerbau aus dem 13. Jh. zurück, der im zweiten Viertel des 15. Jh.s gotisch verändert und nach einem Stadtbrand 1498 als dreischiffige Hallenkirche erneuert wurde. Damals entstanden auch die spätgotischen Netz- und Sterngewölbe.
Unter der sehenswerten Ausstattung befindet sich ein **gotischer Flügelaltar** (um 1520), der zu den bedeutendsten Werken mittelalterlicher Sakralkunst zählt; im Zentrum ist die Marienkrönung dargestellt, rechts davon sind Andreas und im Flügel Nikolaus, links Stephanus und im Flügel Barbara und Katharina zu sehen. Der Altaraufsatz ist von Joseph Wackerle. Auf der Lutherkanzel (Anfang 16. Jh.) predigte der große Reformator zwei Tage vor seinem Tod zum letzten Mal. Unter den zahlreichen Grabdenkmälern aus dem 13. bis 17. Jh. ist die **Tumba für Graf Hoyer VI. von Mansfeld** (►Abb. S. 44) hervorzuheben. Die Liegefigur des Verstorbenen schuf Hans Schlegel 1541, sie gilt als Meisterwerk mitteldeutscher Renaissanceplastik.
Die Bronzebüsten Luthers und Melanchthons in der Vorhalle schuf Gottfried Schadow 1817.

Luthers Sterbehaus
◄ www.martinluther.de

1546 kam Luther noch einmal in seine Heimatstadt zurück, um bei einem Erbstreit zwischen den Mansfelder Grafenbrüdern mit den Stadtvätern von Eisleben als Schlichter aufzutreten. Er bewohnte das um 1500 errichtete zweigeschossige Bürgerhaus, in dem er in der Nacht zum 18. Februar im Alter von 62 Jahren verstarb (Andreaskirchplatz 7). Seit 1894 befindet sich im Obergeschoss eine Luther-Gedenkstätte, die an den letzten Lebensabschnitt des Reformators erinnert. Von hier überführte man Luthers Leichnam nach Wittenberg und setzte ihn in der Schlosskirche bei. Öffnungszeiten: Apr. – Okt. tgl. 10.00 – 18.00, Nov. – März Di. – So. 10.00 – 17.00 Uhr.

◄ Regionalgeschichtliches Museum

In dem Museum im Hof von Luthers Sterbehaus an der Westseite der St.-Andreas-Kirche wird die Ur- und Frühgeschichte der Region und die mit dem Kupferschieferbergbau eng verknüpfte Entwicklung der Stadt dargestellt, außerdem sind Goldschmuck aus einem 3000 Jahre alten Fürstengrab, Möbel und eine Tellersammlung zu sehen (Öffnungszeiten ►Sterbehaus).

Ehem. Katharinenstift

Das um 1540 erbaute ehem. Katharinenstift in der Sangerhäuser Straße war 1817 – 1844 Sitz der Bergschule; der Knappenbrunnen (Wolfgang Dreysse) erinnert an den Kupferschieferbergbau.

LUTHERSTADT EISLEBEN ERLEBEN

AUSKUNFT

Fremdenverkehrsverein
Hallesche Straße 4
06295 Lutherstadt Eisleben
Tel. 0 34 75/60 21 24, Fax 60 26 34
www.eisleben-tourist.de

EVENTS

Jedes Jahr im September lockt das größte Volksfest in Sachsen-Anhalt, der Eisleber Wiesenmarkt, bis zu 500 000 Besucher. An die Geschichte des »Oktoberfests des Ostens« erinnert ein historischer Umzug zur Eröffnung, krönender Abschluss ist ein Feuerwerk, www.wiesenmarkt.de.

ESSEN/ÜBERNACHTEN

► Fein & teuer

Hotel und Restaurant Mansfelder Hof
Hallesche Straße 33
Tel. 0 34 75/ 61 26 20
www.mansfelderhof.de

Direkt am Theater liegt der 1854 bereits als Gasthaus erbaute Mansfelder Hof, der in einem ruhig gelegenen Anbau nach der Wende noch einen Hotelbetrieb mit 32 Gästezimmern untergebracht hat. In der rustikalen Gaststube (60 Plätze) und im schattigen Biergarten genießen Gäste jahreszeitliche Spezialitäten, aber auch Regionales aus der Mansfelder Küche.

ÜBERNACHTEN

► Komfortabel

Hotel Klosterpforte
An der Klosterpforte/Lindenstraße 34
Tel. 0 34 75/7 14 40, Fax 7 14 41 00
www.klosterpforte.com

Im ehemaligen Gutshaus (22 Z.) auf dem Gelände des 1999 wiedererstandenen Zisterzienserinnenklosters St. Marien zu Helfta hat der Verband Christlicher Hoteliers ein modernes Tagungshotel eingerichtet.

★★ Luthers Geburtshaus

Der verstärkte Kupferabbau im 15. Jh. lockte viele Bergleute in die Region, darunter auch den Bergmann und Schieferhauer Hans, Luthers Vater. Er bezog mit seiner jungen Frau ein recht ansehnliches Haus in der Langen Gasse, der heutigen Lutherstraße 16, und am 10. November 1483 wurde hier ihr Sohn Martin geboren. Wenige Monate später zog die Familie in das benachbarte ►Mansfeld.
In den Räumen des 1689 bei einem Brand teilweise zerstörten und erneut aufgebauten Hauses wurde die Luther-Armenschule gegründet und 1693 ein Luther-Museum eingerichtet. Die Ausstellung widmet sich Luthers Kindheit und Jugend bis zum Eintritt ins Erfurter Augustinerkloster 1505. Zu den originalen Räumen jener Zeit gehört eine Küche mit einem nach oben offenen Kamin; in der Ausstellung befinden sich u. a. spätmittelalterliche sakrale Kunstwerke, Kopien der beiden Gemälde der Eltern Luthers, die 1527 von Lucas Cranach d. Ä. gemalt wurden (die Originale sind auf der Wartburg), ferner die Koberger Bibel von 1483, eine vorreformatorische Bibel, sowie die Weimarer Gesamtausgabe der Werke Luthers von 1883.
Die Lutherstätten in Eisleben sowie in Wittenberg wurden von der Kulturorganisation der Vereinten Nationen UNESCO inzwischen in die Liste des Welterbes der Menschheit aufgenommen. Weitere Informationen findet man im Internet unter www.europaeischer-tourismusverband.de und zu Luthers Leben und seiner Zeit unter www.luther.de sowie zum Welterbe der Menschheit unter www.unesco.de sowie www.unesco-welterbe.de.

St.-Petri-Pauli-Kirche

Am Ende der Seminarstraße, südlich von Luthers Geburtshaus, steht die St.-Petri-Pauli-Kirche, eine spätgotische dreischiffige Hallenkirche, in der Martin Luther am 11. November 1483 auf den Namen des Tagesheiligen getauft wurde. Ihr Westturm ist 1447 – 1474 erbaut worden; das Kirchenschiff mit seinem Sternnetzgewölbe und dem einschiffigen Chor folgte 1486 – 1513.
Unter den Ausstattungsgegenständen befinden sich einige Gemälde aus der Mitte des 16. Jh.s, u. a. Luthers Eltern und Luther mit seiner Frau, sowie der vergoldete Schnitzaltar aus der Erbauungszeit der Kirche, im Schrein zeigt er die hl. Anna Selbdritt (Mutter der Maria; im Mittelalter war sie Schutzpatronin des Bergbaus), umgeben von Elisabeth und Magdalena.

St. Annen

Im Westen steht etwas erhöht die Pfarrkirche St. Annen der 1511 als Bergmannssiedlung gegründeten Neustadt. Sie wurde 1513 von Albrecht von Mansfeld-Hinterort zusammen mit einem Augustinerkloster gestiftet, das bereits 1522 aufgehoben wurde. Infolge der langen Bauzeit zeigt St. Annen Stilformen der Gotik und der Renaissance; die Maßwerkfenster des 1514 – 1516 fertig gestellten Chores verweisen auf die Gotik, während das Gewölbe mit dem Hängewerk nach italienischem Vorbild mit Voluten, Löwenköpfen und musizierenden Putten bereits im Renaissancestil gehalten ist. Das Langhaus mit einer bemalten Holzkassettendecke, die daran westlich anschließende

Grabkapelle für die Mansfelder Grafen und der Nordturm entstanden 1585 – 1608.

★ ◄ Steinbilder-Bibel

Unter der Ausstattung befindet sich die sehenswerte Steinbilder-Bibel, so benannt nach den 29 Relieffeldern der Chorgestühlbrüstungen. Sie wurden 1585 von Hans Thon Uttendrup nach Vorlagen des Nürnberger Kupferstechers Virgil Solis geschaffen. In den aus Sandsteinblöcken gehauenen Reliefs werden Szenen aus dem Alten Testament dargestellt.

Weiterhin sehenswert sind die Frührenaissance-Glasmalereien in den südlichen Langhausfenstern, die Wappenschilder der Mansfelder Grafen im Chor, der Schnitzaltar (um 1510) und die aus Gipsstuck gefertigte Kanzel (1608). Im Turmuntergeschoss steht das Grabmal des Mansfelder Grafen Karl d. Ä. († 1594).

Ehem. Neustädter Rathaus

Südlich der Annenkirche steht an der Ecke Annengasse/Breiter Weg das zweigeschossige ehem. Neustädter Rathaus (1571 – 1589, mit reichem Portal von 1580), ihm gegenüber die Bergmannsfigur »Kamerad Martin« von 1590 (Kopie; das Original befindet sich im Regionalgeschichtlichen Museum).

Formvollendete Verbindung von Gotik und Renaissance: die St.-Annen-Kirche mit der berühmten Steinbilder-Bibel

Umgebung von Lutherstadt Eisleben

★ Helfta

Helfta liegt im Südosten und ist heute ein Stadtteil von Eisleben. 1229 wurde ein Zisterzienser-Nonnenkloster gegründet. Unter der Leitung der Äbtissinnen Mechthild von Magdeburg, Mechthild von Hakeborn und Gertrud von Helfta, genannt die Große, erlebte das Kloster einen **Höhepunkt deutscher mittelalterlicher Frauenbildung** und religiösen Lebens. Der Ort selbst verlor jedoch mit dem Erstarken Eislebens seine Bedeutung. Das Kloster zog 1346 nach Eisleben um und wurde 1525 aufgelöst. Nach dem Wiederaufbau der Klosterkirche und des Kreuzganges leben und arbeiten hier seit Ende der 1990er-Jahre wieder Nonnen (► Baedeker-Special S. 272, www.kloster-helfta.de).

★ Süßer See
(außerhalb) ►

Der Süße See beginnt etwa 10 km östlich von Eisleben. Er verdankt seine Entstehung den unterirdischen wasserlöslichen Salzlagern im porösen Zechstein, die im Laufe der Zeit zu einem geologischen Sattel aufgepresst und im Verlaufe der jüngeren Erdgeschichte immer stärker ausgelaugt wurden, bis sich die Erdoberfläche zu senken begann und in Erdfällen einbrach. So entstand zwischen Eisleben und Seeburg eine etwa 3 km breite und 16 km lange Niederung, die Mansfelder Mulde, die gegenüber der nördlich anschließenden Hochfläche um 130 m tiefer liegt. Ihre tiefsten Stellen füllten zwei Seen, den Salzigen und den Süßen See, auch die »blauen Augen« des Mansfelder Landes genannt und einstmals die größten natürlichen Binnengewässer Mitteldeutschlands. Während der 840 ha große Salzige See 1891 – 1895 in die Schächte des Kupferschieferbergbaus »verschwand«, ist der rund 250 ha große, 8 – 12 m tiefe Süße See geblieben. Allerdings reichte seine Seefläche einst bis an den Ostrand von Eisleben. An seinem östlichen und nordöstlichen Ufer befindet sich eines der wichtigsten Naherholungsgebiete im südlichen Harzvorland. Am Nordufer »ankert« die Seeperle, eine Schiffsgaststätte, hier erstreckt sich auch ein großer Campingplatz.

In den Nordhängen liegen die **Naturschutzgebiete** Galgenberg, Fuchshöhle und Lämmerberg. Die Trockenheit führte hier zur Herausbildung einer Vegetation, die an südosteuropäische Binnenseen erinnert, in den tiefen Erosionsrinnen wachsen dichte Gebüsche, an den Steilhängen u. a. Adonisröschen, Tragant, Steppenwolfsmilch und Träubel.

Im Südwesten des Süßen Sees liegt das Mündungsgebiet der Bösen Sieben, ein Schlammdelta mit Schilfgürtel, Salzsümpfen und Salzwiesen, in dem sich eine in Mitteldeutschland seltene Vogelkolonie angesiedelt hat. Um den See führt ein markierter Wanderweg.

Seeburg ►

Am Ostufer des Sees liegt das 700 Einwohner zählende ehem. Bauern- und Fischerdorf Seeburg. An seinen Hängen wurde schon im Mittelalter Wein angebaut. Der lange Zeit bestimmende Obstanbau (vor allem Aprikosen) rentiert sich kaum noch.Auf einer in den See hineinragenden Halbinsel steht das **Schloss Seeburg** an der Stelle

einer bereits 743 erwähnten Hochseeburg des Sachsen Theoderich. Ab 1036 ist die Seeburg Stammsitz eines gleichnamigen Adelsgeschlechts; aus dieser Zeit stammen die ältesten romanischen Bauteile. Die Grafen von Mansfeld ließen die Seeburg 1450 – 1518 befestigen und zu einem Renaissanceschloss ausbauen. Im 19. Jh. wurde die Anlage stark verändert.
Heute erheben sich, von mehreren Gräben geschützt, an der Seeseite der ursprünglich 30 m hohe, bereits Ende des 14. Jh.s verkürzte Bergfried (seine Welsche Haube mit Spitze erhielt er im 18. Jh.) und der Palas. Auf seinen romanischen Unterbauten wurde 1515 – 1518 der Rittersaal erbaut, der schöne Steinmetzarbeiten an Fenstern, Erkern und Portalen zeigt. An die Nordseite der Kernburg schließt ein massiver Steinbau (14. Jh.) an, der 1665 zu einem »Neuen Wohnhaus« mit Schlosskapelle umgebaut und erweitert wurde. Im 12./13. Jh. wurde der Palas nach Südwesten verlängert. Der nur noch in seinen unteren Teilen vorhandene Bau (der Rest wurde Anfang des 19. Jh.s abgebrochen) wird Blaues Gebäude oder auch Portenhaus genannt. Zu seinem Schutz entstand im 15./16. Jh. ein mächtiger Geschützturm, der Rote Turm, der nach 1500 zum Wohnschloss bzw. Witwenturm umgebaut wurde. Westlich der Burganlage und auf der in den See hineinragenden Landspitze lagen der Wirtschafts- und der Lehnhof. Dieser wurde gegen 1180 verkleinert und ein Teil zur Aufnahme des Kollegiatsstiftes genutzt. Von diesem ist jedoch nur noch die einschiffige Kapelle erhalten (heute Pferdestall und Wohnung). Im 16. und 17. Jh. wurde auch dieser Teil der Anlage befestigt und durch eine weitere Ringmauer umgeben.

Mansfeld

J/K 3

Bundesland: Sachsen-Anhalt
Höhe: 200 – 250 m
Einwohnerzahl: 3800

Mansfeld verdankt seinen wirtschaftlichen Aufstieg dem Kupferbergbau, der im Mansfelder Land vom 12. bis ins 20. Jh. hinein betrieben worden ist. Heute erinnern noch überall in der Landschaft aufragende kleine und große Halden an die 800-jährige Geschichte des Kupferbergbaus.

Martin Luthers aus Möhra bei Eisenach stammenden Eltern waren mit ihm 1484 von ►Lutherstadt Eisleben hierher übergesiedelt (►Berühmte Persönlichkeiten).

Geschichte

Der Besitz des Mansfelder Landes ging 973 vom Kloster Fulda an die Magdeburger Erzbischöfe über. Im 11. Jh. belehnte Kaiser Heinrich IV. die Mansfelder Grafen mit dem Land, dessen Name auf folgende Begebenheit zurückgehen soll: Der Kaiser hatte dem Stammvater des

◄ weiter auf S. 280

AUFBAU OST IN ALTEN MAUERN. EIN KLOSTER ENTSTEHT NEU.

Fast ein halbes Jahrtausend lang wohnten hier Schweine und Kühe; Sturm, Regen und Schnee trugen die Gebäude ab. Inzwischen sind die Risse im romanischen Mauerwerk gekittet. Durch neue Fenster scheint die Sonne in fröhlichen Farben auf Hängetabernakel, Chorgestühl und steinernen Altar, für den katholische und evangelische Gemeinden Steine gespendet haben.

Das »Wunder von Helfta«, schwärmt Zisterzienser-Äbtissin Maria Assumpta Schenkl. Hunderte Freiwillige haben die Ruinen von Helfta wieder in ein ansehnliches Kloster verwandelt – eine von zwölf Zisterzienserabteien in Deutschland. Mehr als 20 Schwestern leben hier wieder nach den Regeln des heiligen Benedikt: **»Ora et labora«**. Ihr Tag beginnt um 5.30 Uhr mit einem Gebet. Sechs Stunden täglich arbeiten die Schwestern, ansonsten wird gebetet. Nach dem Abendessen, dem Komplet, schweigen sie. Gäste können sich für eine Zeit lang anschließen: mitarbeiten, mitbeten und an Seminaren teilnehmen. Auch das Weltliche hat auf dem Klostergelände inzwischen einen festen Platz: Die Schwestern führen ein Hotel, ein Gästehaus und einen Kindergarten. So sind 30 Arbeitsplätze entstanden. Ein Segen für das Mansfelder Land mit einer der höchsten Arbeitslosenzahlen Deutschlands.

Ruhm der Vergangenheit

Als **»Krone deutscher Frauenklöster«** galt Helfta nach seiner Erbauung 1250. Drei heilige Frauen hatten den

»Neues Leben zwischen Plattenbaugebiet, Bundesstraße und Tankstelle«: In der Blütezeit des Klosters lebten 300 Schwestern in Helfta. Heute ist wieder eine Gemeinschaft von mehr als 20 Nonnen entstanden.

Ruhm und die geistige Ausstrahlung des Klosters zu Helfta begründet: Mechthild von Magdeburg (1210 bis 1294), Mechthild von Hakeborn (1241 – 1299) und Gertrud von Helfta, genannt die Große (1256 – 1302), faszinierten ihre Zeitgenossen mit Jesus-Erscheinungen und lockten viele Frauen nach Helfta. In der Blütezeit des Klosters bis 1350 lebten 300 gut ausgebildete Schwestern in Helfta und trugen den Sendungsauftrag der drei Heiligen weiter. 1542 verließen die letzten Nonnen das Kloster. Fortan wurde der 14 ha große Besitz landwirtschaftlich genutzt, zuletzt als »Volkseigenes Gut« der DDR. Nach der Wende« kauften mehrere Initiativen mit Spendengeld das Gelände von der Treuhandanstalt. 1997 stand die Schwester Maria Assumpta Schenkl vor einer schwierigen Entscheidung. Aber dann hatte sich die Äbtissin eines bayerischen Zisterzienserklosters doch entschlossen, mit ihren 75 Jahren den Wiederaufbau in Helfta zu leiten. Unterstützt von vielen Einheimischen ließ sie innerhalb von zwei Jahren Kirche, Konvent und Kreuzgang wieder aufbauen. Anschließend entstanden neue Exerzitien- und Gästehäuser. Aus den sieben Schwestern, die 1998 gemeinsam mit der Äbtissin nach Helfta kamen, ist mittlerweile eine **Gemeinschaft von mehr als 20 Nonnen** geworden. Inzwischen ziehen auch junge Frauen aus der Umgebung ins neue alte Kloster. **Noch ein Wunder von Helfta**: Als Maria Assumpta nach Helfta kam, hielt sich die Begeisterung für ein neues Kloster am alten Standort in Grenzen. Heute freuen sich fast alle in Eisleben über das neue Leben in alten Mauern. Die Äbtissin hat ihre eigene Erklärung für das neue Leben zwischen Plattenbaugebiet, Bundesstraße und Tankstelle: »Gott hat etwas vor mit diesem scheinbar gottvergessenen Ort.«

MANSFELD

AUSKUNFT

Stadtinformation
Junghuhnstraße 2
06343 Mansfeld
Tel. 03 47 82/903 42, Fax 9 03 44
www.mansfeld.eu

ÜBERNACHTEN

► **Günstig**

Christliche Jugendbildungs- und Begegnungsstätte Schloss Mansfeld
Schloss 1
Tel. 03 47 82/2 02 01, Fax 2 12 72
www.schloss-mansfeld.de
Preiswerte Übernachtungen in einem Bildungs- und Begegnungshaus des CVJM im renovierten Schloss aus dem 16. und 19. Jahrhundert. Die Zimmer werden nach und nach mit Bad und WC ausgestattet.

Mansfelder Geschlechts so viel Land versprochen, wie dieser mit einem Scheffel Gerste umsäen könne. Da füllte der Graf die Gerste aus dem Scheffel in einen Sack, in den er ein kleines Loch schnitt. Dann ritt er los. Als dank dieses Tricks das mit Gerste markierte Gebiet größer war, als alle erwartet hatten, sprach man von Betrug. Doch der Kaiser soll gesagt haben: »Es ist gesagt, und kaiserliches Wort muss wahr bleiben. Das ist des Mannes Feld und bleibt es!«
Durch die reichen Kupfererzvorkommen stiegen die Mansfelder Grafen zu einem der wichtigsten Adelsgeschlechter auf. 1517 – 1560 ließen sie ihre Burg zu einer starken Festung ausbauen und ein prächtiges Renaissanceschloss errichten. Die vermutlich im 13. Jh. gegründete Stadt war eines der Zentren der Reformation. Nach dem Aussterben der Grafen von Mansfeld 1780 fiel die Stadt mitsamt der Burg an Preußen. Erst 1967 wurde der Kupferabbau um Mansfeld beendet, nach Sangerhausen verlagert und dort 1990 endgültig eingestellt.

✶ Schloss Mansfeld

Heutige Bildungsstätte

Das Schloss liegt, von Wald umgeben, auf dem 266 m hohen Schlossberg östlich der Stadt Mansfeld. In dem renovierten und umgebauten Gebäude befindet sich eine christliche Jugendbildungs- und Begegnungsstätte des CVJM (► Übernachten). Führungen durch das Schloss finden von Juni bis September Sa. und So. 14.00 Uhr sowie nach Absprache (Tel. 03 47 82/2 02 01) statt.

Baugeschichte

Das Schloss war Stammsitz des ehemals mächtigen, aber 1780 ausgestorbenen Grafengeschlechts. Die erste Burg wurde vermutlich schon 1050 erbaut und später erheblich vergrößert. Nach einem Kupferstich von Matthäus Merian umfasste die rund 350 m lange und 230 m breite Anlage um 1650 drei unabhängige Renaissanceschlösser, die gotische Schlosskirche und gewaltige Befestigungswerke. Jedes der Schlösser, die nach ihrer Lage als Vorderort, Mittelort und Hinterort bezeichnet wurden, war Sitz einer Linie der Grafen von Mansfeld. Die Mittel für ihre starke Bautätigkeit im 15. und 16. Jh. erhielten

die Mansfelder Grafen aus dem einträglichen Abbau von Kupfer und Silber. Dieser geriet jedoch seit 1536 in eine Krise, die dazu führte, dass die Grafen 1568 den mansfeldischen Bergwerksbetrieb in kursächsische Verwaltung abtreten mussten und 1570 die Grafschaft unter Zwangsverwaltung gestellt wurde. Damals begann auch der bauliche Verfall der Schlösser. Nur Schloss Vorderort wurde in Stand gehalten und auch nach dem Aussterben der Mansfelder Grafen 1780 weiterhin bewohnt.
Im Dreißigjährigen Krieg belagerten die Schweden mehrmals vergeblich die Festung, die erst 1675 auf Drängen der Städte und Stände, die für ihren Unterhalt aufkommen mussten, geschleift wurde. 1859 erwarb Freiherr von der Recke die Reste der Schlossanlage. Er ließ auf dem 1509–1518 für Graf Hoyer erbauten Vorderort das heutige neugotische Schloss errichten, das seit 1953 als Tagungs- und Freizeitstätte der evangelischen Kirche dient.

★ Schlosskirche

Die sich nach Osten dem Schloss Vorderort anschließende Schlosskirche ist der einzige vollkommen erhaltene Bau der mittelalterlichen Burganlage und gehört zu den schönsten deutschen Schlosskirchen der Gotik. Das schlichte Äußere der zu Beginn des 15. Jh.s errichteten einschiffigen Kirche ist durch Strebepfeiler und hohe Fenster mit Maßwerk gegliedert. Um 1480 erhielt sie die Kreuzrippengewölbe; seit Anfang des 16. Jh.s trennt ein hohes schmiedeeisernes Gitter Langhaus und Chor. Den hohen Innenraum beleben drei umlaufende Steinemporen in reich bewegten Formen, die auf Arkaden mit zum Teil verzierten Säulen ruhen. Wertvollstes Ausstattungsstück ist der große Flügelaltar, der vermutlich aus der Werkstatt Lucas Cranachs d. Ä. stammt; im Mittelteil zeigt er die Kreuzigung Christi, in der Predella die Grablegung, links die Höllenfahrt und rechts die Auferstehung. Sehenswert sind außerdem ein spätgotischer Taufstein (1522), das hohe holzgeschnitzte Sakramentshäuschen (1537) und das Epitaph für den 1526 gestorbenen Grafen Günther von Hans Schlegel, eines der ersten Werke der voll entwickelten Frührenaissanceplastik im mitteldeutschen Raum.

Lutherstube

In der Lutherstraße 26 steht das einst zum Elternhaus Martin Luthers gehörende Wirtschaftsgebäude, in dem 1936 eine Luther-Gedenkstätte eingerichtet wurde. Das Wohnhaus, in dem die Familie von 1491 bis 1497 lebte, war 1805 wegen Baufälligkeit abgerissen worden. Auch das Wirtschaftsgebäude hatte man 1805 teilweise abgebrochen, 1880 jedoch wieder aufgebaut. Besichtigung nach Vereinbarung (Tel. 03 47 82/2 03 20).
Gegenüber der Kirche St. Georg steht die **Lutherschule** (Franz-Junghuhn-Straße 2), welche Luther besuchte.

St. Georg

Die auf einem Hügel mitten in der Stadt stehende St.-Georgs-Kirche wurde 1497–1520 an der Stelle eines romanischen Vorgängerbaus errichtet. Die heutige Turmhaube und die Uhr stammen von 1929/

1930, als die Kirche restauriert wurde. Über dem Stabwerkportal befindet sich ein Holzrelief des hl. Georg im Kampf mit dem Drachen. Der einschiffige Kirchenraum besitzt eine Flachdecke; sehenswert sind die hölzerne Hufeisenempore mit 49 im 17. Jh. gemalten Bildtafeln, die Szenen aus der Bibel darstellen, ein kostbarer spätgotischer Flügelaltar im Chor sowie zwei weitere Schnitzaltäre. Der achteckige Taufstein entstand um 1520, Luthers Bildnis um 1540 und das Gemälde »Auferstehung Christi« um 1545 in der Werkstatt Cranachs d. Ä.; zur Ausstattung zählen auch die Särge und Epitaphe einiger Mansfelder Grafen.

Umgebung von Mansfeld

Klostermansfeld 3 km südöstlich von Mansfeld liegt das um 1040 gegründete ehem. Benediktinerkloster, das im Bauernkrieg beschädigt und 1554 aufgelöst wurde (Führungen durch das Pfarramt nach Vereinbarung, Tel. 03 47 72/ 52 50). Erhalten blieb nur die romanische Klosterkirche, die im 15. und 18. Jh. verändert wurde. Im Innern stehen ein spätgotischer Schnitzaltar mit Marienkrönung, ein Kruzifix (um 1470), ein Taufstein (1582) und zahlreiche figürliche Grabsteine aus dem 16. und 17. Jh.; der Turmaufbau wurde im 18. Jh. angefügt.

Der Bergbau hat seine Spuren hinterlassen: Überall in der Landschaft zwischen Eisleben und Hettstedt ragen große und kleine Halden auf.

Zum Abtransport der wachsenden Erz- und Abraummengen aus den Mansfelder Bergwerken wurde ab 1880 das Schmalspurbahnnetz (750 mm Spurbreite) gebaut. Kurz nach der Schließung des letzten Mansfelder Bergwerks begann 1972 die Demontage der Bahnanlagen. Der Verein Mansfelder Bergwerksbahn e. V. betreibt Teile der 1990 stillgelegten Schmalspurbahn des Mansfelder Bergbaus weiter. Auf einigen Strecken des zu Spitzenzeiten Mitte der 1920er-Jahre 55 km langen Schmalspurbahnnetzes fahren die Diesel- und Dampfloks des Vereins, darunter die Mansfeld-Dampfloks von 1931 – 1939. Info: Mansfelder Bergwerksbahn e. V., Hauptstraße 15, 06308 Benndorf (Gebäude des DB-Bf. Klostermansfeld), Tel. 03 47 72/27 64 0, Fax 30 22 9, www.bergwerksbahn.de.

◄ Mansfelder Bergwerksbahn

Nordhausen

E 3/4

Bundesland: Thüringen
Einwohnerzahl: 44 000
Höhe: 180 – 250 m

Die über 1000-jährige ehem. Freie Reichs- und Hansestadt liegt hoch über dem Tal der Zorge auf einer Terrasse zur Goldenen Aue hin. Am Ende des Zweiten Weltkriegs wurde sie stark zerstört. Was im historischen Zentrum erhalten geblieben ist, wird liebevoll gepflegt. Seit 1490 gibt es in Nordhausen Brennereien; weit über die Stadtgrenzen hinaus bekannt ist der Nordhäuser Doppelkorn (klarer Schnaps) sowie der Nordhäuser Kautabak.

Geschichte

Zum Schutze einer bereits im 8. Jh. entstandenen Siedlung ließ König Heinrich I. um 910 eine Burg und einen Königshof errichten. 961 gründete seine Ehefrau Mathilde in der Burg ein Nonnenkloster, das bereits 962 Markt-, Münz- und Zollrecht erhielt. Im Laufe der Auseinandersetzungen zwischen Friedrich Barbarossa und Heinrich dem Löwen wurde der Ort 1180 zerstört, erholte sich jedoch aufgrund seiner verkehrsgünstigen Lage wieder und wurde zu einem wichtigen Handelsplatz.
1220 wandelte Kaiser Friedrich II. das Kloster in ein weltliches Chorherrenstift um, das erst 1810 aufgehoben wurde, und machte Nordhausen zur Reichsstadt. Im 14. und 15. Jh. erlebte Nordhausen seine Blütezeit. Um 1750 entwickelte sich die Kautabakverarbeitung. 1802 verlor die Stadt ihre Reichsfreiheit. Mit dem Anschluss an das Eisenbahnnetz ab 1866 setzte in Nordhausen die Industrialisierung ein.

! *Baedeker* TIPP

Historische Straßenbahn

Geführte Stadtrundfahrten mit einem historischen Straßenbahn-Triebwagen bietet die Stadtinformation Nordhausen, Tel. 0 36 31/69 67 97, www.nordhausen.de.

NORDHAUSEN ERLEBEN

AUSKUNFT

Stadtinformation
Markt 1, 99734 Nordhausen
Tel. 0 36 31/69 67 97, Fax 69 67 99
www.nordhausen.de

ESSEN

► Erschwinglich

② ***Kneiff-Garten***
Gerhard-Hauptmann-Straße 6
Tel. 0 36 31/47 49 05
www.restaurant-kneiffgarten.de
Nouvelle Cuisine und gutbürgerliche Küche inmitten von Nordhausen: Man kann sich mit Harzer und Thüringer Spezialitäten verwöhnen lassen oder die leichte, neue Art des Kochens genießen.

③ ***Felix***
Barfüsserstraße 12-13
Tel. 036 31/60 22 00
www.felix-nordhausen.de
Bistro mit großem Biergarten im Herzen von Nordhausen mit guter Aussicht über die Unterstadt; internationale Küche.

► Erschwinglich/preiswert

① ***Da Capo Theaterrestaurant***
Käthe-Kollwitz-Str. 15
Tel. 0 36 31/47 83 89 – Gehobene Gastronomie im Flair des Theaters.

► Preiswert

④ ***Pizzeria Rustica***
Grimmelallee 10 d, Tel. 0 36 31/60 12 33 – Italienische Küche, gute Pizza, schöne Terrasse mit Blick auf den schiefen Turm der Blasii-Kirche.

ÜBERNACHTEN

► Komfortabel

① ***Hotel garni Handelshof***
Bahnhofstraße 12 – 13, Tel. 0 36 31/62 50, www.hotel-handelshof.de
Familiengeführtes Businesshotel in der Fußgängerzone direkt am Bahnhof, 43 modern in Grün- und Lachstönen eingerichtete Zimmer.

② ***Zur Goldenen Aue***
Nordhäuser Str. 63, Nordhausen-Bielen, Tel. 0 36 31/60 30 21
www.hotel-zur-goldenen-aue.de
Moderner, rustikal eingerichteter Landgasthof mit Kachelofen in »Omas Küche«, Terrasse/Biergarten und eigenem Restaurant.

Roland am Rathaus: Symbol der Stadtfreiheit

Sehenswertes in Nordhausen

Stadtmauer Bedeutende Teile der nach 1180 erbauten und im 14./15. Jh. mehrfach erweiterten Stadtmauer sind entlang der Promenade, am Petersberg und westlich des Doms bis zur Rautenstraße erhalten. Der 62 m hohe **Petriturm** auf dem Petersberg ist das Wahrzeichen der Stadt und erinnert an die 1372 erbaute und 1945 zerstörte Petrikirche. Um den **Judenturm** von 1460 erstrecken sich grüne Terrassen von denen man eine weite Aussicht genießt.

Altes Rathaus

Von der einstigen Bebauung am Marktplatz steht nur noch das stattliche, 1360 erstmals erwähnte Rathaus. Der dreigeschossige Bau mit einem vorspringenden achteckigen Treppenturm entstand 1610 im Stil der Spätrenaissance. Die Arkaden im Erdgeschoss waren offen, hier boten Kaufleute ihre Waren an. Auf der Westseite steht der 1717 angefertigte, gut 3 m hohe farbig gefasste **Roland**, das Symbol der Stadtfreiheit, dessen bereits 1441 bezeugter Vorgänger bei einem Brand zerstört wurde. Die **steinerne Stele** (Jürgen von Woyski) vor dem Rathaus erinnert an die 8800 Opfer des Luftangriffs im April 1945.

St. Blasii

Die zwei ungleich hohen spätromanischen Achtecktürme der 1490 geweihten dreischiffigen Hallenkirche St. Blasii stammen von einem 1234 errichteten Vorgängerbau. Sehenswert sind eine schöne, 1591/1592 vom damaligen Bürgermeister Cyriakus Ernst gestiftete, steinerne Kanzel und sein Epitaphbild, das Lucas Cranach d. J. gemalt hat.

Museum Tabakspeicher

Das Museum im Alten Tabakspeicher (18. Jh.; Bäckerstraße 22, Di. bis So. 10.00 – 17.00 Uhr) zeigt Ausstellungen zu Handwerk, Gewerbe, Industrie und Archäologie. Nordhausen war bis nach dem Zweiten Weltkrieg ein wichtiger Standort des Kautabakanbaus und seiner Verarbeitung. Das Museum informiert über Anbau und Verarbeitung

Nordhausen Orientierung

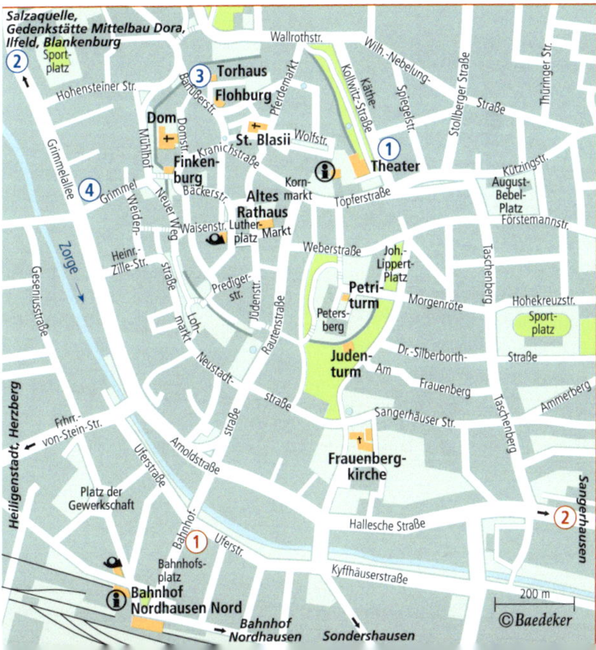

Übernachten

1. Hotel garni Handelshof
2. Zur Goldenen Aue

Essen

1. Da Capo Theater-restaurant
2. Kneiff-Garten
3. Felix
4. Pizzeria Rustica

des Rohstoffs. Die Fernmeldetechnik aus verschiedenen Jahrzehnten oder der Kinosaal mit seinen alten Vorführgeräten laden die Besucher dazu ein, selbst aktiv zu werden.

✶ Dom zum Hl. Kreuz

Der Dom zum Hl. Kreuz ist das bedeutendste Baudenkmal von Nordhausen. Er geht auf das 961 von Mathilde gegründete Damenstift zurück. Von der 1130 – 1200 innerhalb der Burg erbauten romanischen Klosterkirche blieben die Untergeschosse der Osttürme (heute dienen beide als Kapellen) und die dreischiffige Krypta mit halbrunder Apsis erhalten, deren Gewölbe auf niedrigen Säulen mit verzierten Würfelkapitellen (vermutlich von Hirsauer Baumeistern) ruht. Nach der Umwandlung des Klosters in ein Kanonikerstift begannen Bauleute aus ►Walkenried und Maulbronn 1227, den Chor in frühgotischem Stil zu erneuern (1267 geweiht). Das dreischiffige Langhaus wurde um 1340 angefügt; Anfang des 16. Jh.s begann man mit seiner Einwölbung (im Hauptschiff Stern-, in den Seitenschiffen Netzgewölbe; erst im 19. Jh. abgeschlossen).

Ausstattung ►

Zur sehenswerten Ausstattung gehören ein romanischer Taufstein (um 1200; aus dem ehem. Kloster Ilfeld), sechs **Stifterfiguren** an den seitlichen Chorwänden (um 1270; von Ost nach West, jeweils gegenüberstehend: Heinrich I. und Mathilde, deren Sohn Otto I. und Adelheid sowie der Enkel Otto II. und Theophanu) und das 1370 bis 1400 gefertigte Chorgestühl mit Szenen aus der Legende des Eustachius, der Auferstehung Christi sowie der Kirchengründung.
Von den ehem. Stiftsgebäuden ist nur der spätgotische Westflügel, der Kreuzgang mit dem Kapitelhaus, erhalten geblieben.

Sehenswerte Wohnbauten

Südlich vom Dom, neben der zur Unterstadt führenden Wassertreppe, steht die um 1550 erbaute sog. **Finkenburg** (Domstraße 23; 1927 wiedererrichtet). Hier soll sich die ehem. Heinrichsburg befunden haben. Ein weiteres schönes Beispiel für die niedersächsische Fachwerkbaukunst vom Anfang des 16. Jh.s steht in der Domstraße 12. Zwischen Dom und Blasiikirche stehen entlang der Barfüßerstraße weitere altstädtische Bauten, die Flohburg (Barfüßerstraße 6; ein bereits 1330 erwähnter Ständerbau, im 16., 17. und 19. Jh. verändert); Barfüßerstraße 3 (1783) und 2 (1713); in der Altendorfer Kirchgasse 3 steht Nordhausens ältestes Fachwerkhaus (um 1400; die Rokokotür stammt aus dem 18. Jh.); in der Georgengasse 5 steht das Fachwerk-Torhaus des einstigen Spendekirchhofs (1667).

Kunsthaus Meyenburg

Die 1907 erbaute, sehr schöne Jugendstilvilla zeigt heute Kunst und Kultur im Harz, darunter eine Kollektion von Möbeln aus dem 14. bis 19. Jh. Kern der Ausstellung ist eine Sammlung von Druckgrafiken des 19. und 20. Jh.s, darunter Werke von Matisse, Feininger und Picasso (Alexander-Puschkin-Straße 31; Di. – So. 10.00 – 17.00 Uhr).

Brennerei-Museum

Die 1908 im Jugendstil erbaute ehemalige Kornbrennerei Seidel beherbergt heute das Firmenmuseum der inzwischen letzten Brennerei der Stadt. Es erzählt die Geschichte des Branntweins, der Schnapsstadt Nordhausen und wie aus Gerste und Weizen Alkohol entsteht, wie das Getränk gärt und in Eichenfässer abgefüllt wird. Anschließend gibt es den Korn (32 – 38 % Alkohol), den Doppelkorn (ab 38 %), den leckeren Kakao-Haselnuss-Likör und den 10 Jahre in Eichenfässern gereiften Gerstenlikör zum Probieren (Nordhäuser Traditionsbrennerei, Grimmelallee 11; Mo. – Fr. 10.00 – 16.00 Uhr, Tel. 0 36 31/99 49 70, www.traditions-brennerei.de).

Umgebung von Nordhausen

Harzer Schmalspurbahn

Ein empfehlenswerter Tagesausflug ist die Fahrt mit dem Quirl, einer alten Dampflok, die zur Harzer Schmalspurbahn gehört und mit 25 km/h. von Nordhausen auf den Brocken zuckelt. Die Fahrt von Nordhausen-Nord dauert rund 3 Std. (Abfahrt tgl. 10.14, Rückkehr nach Nordhausen 17.40 Uhr, Fahrpläne: www.hsb-wr.de).

Salza

An der Zorgebrücke im Norden der Stadt beginnt ein ausgeschilderter Wanderweg zur Quelle der Salza, die südlich von Nordhausen in die Helme mündet. Am Salza-Quellbad vorbei gelangt man zum

Sehenswert: gotisches Chorgestühl im Dom zum Hl. Kreuz

Salza-Spring, einem 2500 m² großen, 50 – 70 cm tiefen Quellteich, in den sich durchschnittlich 704 l Wasser in der Sekunde ergießen.

Gedenkstätte Mittelbau Dora

Auf dem angrenzenden Gelände, ein wenig entfernt vom 304 m hohen Kohnstein, befand sich das Konzentrationslager Mittelbau Dora, ein Außenlager des KZ Buchenwald. Unter dem Kohnstein liegen rund 50 unterirdische Fabrikhallen, die zusammen eine Stollenlänge von etwa 12 km ergeben. Hier war von 1943 bis April 1945 der aus Peenemünde an der Ostsee hierher verlegte Rüstungsbetrieb untergebracht, in dem die sog. Vergeltungswaffen V1 und V2 hergestellt wurden. Über 16 000 der insgesamt rund 60 000 Lagerinsassen fanden hier den Tod. Nach Kriegsende bauten Amerikaner die Produktionsanlagen größtenteils ab und überführten sie in die USA. Nach dem Besatzungswechsel übernahmen die Sowjets die noch verbleibenden Anlagen und sprengten 1948 einen Teil des Stollensystems. Heute kann man rund ein Zehntel des mehr als 2 km langen Stollensystems besichtigen. Auf dem ehem. KZ-Gelände entstand eine kleine Gedenkstätte, ein Lern- und Dokumentationszentrum. Die Bronzeplastik vor dem Krematorium stammt von Jürgen von Woyski. Rund um das ehemalige Lagergelände wird auch heute noch Anhydrit im Tagebau abgebaut. Öffnungszeiten: tgl. 10.00 – 18.00 Uhr.

★★ Okertal

C 1

Bundesland: Niedersachsen

Zwischen Romkerhaller Wasserfall und der Stadt Oker stürzt das gleichnamige Flüsschen zwischen schroffen Felsen, bewaldeten Berghängen und wild verstreuten Gesteinsbrocken zu Tal, eine Strecke, die bei ausreichendem Wasser auch gerne von Wildwasserkanuten befahren wird.

Der rasche Gesteinswechsel führte im Okertal zu den verschiedensten Felsformen. Unterhalb der Okertalstaumauer bilden besonders auf dem linken (westlichen) Ufer devonische Kalke (auch Kramenzelkalke genannt) schroffe Abstürze wie die Rabenklippen und die östlich gelegenen Felsen des Romkerhaller Wasserfalls (► unten). Auf dem rechten Ufer zwischen Romkerhalle und Waldhaus und an den gegenüberliegenden Adlerklippen herrscht Granit vor, der auf den rundkuppigen Höhen Felsklippen auftürmt (Feigenbaumklippe, Hexenküche, Mönch, Käste-, Studenten- und Ziegenrückenklippe u. a.) und von Alpinkletterern geschätzt wird oder in gewaltigen Blöcken in dem aus Hornfels oder Grauwacke bestehenden Flussbett liegt.

★ Okertalsperre

Im Oberlauf der Oker wurde 1956 die mehrarmig verzweigte Okertalsperre fertig gestellt und hierfür das Örtchen Schulenberg überflutet (► Altenau, Umgebung). Ihre im Norden des Sees gelegene 75 m hohe, 260 m lange Staumauer kann bis zu 47 Mio. m³ Wasser stauen und dient vor allem der Energieerzeugung und Wasserregulierung. Mit der MS Aquamarin kann man von Mai bis Oktober Rundfahrten auf dem Stausee machen (außerhalb der Saison je nach Witterungsbedingungen und nach Voranmeldung, Tel. 0 53 29/8 11, www.okersee-schiffahrt.de). Zwischen 10.00 und 17.00 Uhr ist das Schiff von Ende April bis Ende Oktober zwischen den drei Hauptanlegern unterwegs, alle 45 Min. legt es an der Weißwasserbrücke an.

Wanderung von Altenau nach Goslar (21 km)

Eine in ► Altenau beginnende Wanderung in nördlicher Richtung endet in ► Goslar, kann jedoch auch in verschiedene Abschnitte zerlegt werden. Sie verläuft teilweise am rechten, teilweise am linken Flussufer. An der Ostseite des Stausees verläuft von Altenau aus ein 8,5 km langer, asphaltierter, für Autos jedoch verbotener Wanderweg bis zur Staumauer. Unmittelbar vor seinem Ende führt ein steiler Pfad ins tief eingeschnittene Okertal hinab. Von hier gelangt man auf einem rund 5 km langen Uferweg – stellenweise handelt es sich um einen schmalen, zwischen Fluss und Felsen verlaufenden Pfad – bis zur Romkerhalle, einer Kraftwerksturbinenhalle, die besichtigt werden kann. Von hier aus wird über den 7,3 km langen, 1968 – 1970 angelegten Oker-Grane-Stollen Okerwasser in die Granetalsperre zur Trinkwasseraufbereitung eingeleitet.

Romkerhaller Wasserfall

Gegenüber dem Hotel Romkerhalle fällt ein 1863 künstlich geschaffener Wasserfall 60 m tief hinab. Abstecher: Von hier führt ein 2 km langer, steiler Aufstieg über die Feigenbaumklippe und die Mausefalle (auf einer dünnen Granitsäule ruht ein gewaltiger tonnenschwerer Felsblock) zu den viel besuchten, 605 m hohen **Kästeklippen**, von denen man eine großartige Aussicht genießt. Der parallel zur Oker verlaufende Weg wird von schroffen Felstürmen ge-

! *Baedeker* TIPP

Dorado für Sportler

Die Talsperre und das Okertal bieten vielfältige Möglichkeiten für Sportbegeisterte. Windsurfer, Segler, Schwimmer und Taucher kommen auf ihre Kosten. Auf den rund um die Talsperre laufenden, teilweise asphaltierten Strecken trainieren Inline-Skater und Skiroller oder Mountainbiker. Kletterer versuchen sich an den bizarren Felsgesteinen, und auf der Oker kann man Rafting und Wildwasserfahrten machen. Infos: Touristinformation in Schulenberg, Tel. 0 53 29/8 48 oder www.harztourismus.com.

säumt und führt schließlich am Waldhaus (auf dem linken Flussufer gelegen) vorbei. Hier beginnt eine asphaltierte, 4 km lange, autofreie Straße, die oberhalb des Ortes Oker nach Westen um den Hahnenberg herumschwenkt; rechts unten im Tal liegen zwei Klärteiche. Am Forsthaus Großes Ammental vorbei gelangt man schließlich nach ► Goslar.

★ Osterode

B 2

Bundesland: Niedersachsen
Einwohnerzahl: 28 600
Höhe: 200 – 300 m

Das »Tor zum Südharz« liegt am Südwestrand des Harzes, am Eingang zum Lerbach- und Sösetal, wo die alte Chaussee quer über den Harz beginnt. Wegen ihrer gut erhaltenen Altstadt und zahlreichen schönen Fachwerkhäusern sowie dem nahe gelegenen Sösestausee ist Osterode eine gern besuchte Stadt.

Geschichte Das vermutlich nach der germanischen Frühlingsgöttin Ostera benannte Osterode gehört zu den im 9. und 10. Jh. im südwestlichen Harzvorland entstandenen Rodeorten. Im Laufe einer Fehde zwischen Heinrich dem Löwen und dem Markgrafen Albrecht dem Bären wurde 1152 der damals schon blühende Ort (Villa opulentissima) zerstört. Die nordöstlich der Altstadt auf einem Bergsporn gele-

Osterode Orientierung

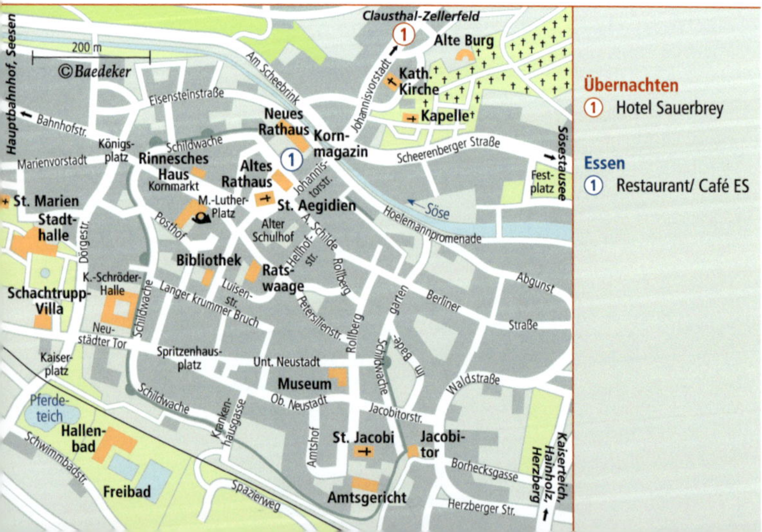

gene Burg (heute Ruine) war vermutlich zum Schutz dieser Siedlung errichtet worden.
Die Stadt an der Kreuzung zweier wichtiger Straßen war ein wichtiger Handelsort, erhielt 1293 das Goslarer Stadtrecht und trat der Hanse bei. Zu ihrem Wohlstand trugen vom 14. bis 17. Jh. auch die in der Umgebung betriebenen Eisen-, Hammer- und Hüttenwerke bei.
Trotz Rückschläge durch Stadtbrände (u. a. 1545), dem Dreißigjährigen und später Siebenjährigen Krieg, einer Pestepidemie (1625 bis 1627) sowie Hochwasser der Söse entwickelte sich Osterode bis ins 19. Jh. zu einem bedeutenden Handelsplatz der Tuchmacher und Gewerbetreibenden. 1928 – 1932 brachte der Bau der Sösetalsperre Schutz vor den Hochwassern.
Berühmtester Bewohner war der 1460 in Heiligenstadt geborene Bildhauer **Tilman Riemenschneider**. Er verbrachte hier seine Jugend, bis die Familie Osterode verlassen musste, weil der Vater beim Münzprägen zu viel billiges Metall ins Silber gemischt haben soll.

OSTERODE

AUSKUNFT

Tourist-Information
Dörgestraße 40, 37520 Osterode
Tel. 0 55 22/31 83 60, Fax 31 83 36
www.osterode.de

ÜBERNACHTEN

► Luxus/komfortabel

① ***Lerbach: Hotel Sauerbrey***
Friedrich-Ebert-Straße 129
Tel. 0 55 22/5 09 30, www.hotel-sauerbrey.de – Das Haus ist seit 1850 in Familienbesitz und verbindet Harzer Gastlichkeit mit modernstem Komfort, 5 km von Osterode.

ESSEN

► Erschwinglich

① ***Restaurant/Café ES***
Aegidienstr. 8, Tel. 055 22/50 22 44
www.sauerbrey.net – Auf der Karte stehen Gerichte mit Wildkräutern, regionale Spezialitäten wie Harzer Rotes Höhenvieh, kurz gebraten oder als Ragout, und hausgemachte Kuchen.

Sehenswertes in Osterode

✶ **Kornmarkt**

Seit dem Mittelalter ist der von malerischen Fachwerkhäusern umgebene Kornmarkt Mittelpunkt und Hauptplatz der Stadt. An seiner Nordseite steht das um 1610 erbaute Rinnesche Haus, der sog. Englische Hof, in dem Heinrich Heine 1824 übernachtete (Kornmarkt 12). Auf zwei massiven Steingeschossen ruhen zwei weitere Fachwerkgeschosse mit Doppelfenstern. Über dem alten Torbogen erinnert ein Wappen an den Erbauer Andreas Cludius.

◄ St. Ägidien

Im Nordosten beherrscht die Marktkirche St. Ägidien mit ihrem gewaltigen Bruchsteinturm aus dem 13. Jh. den Kornmarkt, das Kirchenschiff entstand nach dem Stadtbrand von 1545. Im Innern befinden sich eine sehenswerte bemalte Holzdecke (16. Jh.), ein schöner barocker Kanzelaltar von Andreas Duder, ein Taufbecken (1589) sowie im Chor die Grabplatten mit lebensgroßen Darstellungen der Herzöge von Braunschweig-Grubenhagen, die zwischen 1289 und 1596 hier residierten.

Altes Rathaus ► Das bereits 1388 als »Wordhaus« erwähnte Rathaus ist 1552 neu aufgebaut worden. Freitreppe und Säulenhalle sind von 1843. Die Schnitzereien des Fachwerkgiebels wurden im 18. Jh. mit Goslarer Schiefer verkleidet. Einziger Schmuck ist ein Füllhorn mit dem »O« aus dem früheren Stadtwappen. Die Walfischrippe über dem Haupteingang soll das Haus vor Überflutungen durch die Söse schützen.

Ratswaage ► Die 1550 errichtete Ratswaage ist das älteste Fachwerkhaus der Stadt. Zeitweise diente es als Fest- und Hochzeitshaus, aus dieser Zeit stammt wohl der über dem Eingangsbogen angebrachte Spruch: »Es sind nicht alles Jäger, die die Hörner blasen.«

Harzkornmagazin Am Söseufer erhebt sich das dreistöckige, 1719 – 1722 als Kornspeicher zur Versorgung der Oberharzer Bergstädte errichtete Harzkornmagazin (heute Stadtverwaltung). Der Mittelgiebel wird durch das wuchtige Wappen des englisch-hannoverschen Königshauses abgeschlossen, über dem Eingang steht »Utilitati Herciniae« (»zum Nutzen des Harzes«). Der Speicher fasste 15 000 Malter Korn, das entspricht rund 200 Tonnen.

Im Nordosten der Altstadt steht auf einem Bergsporn zwischen den Tälern des Lerbachs und der Söse die 1130 **als Reichsburg erwähnte Burgruine**. Anfang des 16. Jh.s scheint sie bereits aufgegeben und später als Steinbruch benutzt worden zu sein. Erhalten haben sich die Reste eines runden Bergfrieds, dessen westliche Hälfte zwar abgetragen, die östliche hingegen noch 34,5 m hoch ist.

? WUSSTEN SIE SCHON ...?

- ... dass einst eine Ritterstreitmacht die Burg über Osterode zum Einsturz gebracht haben soll? Weil das Burgfräulein ihn nicht heiraten wollte, sei der Ritter mit vielen bewaffneten Helfern herangerückt. Seitdem taucht das Fräulein an jedem Ostersonntag frühmorgens am Flüsschen Söse auf. Dort habe es einen armen Leineweber kennen gelernt und zum versteckten Schatz der Burgruine geführt. Mit dem Vermögen gründete der Mann die Textilindustrie der Stadt.

Museum im Ritterhaus

Öffnungszeiten:
Di. – Fr.
10.00 – 13.00
14.00 – 17.00
Sa., So.
14.00 – 17.00

Um 1640 wurde das dreigeschossige, reich verzierte Ritterhaus erbaut, in dem heute das gleichnamige Museum untergebracht ist (Rollberg 36, Tel. 0 55 22/91 97 93). An seinem Eckpfosten steht eine als Roland gedeutete Ritterfigur, Sinnbild für den Besitz städtischer Rechte. In elf Abteilungen wird über die Ur-, Früh- und Stadtgeschichte sowie das Handwerk unterrichtet. Sehenswert sind auch eine Sammlung sakraler Kunst, Kopien von Werken Tilman Riemenschneiders, Mineralien und eine Ausstellung zur Forst- und Weidewirtschaft des Raums. Im Erdgeschoss lädt die Heimatstube Osterode/Ostpreußen zu einem Besuch ein. Sehenswert ist auch der Innenhof des Museums, wo sich Teile einer historischen Schmiede und alte Feuerwehrwagen befinden.

St. Jacobi Am Schlossplatz steht an der Stelle einer älteren Marktkapelle die 1218 erstmals als Zisterzienserklosterkirche erwähnte Kirche St. Jaco-

Osteroder Rathaus: Im Giebel verbirgt Goslarer Schiefer die Schnitzereien des Fachwerks.

bi. Nach der Auflösung 1540 wurden das Kloster zum Schloss und die Kirche zur Schlosskirche umgebaut. In der 1751/1752 veränderten Kirche sind die Kanzel und ein Altar sehenswert, seine Seitenflügel mit den Apostelfiguren entstanden um 1420. Das Amtsgericht ist der einzige Rest des Grubenhagener Schlosses.

★ **Marienkirche**

In der westlich gelegenen Marienvorstadt steht die gleichnamige Kirche, die 1659 ihren Fachwerkaufsatz sowie den achteckigen Dachreiter und damit ihr heutiges Aussehen erhielt. Seit 1258 dient sie als Pfarrkirche. Im Innern steht ein wertvoller Marienaltar des Göttinger Bildschnitzers Berthold Castrop von 1517.

Stadtbefestigung

Von der einstigen Stadtmauer haben sich große Teile erhalten. Von den mindestens zehn Mauertürmen stehen noch vier, darunter der Sonnenturm und daneben der kleinere Pulverturm; in der Nähe befand sich bis 1830 das Neustädter Tor.

Schachtrupp'sche Villa

Am Kurpark steht die Schachtrupp'sche Villa, ein klassizistischer Holzbau, der 1819 nach dem Vorbild des italienischen Baumeisters Palladio für den Fabrikanten Wilhelm Schachtrupp erbaut wurde.

Umgebung von Osterode

Pipinsburg Auf einer nordöstlich über der Söse gelegenen Felsnase (1 km in Richtung Seesen, gegenüber dem Dorf Katzenstein) liegen die Reste der wegen ihres Aussehens Pipinsburg genannten großen Wallburg, die vermutlich am Ende der Bronzezeit angelegt und bis zu ihrer Zerstörung 1136 als mittelalterlicher Burgstall genutzt wurde.

Karstlandschaften Rund 4 km südlich von Osterode liegen die Naturschutzgebiete Hainholz, Bollerkopf und Beierstein, das einzige geschlossene noch unbeeinflusste Gipskarstgebiet in Europa mit zahlreichen Erdfällen und größeren und kleineren Höhlen, u. a. die 160 m lange und bis zu 15 m hohe **Jettenhöhle** (von Düna geht ein bezeichneter geologischer Lehrpfad aus).

Teufelsbad Südöstlich von Osterode, an der Straße nach Herzberg, liegen zwei mit Wasser gefüllte Senken, die durch Gipsauslaugung im Untergrund entstanden, das Große und Kleine Teufelsbad, auch Teufelslöcher genannt. Sie sind mit einem breiten Schilfgürtel umgeben, in dem zahlreiche Vogelarten leben.

Sösestausee Der etwa 3 km lange und 600 m breite Sösestausee liegt im Dreieck Osterode, Lerbach und Riefensbeek-Kamschlacken. Er wurde 1928 bis 1931 vor allem zur Regulierung des Hochwassers der Söse erbaut und versorgt über eine 200 km lange Wasserleitung die Städte Bremen und Göttingen mit Trinkwasser. Alle Wassersportarten außer dem Angeln sind daher verboten. Entlang des Südufers verläuft ein Fischereilehrpfad; am Schneiderteich, zwischen Osterode und dem Stausee, befindet sich eine Wildvogelstation mit über 50 verschiedenen Vertretern der heimischen Vogelwelt.

✶✶ Osterwieck

E 1

Bundesland: Sachsen-Anhalt **Höhe:** 120 m
Einwohnerzahl: 4100

Rund 400 Fachwerkhäuser im historischen Stadtkern, darunter 162 Einzeldenkmäler, bestimmen das Stadtbild von Osterwieck. Die zwischen Stephanikirche im Norden und Nikolaikirche im Süden stehenden Gebäude, v. a. in der Schulzenstraße, der Kapellenstraße und der Mittelstraße, stammen aus dem 15. – 18. Jh.; sie zeigen die Entwicklung des Fachwerkbaus von der Gotik bis zum Klassizismus.

Geschichte Der Ort lag an der Handelsstraße von Braunschweig nach Halberstadt und bekam bereits 974 durch Otto II. die Münz- und Zollrechte verliehen. Der heutige Name Osterwieck wurde 1073 zum ersten

Mal erwähnt (Wiken = Stapelplätze reisender Kaufleute, aus denen sich häufig Marktsiedlungen entwickelten). In einer Urkunde von 1215 wurde Osterwiek bereits von Bischof Friedrich als Stadt bezeichnet. Im Dreißigjährigen Krieg war Osterwieck eine starke Festung, die zwar mehrfach besetzt, jedoch von keiner der Kriegsparteien zerstört wurde.

Sehenswertes in Osterwieck

Fachwerkstadt

Am Marktplatz stehen neben dem neuen Rathaus ein eindrucksvolles Zeugnis niedersächsischen Fachwerkbaus (Markt 14, 1570) sowie das Haus Markt 10 mit seinen mit geschnitzten Gesichtsmasken verzierten Balkenköpfen. Im Hagen 3 liegt das um 1580 erbaute ehem. Hospital; ihm schräg gegenüber steht im Hagen 45 das 1568/1569 erbaute ehem. Diakonat.

Eulenspiegelhaus

Das in der Schulzenstraße 8 gelegene Eulenspiegelhaus ist 1534 erbaut worden und das **bekannteste Fachwerkhaus** der Stadt. Seinen Namen erhielt es von den Figuren auf der oberen Saumschwelle. Über dem Torbogen befindet sich der Schankwirt mit Bierkrug und Eule. Die Schere legt die Vermutung nahe, dass das Gebäude ursprünglich das Gildehaus der Gewandschneider war. Die Bildschnit-

OSTERWIECK ERLEBEN

AUSKUNFT

Stadtinformation
Am Markt 1
38835 Osterwieck
Tel./Fax 03 94 21/2 94 41
www.osterwieck.de

ESSEN/ÜBERNACHTEN

► Erschwinglich/Luxus

Dedeleben: Romanik Hotel Wasserschloss Westerburg
Westerburg 34
Tel. 03 94 22/95 50, Fax 9 55 66
www.hotel-westerburg.de
Schwimmbad, Sauna, Kneipptretbecken, Schönheitsfarm, Tagungsräume, 37 Z.
Edles Landhotel in einer Wasserburg, das von 50 000 m² Park umgeben ist, im Sommer Open-Air-Theater des Nordharzer Städtebundtheaters. Romanisches Restaurant mit Brau- und Ritterkeller, auf Bestellung mittelalterliche Tafeln mit Gauklern.

Vorbereitung für ein romantisches Dinner

Zwei von 400 Fachwerkhäusern in Osterwieck ...

zereien werden dem Braunschweiger Meister Simon Stappen zugeschrieben, der auch das Brusttuch in ►Goslar verziert hat. Die Alte Voigtei (Schulzenstraße 3) ist von 1533.

Das **älteste Haus** von Osterwieck in der Kapellenstraße 34 ist von 1450. Der ehem. Schäfer Hof (Kapellenstraße 27) gehört zu den ältesten Bauernhöfen in Sachsen-Anhalt (1527 datiert); ein restauriertes Renaissance-Fachwerkhaus (1610) steht in der Kapellenstraße 42. Weitere sehenswerte Fachwerkbauten stehen in der Mittelstraße: Das Haus Nr. 12 gehört zu den ältesten spätgotischen Fachwerkhäusern und stammt von 1521; Nr. 20 ist von 1622; Nr. 1 wurde 1549 erbaut und 1614 erhöht; Nr. 2 ist von 1578; das schräg gegenüberstehende Gebäude Nr. 26 ist von 1578. Ferner sind die Häuser Nr. 30 in der Nikolaistraße von 1580 und Nr. 7 – 9 in der Rosmarinstraße (der ehem. Gasthof Zur Tanne besteht aus mehreren Gebäudeteilen von 1500, 1596 und 1614) eine Besichtigung wert.

Altes Rathaus Heimatmuseum

Öffnungszeiten:
Di. – Do.
10.00 – 12.00
13.00 – 16.00
So. 13.00 – 16.00
Apr. – Sept. auch Sa.
13.00 – 16.00

Das 1554 erbaute historische Rathaus beherbergt heute das Heimatmuseum (Am Markt 1) mit Sammlungen zur Ur- und Frühgeschichte, einer spindellosen Wendeltreppe aus Eichenholz von 1580, einem sehr seltenen Hochzeitsteller aus Ahornholz vom Ende des 15. Jh.s, der Ratstabula mit den Namen der Bürgermeister von 1227 – 1933, Luthers Werken in acht Bänden von 1575, zahlreichen Exponaten der Handwerksgilden und Gewerke der vergangenen Jahrhunderte sowie der Industrialisierung seit 1850, einem großen Kachelofen aus Meißener Keramik, Osterwiecker Ledergeld von 1922/1923, einer Waffenkammer mit historischen Waffen sowie drei intakten Kriegskassen aus dem Dreißigjährigen Krieg.

Stephanikirche

In der ersten Hälfte des 12. Jh.s wurde im Westen der Stadt die romanische Stephanikirche erbaut, von der noch die beiden 53 und 54 m hohen Türme stammen. Die jetzige gotische Hallenkirche wurde ab 1552 neu errichtet. Das 1562 geweihte Langhaus ist größer als sein Vorgänger, von dem noch Reste im Mauerwerk an der Turmseite zu erkennen sind. Im Innern sind zahlreiche Wappen von Osterwiecker Familien, in der Nordostecke die sog. Gildenprieche mit den Namen der sieben Gilden und ihrer Vorsteher zu sehen. Beachtenswert sind außerdem der auf einem romanischen Steinaltar stehende Schnitzaltar, der vermutlich Ende des 15. Jh.s entstand, sowie das Chorgestühl (1620). Die ebenfalls mit Schnitzereien verzierte Kanzel wurde um 1620 geschaffen.

Nikolaikirche

Im Südosten der Stadt ragt die 1262 erstmals erwähnte Nikolaikirche empor, deren Westturm ins 13. Jh. zurückgeht. Im Innern des im 16. Jh. umgebauten Langhauses befinden sich eine schöne Balkendecke mit bemalter Mittelstütze und ein gotischer Schnitzaltar (erste Hälfte 15. Jh.), der dem Einfluss des Halberstädter Meisters Konrad von Soest zugerechnet wird.

Umgebung von Osterwieck

Großer Fallstein

Nördlich der Stadt erstreckt sich der bewaldete Muschelkalkrücken des Großen Fallsteins mit einer besonderen Flora und Fauna (Natur- und Landschaftsschutzgebiet). Vom Kirchberg mit dem Bismarckturm genießt man einen schönen Ausblick auf das nördliche Harzvorland und den Harz.

Zilly

In Zilly, 8 km südöstlich von Osterwieck, ist u. a. der mit Kellergeschoss sechsstöckige Palas einer im 13. Jh. errichteten Burg erhalten.

Westerburg

◄ außerhalb

Die karolingische Westerburg liegt 16 km nordöstlich von Osterwieck in einer Mulde des sonst flachen Ackerlandes, auf halbem Weg zwischen Dardesheim und Dedeleben. Sie gilt als die älteste erhaltene Wasserburg Deutschlands. Urkundlich belegt ist, dass Karl der Große mit seinem Heer am Elm lagerte und die Westerburg eilig als Verteidigungsanlage ausbauen ließ. Die bereits seit der Steinzeit existierenden Ringwälle wurden mit Palisaden und Steinmauerwerk befestigt. Im 11. Jh. bekam die Burg den heutigen Bergfried und starke Ringmauern. Mit der ständigen Vervollkommnung des Kriegsgeräts brachte man auch die Westerburg laufend auf den neuesten Stand der Festungstechnik. Im 16. Jh. verlor sie jedoch ihre strategische Bedeutung und ihre Gebäude dienten einem Landwirtschaftsbetrieb als Scheunen und Ställe. Der Innenhof der Wohnburg ist von mächtigen viergeschossigen Gebäuden umschlossen. Die kleine Burgkapelle entstand Ende des 17. Jahrhunderts. In der liebevoll restaurierten Burg, die nach Voranmeldung auch besichtigt werden kann, befindet sich heute das Romanik Hotel Wasserschloss Westerburg (►Erleben).

✶✶ Quedlinburg

G/H 2

Bundesland: Sachsen-Anhalt
Einwohnerzahl: 22 150
Höhe: 122 m

Ihre große Zeit hatte die Stadt im Osten des nördlichen Harzvorlands als Lieblingssitz der Ottonen, später regierten die Quedlinburger Äbtissinnen die zur Reichsabtei erhobene Burg und die Stadt. Die Altstadt von Quedlinburg – innerhalb des Befestigungsrings stehen über 1300 Fachwerkhäuser aus acht Jahrhunderten – und die Stiftskirche mit dem 1993 zurückgekehrten Domschatz gehören seit 1994 zum Weltkulturerbe der UNESCO.

Als einen von 40 Parks und Gartenlandschaften hat das Land Sachsen-Anhalt den Quedlinburger Brühl in das Programm **»Gartenträume«** aufgenommen. Der **barock-englische Landschaftspark** in Form eines barocken Jagdsterns, war ursprünglich im Besitz des freiweltlichen Damenstifts Quedlinburg. 1817 ging er an die Stadt über und wurde 1866 durch den Gartenarchitekten Eduard Petzold um einen landschaftlichen Bereich erweitert. Benachbart ist der ehem. Abteigarten. In Quedlinburg kamen die Arzttochter Dorothea Christiane

Highlights Quedlinburg

Schlossberg
Auf dem 100 m langen Schlossberg erheben sich Schloss und Stiftskirche über der Stadt. Heinrich I. machte Quedlingburg zu seinem Lieblingssitz. Allein der Weg über Kopfsteinpflaster und enge Gassen bis zum steilen Aufstieg ist ein atmosphärisches Erlebnis.
▶ Seite 301

Stiftskirche St. Servatius
Die flach gedeckte Basilika mit sächsischem Stützenwechsel gehört zu den bedeutendsten Baudenkmälern der Hochromanik in Deutschland.
▶ Seite 302

Domschatz
Ein amerikanischer Leutnant wollte 1945 den Domschatz in bare Münze umsetzen. Reliquienschreine aus Gold und Edelsteinen, kostbare Elfenbeinschnitzereien, das Quedlinburger Evangeliar – einer der kostbarsten Schätze des Mittelalters ist heute wieder in der Stiftskirche zu bewundern.
▶ Seite 303

Fachwerk vom Feinsten
1300 Fachwerkhäuser aus acht Jahrhunderten wurden nach der Wende liebevoll restauriert. Wer mehr wissen will, muss das Fachwerkmuseum auf der Word besuchen.
▶ Seite 311

Rathaus
Der Marktplatz, auf den sage und schreibe acht Straßen münden, wird vom Rathaus im Stil der Renaissance beherrscht. Im Festsaal ist die Stadtgeschichte dargestellt.
▶ Seite 311

← *Vom einstigen Lieblingssitz der Ottonen regierten später die Quedlinburger Äbtissinnen.*

Erxleben (1715 – 1762), erste promovierte Ärztin (► Berühmte Persönlichkeiten), der Pädagoge und Wegbereiter des Turnunterrichts Johann Christoph Friedrich GutsMuths (1759 – 1839), der Geograf Carl Ritter (1779 – 1859) und der Dichter Friedrich Gottlieb Klopstock (1724 – 1803; ► Berühmte Persönlichkeiten) zur Welt.

919	Sachsenherzog Heinrich wird zum König gewählt.
937	Heinrichs Ehefrau Mathilde gründet das Quedlinburger Kanonissenstift.
1337	Zusammenschluss von Alt- und Neustadt
1426	Beitritt zur Hanse
1992	Der weltberühmte Kirchenschatz ist wieder in St. Servatius.
1994	Ernennung zum UNESCO-Weltkulturerbe

Geschichte Um 800 befand sich auf der im Süden der Stadt gelegenen, bereits in vorgeschichtlicher Zeit besiedelten Sandsteinkuppe, dem heutigen Schlossberg, eine rechteckige Fürstenhalle, von der Überreste ausgegraben worden sind. Etwa 850 errichtete man daneben eine Missionskapelle, die Vorgängerin der heutigen Stiftskirche. Von dem karolingischen Bau sind noch Fundamente und drei Kapitelle vorhanden, die zu den ältesten Zeugnissen mittelalterlicher Bauplastik in Sachsen-Anhalt gehören. Mit **Heinrich I.** (919 – 936), dem ersten König aus sächsischem Geschlecht, beginnt die Entwicklung Quitlingaburgs zur Reichspfalz. 919 war der Sachsenherzog Heinrich vom Reichstag in Abwesenheit zum König gewählt worden. Der Legende nach soll eine Abordnung dem Ahnungslosen die Reichsinsignien nach Quedlinburg gebracht haben, wo er sich gerade zum Vogel- bzw. Finkenfang aufhielt (allerdings beanspruchen auch andere Harzorte den sog. Finkenherd für sich). Schon 929 übergab Heinrich die Quedlinburg seiner Ehefrau Mathilde als Witwengut. Diese gründete 937 das **Quedlinburger Kanonissenstift**. Ihr Sohn, Otto I. (936 bis 973), stattete das **weltliche, reichsunmittelbare Frauenstift** mit großem Landbesitz aus. Vor allem Töchter des thüringischen und sächsischen Hochadels fanden in dem Stift, das bis 1802 bestand, Aufnahme. Nördlich des Schlossbergs entwickelte sich gegen Ende des 10. Jh.s eine **Kaufmannssiedlung**, der Otto III. 994 Markt-, Münz- und Zollrecht verlieh. Östlich vom Mühlgraben entstand eine Neustadt, die 1330 mit der Altstadt vereint wurde. Die Stadt erstarkte durch Handel, Handwerk und Ackerbau und ihre Kaufleute erhielten das Recht zum freien und ungehinderten Handel im ganzen Deutschen Reich. Im 10./11. Jh. zählte Quedlinburg bereits zu den **bedeutendsten Städten des Reichs**. 1337 besiegte die selbstbewusst gewordene Stadt im Bündnis mit dem Halberstädter Bischof den Raubgrafen Albrecht II. von Regenstein. Er war Schutzvogt der Stadt und des Stifts und berüchtigt für die hohen Schutzgelder, die er erpresste. Quedlinburg, **das zunehmend unabhängiger vom Stift wurde**, schloss sich 1426 der Hanse an. Als Zeichen ihrer Eigenständigkeit stellte die Stadt auf dem Marktplatz einen steinernen **Roland** auf. Daraufhin rief die amtierende Äbtissin Hedwig sächsische Truppen unter Führung ihrer Brüder Ernst und Albrecht, Herzöge von Sachsen, herbei, ließ die Stadt besetzen und den Roland stürzen und zwang 1477 die Quedlinburger zum **Verzicht auf alle Privilegien**. Erst 1869 konnte der Roland wieder vor dem Rathaus aufgestellt werden. Das Stift schloss sich 1539 der Reformation an. Nachdem Quedlinburg 1803 an Preußen gelangte, entwickelten sich der Gartenbau, Straßen und Bahnlinien wurden angelegt und die Stadt wurde ein wichtiges Industriezentrum. Zu DDR-Zeiten entstand die Süderstadt aus Plattenbauten.

Fachwerkhäuser aus acht Jahrhunderten: Blick vom Schlossberg auf die Stadt

Schlossberg

Der vom Mühlengraben umgebene, bereits in vor- und frühgeschichtlicher Zeit besiedelte Schlossberg ist ein etwa 100 m langer und 50 m breiter Sandsteinfelsen, der nach Süden und Osten schroff abfällt. Im Westen und Norden steht das Schloss, während die Stiftskirche den mittleren Teil der Südseite einnimmt; im Osten liegen heute die Terrassen und Gärten der ehem. Propstei.

★ **Schloss**

Heinrich I. hatte mit den bis nach Sachsen vordringenden Ungarn einen neunjährigen Waffenstillstand vereinbart. Während dieser Zeit wurde die Quitilingaburg ausgebaut und avancierte zum **Lieblingssitz des Königs**. Von dieser Anlage sind noch Gewölbe in den heute zur Gaststätte gehörenden Kellerräumen erhalten. Weitere Burgbauten, wie Tor und Zwinger, sind im 15. Jh. erneuert worden. Zwischen Schloss und Mauer führt ein Weg durch zwei Tore zum mittleren Hof hinauf.

◄ Geschichte

Das heutige Schlossgebäude ist eine Dreiflügelanlage, die vom 16. bis 18. Jh. zum großen Teil auf Mauern romanischer Vorgängerbauten errichtet wurde. Das Schlossmuseum zeigt Ausstellungen zur Ur- und Frühgeschichte, zur Entwicklung des Burgbergs von der Königspfalz bis zum 1802 aufgelösten Damenstift (Schlossberg 1, Tel. 0 39 46/27 30). Gezeigt werden außerdem erhaltene Repräsentations- und Wohnräume der einstigen Reichsabtei mit klassizistischen Deko-

◄ Schlossmuseum

Öffnungszeiten:
April – Okt.
tgl. 10.00 – 18.00
Nov. – März
Sa. – Do. bis 16.00

rationen und schönen Parkettfußböden, darunter der Thronsaal (1736). Das heutige Mobiliar stammt aus der Renaissance- und Barockzeit. In dem berühmt-berüchtigten, 2 m hohen und 2,80 m x 2,40 m großen **»Raubgrafenkasten«** soll der Regensteiner Graf Albrecht II. (1310 – 1348) wegen fortgesetzten Landfriedensbruchs gefangen gehalten worden sein, bis er die harten Bedingungen der Stadt annahm.

! *Baedeker* TIPP

Verführung in Schwarz, Weiß oder Gold

Alte Schmiedekunstwerke restaurieren, den Stuck an der Wohnzimmerdecke erneuern oder das Gartentor vergolden … In den Werkstätten für Denkmalpflege unterrichten erfahrene Stuckateure, Maler, Vergolder und Kunstschlosser ihre Künste. Eine Informationsbroschüre ist kostenlos unter der Rufnummer Tel. 0 39 46/ 28 15 erhältlich.

Im ottonischen Kellergewölbe des Schlosses zeigt das Museum die Dauerausstellung **»Auf den Spuren der Ottonen«**. Hier erfährt man, wie das 936 von Heinrich I. gegründete freiweltliche, reichsunmittelbare Damenstift entstand und wenig später zu einer der einflussreichsten Einrichtungen in Deutschland wurde. Kunstschätze wie die ältesten Stuckreste des deutschsprachigen Raumes (10. Jh.) verleihen diesem Raum eine besondere Atmosphäre. In einem weiteren Raum dokumentiert das Museum unter dem Titel »Geschichte und Propaganda«, wie die Nationalsozialisten Quedlinburgs mittelalterliche Geschichte verfälschten, vereinnahmten und missbrauchten.

★★ **Stiftskirche St. Servatius**

Die Stifts- oder auch Schlosskirche geht auf die karolingische Missionskapelle und die nachfolgende ottonische Pfalzkapelle zurück. Noch zu Lebzeiten Heinrichs I. hatte man die Burgkapelle als **königliche Begräbniskirche** zur dreischiffigen St.-Petrus-Basilika erweitert, in welcher 936 der von Memleben überführte Leichnam Heinrichs I. beigesetzt wurde. Doch das Bauwerk erwies sich bald als zu klein für die vielen Gäste, die am Grabe ihres Ahnherrn am Festgottesdienst teilnahmen. So ließ die Äbtissin Mathilde, eine Enkelin Heinrichs I., bei der Grabkirche einen geräumigen, 1021 geweihten Neubau errichten. Der Ostteil dieser Kirche wurde als Krypta mit Hochchor angelegt. 1070 brannten große Teile der Burg und der Kirche ab. Mit dem Bau der heutigen dreischiffigen Basilika wurde um 1100 begonnen. Bis 1347 wurde der romanische Chor neu errichtet. Von den beiden geplanten Westtürmen war zunächst nur der Nordturm ausgeführt worden, der Südturm folgte 1863 – 1882. Die aus dem 19. Jh. stammenden hohen Turmhelme wurden 1947 – 1959 verkürzt, damals erhielten sie auch ihre heutigen Zeltdächer. Der neuromanische Chor und die monumentale Treppenanlage, die den östlichen Abschluss des Langhauses bilden, wurden Ende der 1930er-Jahre eingebaut, als hier Heinrich I. als Reichsgründer gefeiert wurde.

Krypta zzt. geschlossen ►

Die dreischiffige Krypta birgt Reste romanischer Wandmalereien mit Szenen aus dem Alten und dem Neuen Testament und zur Geschichte der Susanna. Die Grabsteine Quedlinburger Äbtissinnen entstanden zwischen dem 11. und dem 13. Jh., die drei wertvollsten stehen an der Südwand der Krypta (um 1130). Sie gehören zu den Meisterwerken deutscher romanischer Bildhauerkunst.

✶✶ **Domschatz**

In den beiden Schatzkammern, kleine Einbauten von 1170, befindet sich einer der kostbarsten Kirchenschätze des Mittelalters (Öffnungszeiten ►St. Servatius). 1993 waren die wertvollsten Teile nach einer Zahlung von umgerechnet 3 Mio. € »Finderlohn« an ihren Ursprungsort zurückgekehrt. 1945 hatte sie ein amerikanischer Leutnant gestohlen und per Feldpost nach Texas geschickt. Als seine Erben die unschätzbaren Stücke zu Geld machen wollten, waren sie 1991 in den USA wieder aufgetaucht. Besondere Beachtung verdienen mehrere **Reliquienschreine** aus Gold, Edelsteinen und kostbaren Elfenbeinschnitzereien, das **Quedlinburger Evangeliar**, ein karolingischer Codex aus dem 9. Jh. mit einem um 1225 angefertigten Buchdeckel, ein Kamm Heinrichs I., der mit verzierten Goldblechen beschlagene **Servatiusstab**, vermutlich ein Geschenk von Kaiser Otto III. im Jahre 999 an seine Schwester Agnes, Äbtissin in Quedlinburg, und das um 1000 entstandene **Adelheid-Evangeliar**, dessen Vorderdeckel ein byzantinisches Elfenbeinrelief des 10. Jh.s umschließt. In

Reliquiar Ottos I.

Um ihn rankt sich Geschichte: Erst 1991 waren Teile des Domschatzes wieder aufgetaucht, die ein amerikanischer Leutnant gestohlen hatte.

der über dem Kassenbereich gelegenen Teppichkammer wird der um 1200 von der Äbtissin Adelheid gestiftete **Knüpfteppich** ausgestellt. Auf den fünf erhaltenen Teilen ist die Vermählung der Philologie, der Königin der Wissenschaften, mit Merkur dargestellt (nach einer Schrift des Marcianus Capella vom Anfang des 5. Jh.s).

* St. Wiperti

Das südlich des Burgbergs, nahe der Straße nach Thale gelegene Gebiet war ebenfalls schon in der Jungsteinzeit besiedelt. Hier befand sich nach der Wahl Heinrichs I. der Königshof, in den 936, nach der Gründung des Damenstifts auf dem Burgberg, das Kanonikerstift St. Wigbertus verlegt wurde. Mit dem Bau der kreuzförmigen Basilika wurde um 950 begonnen. Um 1000 folgte der Einbau einer sehenswerten dreischiffigen Krypta mit einem Tonnengewölbe und dem lombardischen Stützenwechsel (Pfeiler – Säule – Pfeiler).

Nach der Umwandlung des Stifts in ein Prämonstratenserkloster kam es unter Erhalt von Chor und Krypta 1148 zu einem Neubau der Kirche. Reformation und Bauernkrieg markierten das Ende des Klosters, das 1547 in ein Vorwerk verwandelt wurde. Ab 1816 wurde die Kirche als Scheune benutzt, 1955 – 1957 restauriert. Damals wurde in die Südwand des Langhauses ein um 1220 entstandenes Säulenportal aus der Klosterkirche St. Marien vom Münzenberg eingebaut (im Tympanon eine Darstellung der Anbetung Mariens; Neuendorf 4; Apr. bis Sept. Mo. – Sa. 10.00 – 12.00, 14.00 – 17.00, Okt. – März nach Vereinbarung, Tel. 0 39 46/91 50 82). An der Südseite des **Wipertifriedhofs** befinden sich in den Fels gehauene Familiengrabgewölbe.

! *Baedeker* TIPP

Auf den Münzenberg

107 Stufen führen weit in die Geschichte Quedlinburgs. Vor 1000 Jahren stand hier auf dem Münzenberg das Marienkloster. Nachdem die Nonnen das Gelände nach der Reformation verlassen hatten, zogen die in die Klosterruinen, die in der Stadt nicht erwünscht waren: Tagelöhner, Kesselflicker, Spielleute und Musikanten, denen Bildhauer Wolfgang Dreysse auf dem Marktplatz ein Denkmal gesetzt hat.

** Fachwerkstadt

In Quedlinburg blieben vollständige Straßenzüge und Plätze mit rund 1300 Fachwerkhäusern aus acht Jahrhunderten erhalten (► Von Knaggen und Schwellen: Fachwerk im Harz, S. 48ff.).

Bemerkenswerte Fachwerkstraßen sind u. a. die Lange Gasse (besonders sehenswert sind Nr. 29 von 1614 und Nr. 33, der 1623 an der Grenze zwischen Westendorf und der Altstadt erbaute einstige Gasthof Weißer Engel), die am Marktplatz beginnende Breite Straße (► unten), die Hölle (für den Namen gibt es unterschiedliche Deutungen, eine besagt, dass die leicht ansteigende Straße zum Licht, also ins »Helle«, führt), der Schlossberg und der Steinweg (► unten).

Vom Schlossberg gelangt man zunächst zum Schlossplatz. Hier steht das im 16. Jh. erbaute und im 17. Jh. veränderte Geburtshaus von Friedrich Gottlieb Klopstock(1724–1803; Schlossberg 12). Gezeigt werden u. a. Sammlungen zum Leben und Schaffen des bedeutendsten Dichters des Sturm und Drang sowie zeitgenössische Möbel und Wohnkultur des 18. Jh.s. Auch Dorothea Christiane Erxleben, Johann Christoph Friedrich GutsMuths und Carl Ritter werden gewürdigt (geöffnet: Apr.–Okt. Mi.–So. 10.00–17.00, Nov.–März bis 16.00 Uhr, Tel. 0 39 46/26 10). **Klopstock-Museum**

Unweit nordöstlich folgt die Finkenherd genannte kleine Häuserzeile, die wie eine Insel zwischen den Straßen liegt. An dieser Stelle soll **Finkenherd**

Quedlinburg Orientierung

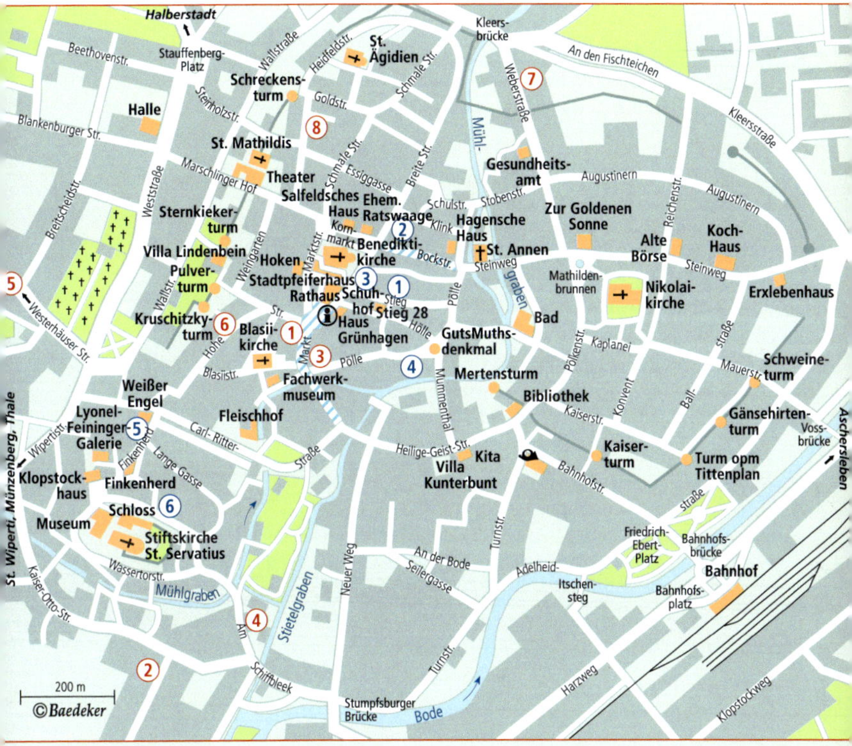

Übernachten

1. Theophano
2. Am Brühl
3. Zum Bär
4. Probstei Vorwerk
5. Familotel Otto III.
6. Zum Altstadtwinkel
7. Hotel-Pension Ingrid
8. Jugendherberge

Essen

1. Brauhaus Lüdde
2. Gildehaus zur Rose
3. Café-Restaurant Zum Roland
4. Prinz Heinrich
5. Café Kaiser
6. Café Vincent

QUEDLINBURG ERLEBEN

AUSKUNFT

Tourismus-Marketing
Markt 2, 06484 Quedlinburg
Tel. 0 39 46/90 56 24, Fax 90 56 29
www.quedlinburg.de

EVENTS

Der jährlich zu Ostern und Pfingsten inszenierte Kaiserfrühling erinnert mit feierlichen Prozessionen, Historienspielen, einer Kaisertafel, dem Schauhandwerkermarkt und der großen Reichsversammlung von 973 an die Zeit, als Quedlinburg die Hauptstadt Deutschlands war.

ESSEN

► Erschwinglich/Preiswert

① ***Brauhaus Lüdde***
Blasiistraße 14, Tel. 0 39 46/70 52 06
www.hotel-brauhaus-luedde.de
Preiswerte Harzer Spezialitäten wie Bierfleisch, selbst gebraute Quedlinburger Bierspezialitäten wie das süßliche »Pubarschknall« oder das würzige Braunbier »Knuttenforz«.

② ***Gildehaus zur Rose***
Breite Straße 39, Tel. 0 39 46/90 73 73
Griechische Spezialitäten in der Innenstadt im Gildehaus von 1612, rustikale Einrichtung, die z. T. aus einer belgischen Kirche stammt.

③ ***Café-Restaurant Zum Roland***
Breite Straße 2, Tel. 0 39 46/45 32
Café in sieben alten Fachwerkhäusern hinter dem Rathaus. Hier gibt es Harzer Spezialitäten wie Kraftbrot oder Harzer Stippe und angeblich den besten Kuchen der Stadt.

④ ***Prinz Heinrich***
Pölle 29, Tel. 0 39 46/37 07
Regionale und saisonale Küche, Altenbraker Forelle vom Klosterfischer mit Butterkartoffeln und Salat, Salate von Biobauern aus der Umgebung.

► Preiswert

⑤ ***Café Kaiser***
Am Finkenherd 8
Tel. 0 39 46/51 55 52
Das Café serviert leichte, regionale Küche wie die Harzer Knieste, von beiden Seiten angebratene Kartoffelhälften mit rohem Zwiebelmett, Salz, Pfeffer, Kümmel und selbst gemachtem Kräuterdip. Berühmt ist das Traditionscafé für seine 30 Waffelarten.

⑥ ***Café Vincent***
Schlossberg 13
Tel. 0 39 46/81 19 70
Hier gibt es 30 verschiedene Sorten Käsekuchen, einmalig in Deutschland, und eine schöne Aussicht.

ÜBERNACHTEN

Baedeker-Empfehlung

► Luxus

① ***Romantik Hotel Theophano***
Markt 13/14
Tel. 0 39 46/9 63 00, Fax 96 30 36
www.hoteltheophano.de, 20 Z.
Das ehemalige Lohgerberhaus direkt am Marktplatz hat ein Bonner Ehepaar liebevoll restaurieren lassen und kunstsinnig eingerichtet. Die kreative Küche verbindet regionale und mediterrane Einflüsse.

► Luxus

② ***Romantik Hotel Am Brühl***
Billungstraße 11
Tel. 0 39 46/9 61 80, Fax 9 61 82 46
www.hotelambruehl.de
Das in einem roten Fachwerkhaus direkt unter dem Schlossberg gelegene

Hotel ist mit alten Möbeln aus hellem Holz eingerichtet. Im Innenhof sitzt man zwischen stilvoll renovierten Fachwerkscheunen und dem Jugendstilgebäude der ehemaligen Harz-Geist-Likörfabrik bei einem Kloster Pfortaer Weißburgunder. Und nachts hört man die Nachtigallen im Stadtwäldchen nebenan.

③ ***Hotel Zum Bär***
Markt 8/9
Tel. 0 39 46/77 70, Fax 70 02 68
www.hotelzumbaer.de
Familiärer Charme in einem 250 Jahre alten Hotel mit Blick auf den Quedlinburger Marktplatz. Die Zimmer sind im Stil unterschiedlicher Epochen teilweise mit antiken Möbeln eingerichtet.

▶ Komfortabel

④ ***Hotel Propstei Vorwerk***
Im Wasserwinkel 1a
Tel. 0 39 46/81 13 86, Fax 81 13 93
www.hotel-propstei-vorwerk.de
16 Kleines (18 Z.) Familienhotel in einem liebevoll restaurierten Fachwerkhaus mit sagenhaft schiefen Wänden, Inneneinrichtung mit hellen Bauernmöbeln. Liegt ruhig und etwas versteckt nahe der Innenstadt, Topservice mit Liebe zum Detail, exzellentes Frühstücksbüfett unter gemütlichen offenen Fachwerkbalken. Ein Schmuckkästchen!

⑤ ***Familotel Otto III.***
Westerhäuser Straße 43
Tel. 0 39 46/7 72 20, Fax 77 22 22
www.familyclub.de
Familienhotel mit Badelandschaft, Tennisplatz, Fahrradverleih, großem Freigelände und Pferderomantik.

⑥ ***Pension Zum Altstadtwinkel***
Hohe Straße 15
Tel. 0 39 46/91 99 75, Fax 91 99 73
www.altstadtwinkel.de, 14 Z.
Kleines, familiäres Haus, in dem jedes Zimmer anders eingerichtet ist. Beim Renovieren wurden die Original-Holzdielen des Fachwerkhauses restauriert. Dabei fand man Originalauszüge des Quedlinburger Schlossregisters aus dem 16. Jahrhundert.

▶ Günstig

⑦ ***Hotel-Pension Ingrid***
Weberstr. 30/31, Tel. 039 46/28 07
www.hotel-pension-ingrid.de
Zwei denkmalgeschützte Villen des Jugendstils und Klassizismus, nur wenige Schritte von der Altstadt entfernt, mit Biergarten und Restaurant.

⑧ ***Jugendherberge***
Neuendorf 28, Tel. 039 46/81 17 03
www.jugendherberge-quedlinburg.de
Zweckmäßige Unterkunft im historischen Stadtzentrum.

Vom »Feinschmecker« zu einer der besten Adressen Deutschlands gewählt: Theophano

919 der Sachsenherzog Heinrich von seiner **Wahl zum König** des Ostfränkischen Reiches erfahren und die Reichsinsignien mit der Krone erhalten haben. In einem Gedicht von Johann Nepomuk Vogl, das Carl Loewe vertonte, heißt es: »Herr Heinrich sitzt am Vogelherd recht froh und wohlgemut ...«

✶ Lyonel-Feininger-Galerie

Im Finkenherd 5 a befindet sich die Lyonel-Feininger-Galerie. Der deutsch-amerikanische Maler und Grafiker (1871 – 1956) hatte am Dessauer Bauhaus unterrichtet, bis er 1936 vor den Nationalsozialisten aus Deutschland fliehen musste. Die Galerie zeigt u. a. Feiningers Druckgrafiken, Radierungen und Aquarelle aus den Jahren 1906 bis 1937. Darüber hinaus gibt es Wechselausstellungen zeitgenössischer Künstler. Öffnungszeiten: Di. – So. 10.00 – 18.00, Nov. – März bis 17.00 Uhr, Tel. 0 39 46/23 84; www.feininger-galerie.de.

St. Blasii

Östlich von der Hohen Straße steht in der Blasiistraße, die zum unteren Ende des Marktplatzes führt, die gleichnamige Kirche. Ihr Westquerturm stammt noch aus dem 11. Jh., sein spätromanisches Glockengeschoss ist nach 1200 aufgesetzt worden. Schiff und Chor entstammen ebenso wie die Ausstattung der Kirche dem ersten Drittel des 18. Jahrhunderts. Heute wird die St.-Blasii-Kirche als Konzert- und Veranstaltungssaal genutzt.

Ob hier am Finkenherd der Sachsenherzog Heinrich von seiner Wahl zum König erfahren hat, wird wohl ungeklärt bleiben.

Das **älteste Fachwerkhaus** der Stadt steht südlich der Blasiikirche in der Wordgasse 30 (das niederdeutsche »Word« stand für ein inselartig erhöhtes Gebiet). Bei diesem Anfang des 14. Jh.s errichteten Hochständerbau ruhen die Ständer genannten hölzernen Pfosten auf niedrigen Grundmauern und streben ohne Unterbrechung bis zum Dach, das von ihnen getragen wird. Bis 1965 war das Fachwerkhaus bewohnt. Seit seiner Rekonstruktion beherbergt es ein Museum, in dem die Entwicklung und Vielfalt der Fachwerkbaukunst geschildert wird. Öffnungszeiten: Apr. – Okt. Fr. – Mi. 11.00 – 17.00, Nov. – März bis 16.00 Uhr, Tel. 0 39 46/38 28.

✶ **Fachwerkmuseum**

Der **benachbarte Fleischhof** (Nr. 4) entstand im 11. Jh. als ritterlicher Freihof; die heutige Anlage wurde in der zweiten Hälfte des 16. Jh.s erbaut.

✶ **Rathaus**

Mittelpunkt der Altstadt ist der im 10. Jh. angelegte dreieckige **Marktplatz**, auf den insgesamt acht Straßen münden. Er wird vom 1310 erstmals erwähnten Rathaus beherrscht, das bei einem Umbau 1616 – 1619 seine Renaissancefassade erhielt und um 1900 auf der Nordseite vergrößert wurde. An seiner westlichen Ecke steht ein sechseckiger Erkerturm mit spätgotischem Maßwerk. Eine Freitreppe führt zum schönen Eingangsportal, über dem sich das Quedlinburger Wappen befindet. Sehenswert ist im Innern der **Festsaal** mit einem hölzernen Tonnengewölbe, seine Wände sind mit Darstellungen aus der Stadtgeschichte (von Otto Marcus) geschmückt.

! *Baedeker* TIPP

Ein Herz für Spielkinder

Im Spielzeugmuseum (Blasiistraße 22) können Sie historische Modelleisenbahnen fahren lassen, darunter die einzige russische großer Spurweite. In der Puppensammlung gibt es Raritäten, eine ausgefallene Weihnachtspyramide und eine Sammlung von Märchendioramen. Wer nach so viel Museum selbst spielen möchte: Zwei Spielecken hat das Museum mit hauseigenen Spielgeräten ausgestattet. Infos: Tourismus Marketing GmbH, www.eisenbahn-spielzeug-museum.de.

Links vor dem Rathaus steht der 1427 zum ersten Mal aufgestellte, 1477 entfernte und 1869 wieder auf seinen alten Platz zurückgebrachte steinerne Roland, Sinnbild des Marktrechts und der Marktfreiheit. Die 1979 auf dem Marktplatz aufgestellte **Münzenberger Musikantengruppe** ist von Wolfgang Dreysse.

◄ Roland

Schräg gegenüber vom Rathaus, an der Einmündung der Breiten Straße (Markt 2), steht das Haus Grünhagen, ein Barockhaus von 1701, das 1780 verändert wurde. Am Markt 5 befindet sich das ehem. Gildehaus der Tuchmacher von 1545, gegenüber das der Lohgerber (Markt 13 – 14; Ende 17. Jh.).

◄ Weitere Fachwerkhäuser

Marktstraße

Links vom Rathaus setzt sich der Markt in der Marktstraße fort mit weiteren sehenswerten Fachwerkhäusern, die als »Budenhäuser« zu verstehen sind.

Im Westen der Stadt verläuft parallel zur Marktstraße der bedeutendste Teil der erhaltenen Stadtmauer (►Stadtbefestigung).

Kornmarkt Den Kornmarkt umgeben mehrere repräsentative Häuser, u. a. die 1562 errichtete ehem. **Ratswaage** (1616 umgebaut), daneben die **Adlerapotheke** von 1615 sowie das von 1737 stammende **Salfeld'sche Palais** (seit 1815 als Gerichtsgebäude genutzt).

St. Benedikti Südlich vom Kornmarkt erhebt sich die 1252 erstmals erwähnte Marktkirche St. Benedikti, eine gotische Hallenkirche, die durch ihre Turmkomposition aus Walmdach, barockem Dachreiter und gotischem Spitzhelm eine reizvolle Ergänzung des Marktplatzes darstellt. Unter ihrer sehenswerten Ausstattung befinden sich zwei kostbare spätgotische Schnitzaltäre, zwei Kruzifixe vom Ende des 15. Jh.s, eine 1595 von dem Quedlinburger Bildschnitzer Georg Steyger angefertigte Holzkanzel und schließlich der prächtige Hochaltar von 1700. Er wurde nach Plänen des Architekturtheoretikers Leonhard Christoph Stumpf von verschiedenen Künstlern ausgeführt.

Zwischen Kornmarkt und Rathaus liegt der **Marktkirchhof**. Von den Gräbern und Mausoleen ist nur die Gruftkapelle von 1727 für die Familien Gebhardt und Goetze erhalten. Heute wird hier **Fachwerk-Geschichte** vorgeführt: Das stark vorspringende Gebäude ist aus dem 15. Jh., das anschließende mit den rollenförmigen Balkenköpfen aus dem 16. Jh., das Stadtpfeiferhaus wurde 1688 errichtet, hier lebte u. a. der Stadtpfeifer, dessen Standessymbol, die Trompete, am Erker angebracht ist. Zuletzt folgen ein Haus aus dem 17. Jh. mit Diamantschnitt sowie ein für das 18. Jh. typisches schmuckloses Fachwerkhaus.

! *Baedeker* TIPP

Fachwerk auf die Schnelle

Kunst ist schön, macht aber viel Arbeit – und müde Füße. Fachwerk der kurzen Wege gibt es auf dem Marktkirchhof. Hier finden sich Bauten fast aller Jahrhunderte und Stilrichtungen inklusive der Halle'schen Monolith-Bauweise Typ Quedlinburg (HMBG). Mit diesen Plattenbauten im Fachwerkdekor füllte die DDR Lücken in der Altstadt. Wer nun noch einen Ständerbau aus dem 14. Jh. sehen will, muss doch gehen: Zum wirklich sehenswerten Fachwerkmuseum auf der Word, Baujahr ca. 1310 (►S. 311).

St. Ägidien Im Nordwesten der Stadt steht die 1179 erstmals erwähnte Pfarrkirche St. Ägidien. Das Innere der heutigen dreischiffigen spätgotischen Hallenkirche mit hölzernem Tonnengewölbe wurde 1678 barock umgestaltet. Der Flügelaltar entstand um 1420 und die Kanzel um 1700.

Breite Straße In der am Marktplatz beginnenden Breiten Straße steht das 1554 erbaute, 1714 erneuerte Gildehaus der Schuhmacher und Gerber (Breite Straße 51/52) mit einem kleinen Durchgang zum **Schuhhof**, wo sich im 13. Jh. die Schuhmacherbuden befanden. In der Breiten Straße 33 steht ein 1480 – 1490 erbauter Stockwerkbau; das Gildehaus

Viele Fachwerkbauten findet man auch im Schuhhof.

zur Rose (Breite Straße 39) ist von 1612, heute die einzige Tanzkneipe in der Quedlinburger Innenstadt.
Von der Breiten Straße geht der Klink ab, hier steht das 1561 für Christian von Hagen erbaute, 1695 erneuerte **Hagen'sche Freihaus**. Der unweit von hier gelegene Alte Klopstock (hier wohnte ein Verwandter des Dichters; Stieg 28) besteht aus drei miteinander verbundenen, sehr schönen Fachwerkhäusern aus der zweiten. Hälfte des 16. Jahrhunderts.

Steinweg

Bereits um 1300 war der Steinweg als befestigte Straße über sumpfigem Untergrund angelegt worden, hier stehen noch einige sehenswerte Häuser, u. a. der direkt am Neustädter Marktplatz gelegene historische Gasthof »Zur Goldenen Sonne« von 1621 (Steinweg 11/12) und die 1683 erbaute Alte Börse (Steinweg 23).
Im Steinweg 51 befindet sich das 1683 erbaute **Geburtshaus der Dorothea Christiane Erxleben** mit modernisiertem Dachhäuschen, in dem sich heute ein Hotel befindet, das die Erinnerung an Deutschlands erste Ärztin wach hält (www.hotel-eixleben.de).

★ St. Nikolai

Südlich des Steinwegs erhebt sich die dreischiffige gotische Hallenkirche St. Nikolai mit ihren zwei schlanken, 72 m hohen Türmen über die einstige Neustadt. Die Reste ihres romanischen Vorgängerbaus sind im Ostteil erhalten, sehenswert sind ihr Säulenportal im Westen und das mit Kreuzpfeilern und Kreuzgewölben gestaltete Innere. Ältestes Stück ist ein Sandsteintaufbecken aus dem 13. Jh., beachtenswert sind auch der Barockaltar, die hölzerne Kanzel und die hölzerne Orgelempore.

Stadtbefestigung Bereits 1150 wird eine Mauer um Quedlinburg erwähnt, die eine zunächst noch kleine Kaufmannssiedlung um die Marktkirche umgab. Die heute noch zu großen Teilen erhaltene und teilweise mit Wehrgängen versehene Stadtmauer entstand ab 1310. Während im 19. Jh. die Stadttore geschleift worden sind, blieben zahlreiche **Wachtürme und Bastionen** erhalten. Sehenswert sind u. a. der 40 m hohe Schreckensturm nahe der St. Ägidienkirche, der Kruschitzky-Turm (Hohe Straße) und der Pulverturm (alle drei an der Westseite der Altstadt gelegen) sowie der Schweinehirten- und der Gänsehirtenturm in der Neustadt, der Turm op'n Tittenplan (= säugende Kälber; alle drei in der Gasse Hinter der Mauer) und der Kaiser- und Martinsturm (beide verändert).
Vor der Stadt standen außerdem zwölf Feldwarten, von denen noch sieben vollständig oder teilweise erhalten sind.

Umgebung von Quedlinburg

★ **Hoym**
Reisekarte H 2 ►

Östlich von Quedlinburg, 13 km entfernt, liegt das bereits 961 erwähnte Städtchen Hoym. Die an einem Selkeübergang gelegene Burg entwickelte sich im Mittelalter zu einer Siedlung, der 1543 das Stadtrecht verliehen wurde. Die einstige Burg der Edlen von Hoym wurde 1714 in ein Barockschloss umgebaut und war zeitweise Sitz der anhaltischen Fürsten. Eine Gattin von Hoym ging übrigens als Geliebte Augusts des Starken und Reichsgräfin von Cosel in die sächsische Geschichte ein. Die Stadtkirche St. Johann Baptist, 1461 aus einem romanischen Kirchenbau hervorgegangen, zeigt im Innern ein wertvolles Epitaphgemälde aus der Cranachwerkstatt. Das Rathaus von 1540 erneuerten die Hoymer Stadtväter 1865. Südlich der Straße nach Hoym liegt die Gersdorfer Burg aus dem 10. Jh., 1340 zerstört und 1369 wieder aufgebaut. Aus dieser Zeit stammt auch der Bergfried.

Sangerhausen

H 4

Bundesland: Sachsen-Anhalt **Höhe:** 158 m
Einwohnerzahl: 24 600

Sangerhausen war vom 16. bis zum 19. Jh. Zentrum des Silber- und Kupferbergbaus, der dann aufgegeben und 1951 noch einmal mit großem Aufwand reaktiviert worden ist. Seit 1990 stehen die Förderräder der Schachtanlagen für immer still und nur die hohen Abraumhalden erinnern an die wirtschaftliche Blütezeit.

Geschichte Sangerhausen entstand 991 als Fronhof des Klosters Memleben, der im 11. Jh. in den Besitz der Thüringer Landgrafen überging. Ludwig der Springer stiftete 1110 die Ulrichskirche, um die sich bald eine

Marktsiedlung bildete. Beide Siedlungskerne verschmolzen im 13. Jh. miteinander. 1291 kauften die Markgrafen von Brandenburg die Stadt, die jedoch als Erbe an das Herzogtum Braunschweig fiel und schließlich Besitz der Wettiner wurde. Westlich des alten Stadtkerns entstand eine Neustadt mit einem eigenen Markt. Im 17. und 18. Jh. nutzten die Herzöge von Sachsen-Weißenfels das durch Kupfer- und Silberbergbau zu etwas Wohlstand gekommene Sangerhausen zeitweilig als Residenz. 1815 fiel die Stadt an der Gonna, einem kleinen Nebenfluss der Helme, an Preußen.

Sehenswertes in Sangerhausen

Marktplatz

Um den rechteckigen Marktplatz gruppieren sich zahlreiche alte Bürgerhäuser mit massiven Untergeschossen und sehenswerten Fachwerkaufsätzen, die zumeist aus dem 16. und 17. Jh. stammen.

◄ Rathaus

Am östlichen Ende steht das spätgotische Rathaus, das 1431 – 1437 aus Bruchstein errichtet worden ist. Eine achteckige Laterne krönt das hohe Satteldach. Vor den Giebel wurde 1604 ein Anbau gesetzt. An der Nordseite ist der Sandsteinkopf einer mittelalterlichen Rolandsfigur zu erkennen. An der Südseite des Marktes steht das Neue Schloss, ein dreigeschossiger Renaissancebau aus dem 16. Jh., das heutige Gerichtsgebäude.

◄ Neues Schloss

St. Jakobi

An der Südwestseite des Marktes steht die 1457 – 1542 erbaute spätgotische Hallenkirche St. Jakobi mit ihrem achteckigen, schiefen Westturm (1516 – 1542) mit einer Monduhr an der Ostseite. Chor und Langhaus entstanden nach einem Brand 1971 neu. Das dreischiffige Langhaus besitzt eine Holzdecke, der einschiffige Chor ein dekoratives Netzgewölbe. Auf einem Schlussstein ist der hl. Jakobus dargestellt (Mai – Okt. Di. – Sa. 10.00 – 12.00 und 14.00– 16.00, So. 14.00 –16.00 Uhr; im Sommer Konzerte und Ausstellungen).

! Baedeker TIPP

Blütenträume

Haben Sie Ihrer (oder Ihrem) Liebsten im Übermut einen Rosengarten versprochen? Kein Problem. Im Europa-Rosarium gedeihen Wildrosen, Kletterrosen, Moosrosen, Kostbarkeiten wie die schwärzlich-rote Edelrose namens Nigrette, die sog. »schwarze Rose«, und die grüne Rose. Mehr als 500 Wildrosenarten und über 7000 Kulturformen auf 12,5 ha verzaubern im größten Rosengarten der Welt Jahr für Jahr die Besucher (2. Aprilwochenende – 15. Okt. tgl. 8.00 – 19.00 Uhr).

SANGERHAUSEN ERLEBEN

AUSKUNFT

Tourist-Information
Am Markt 18, 06526 Sangerhausen
Tel. 0 34 64/1 94 33, Fax 51 53 36
www.sangerhausen.de

EVENTS

Alljährlich findet am letzten Juni-Wochenende das Berg- und Rosenfest statt.

ESSEN

► Erschwinglich

② ***Zur Schwarzen Rose***
Am Rosengarten 2, Tel. 0 34 64/589 80
www.europa-rosarium.de
2. Apr.-Wochenende bis 15. Okt. tägl. 8.00 – 19.00, sonst 11.00 – 17.00 Uhr
Mittagstisch, Kaffee und Kuchen oder gemütliches Abendessen mit schönem Blick auf das Europa-Rosarium.

③ ***Ratskeller***
Markt 1, Tel. 0 34 64/57 92 90
Im restaurierten historischen Rathausgewölbe aus dem 14. Jh. kann man gutbürgerliche deutsche Küche und Fisch- und Wildspezialitäten sowie hausgemachte Kuchen genießen.

④ ***Markls Pferdestall***
Walkberg 1, Tel. 0 34 64/57 26 15
www.markls-pferdestall.de; Mo. geschl. – Ungarische und internationale Spezialitäten, im Sommer auch im Biergarten, nördlich von Sangerhausen, in Richtung Wettelrode

► Preiswert

① ***Konditorei - Kaffeehaus Kolditz***
Bahnhofstraße 44, Tel. 0 34 64/ 57 23 97, www.kaffee-kolditz.de
Mo. – Fr. 9.00 – 18.00 Uhr
Die Zeit scheint hier 1930 stehen geblieben zu sein. Schlichte, weiße Wände mit dunklem Holz vertäfelt, Lampen aus der Bauhaus- und Art-déco-Zeit. Das Café Konditorei Kolditz gibt es seit 1888 als Familienbetrieb. Heide Freygang backt die Kuchen selbst, die ihr Sohn in perfekter Caféhauskellnerlivree serviert.

ÜBERNACHTEN

► Komfortabel

① ***Hotel-Pension Am Rosarium***
Finkenstraße 24, Tel. 0 34 64/57 82 73
www.hotel-am-rosarium.de
Schöne, große Zimmer, manche mit extra Kinderzimmer, schöner Blick auf die Felder oberhalb von Sangerhausen. Die Pension liegt etwas versteckt am Rande einer Plattenbausiedlung in der Nähe des Europa-Rosariums, 2 km vom Stadtzentrum.

② ***Pension Marktblick***
Markt 18, Tel. 0 34 64/54 41 66
www.pension-marktblick.info
Zehn mit hellem Holz schön renovierte Zimmer in einem mehr als 400 Jahre alten Bürgerhaus am Marktplatz.

Oberröblingen: Zum Löwen
Sangerhäuser Str. 24
Tel. 0 34 64/54 500, Fax 67 42 30
www.zum-loewen-hotel.de
Seit 1852 bestehendes gutbürgerliches Restaurant mit modernem Hotelneubau; familiär geführt, 5 km südlich von Sangerhausen.

► Preiswert

Questenberg: Gut Drebsdorf
06528 Drebsdorf, Tel. 03 46 56/56 00, www.gut-drebsdorf.de
Reiterhof mit Internet-Café, drei Zimmern und fünf Appartements, 15 km westlich von Sangerhausen gelegen.

Altes Schloss

Vom Markt geht es am Neuen Schloss rechts in die Schlossgasse und dann wieder links in die Schulgasse. Am Ende des sich anschließenden Alten Markts steht das Alte Schloss. Es entstand im 13. Jh. als gut befestigte Burg, als nach dem Aussterben der Thüringer Landgrafen Heinrich der Erlauchte 1249 Sangerhausen als Grenzfeste der Wettiner ausbauen und über der Stadt die Burg errichten ließ. Noch heute zeugen die starken Außenwände, die stabilen Gewölbe auf starken Pfeilern und die schmalen Fenster vom wehrhaften Charakter der Burg. Nach dem Bau des Neuen Schlosses am Markt verwendeten die Sangerhäuser das Alte Schloss nur noch als Getreidelager und Gefängnis. 1946 brannte der lang gestreckte Palas nieder. Nach seiner Wiedererrichtung beherbergt er eine Musikschule. Im Konzertsaal finden gelegentlich öffentliche Konzerte statt, der Schlosshof wird als Freilichtbühne genutzt.

★ St. Ulrich

Durch die Rittergasse gelangt man zu der an der Ecke Ulrichstraße/ Kirchberg stehenden Ulrichskirche. Die romanische und kreuzförmige Pfeilerbasilika entstand vermutlich 1116–1123 als **Zisterzienserklosterkirche** und besitzt baugeschichtlich interessante Kreuzpfeiler, Arkaden und Gewölbeformen. Der achteckige Vierungsturm ist gotisch. Im Innern ist das im nördlichen Querschiffarm eingemauerte Tympanon mit Stifter und Schutzpatron der Kirche sehenswert, eine Reliefarbeit aus dem 12. Jahrhundert. Links ist vermutlich Ludwig der Springer, rechts der hl. Ulrich abgebildet. Die Nonnenempore wurde 1270 eingebaut. Die Bronzetaufe ist von 1369, der Flügelaltar mit einer Darstellung der Passion Christi von 1570. Die Ulrichskir-

St. Ulrich, Station auf der Straße der Romanik, zeigt sich bis auf Ausnahmen heute weitgehend schmucklos.

che ist eine Station auf der Straße der Romanik. Besichtigung: Mai bis Okt. Di. – Sa. 10.00 – 12.00, 14.00 – 16.00, So. 14.00 – 16.00 Uhr.

Marienkirche

Die 1367 erstmals erwähnte Marienkirche war Pfarrkirche der nördlichen Vorstadt und gilt als das zweitälteste Gebäude in Sangerhausen. Der überhöhte Chor stammt aus der ersten Hälfte des 15. Jahrhunderts. In der Nähe des Chors steht das 1956 von dem Bildhauer Gerhard Geyer geschaffene Denkmal für die Opfer des Faschismus.

★ **Spengler-Museum**

Öffnungszeiten: Di. – So. 13.00 – 17.00

Das im Norden der Stadt in der Nähe des Bahnhofs gelegene Spengler-Museum (Bahnhofstraße 33) – das 1952 als erster Museumsneubau der DDR eingeweiht wurde – zeigt die heimatkundliche Sammlung des Sangerhäuser Tischlermeisters Gustav Adolf Spengler (1869 bis 1961). Er hatte 1930, nur 6 km südlich der Stadt in einer Kiesgrube bei Edersleben, das **Skelett eines Alt-Mammuts** entdeckt, es ausgegraben und in jahrelanger Kleinarbeit wieder zusammengesetzt. Das (etwa 6 m lange, 4 m hohe und 8 t schwere) Tier, das wie Riesenhirsch, Nashorn oder Marabu vor 500 000 Jahren im Helmetal lebte, ist vermutlich in den Gletschern der Eiszeit umgekommen und später in Tonschichten konserviert worden. In weiteren Ausstellungsräumen wird über die Ur- und Frühgeschichte der Region und der Stadt Sangerhausen sowie über die Gewinnung des Kupferschiefers im einstigen Sangerhäuser Revier unterrichtet.

Spengler-Haus

Auch das Wohnhaus (Hospitalstraße 56) von Gustav Adolf Spengler ist als Nebenstelle des Spengler-Museums zu besichtigen: Neben den privaten Wohnräumen, wie dem Millionenzimmer, das Spengler mit dem Inflationsgeld tapeziert hat, kann man sich eine Ausstellung zur Geschichte der Familie und des Wohnens anschauen. Öffnungszeiten: So. 13.00 – 17.00 Uhr und nach Voranmeldung, Tel.0 34 64/ 57 30 48 oder 1 94 33.

Sangerhausen *Orientierung*

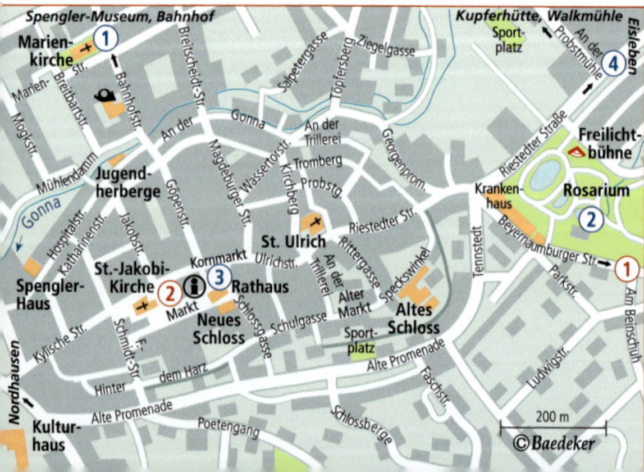

Übernachten
1. Am Rosarium
2. Pension Marktblick

Essen
1. Kaffeehaus Kolditz
2. Zur Schwarzen Rose
3. Ratskeller
4. Markls Pferdestall

Umgebung von Sangerhausen

★★ **Röhrigschacht Wettelrode**
◄ Reisekarte H 3
Öffnungszeiten:
Mi. – So.
9.30 – 17.00
Juni – Aug.
Di. – So.
9.00 – 17.00

6 km nördlich von Sangerhausen liegt Wettelrode mit dem sehenswerten Bergbaumuseum Röhrigschacht. Ein hohes, stählernes Fördergerüst mit einer Trommelfördermaschine von 1922 (eine der ältesten erhaltenen Anlagen dieser Art in Europa) weist den Weg. Die letzten 30 Jahre bis zu seiner Stilllegung im Jahr 1990 diente der Röhrigschacht als Wetterschacht für den Thomas-Müntzer-Schacht Sangerhausen. Heute wird ein Teil des Grubenfeldes als **Schaubergwerk und Museum** genutzt, das über die Entstehung des Kupferschieferflözes, die Lagerstätten und über die 800-jährige Kupferschiefergewinnung unterrichtet. Auf dem Freigelände stehen Großgeräte, hier zeigt ein nachgebildeter Streckenvortriebsort, wie die Lagerstätten erschlossen wurden.

Hauptattraktion ist die **Fahrt mit dem Förderkorb** in den rund 300 m tief gelegenen Schacht; unter Tage folgt eine Fahrt mit der Grubenbahn und ein Spaziergang, in dessen Verlauf die Abbauentwicklung des Kupferschiefers von 1200 bis 1990 vorgeführt wird. Seilfahrten um 10.00, 11.15, 12.30, 13.45 und 15.00 Uhr (im Sommer Anmeldung empfehlenswert, Tel. 0 34 64/ 58 78 16, Fax 58 27 68, www.roehrigschacht.de).

Wettelrode ist ein guter Ausgangsort für Wanderungen: Hinter dem Schaubergwerk führt der **Karstwanderweg** entlang, den man hier in zwei Bergbaulehrpfade einbezogen hat; vorbei an vielen bergbaulichen Spuren geht es nach Morungen (4 km westlich) oder zur Grillenburg (3 km östlich).

! *Baedeker* TIPP

Karstwandern

Hinter einem Hügel verschwindet plötzlich ein Bach, um einige Hundert Meter weiter wieder aus dem Boden zu sprudeln. An anderer Stelle ist die Erde eingestürzt. Seltsame Erscheinungen säumen den fast 200 km langen Karstwanderweg. Grund- und Regenwasser wäscht hier den Kalkstein aus. So entstehen Höhlen, Erdfälle und Bachschwinden. Vielerorts leuchtet die Landschaft auch im Sommer weiß: Gipsvorkommen. Infos mit Wanderkarten und -führer unter www.karstwanderweg.de.

Burgruinen Morungen
◄ Reisekarte H 3

Im 10 km nordwestlich von Sangerhausen gelegenen Morungen (300 Einw.) stehen die Ruinen der Burgen Alt-Morungen (11. Jh.) und Neu-Morungen (13. Jh.). Hier kam 1150 der Minnesänger Heinrich von Morungen zur Welt († 1222), der mit Walther von der Vogelweide und Wolfram von Eschenbach zu den Vollendern der mittelhochdeutschen Liedkunst gehört. Im Ort selbst ist ein nach 1876 errichtetes neogotisches Schloss mit Schlosspark sehenswert.

Wallhausen

In Schloss Wallhausen, 10 km westlich von Sangerhausen, sind Künstlerateliers, ein Skulpturenpark und im Kellergewölbe ein kleines Restaurant-Café untergebracht. Es finden Kunstausstellungen und im Sommer Mal- und Holzbildhauerkurse statt (mit Übernachtungsmöglichkeiten; Tel. 03 46 56/20 239, www.schlosswallhausen.de).

★ Sankt Andreasberg

D 2

Bundesland: Niedersachsen **Höhe:** 600 – 900 m
Einwohnerzahl: 2600

Sankt Andreasberg ist eine der sieben Bergstädte im Oberharz, die ihre Entstehung dem Bergbau verdanken. Die ehemalige Silbererzgrube Samson ist das bekannteste der Harzer Bergwerke, das weltweit einzige Kanarienvogelmuseum erinnert an die Vögel, die Bergleute aus Tirol 1730 mit nach Sankt Andreasberg brachten und die vielen Harzer Bergleuten das Leben gerettet haben.

Geschichte Wahrscheinlich wurde schon um 1200 von Privatleuten nach Erz geschürft, urkundliche Belege stammen aus dem Jahr 1487. Das Gebiet befand sich zur Zeit der ersten Silberfunde im Besitz der Grafen von Hohnstein. Diese Grafen erließen 1521 und 1527 **Bergfreiheiten** (► Wirtschaft: Bergbau im Harz). Sie wurden im Bergbaugebiet Sachsen öffentlich angeschlagen; die Bergleute aus dem Erzgebirge wurden darin aufgefordert, in Sankt Andreasberg nach Silber und anderen Metallen zu schürfen. 1537 folgte die Erhebung zur Stadt. Die ersten berühmten silbernen **Andreastaler** wurden 1535 geprägt (zunächst in Ellrich, dann in Sankt Andreasberg). 1537 existierten 116 Gruben, 1599 nur noch zwei, denn schon nach wenigen Jahrzehnten **ging der Ertrag der Silbergruben zurück**. Eine zweite Blütezeit erlebte der Bergbau, nachdem 1729 eine reiche Silberstufe gefunden wurde. Anfang des 19. Jh.s waren die Erze fast aufgebraucht, 1912 wurde schließlich der Hüttenbetrieb eingestellt.
Die Anfang des 16. Jh.s aus dem sächsischen und böhmischen Erzgebirge eingewanderten Bergleute brachten ihren eigenen **Dialekt** mit; noch heute spricht man von einer Oberharzer Sprachinsel.

! *Baedeker* TIPP

Mit Brunftgeschrei dabei

Hier bringt der Brunftschrei des Jägers Ruhm und Bares: Röhren wie die Hirsche dürfen Einheimische wie Touristen jedes Jahr Ende September bei den Harzer Hirschruf-Meisterschaften. Wer es am besten kann, bekommt einen schönen Pokal und einen Geldpreis. Anschließend kann man in den Wald gehen, dem Original zuhören und vergleichen. Info und Anmeldung bei der Tourist-Information (►Erleben).

★★ Historisches Silberbergwerk Grube Samson

Führungen:
tgl. 11.00, 14.30
Tel. 0 55 82/12 49

Das bekannteste der zahlreichen heute als Museum genutzten Harzer Bergwerke ist die 1521 angelegte Grube Samson, die bereits 1533 zu den Ausbeutegruben gehörte, d. h. mit Gewinn arbeitete. Anfang des 17. Jh.s wurde die Förderung wie in vielen anderen Andreasberger Bergwerken eingestellt und 1666 wieder eröffnet, 1891 wurden in der Grube wieder reiche Silbererzfunde gemacht. Anfang des 20. Jh.s

arbeiteten noch 178 Mann in der Grube, die bis 1896 zu den tiefsten Schächten der Welt gehörte: Ihre 42. Sohle lag bei 810 Metern. 1910 wurde die Grube Samson endgültig stillgelegt; u. a. wegen des gefallenen Silberpreises. Die Grube Samson und das Heimatmuseum können ebenso wie die in unmittelbarer Nachbarschaft liegende Grube Catharina Neufang besichtigt werden.
Zu sehen sind neben den erhaltenen Gebäuden wie Gaipel, Seildrift, Kunst- und Kehrradstube die alten Erztonnen mit einem Füllgewicht von 1000 kg sowie die Beschädigungstonne, mit welcher nach einem Unglück Verletzte transportiert wurden. Eindrucksvoll sind das hölzerne Kehrrad (9 m Durchmesser), mit dessen Hilfe die Erze befördert wurden, sowie das Kunstrad (12 m Durchmesser) zum Antrieb der einzigen noch betriebenen Fahrkunst der Welt.

Erfindung der Fahrkunst

Jahrhundertelang mussten die Bergleute auf rutschigen Fahrten (Leitern) in die Schächte ein- und wieder heraufsteigen. So benötigten sie z. B. für den morgendlichen Abstieg in die Grube Samson 1,5, für

SANKT ANDREASBERG ERLEBEN

AUSKUNFT

Tourist-Information
Am Kurpark 9
37444 Sankt Andreasberg
Tel. 0 55 82/8 03 36, Fax 8 03 39
www.sankt-andreasberg.de

ÜBERNACHTEN

► **Komfortabel**

Hotel in der Sonne
An der Skiwiese 12
Tel. 0 55 82/9 18 00, Fax 91 80 20
www.indersonne.de – Schön am Südhang gelegen, bietet das familiäre 28-Betten-Haus helle Räume, einen offenen Kamin vor großen Fenstern im Restaurant, Schwimmbad und Spielplatz. Für Motorradfahrer gibt es Tourentipps.

Hotel garni Vier Jahreszeiten
Quellenweg 3
Tel. 0 55 82/5 21, Fax 5 78
www.vier-jahreszeiten-harz.de
Zehn modern eingerichtete Zimmer mit Balkon oder Gartenzugang in einem Haus am Hang.

► **Komfortabel/günstig**

Gasthof Hotel Waldfrieden
Auf der Höhe 38
Tel. 0 55 82/9 16 00, Fax 91 60 66
www.waldfrieden-harz.de
Nicht weit vom Ortszentrum genießt man einen Rundum-Weitblick über das Sankt Andreasberger Tal. Das Haus erinnert innen wie außen an die 1960er- und 1970er-Jahre.

ESSEN

► **Preiswert**

Restaurant im Kurhaus
Am Kurpark 9, Tel. 0 55 82/13 56
Hier gibt es viele Harzer Gerichte: Braten, Fisch und Wild (Mo. geschl.).

► **Erschwinglich**

Nationalparkgaststätte Rehberger Grabenhaus
Clausthaler Straße 4, Tel. 0 55 82/7 89
www.rehberger-grabenhaus.com
Wildspezialitäten in einem Waldgasthaus von 1772 (Mo. geschl.). Im Winter gibt es bei Kerzenschein Wildfütterung vor dem Fenster.

den Aufstieg 2,5 und mehr Stunden. 1833 entwickelte in Clausthal der Oberberggeschworene Georg Ludwig Dörell auf der Grundlage des von Julius Albert erfundenen Drahtseils die »Fahrkunst«: Zwei Drahtseilpaare, an denen in Abständen von 3,20 m Trittbretter befestigt waren, wurden gegeneinander versetzt im Schacht aufgehängt und durch das Kunstrad dauernd auf und ab gezogen, so dass sie ständig in Bewegung waren. Am oberen Ende waren sie durch eine Pleuelstange verbunden, die dafür sorgte, dass in raschem Wechsel immer ein Seil abwärts und das andere aufwärts bewegt wurde. Der Bergmann, der in seiner einen Hand den Harzer Frosch (Grubenleuchte) hielt, stellte sich auf das erste Trittbrett, fuhr 1,60 m tiefer, hatte dann eine Sekunde Zeit, um auf das 40 cm entfernt gelegene Trittbrett des zweiten Seils zu wechseln, um dann wiederum 1,60 m tiefer auf das nächste Trittbrett des ersten Seils zu treffen. Ein Einsteiger musste auf diese Weise **500-mal umsteigen**, um unten anzukommen. Weiterhin ist ein 80 m langer, begehbarer **Wasserstollen** zu besichtigen, der das Aufschlagwasser bis zur nächsten Grube leitete. Das für den Betrieb der Wasserräder erforderliche Aufschlagwasser wurde über den Rehberger Graben aus dem Oderteich (► unten) herangeführt.

Museum In dem besuchenswerten Museum ist eine umfangreiche Mineraliensammlung zu sehen sowie Modelle von Bergwerkseinrichtungen und eine Bergmannsstube. Öffnungszeiten: tgl. 8.30 – 16.30 Uhr.

Obligatorisch für Harztouristen ist der Besuch der Grube Samson – schließlich befindet sich hier die letzte intakte Fahrkunst der Welt.

Grube Catharina Neufang

Darüber hinaus kann die Grube Catharina Neufang besichtigt werden. Ihre erste Erwähnung ist von 1575; hohe Ausbeute erlebte sie 1715–1763. Zu sehen sind u. a. Schlägel- und Eisenarbeit, das Bohren mit Bohrhammer und eine 240 m tiefe und 40 m breite Gangspalte sowie eine Reihe moderner Bergbaumaschinen und Lokomotiven. Der Eingang liegt nahe der Grube Samson, Führungen: Mo.–Sa. 13.45 Uhr oder nach tel. Anmeldung (►Grube Samson).

Grube Roter Bär

Die Ende des 18. Jh.s angelegte und bis etwa 1850 von Eigenlehnern betriebene Grube Roter Bär wurde nach ihrer Stilllegung 1910 noch einige Jahre bergmännisch untersucht und danach zu einem Museumsbergwerk umgewandelt, das ab 1940 zusehends verfiel. Seit Beginn der Aufräumarbeiten ist die Grube auf 200 m Länge wieder begehbar. Dem Besucher wird der Eisenerzabbau des 19. Jh.s mit den typischen Lagerstättenverhältnissen gezeigt. Anders als in anderen Bergwerken muss er sich mit Gummistiefeln, Helm und Kopflampe ausstatten, denn die Grube ist nicht ausgeleuchtet. Führungen: April–Okt. Sa. 14.00 Uhr oder nach Vereinbarung; Lehrbergwerk Grube Roter Bär, Am Schwalbenherd 7, 37444 Sankt Andreasberg, Tel. 0 55 82/15 37, Fax 15 47, www.grube-roter-baer.de.

! *Baedeker* TIPP

Tarzan im Harzwald

Schwingen Sie sich an Lianen 7 m über dem Boden von Fichte zu Fichte oder seilen Sie sich vom Kletterturm aus 12 m Höhe ab. Mit 28 Hindernissen auf ca. 300 m Streckenlänge lädt der Hochseilgarten im Kurpark Sankt Andreasberg ein. Keine Sorge, Sie sind angeseilt und Betreiber Rolf Krüger passt auf, dass niemand vom Baum fällt. Bergsport Arena, Tel. 0 55 82/ 81 54, www.bergsport-arena.de, jeden zweiten Sa. von 10.00 bis 14.00 Uhr.

Sommerrodelbahn

Vom südöstlich gelegenen Matthias-Schmidt-Berg, auf den ein Fußweg sowie eine Sesselbahn führen, kann man auf der 550 m langen Sommerrodelbahn schnell und mit viel Spaß zur 130 m tiefer gelegenen Talstation gelangen.

★ Oderteich

Ein schöner Spazierweg führt über den Rehberger Graben zum nördlich von Sankt Andreasberg gelegenen Oderteich. Er wurde 1714 bis 1721 erbaut und gilt als die erste europäische Talsperre (Fassungsvermögen: 1,7 Mio. m³). Über seine 18 m hohe Staumauer führt heute die Harzhochstraße. Das Wasser wird in dem 1722 vollendeten, 7,23 km langen, teils überdeckten Rehberger Graben nach Sankt Andreasberg geleitet und trieb bis zu 88 Räder der Gruben und Pochwerke an.

Nationalparkhaus

Eine Zeitreise durch die Oberharzer Natur- und Kulturgeschichte startet im Nationalparkhaus. Außerdem gibt es Wechselausstellungen und ein Lesecafé (Erzwäsche 1, Apr.–Okt. 9.00–17.00, sonst ab 10.00 Uhr).

Im Winter

Das Angebot für Wintersportler ist recht groß. Es gibt u. a. verschiedene Skipisten, eine kleine Snowboardarena sowie 44 km Loipen.

Das weltweit einzige Kanarienvogelmuseum erinnert an die Zeit, als die Vögel vielen Harzer Bergleuten das Leben retteten.

GEFIEDERTE LEBENSRETTER

Kanarienvögel haben vielen Harzer Bergleuten das Leben gerettet. Da Menschen einfach nur einschlafen und nie wieder aufwachen, wenn der Sauerstoffgehalt in der Luft zu niedrig wird, nahmen die Kumpel seit dem 18. Jh. die sensiblen kleinen Vögel mit unter Tage. Wenn die Tiere nicht mehr zwitscherten, wusste der Bergmann, dass der Kohlenmonoxidgehalt in der Luft gefährlich wurde und er aus dem Stollen verschwinden musste.

Tiroler Bergbauspezialisten hatten die ersten Kanarienvögel um 1740 in den Harz gebracht. Die Sankt Andreasberger begannen Anfang des 19. Jh.s damit, die damals sehr wertvollen Vögel zu züchten und an die Bergleute und später an reiche Familien als Haustiere zu verkaufen. Dazu brachten sie ihnen das Singen bei, indem sie den Küken so lange Melodien vorpfiffen, bis diese die Töne nachzwitscherten. 1895 berichtete ein Reiseführer von 300 Sankt Andreasberger Familien, die Kanarienvögel züchteten und damit 300 000 Reichsmark (heute etwa 3 Mio. €) erwirtschafteten. Viele Frauen fertigten in Heimarbeit Käfige für die gelben Vögel. Auch ganze Tischlereien lebten vom Bau der Vogelkäfige, die sie zum Teil im Stil von Schlössern und Palästen verzierten. Heute gibt es nur noch einen Rentner, der in Sankt Andreasberg die wegen ihres kehligen Gesangs Harzer Roller genannten Kanarienvögel züchtet und die singfreudigen Männchen verkauft. Über der Grube Samson erinnert das weltweit einzige Kanarienvogelmuseum an die Geschichte der Kanarienvogelzucht in der freien Bergstadt. In einer Bergmannsküche zwitschern die kleinen, gelben Vögel genauso wie vor 150 Jahren.

Das **Harzer Roller-Kanarien-Museum** zeigt die Geschichte der Kanarienvögel seit 1485, ihre Zucht und Haltung, Tgl. 9.00 – 16.00 und So. 10.30 – 15.30 Uhr, Führungen nach Vereinbarung, Am Samson 2, Tel. 0 55 82/12 49, Fax 92 30 51, www.harzer-roller.de.

Schierke

D 2

Bundesland: Sachsen-Anhalt
Höhe: 580 – 640 m
Einwohnerzahl: 800

Das mit zahlreichen Granitblöcken übersäte Tal der Kalten Bode mit dem Ort Schierke wird von Wiesen, schönen Wäldern und bis zu 1000 m hohen Bergen umgeben. Seine Nähe zum Brocken (Start der Brockenbahn) sowie zu Drei Annen Hohne mit Anschluss an die Harzquerbahn und Wanderwege (im Winter Langlaufloipen sowie Abfahrtspisten) machen Schierke zu einem beliebten Fremdenverkehrsort.

Sehenswertes

Nur noch wenige harztypische Holzhäuser sind erhalten, das Ortsbild wird von im 19./20. Jh. erbauten **Villen, Pensionen und Hotels** geprägt. Die alte Kirche an der Kirchstraße wurde 1691 geweiht; 1876 – 1881 folgte die **neugotische Kirche**, in der ein von der Ilsenburger Hütte gestifteter gusseiserner Ofen steht. Seine mit einem reichen Figurenprogramm versehenen Platten sind Nachgüsse älterer Platten (► Ilsenburg). Das Rathaus ist 1927 erbaut worden. In dem gegenüberliegenden Haus (u. a. beherbergt es eine Apotheke) erfand 1924 der **Apotheker Drube** den Schierker Feuerstein, einen berühmten Kräuterlikör, der heute in Bad Lauterberg produziert wird. In Schierke startet ein 4,5 km langer Naturlehrpfad. Von hier führt ein gut ausgeschilderter **Wanderweg auf den 1142 m hohen ► Brocken**. Zum Gipfel starten auch Pferdekutschen, bei Schnee ein Schlittengespann (Info ► Kurverwaltung).

! *Baedeker* TIPP

Völlig Suppe

Kukkis Erbsensuppe gibt es in Elend, in Amerika und im Internet. Die Zutaten: Erbsen, Kartoffeln, Schinkenspeck. Alles Weitere ist streng geheim. Angefangen hat Jürgen Kurkiewicz alias Kukki mit einer ausgemusterten Gulaschkanone der DDR-Volksarmee. Inzwischen servieren Kukki und seine acht Mitarbeiter täglich 450 Portionen aus 16 mobilen Suppenkanonen und einer Großküche. Jahresverbrauch: 40 t Erbsen. www.kukki.de.

✶ Feuersteinklippen

Hinter dem Bahnhof erheben sich die bis zu 760 m hohen Feuersteinklippen (mit gutem Schuhwerk zu erwandern). Sie sind zum einen durch ihre ungewöhnliche Form, zum anderen durch den gleichnamigen Kräuterlikör bekannt geworden.

✶ Schnarcherklippen

Südlich des Ortes (in Richtung Elend), am 696 m hohen Barenberg, erheben sich die Schnarcherklippen, denen Goethe im »Faust« folgenden Vers widmete: »Und die Klippen, die sich bücken, Und die langen Felsnasen, Wie sie schnarchen, wie sie blasen ...« (das »Schnarchen« wird durch den Wind erzeugt).

SCHIERKE ERLEBEN

AUSKUNFT

Kurverwaltung
Brockenstraße 10, 38879 Schierke
Tel. 03 94 55/86 80 Fax 4 03
www.schierke-am-brocken.de

Nationalparkhaus
Brockenstr., am westl. Ortsausgang
Tel. 0 39 55/477
www.nationalpark-harz.de

EVENTS

Winterspiele an einem Februarwochenende; am 30. April feiert Schierke die Walpurgisnacht und am letzten Samstag im September den Schierker Kuhball.

ESSEN

► Erschwinglich

Hotel Restaurant Brockenscheideck
Brockenstraße 49, Tel. 03 94 55/2 68
www.harz-hotel-brockenscheideck.de
Wildspezialitäten aus dem Nationalpark und Bodenständiges in rustikalem Harzer Ambiente.

ÜBERNACHTEN

► Komfortabel

Brockenblick Ferienpark
Alte Wernigeröder Straße 1 – 2
Tel. 03 94 55/57 50, Fax 5 75 99
www.brockenblick-ferienpark.de
Modern eingerichtetes Appartementhotel mit Sauna und Solarium.

► Günstig

Hotel Bodeblick
Barenberg 1
Tel. 03 94 55/3 59
www.hotel-bodeblick.de
Hotel (12 Z.) am Barenberg mit Bodetal-Blick. Im rustikalen Restaurant wird Harztypisches serviert.

In Elend steht Deutschlands kleinste Holzkirche.

✶ **Ahrensklint**

Nördlich von Schierke erhebt sich die dritte, 822 m hohe und gut zu besteigende Felsgruppe Ahrensklint (Klint = Klippe). Von der Höhe genießt man einen schönen Weitblick.

Elend

◄ Reisekarte E 2

Der kleine Kurort Elend (500 Einwohner) liegt in einem weiten Talkessel der Kalten Bode, 4 km südöstlich von Schierke. Mönche aus Ilsenburg machten auf ihrem Weg nach Rom auf der Elendsburg Rast. Aus dieser Zeit leitet sich der heutige Namen ab (ali lant oder eli elendi = fremdes Land). Von der aus dem 14. Jh. stammenden Elendsburg sind noch Gräben und eine Zisterne zu sehen. Im Ort steht die 1897 erbaute kleinste Holzkirche des Harzes. Sie besitzt fünf bleiverglaste Fenster mit schönen Malereien.
5 km flussabwärts liegt **Mandelholz**, Sitz der Harzschützen während des Dreißigjährigen Kriegs. Elend ist Ausgangsort schöner Wanderungen, die u. a. zum ► Brocken, zu den Schnarcherklippen (5 km nordwestlich), zum Ottofelsen (9 km nordöstlich) und zum Ahrensklint (9 km nordwestlich von ►Schierke) führen.

Seesen

B 1

Bundesland: Niedersachsen
Höhe: 209 m
Einwohnerzahl: 22 000

Die über 1000-jährige Stadt am Harz entstand als Burgsiedlung am Kreuzungspunkt mehrerer Fernwege. Heinrich Engelhard Steinweg baute um 1830 in Seesen sein erstes Klavier. Nach seiner Auswanderung gründete er mit seinem ebenfalls in Seesen geborenen Sohn William 1851 die weltberühmte Klavierfirma Steinway & Sons.

Geschichte

974 wird Sehusa in einer Schenkungsurkunde Ottos II. zum ersten Mal erwähnt. Der Kaiser übertrug darin seinen Besitz mit einer dazugehörenden Burg an das Stift Gandersheim (►Bad Gandersheim). Im Laufe der Zeit entwickelten sich im Norden und Süden der Burg zwei Siedlungen, die später zusammenwuchsen. Seit dem 13. Jh. besaßen die welfischen Herzöge die Vogteirechte über Seesen, das 1428 die Stadtrechte zugesprochen bekam. 1442 gelangte die Stadt an das Haus Braunschweig-Wolfenbüttel. Im 16. und 17. Jh. wurde Seesen mehrfach zerstört und entstand 1673 auf dem heute noch erkennbaren rechtwinkligen Grundriss neu. Mit der Einrichtung eines ersten Badehauses 1812 setzte der Fremdenverkehr ein.

Steinweg alias Steinway

Sehenswertes in Seesen

Burg Sehusa

Die Burg Sehusa mitten in der Stadt in einem kleinen Park **geht im Kern auf ein 1592 erbautes Renaissanceschloss** zurück. Aus dem Mittelalter blieb der viergeschossige Wohnturm erhalten, dem im 16.

SEESEN ERLEBEN

AUSKUNFT

Tourist-Information
Marktstraße 1, 38723 Seesen
Tel. 0 53 81/7 52 43, Fax 7 52 61
www.seesen.de

EVENTS

Freiwillig und unbezahlt hämmern und sägen die Seesener zu Hunderten, bis ihr Städtchen aussieht wie Tillys Heerlager im Dreißigjährigen Krieg. Ein Ingenieur hat nach einer briefmarkenkleinen Vorlage eine Steinschleuder aus dem Jahr 1428 nachgebaut. Ein Soldat in Blau und Rot schiebt eine Kanone aus dem 17. Jh. auf den Platz. Das Sehusa-Fest am ersten Septemberwochenende ist Nord-deutschlands größtes Historienspektakel.

ESSEN

► **Erschwinglich**

Hotel-Restaurant Wilhelmsbad
Frankfurter Straße 10, Tel. 0 53 81/ 10 35, www.hotel-wilhelmsbad.de
Seit Anfang des 19. Jh.s gute deutsche Küche in einem gemütlichem alten Fachwerkhaus. Die Zimmer zur Straße sind laut.

Jh. ein Wendeltreppenturm angesetzt wurde. Über dessen Portal befindet sich das Wappen des Herzogs Heinrich Julius von Braunschweig-Wolfenbüttel und die Jahreszahl 1592. Heute ist die Burg Sitz des Amtsgerichts (Wilhelmsplatz 1).

St. Andreas Die kreuzförmige Andreaskirche mit hohen Segmentbogenfenstern nordöstlich der Burg entstand 1695 – 1702 als Schlosskirche. Die Pläne stammten von dem Festungsbaumeister Caspar Völker. Die Emporen, der Kanzelaltar sowie der Orgelprospekt sind barock; der Altar stammt vermutlich aus der Werkstatt Tilman Riemenschneiders.

✶ Städtisches Museum Im ehem. Jagdschloss der Herzöge von Braunschweig, ganz in der Nähe, ist das Städtische Museum untergebracht (Wilhelmsplatz). Der zweigeschossige Fachwerkbau mit seitlichen Risaliten und drei flachen Dreiecksgiebeln entstand 1707. Thema ist u. a. die mehr als 1000-jährige Entwicklung Seesens. In der Klempnerstube wird die Geschichte der deutschen Konservendosenindustrie erklärt. Nachdem ein Franzose im Auftrag Napoleons die Konservendose erfunden hatte, wurde sie von dem Seesener Klempnermeister Fritz Züchner übernommen und weiterentwickelt. Daneben sind eine Webstube sowie eine Apothekeneinrichtung und eine umfangreiche

Mineraliensammlung aus den (stillgelegten) Bergwerken der Umgebung zu sehen. Im Steinway-Zimmer erinnert eine Ausstellung an die beiden Gründer der weltberühmten Klavierfirma Steinway & Sons. Öffnungszeiten: Di. – So. 15.00 – 17.00 Uhr.

Weitere Sehenswürdigkeiten

Der Ratskeller wurde 1592 als Brau- und Hochzeitshaus erbaut und diente zeitweise als Rathaus. Heute ist er wieder seiner alten Funktion zugeführt (Wilhelmsplatz 5). In der Unterstadt wurde im 13. Jh. die **Vituskirche** erbaut, von der seit 1849 nur noch der Turm steht (St.-Vitus-Turm am Ende der Opferstraße). Der historische Stadtkern liegt zwischen der Jacobsonstraße und dem ehem. Jagdschloss, am Markt und in der Lange Straße. Hier stehen schöne Fachwerkhäuser; im Osten lädt der Steinway-Kurpark zur Erholung ein.

Wilhelm Busch

Der Schriftsteller, Zeichner und Karrikaturist (Max und Moritz, Witwe Bolte u. a.) lebte von 1898 bis zu seinem Tod 1908 im heutigen Seesener Ortsteil Mechthausen. Ein Museum erinnert in dem niedersächsischen Fachwerkhaus, in dem er zuletzt gewohnt hat, an sein Schaffen. Eines seiner beiden Zimmer ist noch im Originalzustand (Pastor-Nöldeke-Weg 7, März – Okt. Di. – So. 14.00 – 16.00 Uhr, sonst nur Sa., So., Tel. 0 53 84/517, www.wilhelm-busch-seiten.de).

★★ Selketal

G/H 2/3

Bundesland: Sachsen-Anhalt

Zwischen Güntersberge und Alexisbad schlängelt sich die Selke durch ein von sanften Hängen begrenztes Wiesental. Ab Alexisbad muss sich der Fluss durch enge Felsmassen zwängen. Erst hinter dem Scheerenstieg rücken die Talhänge weiter auseinander und fallen sanfter ab. Das Tal der Selke gehört vor allem im Abschnitt zwischen Alexisbad und Meisdorf zu den schönsten des Harzes.

Namen wie Silberhütte, Drahtzug, Stahlhammer, Erster bis Vierter Hammer usw. erinnern daran, dass in früheren Jahrhunderten von Straßberg bis hinter Mägdesprung Bergbau betrieben wurde.

Sehenswertes im Selketal

Durch das Selketal

Durch das Selketal führen viele Wanderwege; auch eine Fahrt mit der Selketalbahn ist sehr zu empfehlen. Im Folgenden wird das Selketal von seinem Quellgebiet in der Nähe von Güntersberge bis zu seinem Austritt aus dem Harz bei Meisdorf beschrieben.

Güntersberge
◄ Reisekarte F 3

Güntersberge, ein 1000 Einwohner zählender Ferien- und Wintersportort, liegt am linken Ufer der Selke, zwischen den Hochflächen

des Rambergs und des Auerbergs, an der Selketalbahn. Der 1281 erstmals erwähnte Ort entwickelte sich im Schutz der auf dem Kohlberg stehenden Güntersburg, an die heute nur wenige Mauerreste erinnern. Das Stadtbild bestimmen schöne Fachwerkhäuser aus dem 17./18. Jahrhundert. Die Pfarrkirche St. Martini wurde um 1870 nach einem Brand neu erbaut. Das Rathaus aus dem 17. Jh. war früher Hauptgebäude einer Domäne der Fürsten von Anhalt. Oberhalb des Ortes erstreckt sich der 7 ha große Mühlteich.
Am Winkel beginnt ein 2 km langer **Naturlehrpfad** durch den Güntersberger Forst, Teil des Landschaftsschutzgebietes Unterharz. Naturfreunden bietet er einen Einblick in die Geologie, in die Fauna und Flora des Harzes.

Straßberg
Reisekarte G 3 ►

Der weiter flussabwärts gelegene kleine Ort Straßberg geht auf eine alte Bergarbeitersiedlung zurück; darauf verweisen auch die vielen Teiche der Umgebung sowie das **Bergbaumuseum Glasebach** (Glasebacher Weg, Tel. 03 94 89/2 26, www.grube-glasebach.de). Die Übertageanlage dokumentiert den neuzeitlichen Bergbau der Nachkriegszeit; der Untertagebereich bezieht sich auf den Altbergbau des 18. Jahrhunderts. Besondere Bedeutung kommt den noch vorhandenen Teilen der **»Straßberger Schwingkunst«** zu (riesiges Wasserrad, um die Wasserkraft in Bewegung zu setzen). Öffnungszeiten: Apr. – Okt. Di. – Do. 10.00 – 16.00, Sa., So. 10.00 – 17.00 Uhr.

Silberhütte
Reisekarte G 3 ►

Die 1692 gegründete Silberhütte wurde um 1900 aufgegeben. Heute bietet der auf dem Gelände der ehem. Silberhütte liegende **Waldhof** Erlebnis- und Ausstellungsbereiche, die Zusammenhänge zwischen Forstwirtschaft, Köhlerei, Bergbau und Verhüttung anschaulich vermitteln und die heutige Waldwirtschaft erläutern. Öffnungszeiten: Mo. – Fr. 9.00 – 16.00 Uhr und nach Voranmeldung, Tel. 03 94 84/ 72 20, www.waldhof.harzgerode.de.

! *Baedeker* TIPP

Von Mäusen und Fallen

Zur Begrüßung reicht Karl-Heinz Knepper im Mausefallen- und Kuriositäten-Museum eine Bärentatze. Ob Wühlmauskanonen oder Galgenfallen, in denen unsere Vorfahren sieben Mäuse auf einen Streich erdrosseln konnten – Museumsinhaberin Gabriele Knepper und ihr Mann haben einiges zu erzählen. Mausefallen-Museum, Klausstraße 138 (Bundesstraße 242, Güntersberge; Sa., So. 14.00 – 18.00 Uhr oder nach Vereinbarung, Tel. 03 94 88/4 30, www. mausefallenmuseum.de).

SELKETAL ERLEBEN

EVENTS

Jedes Jahr in der ersten Oktoberwoche kommt das Mittelalter zurück auf die größte Burg des Harzes: Gaukler, Musikanten, Ritter und »allerley Speis« entführen in die Zeit, als auf Burg Falkenstein Geschichte geschrieben wurde: Hier entstand der »Sachsenspiegel«, bis zur Einführung des Bürgerlichen Gesetzbuchs 1900 das wichtigste Gesetzbuch aller deutschsprachigen Länder.

VERKEHR

Die von Gernrode kommende Selketalbahn folgt ab Mägdesprung dem Lauf der Selke. Sie ist die älteste unter Dampf stehende Schmalspurbahn des Harzes.

ESSEN • ÜBERNACHTEN

► Erschwinglich

Alexisbad: Hotel-Restaurant Habichtstein
►Übernachten
Hier serviert man traditionelle Harzer Wildgerichte, Süßwasserfische und als Besonderheit Carpaccio und Zwetschgenschmorbraten vom Harzer Roten Höhenvieh aus der eigenen Metzgerei, das sehr schmackhaftes Fleisch liefert.

ÜBERNACHTEN

► Komfortabel

Alexisbad: Café Pension Felsterrasse
Kreisstraße 15 a
Tel. 03 94 84/7 22 30, Fax 7 22 59
www.alexisbad.de
Eine kleine, freundliche Pension mit sieben in Rosa dekorierten Zimmern in rund 100 Jahre altem, rekonstruiertem Altbau, vor deren Fenstern die Harzer Schmalspurbahn entlangdampft. Die Chefin backt täglich acht bis zehn Sorten Kuchen selbst.

Alexisbad: Hotel Habichtstein
Kreisstraße 4
Tel. 03 94 84/7 80, www.habichtstein.de – Freundliche, schlicht bis gehoben eingerichtete Zimmer, Suiten und Maisonetteräume in einem 1990 renovierten Ausflugsgasthaus von 1894, verbunden mit Gästehäusern aus der Zeit des Ersten Weltkriegs. Das familiengeführte Haus (69 Z.) hat ►Restaurants, eine eigene Brauerei und eine eigene Metzgerei. Die beiden Geschäftsführer betreiben die Internetseite www.harz.com; eine Informationsquelle für alles Mögliche und Unmögliche im Harz.

► Günstig

Güntersberge: Kiez Güntersberge
Stolberger Weg 36, Tel. 03 94 88/76 22
www.kiez-harz.de
Ferienwohnungen und Pauschalen mit organisiertem Programm für Kinder und Jugendliche bietet das Kinder-Erholungszentrum KIEZ in Güntersberge. Auf dem weitläufigen Gelände gibt es außer Bungalows u. a. einen Sportplatz, eine Kletterwand, einen Abenteuerwald, einen Computerraum und eine großzügige Sport- und Spieleausleihe.

Wird jedes Jahr gewürdigt:
Der Sachsenspiegel, der das bis dato nur mündlich überlieferte Recht festhielt.

Alexisbad
Reisekarte G 3 ►

Das von Alexius von Anhalt-Bernburg 1810 gegründete Alexisbad ist ein Ortsteil des 3 km südöstlich gelegenen ►Harzgerode und liegt in einem waldigen und windgeschützten Kesseltal. Wegen seiner eisen-, mangan- und schwefelhaltigen Quellen entwickelte Alexisbad sich im 19. Jh. ein beliebter Kur- und Badeort. Zu den berühmten Badegästen gehörten u. a. Wilhelm von Kügelgen (► Ballenstedt), Hans Christian Andersen und Carl Maria von Weber.

Viele Wanderwege in der Umgebung führen zu reizvollen **Aussichtspunkten** in das Selketal, z. B. an die Verlobungsurne auf dem Habichtstein, an die Köthener Hütte oder an das Eiserne Kreuz an der Mägdetrappe. An die glanzvollen Zeiten erinnert auch die Kapelle im Selketal, die 1815 als herzoglicher Teepavillon nach Plänen von **Friedrich Schinkel** errichtet wurde. Hier finden donnerstags um 20.00 Uhr Konzerte statt.

Zwischen Alexisbad und Mägdesprung ►

Unweit flussabwärts liegt kurz nach dem Ortsausgang die **Klostermühle**. Hier kreuzt die Wanderroute entlang der Wege deutscher Kaiser und Könige des Mittelalters das Selketal. Das Kloster Hagenrode war eine Propstei des 970 gegründeten Benediktinerklosters Thankmarsfelde, dem 993 das Markt- und Münzrecht erteilt wurde, die es in Harzgerode ausübte. Der auf dem rechten Selkeufer, hinter dem Selkebahn-Haltepunkt Drahtzug, in einer Talweitung gelegene **Stahlhammer** erinnert an die ehemals hier betriebene Erzbearbeitung.

Mägdesprung
Reisekarte G 2 ►

In der nächsten Talweitung liegt der Ort Mägdesprung (4 km nordwestlich von Harzgerode). Der Ortsname leitet sich von einer Quelle namens Meidesprunk ab (seit 1828 Erna Brunnen). 1812 errichtete Herzog Alexius zu Ehren seines Vaters Fürst Friedrich Albrecht von Anhalt-Bernburg aus 14 m langen eisernen Platten einen **Obelisken**, der das gießtechnische Können verdeutlichte und später zur Schutzmarke der Kunstgussproduke wurde. In dem 1781 eingerichteten Modellkabinett entstanden Kunstgüsse nach Werken berühmter Meister. Zwischen 1843 und 1878 modellierte hier Johann Heinrich Kureck v. a. Tierplastiken, u. a. die auf dem Hüttenplatz aufgestellte Großplastik »Der besiegte Hirsch« (1862).

Carlswerk ►

Das einstige Eisenhüttenwerk ist mit seinem Baubestand aus dem 18. Jh. nicht zugänglich. Jedoch kann in der »Neuen Maschinenfabrik« – einem prägnanten baulichen Beispiel frühindustrieller Architektur (um 1860) – anhand einer Dokumentation die **industriegeschichtliche Bedeutung des Standorts** nachvollzogen werden. Im Erdgeschoss vermittelt die Maschinenausstellung, darunter ein Holzkran von 1895, die authentische Atmosphäre eines Produktionsabschnittes. Später sollen die Schmiede und das Freigelände in die Besichtigung einbezogen werden. Öffnungszeiten: täglich 10.00 bis 16.00, Sa., So. 11.00 – 16.00 Uhr; www.carlswerk.harzgerode.de, Tel. 03 94 84/3 24 21.

Heinrichsburg ►

1 km nördlich von Mägdesprung liegen die spärlichen Überreste der 1290 erstmals erwähnten und im 14. Jh. zerstörten Heinrichsburg.

SELKETAL ERLEBEN

EVENTS

Jedes Jahr in der ersten Oktoberwoche kommt das Mittelalter zurück auf die größte Burg des Harzes: Gaukler, Musikanten, Ritter und »allerley Speis« entführen in die Zeit, als auf Burg Falkenstein Geschichte geschrieben wurde: Hier entstand der »Sachsenspiegel«, bis zur Einführung des Bürgerlichen Gesetzbuchs 1900 das wichtigste Gesetzbuch aller deutschsprachigen Länder.

VERKEHR

Die von Gernrode kommende Selketalbahn folgt ab Mägdesprung dem Lauf der Selke. Sie ist die älteste unter Dampf stehende Schmalspurbahn des Harzes.

ESSEN • ÜBERNACHTEN

► Erschwinglich

Alexisbad: Hotel-Restaurant Habichtstein
►Übernachten
Hier serviert man traditionelle Harzer Wildgerichte, Süßwasserfische und als Besonderheit Carpaccio und Zwetschgenschmorbraten vom Harzer Roten Höhenvieh aus der eigenen Metzgerei, das sehr schmackhaftes Fleisch liefert.

ÜBERNACHTEN

► Komfortabel

Alexisbad: Café Pension Felsterrasse
Kreisstraße 15 a
Tel. 03 94 84/7 22 30, Fax 7 22 59
www.alexisbad.de
Eine kleine, freundliche Pension mit sieben in Rosa dekorierten Zimmern in rund 100 Jahre altem, rekonstruiertem Altbau, vor deren Fenstern die Harzer Schmalspurbahn entlangdampft. Die Chefin backt täglich acht bis zehn Sorten Kuchen selbst.

Alexisbad: Hotel Habichtstein
Kreisstraße 4
Tel. 03 94 84/7 80, www.habichtstein.de – Freundliche, schlicht bis gehoben eingerichtete Zimmer, Suiten und Maisonetteräume in einem 1990 renovierten Ausflugsgasthaus von 1894, verbunden mit Gästehäusern aus der Zeit des Ersten Weltkriegs. Das familiengeführte Haus (69 Z.) hat ►Restaurants, eine eigene Brauerei und eine eigene Metzgerei. Die beiden Geschäftsführer betreiben die Internetseite www.harz.com; eine Informationsquelle für alles Mögliche und Unmögliche im Harz.

► Günstig

Güntersberge: Kiez Güntersberge
Stolberger Weg 36, Tel. 03 94 88/76 22
www.kiez-harz.de
Ferienwohnungen und Pauschalen mit organisiertem Programm für Kinder und Jugendliche bietet das Kinder-Erholungszentrum KIEZ in Güntersberge. Auf dem weitläufigen Gelände gibt es außer Bungalows u. a. einen Sportplatz, eine Kletterwand, einen Abenteuerwald, einen Computerraum und eine großzügige Sport- und Spieleausleihe.

Wird jedes Jahr gewürdigt: Der Sachsenspiegel, der das bis dato nur mündlich überlieferte Recht festhielt.

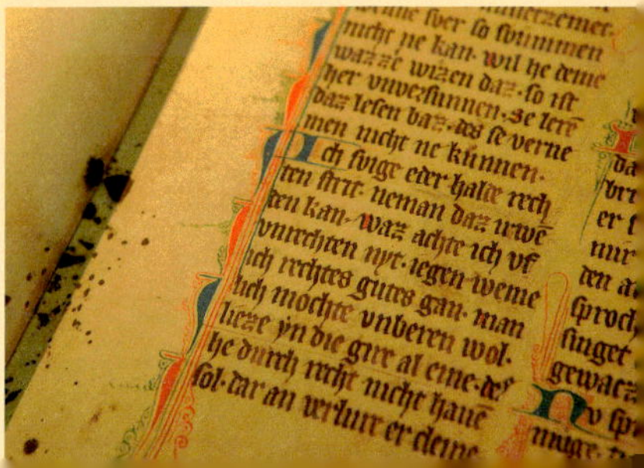

Alexisbad
Reisekarte G 3 ►

Das von Alexius von Anhalt-Bernburg 1810 gegründete Alexisbad ist ein Ortsteil des 3 km südöstlich gelegenen ►Harzgerode und liegt in einem waldigen und windgeschützten Kesseltal. Wegen seiner eisen-, mangan- und schwefelhaltigen Quellen entwickelte Alexisbad sich im 19. Jh. ein beliebter Kur- und Badeort. Zu den berühmten Badegästen gehörten u. a. Wilhelm von Kügelgen (► Ballenstedt), Hans Christian Andersen und Carl Maria von Weber.

Viele Wanderwege in der Umgebung führen zu reizvollen **Aussichtspunkten** in das Selketal, z. B. an die Verlobungsurne auf dem Habichtstein, an die Köthener Hütte oder an das Eiserne Kreuz an der Mägdetrappe. An die glanzvollen Zeiten erinnert auch die Kapelle im Selketal, die 1815 als herzoglicher Teepavillon nach Plänen von **Friedrich Schinkel** errichtet wurde. Hier finden donnerstags um 20.00 Uhr Konzerte statt.

Zwischen Alexisbad und Mägdesprung ►

Unweit flussabwärts liegt kurz nach dem Ortsausgang die **Klostermühle**. Hier kreuzt die Wanderroute entlang der Wege deutscher Kaiser und Könige des Mittelalters das Selketal. Das Kloster Hagenrode war eine Propstei des 970 gegründeten Benediktinerklosters Thankmarsfelde, dem 993 das Markt- und Münzrecht erteilt wurde, die es in Harzgerode ausübte. Der auf dem rechten Selkeufer, hinter dem Selkebahn-Haltepunkt Drahtzug, in einer Talweitung gelegene **Stahlhammer** erinnert an die ehemals hier betriebene Erzbearbeitung.

Mägdesprung
Reisekarte G 2 ►

In der nächsten Talweitung liegt der Ort Mägdesprung (4 km nordwestlich von Harzgerode). Der Ortsname leitet sich von einer Quelle namens Meidesprunk ab (seit 1828 Erna Brunnen). 1812 errichtete Herzog Alexius zu Ehren seines Vaters Fürst Friedrich Albrecht von Anhalt-Bernburg aus 14 m langen eisernen Platten einen **Obelisken**, der das gießtechnische Können verdeutlichte und später zur Schutzmarke der Kunstgussproduke wurde. In dem 1781 eingerichteten Modellkabinett entstanden Kunstgüsse nach Werken berühmter Meister. Zwischen 1843 und 1878 modellierte hier Johann Heinrich Kureck v. a. Tierplastiken, u. a. die auf dem Hüttenplatz aufgestellte Großplastik »Der besiegte Hirsch« (1862).

Carlswerk ►

Das einstige Eisenhüttenwerk ist mit seinem Baubestand aus dem 18. Jh. nicht zugänglich. Jedoch kann in der »Neuen Maschinenfabrik« – einem prägnanten baulichen Beispiel frühindustrieller Architektur (um 1860) – anhand einer Dokumentation die **industriegeschichtliche Bedeutung des Standorts** nachvollzogen werden. Im Erdgeschoss vermittelt die Maschinenausstellung, darunter ein Holzkran von 1895, die authentische Atmosphäre eines Produktionsabschnittes. Später sollen die Schmiede und das Freigelände in die Besichtigung einbezogen werden. Öffnungszeiten: täglich 10.00 bis 16.00, Sa., So. 11.00 – 16.00 Uhr; www.carlswerk.harzgerode.de, Tel. 03 94 84/3 24 21.

Heinrichsburg ►

1 km nördlich von Mägdesprung liegen die spärlichen Überreste der 1290 erstmals erwähnten und im 14. Jh. zerstörten Heinrichsburg.

Romantisch: der Lauf der Selke

Sie bestand aus einer kleinen Vorburg (im Nordosten des schmalen Bergrückens; hier noch Teile eines Wartturms) und einer im Südwestteil liegenden Kernburg (mit den Resten eines quadratischen Bergfrieds, eines Wohnbaus und einer ovalen Ringmauer). Hinter Mägdesprung verlässt die Selketalbahn das Tal und führt in nördlicher Richtung nach ►Gernrode. Der dem Selketal folgende Wanderer kommt an weiteren **Zeugnissen des Bergbaus** vorbei: den vier Friedrichshämmern, ehem. Hammermühlen. An der Einmündung des Schiebeckbachtals ist der klassizistische Mundlochportikus des Herzog-Alexius-Erbstollens (5,2 m hoch, 4,45 m breit, gusseiserne dorische Säulen tragen ein Gebälk aus Eisenguss mit einem Tympanon mit dem großen anhaltisch-bernburgischen Wappen) ein weiteres Beispiel für die Mägdeburger Eisenhüttenproduktion 1830.
Die in einer ehem. Hammermühle untergebrachte Gaststätte **Selkemühle** liegt unterhalb der Burgruine Anhalt.

Burgruine Anhalt

◄ Reisekarte H 2

Südlich der Selkemühle erhebt sich über dem rechten Selkeufer die 386 m hoch gelegene Burgruine Anhalt, die Graf Esico von Ballenstedt im 11. Jh. errichten ließ, nachdem seine Ballenstedter Burg in ein Kloster umgewandelt worden war. Nach seinem Tod 1059 soll Otto der Reiche die Fortführung des Bauwerkes veranlasst haben. 1140 wurde die Anlage zerstört, jedoch bereits 1150 unter Albrecht dem Bären als Stammburg der Anhaltiner neu erbaut. Sie scheint Ende des 15. Jh.s bereits verlassen gewesen zu sein. Bei Grabungen wurden die Fundamente eines gewaltigen runden Wohnturms (18 m

BURG FALKENSTEIN

★★ **Ihre erste Erwähnung ist von 1155. Erbaut wurde sie zwischen 1120 und 1180. Und obwohl sie bis zum 17. Jh. im Stil der Renaissance umgebaut wurde, gehört die Burg Falkenstein zu den besterhaltenen mittelalterlichen Burgen in Deutschland.**

Öffnungszeiten:
Apr. – Okt. tgl. 10.00 – 18.00, Nov. – März Di. – So. bis 16.30 Uhr

① Bergfried
Markanter Blickpunkt im Osten ist der steil aufragende Bergfried, der von einer knapp 4 m dicken Schildmauer umgeben ist. Erst Ende des 16. Jh. hat man den Bergfried (zusammen mit der Mantelmauer) von einst 23 m um 10 m erhöht.

② Südliche Ringmauer
Früher stand der unterkellerte romanische Küchenbau frei, sein Kaminschlot stützt sich auf einen Unterbau aus starken Rundbögen.

③ »Krummes Tor«
Im 18. Jh. entstand der erhöhte Mittelhof im Süden. Eine steile Hohlstiege verband das ursprüngliche Haupttor, das »Krumme Tor«, das den Zutritt zur Vorburg gewährt, mit dem Mittelhof. Die Wirtschaftsgebäude wurden im späten 18. Jh. abgerissen.

④ Nordwestbastion
Anstelle des »Altans« an der talaufwärts weisenden Nordspitze stand ehemals ein Turm.

Burg Falkenstein *Orientierung*

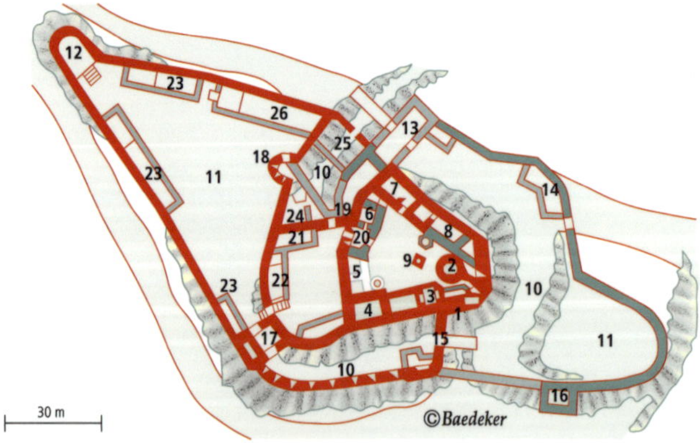

1 Schildmauer
2 Bergfried
3 Küche mit Wirtschaftsgebäuden
4 Dürnitz
5 Kemenate mit Treppenturm (1601)
6 Burgkapelle
7 Palas
8 Alte Hofstube mit Treppenturm (17. Jh.)
9 Brunnen
10 Zwinger
11 Vorburg
12 Nordwestbastion (Altan)
13 Älteres 1. Burgtor
14 Jüngeres 1. Burgtor
15 2. Burgtor
16 Pfortenhaus
17 3. Burgtor, Krummes Tor
18 4. Burgtor, Schalenturm
19 5. Burgtor
20 6. Burgtor
21 Böttcherei
22 Badestube und Stall
23 Ställe
24 Waschhaus
25 Amtshaus und Schlupfpforte
26 Bade- und Brauhaus

Eine I
Flugv
Sa., S

Durchmesser) aus dem 11. Jh. freigelegt. Von dem zweiten Bau, der aus einer zweigeteilten Kernburg mit Wall und Graben bestand, die Ende des 13. Jh.s um eine weitläufige Zwinger-Unterburg erweitert wurde, sind der untere Teil des Bergfrieds und Mauerreste vom Palas und anderen Gebäuden erhalten.

✱✱ Burg Falkenstein
Reisekarte H 2 ►

Etwa weitere 7 km flussabwärts erhebt sich auf einem Bergsporn hoch über dem Selketal die Burg Falkenstein (Tel. 03 47 43/ 53 55 90; www.burg-falkenstein.de). **Falkenvorführungen**: Mo. bis Fr. 11.00 – 15.00, Sa., So. 11.00, 14.00 und 16.00 Uhr. Der 1,5 km lange Aufstieg vom Selketal ist nur zu Fuß möglich.

Die Grafen von Konradsburg hatten um 1120 ihre bei Ermsleben gelegene Konradsburg wohl als Sühneopfer einem Kloster übergeben. Als neuen Stammsitz wählten sie Falkenstein, nach dem sie sich später auch benannten. Zwischen 1120 und 1180 entstand in ihrem Auftrag die Kernburg über dreieckigem Grundriss. Neben einer massiven Schildmauer und dem Bergfried auf der Hauptangriffsseite boten eine westliche Vorburg, sieben Tore, fünf Zwinger und drei Gräben der Burg Schutz. Bei einem Umbau 1491 wurden die Gebäude um den engen Innenhof aufgestockt und die Burgkapelle neben dem zum Innenhof führenden Tor errichtet. Ende des 16. bis Anfang des 17. Jh.s wurde die Anlage unter August I. zu einem Wohnschloss umgebaut; aus dieser Zeit stammen die Fachwerkaufstockungen im niedersächsischen Stil des 16. Jh.s.

Im Innenhof der Kernburg befindet sich ein 20 m tiefer Brunnen mit einem Holzüberbau. Der älteste erhaltene Raum ist die 1491 erbaute Burgkapelle mit einem 1495 ausgemalten Kreuzgratgewölbe; aus derselben Zeit stammt auch das Gestühl. Die Herrschaftsloge wurde um 1700 eingebaut.

Der letzte Falkensteiner, Graf Burchard, vermachte die Burg und den dazugehörenden Besitz 1332 dem Domstift von Halberstadt. 1437 gelangte die Burg an die Grafen von der Asseburg, in deren Besitz die weder im Bauernkrieg noch im Dreißigjährigen Krieg zerstörte Burg bis 1945 blieb. Ihre Grablege befindet sich in der kleinen romanischen Dorfkirche in Pansfelde (6 km südlich).

Auf der Burg lebte zeitweilig Eike von Repgow (1180 – 1233), der in seinem **»Sachsenspiegel«** das bis dahin nur mündlich überlieferte sächsische Gewohnheitsrecht aufzeichnete. Im Auftrag des Grafen Hoyer von Falkenstein ersetzte er die ursprünglich lateinische, nicht erhaltene Fassung durch das überarbeitete, 1230 abgeschlossene Werk in niederdeutscher Mundart. Es erhielt bald gesetzesgleiche Wirkung und wurde in Thüringen und in Sachsen-Anhalt erst im Jahr 1900 vom Bürgerlichen Gesetzbuch abgelöst. Ein Gedenkstein befindet sich vor dem Eingang zur Burg.

Museum ►

In einigen Räumen der gut erhaltenen Kernburg befindet sich ein Museum mit Möbeln, Gemälden (darunter das Porträt der Bernhardine von der Asseburg mit ihren beiden Söhnen, 1833 von Wilhelm von Kügelgen), Jagdwaffen sowie weitere kunsthandwerkliche

Ausstellungsstücke. Zahlreiche Zimmer besitzen schöne Stuckdecken, sehenswert sind der Rittersaal, der Herrensaal mit seiner Biedermeier-Ausstattung, die Grüne Stube und das Große Fräuleinzimmer. Vom Bergfried genießt man einen schönen Ausblick.

★★ Stolberg

F 3

Bundesland: Sachsen-Anhalt
Einwohnerzahl: 1500
Höhe: 222 – 576 m

Die einstige Bergbau-, Handels- und Residenzstadt Stolberg liegt eingebettet in mehrere Täler und wird vom Schloss überragt. Das schöne mittelalterliche Stadtbild ist von sanierten Fachwerkbauten aus Spätgotik und Renaissance geprägt.

In Stolberg wurde um 1489 Thomas Müntzer geboren, der evangelische Reformator, Bauernkriegsanführer und Gegenspieler Martin Luthers (►Berühmte Persönlichkeiten), und hier lebte der Schriftsteller Johann Gottfried Schnabel (1692–1750), dessen Roman »Wunderliche Fata einiger See-Fahrer« – besser bekannt als »Die Insel Felsenburg« – als ein Hauptwerk der Frühaufklärung in Deutschland gilt.

Ein Bilderbuchstädtchen im Ostharz: Stolberg ist von sanierten Fachwerkbauten geprägt.

Geschichte In dem 794 erstmals erwähnten Stolberg wurden bereits vor 1000 Jahren Eisen, Zinn, Kupfer und Silber gefördert, mit denen die deutschen Könige und Kaiser ihre Schatztruhen füllten. Aus diesem Grund entstand bereits im 10. Jh. auf einem Bergsporn zwischen Lude und dem Kalten Tal eine Burg, mit der die Herrscher verdienstvolle Ritter aus dem kaiserlichen Heere zu belehnen pflegten. Um 1210 sind erstmals die Grafen von Stolberg erwähnt, die hier bis ins 19. Jh. hinein residierten. Nach dem Aussterben des Wernigeröder Grafengeschlechts fiel deren Grafschaft 1429 an die Grafen von Stolberg, die sich fortan **Grafen von Stolberg-Wernigerode** nannten. Schon im 13. Jh. entstand der Grundriss des um 1300 mit dem Stadtrecht ausgestatteten Stolberg, der bis heute ohne wesentliche Veränderungen erhalten geblieben ist. Aufgrund der Enge des Tals konnten die Stolberger Bürger auf eine Stadtmauer verzichten und errichteten lediglich einige Stadttore in den Talausgängen. Im 15. und 16. Jh. ließen sich zahlreiche Handwerker in der Stadt nieder, die mit ihren Erzeugnissen schwunghaften Handel betrieben. In dieser Zeit entstanden die prächtigen Fachwerkhäuser der Spätgotik und Renaissance, die heute noch zum größten Teil erhalten sind. Landschaftsmaler wie Ludwig Richter und Richard Thierbach machten Stolberg in der zweiten Hälfte des 19. Jh.s bekannt und lockten erste Feriengäste an.

Sehenswertes in Stolberg

✶ **Schloss** Das Renaissanceschloss auf einem nach drei Seiten abfallenden Bergsporn beherrscht die Stadt. Die Umrisse der einst an gleicher Stelle im 10. Jh. kastellartig angelegten Burg sind noch heute zu erkennen. Ihr nördlicher Rundturm und ein Wohnturm blieben bei den Umbauten von 1539–1547 und 1690 zu einem repräsentativen Wohnschloss erhalten. Ab 1951 wurde das Ensemble als Erholungsheim genutzt. 2002 kaufte die Deutsche Stiftung Denkmalschutz die Anlage und startete aufwendige Sanierungsarbeiten. Die vollständige Fertigstellung ist für 2010 geplant. Nach dem vollendeten erste Bauabschnitt sind der Fürstenflügel und Teile des Barockflügels wieder zugänglich. Im **»Haus des Gastes«** (Mi.–So. 11.00–16.00 Uhr) zeigt eine Ausstellung Leben und Werk des Schriftstellers Gottfried Schnabel. Außerdem finden in dem Schloss Konzerte, Lesungen und Theater statt. Ein **Café am Vorplatz** des Schlosses lädt zwischen 11.00 und 18.00 Uhr zum Verweilen ein.

✶ **St. Martini** Unterhalb des Schlosses ragt am Berghang die dreischiffige spätgotische Hallenkirche St. Martini auf, deren älteste Bauteile wie der Glockenturm aus dem 12. bzw. aus dem 13. Jh. stammen. Ende des 15. Jh.s entstand der heutige Bau. Im April 1525 predigte hier Martin Luther und verurteilte die Bauernerhebungen unter Thomas Müntzer. Im Innern der Kirche sind das um 1500 in Erfurt entstandene Beweinungsrelief, die vermutlich in der Nürnberger Werkstatt Peter

Vischers gefertigten Bronzegrabplatten für Elisabeth von Stolberg († 1505) und den Pfarrer Ulrich Rispach († 1488; in der Sakristei im südlichen Choranbau), der Taufstein von 1599 sowie der 1701 – 1703 von Johann Georg Papenius geschaffene Orgelprospekt zu sehen.

An Luthers Aufenthalt in Stolberg erinnert auch eine Inschrift an der Lutherbuche, die auf dem Berggipfel am gegenüberliegenden Talhang steht. Man erreicht sie auf einem rund 20 minütigen Fußweg, der vom Marktplatz durch die Stubengasse über die Thyra den Berg hinaufführt. Von hier oben hat man einen schönen **Blick über die Stadt** und hinüber zum Schloss. ★ Lutherbuche

STOLBERG ERLEBEN

AUSKUNFT

Tourist-Information
Markt 2, 06547 Stolberg
Tel. 03 46 54/4 54, 1 94 33, Fax 7 29
www.stadt-stolberg.de

VERKEHR

Stolberg erkundet man am besten zu Fuß. Parkmöglichkeiten gibt es z. B. am nördlichen Ortsausgang in Richtung Breitenstein oder am Bahnhof.

ESSEN

Die Hotels (►Übernachten) rund um den Marktplatz haben gute Restaurants mit Harzer Spezialitäten.

► Erschwinglich/preiswert

Gasthaus Kupfer
Am Markt 23, Tel. 03 46 54/4 22
www.gasthaus-kupfer.de
Hier gibt es aus eigener Hausschlachtung die Stolberger Lerchen, kleine, geräucherte Würstchen, sowie Harzer Schlachtplatten, Hausmacher Sülze, Fisch und Wild.

ÜBERNACHTEN

Rund um den Marktplatz hat man die Wahl zwischen vier Drei-Sterne-Hotels, alle in restaurierten, 400 Jahre alten Fachwerkhäusern, z. B.

► Komfortabel

Stolberger Hof
Markt 6, Tel. 03 46 54/ 3 20, Fax 4 37
www.stolberger-hof.de
Gegenüber dem Rathaus. Schade, dass die Zimmer so beliebig möbelhaus-modern eingerichtet sind. Wer von den heimischen Friwi-Keksen im hauseigenen Café nicht genug bekommt, muss nur wenige Meter zum Großeinkauf in die Fabrik gehen. Ähnlich: das Hotel Zum Kanzler nebenan.

Schindelbruch
Schindelbruch 1, Tel. 03 46 54/80 80
www.schindelbruch.de
Großzügige Doppelzimmer, Appartements und Ferienwohungen mit breitem Wellnessangebot.

Posthalterei
Niedergasse 50, Tel. 03 46 54/81 09 0
www.posthalterei-stolberg.de
Der Erlebnishof Alte Posthalterei bietet zwei Ferienwohnungen, Gästezimmer, eine Bäckerei und einen Streichelzoo, außerdem Fahrten in einer originalgetreu nachgebauten Postkutsche mit Übernachtungen, Verpflegung und einer geführten Wanderung.

★★ Markt

Der Marktplatz mit seinen bunten Fachwerkhäusern der Spätgotik und Renaissance gehört zu den schönsten Plätzen in Deutschland.

Rathaus ►
Hier steht auch das über asymmetrischem Grundriss errichtete prachtvolle dreigeschossige Rathaus, ein architektonisches Kuriosum, mit dessen Bau um 1454 begonnen wurde. Da die untere Etage als Handelshaus genutzt wurde, verzichtete man, um Lagerplatz zu sparen, auf den Einbau von Treppen. Die beiden oberen Stockwerke erreicht man nur über die Außentreppe, die östlich am Rathausgiebel vorbei vom Markt zur Martinikirche hinaufführt. Die reich gegliederte Fassade wies ursprünglich zwölf Türen für die Anzahl der Monate und 52 Fenster entsprechend der Anzahl der Wochen im Jahr auf; 365 Fensterscheiben standen für jeden Kalendertag. Durch spätere Änderungen sind es heute über 400 Scheiben.

Die **Sonnenuhr** an der Vorderfront stammt von 1724, sie zeigt die Sonnenstunden, das Stolberger Wappen und trägt eine lateinische Inschrift: »Glückliche Eintracht bleibt, wenn wir zusammenhalten, wenn Phöbus die Zeiten anzeigt, Minerva die Sprachen und Themis die Bürger die alten Rechte lehrt.«

Thomas-Müntzer-Denkmal ►
Vor dem Rathaus steht ein 1989 eingeweihtes Denkmal für Thomas Müntzer von Klaus Messerschmidt. Müntzer ist mit entblößtem Rücken dargestellt, die zweite, vermummte Figur könnte stellvertretend für die alte Gesellschaft stehen, die den Ideen des Reformators nichts abgewinnen konnte. Bei den vier Ecksäulen handelt es sich um Abgüsse von Säulen mit geschnitzten Heiligenfiguren aus dem Geburtshaus des Bauernführers und Theologen, das bei einem Brand 1851 weitgehend zerstört wurde. Eine Gedenktafel in der Niedergasse 2 erinnert an seinen einstigen Standort.

Seigerturm

Von der im 13. Jh. recht spärlich angelegten Stadtbefestigung ist der runde Seigerturm erhalten (Abschluss und Haube 19. Jh.). Er schützte den südlichen Zugang zum Markt und Rathaus.

Rittertor

Am Ende der am Marktplatz beginnenden Rittergasse, die ins Ludetal führt, steht das im 12. Jh. erbaute Rittertor. Es schützte ursprünglich den nördlichen Stadtausgang.

Klingelbrunnen ►
In der Nähe des Rittertores, hinter dem im Jahre 1717 errichteten ehemaligen Waisenhaus in der Rittergasse 7, befindet sich der Klingelbrunnen, der die Stolberger mit klarem Quellwasser versorgte. Es wurde durch zwei Röhren aus den Bergen hierher geleitet. »Wasseresel« trugen es dann zum Schloss hinauf.

Museum Alte Münze

Das Museum Alte Münze im ehemaligen Konsistorium dokumentiert das Leben und Wirken des in Stolberg geborenen Predigers, Theologen und Bauernführers Thomas Müntzer. Im Erdgeschoss steht die deutschlandweit einzige komplett erhaltene Prägewerkstatt

Das Stolberger Rathaus ist ein architektonisches Kuriosum: Die beiden oberen Stockwerke sind nur über die Außentreppe erreichbar. →

aus dem 17. und 18. Jh., die dem Besucher den historischen Herstellungsprozess vom Schmelzen des Silbers bis zum Schneiden der Bleche und dem Prägen der Münzen verdeutlicht. Öffnungszeiten: Di. bis Fr. 10.00 – 12.30 und 13.00 – 17.00, Sa., So. 10.00 – 12.00 und 13.00 – 17.00 Uhr.

Museum Altes Bürgerhaus

Das Museum Altes Bürgerhaus (Rittergasse 14) befindet sich im vermutlich ältesten Fachwerkhaus der Stadt (ca. 1470): Mobiliar und Hausrat aus dem 15. bis 18. Jh. kann man hier ebenso anschauen wie eine Schusterwerkstatt aus dem 17. Jahrhundert. Öffnungszeiten ►Museum Alte Münze, Nov. – März nur Sa., So.

Umgebung von Stolberg

★ Großer Auerberg Josephskreuz

Auf dem 5 km östlich von Stolberg gelegenen, 579 m hohen Großen Auerberg steht das eiserne Josephskreuz. (Anfahrt: Man verlässt Stolberg in Richtung Breitenstein, biegt dann auf die nach Harzgerode führende Straße und gelangt zu einem Verkehrsknotenpunkt mit Kiosk, Restaurant und Parkplätzen. Von hier erreicht man den Turm nach rund 20 Min. Fußmarsch; es führen auch schöne Fußwege direkt von Stolberg zum Josephskreuz.)

Das nach seinem Auftraggeber, dem Grafen Joseph von Stolberg, benannte, 22 m hohe Doppelkreuz war 1833/1834 nach Entwürfen des

Das eiserne Josephskreuz ist von Stolberg aus in 20 Minuten zu erreichen.

Klassizisten **Karl Friedrich Schinkel** aus 365 Eichenbohlen errichtet und 1880 durch einen Blitzeinschlag vernichtet worden. 1896 wurde ein neues, diesmal eisernes Kreuz aufgestellt. Am Fuße des Aussichtsturmes von 38 m Höhe befindet sich eine Ausflugsgaststätte. Rund 200 Stufen führen zur **Aussichtsplattform** hinauf, von der man einen prächtigen Blick über den Harz hat. Bei guter Sicht reicht er vom Kyffhäuser (Süden) bis zum ►Brocken (Norden).

★★ Heimkehle

◄ www.hoehle-heimkehle.de

Besichtigung:
Di. – So.
10.00 – 17.00
Nov. – Apr.
10.00 – 16.00
(letzte Führung)

Die Heimkehle befindet sich am westlichen Hang des Thyratales, zwischen Rottleberode und Uftrungen, 10 km südlich von Stolberg. Die 1357 als »Heymelnkelle« erstmals erwähnte Höhle ist Deutschlands größte Gipssteinhöhle.
1920 wurde das über 2 km lange und bis zu 22 m hohe Höhlensystem für den Fremdenverkehr erschlossen. Zugänglich sind jedoch nur 750 m. Im März 1944 wurde in der Höhle ein Rüstungsbetrieb eingebaut, in dem Häftlinge des Konzentrationslagers Dora (►Nordhausen, Umgebung) Fahrgestellteile für das Kriegsflugzeug JU 88 herstellen mussten. Seit 1954 ist die Höhle für Besucher wieder zugänglich. Im Ausgangsstollen befindet sich eine kleine Ausstellung zur Höhlenforschung.

Schwenda ★

◄ St. Cyriakus

6 km südöstlich von Stolberg liegt Schwenda mit seiner sehenswerten barocken Kirche St. Cyriakus, die 1736 nach Plänen George Bährs errichtet wurde, dem Erbauer der Dresdner Frauenkirche. Die Bauleitung hatte der Stolberger Johann Friedrich Penther. Das achteckige Bauwerk mit hoher Kuppel ruht auf einem Rund von acht massiven Pfeilern. Die Ausmalung des Gewölbes ist von 1938; der hölzerne Kanzelaltar von 1735.

★ Thale

G 2

Bundesland: Sachsen-Anhalt
Einwohnerzahl: 13 100
Höhe: 150 – 450 m

Dort, wo die Bode aus dem Gebirge tritt und zwischen den steilen, sagenumwobenen Felsen Hexentanzplatz und Rosstrappe eine tiefe Schlucht gegraben hat, liegt der Ort Thale. Von hier aus lassen sich Wanderungen durch das wildromantische ►Bodetal mit seinen steilen Felsschluchten unternehmen, auf deren Grund das klare Wasser der Bode ins Tal fließt.

Bereits im 8. Jh. stand wohl auf dem linken Bodeufer eine karolingische Burg, in deren unmittelbarer Nähe die ostfälische Herzogstochter Gisela um 830 das **Nonnenkloster** (»winitohus«, Haus an geweihter Stätte) gründete. Im Schutze des Klosters entwickelte sich ein als »Dorp to dem Dale« bezeichnetes Dorf. 1686 entstand am Eingang

THALE ERLEBEN

AUSKUNFT

Thale-Information
Bahnhofstraße 3, 06502 Thale
Tel. 0 39 47/25 97, Fax 22 77
www.thale.de

EVENTS

Nicht nur zur Walpurgisnacht am 30. April ist der Hexentanzplatz Anziehungspunkt für alle, die sich auf den Spuren von Hexen, Teufeln, Gnomen und Feen bewegen wollen.

ESSEN/ÜBERNACHTEN

► **Günstig/komfortabel**
Gaststätte & Pension Kleiner Waldkater
Kleiner Waldkater 1
Tel. 0 39 47/28 26, Fax 28 26
www.kleiner-waldkater.de
Wo der Wildbach rauscht, schläft sichs gesund in einem der acht rustikal eingerichteten Zimmer. Die traditionsreiche Waldgaststätte bietet eine große Auswahl an kleinen Speisen und regionalen Wildgerichten, Forellen und diversen Schnitzeln.

► **Komfortabel**
Berghotel Rosstrappe
Rosstrappe 1, Tel. 0 39 47/30 11
www.rosstrappe-berghotel.de
Unter neuer Leitung präsentiert sich das 1822 gegründete Berghotel hoch über dem Bodetal an der Rosstrappe mit Biergärten und einem Restaurant.

Baedeker-Empfehlung

► **Günstig**
Gasthaus Königsruhe
Hirschgrund 1
Tel. 0 39 47/27 26, Fax 9 17 31
www.koenigsruhe.de
Direkt an der Bode wohnt es sich idyllisch. Die Autos müssen unten im Ort bleiben. Der Wirt holt Gäste und Gepäck mit dem Lieferwagen ab. Lecker: Am Wochenende gibt es frisch gebackenes Bauernbrot aus dem hauseigenen Ofen mit Harzer Wurstspezialitäten oder selbst geräucherter Bodeforelle. Draußen sitzt man in einem traumhaften Garten unter alten Bäumen direkt an der Bode.

des Bodetals eine kleine Hammerschmiede, aus der sich das spätere **Eisen- und Hüttenwerk** entwickelte. Das Kloster wurde 1525 durch aufständische Bauern zerstört, 1540 wurde es Rittergut. 1835 gründete der Oberförster Karl Daude das Hubertusbad, Thale entwickelte sich zu einem Heilbad. Der Anschluss an die Eisenbahnlinie nach Halberstadt 1862 brachte Scharen von Ausflüglern und Feriengästen nach Thale.

Sehenswertes in Thale

✶ **Wendhusenturm**

Der historische Kern von Thale liegt in der Unterstadt rund um das ehem. Kloster Wendhusen. Hier stehen auch die ältesten noch erhaltenen Gebäude. Auf dem Gelände des ehem. Klosters steht ein fünfgeschossiger, 22 m hoher Wohnturm aus dem 9. Jh. mit Kreuzgratgewölben in den beiden unteren und Balkendecken in den übrigen Geschossen. Vermutlich handelt es sich hierbei um das Westwerk der Klosterkirche. Nach der Umwandlung zum Rittergut im 16. Jh. entstand ein barocker Wohnanbau mit Kamin und Erkern.

Hüttenmuseum

Das in der Walther-Rathenau-Straße 1 gelegene Hüttenmuseum zeigt die technische Entwicklung der Eisen- und Hüttenwerke von Thale und damit die Geschichte der Stahlproduktion von 1686 bis in die jüngste Vergangenheit; in Thale wurde um 1800 mit der Herstellung von Schwarz- und Weißblechen begonnen und 1831 die erste eiserne Wagenachse Deutschlands geschmiedet. Im 19. Jh. entstand das erste emaillierte Kochgeschirr, und vor dem Ersten Weltkrieg wurden hier Stahlhelme produziert. In einem ehem. Wohnhaus werden die wichtigsten und zum Teil heute noch angewandten Produktionsverfahren vorgestellt; in der 1856 erbauten ehem. Hüttenkapelle finden Sonderausstellungen statt. Öffnungszeiten: Mai – Okt. Di. – Fr. 9.00 bis 17.00, Sa., So. 10.00 – 18.00, Nov. – Apr. Di. – So. 9.00 – 17.00 Uhr, Tel. 0 39 47/7 22 56, www.huettenmuseum-thale.de.

Friedenspark

Der 1862 in der Oberstadt als Bahnhofspark angelegte Friedenspark ist **Ausgangspunkt fast aller Ausflüge in die Umgebung**, ein Aufsteller informiert über die Strecken und ihre Markierungen. Hier liegen der Bahnhof, das ehemalige **Hotel Zehnpfund**, in dem Theodor Fontane (1819 – 1898) Quartier nahm, und die 1904 – 1906 erbaute neugotische **Petrikirche**, neben der ein alter Wasserturm steht.
Folgt man der Bode flussaufwärts, gelangt man in das schluchtenreiche Naturschutzgebiet des Bodetals, durch das ein 10 km langer Wanderweg bis nach Treseburg führt (▶ Bodetal). Hier befinden sich auch die Talstationen für die Schwebebahn zum Hexentanzplatz und für den Sessellift zur Rosstrappe sowie ein Vergnügungspark. Jüngstes Highlight im Bodetal: Ein Schauwasserkraftwerk mit dem weltweit größten Zellenwasserrad mit einem Durchmesser von 6 m kann in mehreren Führungen täglich besichtigt werden. Bis 128 kWh werden täglich produziert, damit könnten 160 Haushalte versorgt werden; hauptsächlich wird die Energie jedoch dazu genutzt, die Attraktionen der Thale Erlebniswelt zu versorgen. Auch die Ökologie kommt nicht zu kurz: Ein Teil der Anlage wurde als Fischaufstiegs- und -abstiegsanlage konzipiert, so dass Flora und Fauna in der Bode verbessert werden.

! *Baedeker* TIPP

Wotans Wege

Am Brunnen der Weisheit wartet Wotan. Sein Pferd Sleipnier, den schnellen Renner mit acht Beinen, hat er im Kurpark angebunden. Wanderungen und Spaziergänge auf den Spuren der Germanen bietet die Thale-Information an Originalschauplätzen vor der Felskulisse des Bodetals, Hexentanzplatz und Rosstrappe inklusive. Info: Thale-Information (▶Erleben).

✶✶ Hexentanzplatz

Der 451 m hohe, steile Felsen mit seinem weiten Plateau erhebt sich südlich von Thale und ist ein stets gut besuchtes Ausflugsziel. Die

Schwebebahn überwindet den Höhenunterschied von 250 m in 4 Min. Fahrzeit. Zu Fuß erreicht man ihn u. a. über einen steilen Zickzackweg, den **Hexenstieg**, der am Kleinen Waldkater (► Essen/ Übernachten) abzweigt, oder über den Sachsenwallweg.
Wie zahlreiche Bodenfunde beweisen, war der Hexentanzplatz in vorchristlicher Zeit eine **Kult- und Opferstätte**. Da die heidnischen Götter in christlicher Zeit als Hexen- oder Teufelswerk gedeutet worden sind, entstand die Legende von der Walpurgisnacht, heute Anlass für ein traditionelles Volksfest auf dem Hexentanzplatz und in zahlreichen Harzdörfern (► Geschichte, Kultur und Kunst: Mythen, Sagen und Brauchtum, S. 51ff.).

Walpurgishalle

In der 1901 nach den Plänen des Berliner Architekten Bernhard Sehring erbauten Walpurgishalle sind Wandgemälde von Hermann Hendrich nach Motiven aus Goethes »Faust« und anderen Walpurgis-Sagen ausgestellt. Im Vorraum steht ein münzenübersäter sächsischer Opferstein, der in der Umgebung gefunden wurde. Öffnungszeiten: Apr. – Okt. tgl. 9.00 – 17.00 Uhr.

Tierpark

In dem kleinen Tierpark »Hexentanzplatz« leben heimische Wildarten, die man gewöhnlich jedoch selten zu Gesicht bekommt, und in Volieren zahlreiche Eulenarten, Bussarde, Fasane und andere Vögel zusehen (Nov. – Jan. tgl. 10.00 – 16.00, Feb. – Apr. 9.00 – 17.00, Mai,

Merkwürdige Wesen haben sich auf dem Hexentanzplatz versammelt.

Sept., Okt. bis 18.00, Juni – Aug. bis 19.00 Uhr, Tel. 0 39 47/28 80.
Nun besteht die Möglichkeit, mit dem **Harzbob** rund 1000 m ins Steinbachtal hinabzusausen (mit einem Lift geht es wieder hinauf). Die Allwetter-Bobbahn ist die längste ihrer Art in ganz Deutschland. Fahrzeiten: Mai bis Okt. tgl. 9.30 – 18.00, Feb. bis Apr. 10.00 – 16.00, Nov. – Jan. z. T. an Wochenenden 10.00 – 16.30 Uhr.

! *Baedeker* TIPP

Himmelsbühne

Die Bühne reicht bis zum Himmel, der Blick über Schauspieler und Kulissen hinweg bis nach Magdeburg. Die Karten für das 100 Jahre alte Harzer Bergtheater auf dem Hexentanzplatz hoch über Thale sind begehrt. Am besten sieht und hört man angeblich in der 9. oder 10. Reihe (Tel. 0 39 47/23 24, ww.harzer-bergtheater.de).

✶✶ **Rosstrappe**

Gegenüber dem Hexentanzplatz erhebt sich die 403 m hohe Rosstrappe. Ein Sessellift überwindet die 240 m Höhenunterschied in 6 Minuten. Zu Fuß folgt man entweder dem Präsidentenweg, der an der Talstation des Sessellifts beginnt, oder dem Zickzackweg über die steile Schurre, der an der Teufelsbrücke anfängt.
Fundstücke und Reste von Wallanlagen zeigen, dass der Felsen seit der Steinzeit als Kultplatz und auch als Fluchtburg diente. Hier befindet sich auch der **sagenhafte Hufabdruck** von Brunhildes Riesenpferd (► Bodetal). Auf der Flucht vor dem riesenhaften Ritter Bodo sprang die böhmische Königstochter Brunhilde mit ihrem Schimmel über den Abgrund, während ihr Verfolger in die Tiefe hinabstürzte. Im »Teufelspfuhl« des Bodebettes soll er noch heute als räudiger Vierbeiner Brunhildes gefallene Krone bewachen.

✶✶ Kloster Walkenried

D 3

Bundesland: Niedersachsen
Einwohnerzahl: 2600
Höhe: 280 – 350 m
Internet: www.kloster-walkenried.de

Eine der ersten Zisterzienserklostergründungen befindet sich in Walkenried. Reformation und Bauernkrieg führten zum Niedergang. Das Kloster wurde aufgegeben und diente als Steinbruch. Obwohl heute nur eine Ruine erhalten ist, erkennt man noch die ehemals gigantischen Ausmaße.

Geschichte

Die erste romanische Klosterkirche, eine dreischiffige, rund 50 m lange Basilika, deren Grundriss teilweise freigelegt ist, wurde 1137 geweiht. Sie musste einem gotischen Neubau (1209 – 1290) mit Chorumgang nach dem Vorbild von Morimond (Burgund) weichen. Die Geschichte des Ortes ist untrennbar mit der des Klosters verbunden. Die **Stifterin** war Adelheid von Walkenried aus dem Hause Lohra, Ehefrau von Volkmar von Thüringen, der 1114 in das Benediktinerkloster Huysburg bei Halberstadt eintrat und seine Besitzungen

1129	Der erste Konvent trifft in Walkenried ein.
13. – 15. Jh.	Blütezeit des Klosters
1525	Aufständische Bauern plündern das Kloster.
1990	Erste Stützungsmaßnahmen zur Sicherung der Ruine

der Abtei vermachte. Adelheid erhielt den Hof Walkenried und das Nutzungsrecht einiger Thüringer Dörfer auf Lebenszeit. 1127 stiftete sie ihren Besitz für eine Klosterneugründung den Zisterziensermönchen im Kloster Kamp bei Moers am Niederrhein (heute Kamp-Lintfort).

Der erste Konvent traf 1129 in Walkenried ein und wurde – nach der Gründung des Zisterzienser-Reformordens 1098 in Cîteaux (Burgund) – **dritte Niederlassung auf deutschem Boden** (nach Kamp und Ebrach). Die Stiftung wurde 1132 durch Kaiser Lothar und 1137 durch Papst Innozenz II. bestätigt. Großzügige Schenkungen und die Arbeit der Mönche machten das Kloster Walkenried bald zum **angesehensten und reichsten Stützpunkt dieses Ordens im Harz**. In seiner Glanzzeit im 13. Jh. war das Kloster mit rund 80 Mönchen und 180 Laienbrüdern besetzt. Seine Mönche verwandelten vom 12. bis zum 16. Jh. die sumpfigen Niederungen der Helme in die fruchtbare Goldene Aue. Sie rodeten den Wald, betrieben Ackerbau, Vieh- und Fischzucht – das Kloster soll 365 Teiche besessen haben. Auch an der Entwicklung des Harzer Bergbaus und Hüttenwesens hatte das Kloster großen Anteil: Es besaß u. a. ein Viertel des Erlöses aus der Erzgewinnung im Rammelsberg (auch Silbererzvorkommen).

Das Kloster Walkenried wurde im Mittelalter wirtschaftlich und politisch zu einem der einflussreichsten und bedeutendsten innerhalb des Ordens. Das **Ende der Blütezeit** setzte Anfang des 15. Jh.s. ein, nachdem Wassernot und Pest den Rammelsberger Bergbau um 1350 für 100 Jahre zum Erliegen gebracht hatten. Hinzu kamen Auflösungserscheinungen im Konvent, Lockerung der Disziplin und Veräußerungen von Besitzungen. Schon 1469 legten sechs Walkenrieder Mönche im Kapitelsaal das »Walkenrieder Bekenntnis« ab, wonach nur der Glaube an Christus und dessen Gnade, nicht aber das Mönchsgelübde den Menschen zu erlösen vermag.

1525 plünderten aufständische Bauern nach aufwiegelnden Predigten von Thomas Müntzer (► Berühmte Persönlichkeiten) das Kloster, wobei die Kirche schwer beschädigt wurde. 40 Jahre später – das gesamte Kirchendach war witterungsbedingt eingestürzt – musste der Gottesdienst in den Kapitelsaal verlegt werden. 1542 war Walkenried zum **Reichsstift** erhoben worden (damit erhielt der Abt Sitz und Stimme im Reichstag). Nach dem Aussterben der Hohnsteiner fiel der Klosterbesitz an die Herzöge von Braunschweig. Später ist es in die Stiftungen der Welfenherzöge eingegangen und heute noch Eigentum der Braunschweigstiftung, 1972 wurde es in die Trägerschaft des Landkreises Osterode am Harz übernommen.

Kloster Walkenried Orientierung

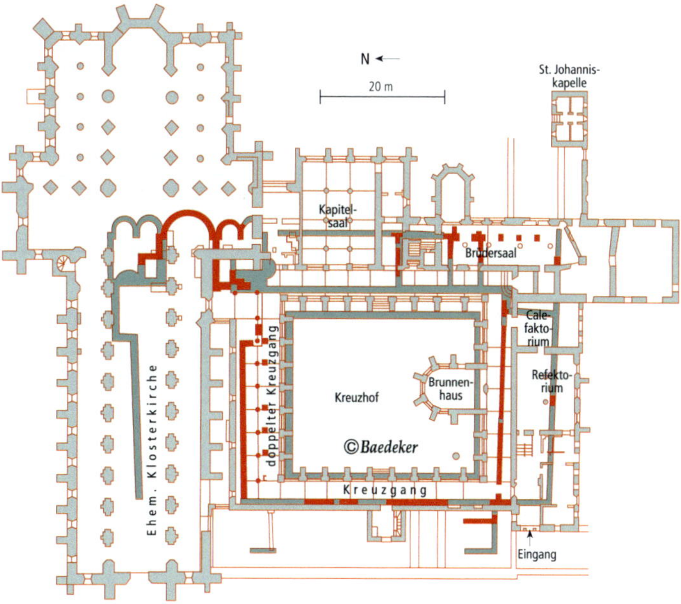

Gebäude der gotischen Klosteranlage und vorhandene Bauteile

Romanische Bauteile, durch Grabungen nachgewiesen

Ergänzung der romanischen Klosteranlage

Im 17. und 18. Jh. wurde die Kirche als **Steinbruch** genutzt, u. a. wurde das Jagdschloss der Herzöge von Braunschweig 1725 – 1727 mit ihren Steinen erbaut. 1817 wurde ein Verbot des weiteren Abbruchs der Kirchenruine ausgesprochen und um 1900 gab es erste Stützungsmaßnahmen zur Sicherung der Ruine. 2006 wurde das **ZisterzienserMuseum Kloster Walkenried** als eines der größten und innovativsten Klostermuseen Europas eröffnet.
Stilgeschichtlich war Walkenried ein **hervorragendes Zeugnis der Gotik** im thüringisch-sächsischen Gebiet, und trotz der Zerstörungen sind die Reste auch heute noch von besonderem Interesse.

Baugeschichte

Die Ausmaße des monumentalen Bauwerks heben die Bedeutung des Klosters im Mittelalter in besonderer Weise hervor: Die Länge betrug über 90 m, die Scheitelhöhe 23 m. Den zweischiffigen Nordflügel des Kreuzgangs – einzigartig im gotischen Baustil – nutzten die Mönche als Lesegang und zur abendlichen Schlussandacht, der Complet. Bis 1350 wurde die gotische Klausur endgültig fertig gestellt: im Ostgang der zwölfjochige Kapitelsaal (Versammlungsraum der Mönche), der

WALKENRIED

AUSKUNFT

»Die drei Südharzer«, Walkenried, Wieda, Zorge
Pfarrplatz 4, 37445 Walkenried
Tel. 0 55 25/3 50, Fax 99 98 19
www.die-drei-suedharzer.de

www.kloster-walkenried.de
Tel. 0 55 25/9 59 90 64

EVENTS

Von Mai bis Oktober finden die Walkenrieder Kreuzgangkonzerte,, ergänzt durch Dichterlesungen, Liederabende u. a. Veranstaltungen statt; im Herbst bieten zahlreiche Klöster ihre Produkte auf dem Klostermarkt an (www.klostermarkt-walkenried.de).

Brüdersaal als Arbeitsraum mit einem Flüsterbogen und das darüber liegende Dormitorium sowie im Südflügel das Refektorium (Speisesaal) und Calefaktorium (Wärmestube) gegenüber dem Brunnenhaus. Die gotische Klausur ist bis auf die westlichen Räume, dem ehemaligen Bereich der Laienmönche, vollständig erhalten. Die Räume des Südflügels konnten bei den jüngsten Sanierungsmaßnahmen noch nicht berücksichtigt werden, ein Teil ist heute Eingangsbereich in die Klausur und ein Café.
Die gewaltigen Ruinen der Klosterkirche mit der hoch aufragenden Westfassade und dem Hohen Chor vermitteln noch heute einen Eindruck von der ehemaligen Größe und Bedeutung der Abtei.

Rundgang durch die Klausur

Öffnungszeiten: Fei., Di. – So. 10.00 – 17.00 Führungen: Sommer stdl. (außer 13.00) So. ab 12.00 Winter Sa., So. 14.00, 15.00

Die großen, maßwerkverzierten Spitzbogenfenster wurden wie schon zur Zeit der Mönche verglast und weisen auf den Innenhof. Aus dem Südflügel ragt das um 1350 erbaute Brunnenhaus in den Hof.
Der **Kreuzgang** ist ein Meisterwerk gotischer Baukunst. Dies gilt insbesondere für den mit einem Rippengewölbe überspannten Nordflügel, der durch eine Reihe von neun farbigen, mit reichen Blattkapitellen geschmückten Muschelkalksäulen, die noch vom romanischen Vorgängerbau stammen, in zwei Schiffe geteilt wird.
An den doppelten Kreuzgang im Osten schließt zunächst der neue Aufgang durch das ehemalige **Armarium** (Bücherschrank der Mönche) in das **Dormitorium** (Schlafsaal) an. Daneben befindet sich der Eingang in den dreischiffigen **Kapitelsaal**, in dem heute die Gottesdienste der evangelischen Kirchengemeinde stattfinden.
Bemerkenswert ist eine romanische »piscina« (ursprünglich ein Reinigungsbecken für die Altargefäße, heute Taufbecken für die Kirchengemeinde), das letzte gotische Kirchengestühl der Mönche, ein kleines Retabel von 1557, das Grabmal des letzten Hohnsteiner Grafen von 1602 und eine barocke Kanzel, die um 1667 von Konrad Bonifatius geschnitzt wurde.

Brüdersaal ►

Im Anschluss an den Kapitelsaal führt der Rundgang weiter zum Brüdersaal, dem ehem. Arbeitsraum der Mönche, im Türbogen befindet sich ein Flüsterbogen. Der Raum dient heute vielfältigen Zwecken; einst führte ein (jetzt verblendeter) Eingang in die »infirmerie«, das Krankenhaus der Mönche, das leider zerstört ist, nur die anschließende **Johanniskapelle** (1240 geweiht) mit schönen spätromanischen Kapitellen ist noch erhalten. Man erreicht sie von außerhalb durch die Kirchenruine.

Zisterzienser Museum

◄ »Der Weiße Konzern«

Das 2006 eröffnete und ausgezeichnete Museum informiert multimedial über das Leben und Wirtschaften in mittelalterlichen Klöstern. Dabei werden verblüffende Parallelen zur heutigen Zeit deutlich, obwohl die Wirtschaftsstrukturen schon vor 900 Jahren von den Zisterziensern entwickelt wurden. Auf neugierige Kinder warten der freundliche Zisterziensermönch Bruder Conrad und die Klostermaus.

Umgebung von Walkenried

Zorge

Der beliebte Luftkurort Zorge liegt 6 km nördlich von Walkenried in einem engen, von bewaldeten Bergen eingeschlossenen Tal am gleichnamigen Fluss. Walkenrieder Mönche gründeten hier eine 1249 erwähnte Erzhütte. Über die Ortsgeschichte informiert eine Ausstellung im Heimatmuseum (Am Kurpark 4, So. 10.00 – 12.00, Mai – Sept. auch Mi. 15.00 – 17.00 Uhr).

Berühmt für seine Konzerte: der Kreuzgang in der Ruine in Walkenried

★★ Wernigerode

E 1/2

Bundesland: Sachsen-Anhalt
Einwohnerzahl: 33 860
Höhe: 225 – 315 m

Die fast 1000-jährige »Bunte Stadt am Harz«, wie Wernigerode von Hermann Löns 1907 einmal bezeichnet wurde, besitzt aufgrund ihres Vorzeigecharakters zu DDR-Zeiten viele gut erhaltene Kunst- und Kulturdenkmäler; dazu zählen die vielen schönen Fachwerkhäuser aus sechs Jahrhunderten und das Schloss.

Geschichte

Während der großen Rodungsperiode (9. – 12. Jh.) entstand im Auftrag des Klosters Corvey in Ostwestfalen am heutigen Klint eine Missionssiedlung, die nach dem Abt Warin Waringrode genannt wurde. Anfang des 12. Jh.s wird erstmals ein Graf von Wernigerode erwähnt, der seine Stammburg auf dem Agnesberg hatte. In deren Schutz und aufgrund der Lage **am Schnittpunkt zweier wichtiger Handels- und Heerstraßen** entwickelte sich eine Marktsiedlung, die 1229 das Goslarer Stadtrecht erteilt bekam. 50 Jahre später kaufte die Bürgerschaft Wernigerodes dem Grafen die Stadtbefestigung ab und erwarb das Zollrecht an den drei Stadttoren. Im 13. Jh. entstand vor dem Osttor eine Neustadt mit der Johanniskirche. Beide Städte umgaben sich mit einer Stadtmauer und blieben bis 1528 selbständig.
Die **Blütezeit** Wernigerodes lag im 14. und 15. Jh., als der Handel mit Tuchen, Bier und Branntwein die Stadt wohlhabend machte. Ihr Niedergang setzte im 16. Jh. mit mehreren Pestepidemien und dem Dreißigjährigen Krieg ein. Die einstige Hansestadt sank zu einer Ackerbürgerstadt herab. 1714 ging Wernigerode in preußischen Besitz über, und seit 1806 gehörte die Stadt zum neu gegründeten Königreich Westfalen. Ende des 18. Jh.s begann ein erneuter Aufschwung, als sich Gerbereibetriebe und Manufakturen der Tuch- und Leineweberei hier ansiedelten. Im 19. Jh. kamen Industriebetriebe hinzu, v. a. der Holz, Stein und Metall verarbeitenden Industrie; mit dem Anschluss der Eisenbahnlinie nach Halberstadt 1872, nach Ilsenburg 1884 und 1898/1899 an die Harzquer- und über diese an die Brockenschmalspurbahn setzte der Fremdenverkehr ein.

Sehenswertes in Wernigerode

★★ Historischer Stadtkern

Der etwas erhöht gelegene Klint ist der historische Stadtkern Wernigerodes. Hier hatten im frühen Mittelalter der Adel und die hohe Geistlichkeit ihre Wohnsitze (entlang der heutigen Marktstraße, der ehem. Ritterstraße); die Häuser der wohlhabenden Kaufleute und Handwerker säumten die Breite Straße, den Mittelpunkt der ehem.

← Wernigerodes Stolz: Das Rathaus entstand im 15. Jh. als »Spelhus«. Erst im 16. Jh. erwarb es der Rat und gab ihm seine heutige Funktion.

WERNIGERODE ERLEBEN

AUSKUNFT

Wernigerode Tourismus
Marktplatz 10
38655 Wernigerode
Tel. 0 39 43/5 53 78 35
Fax 5 53 78 99
www.wernigerode-tourismus.de

HARZER SCHMALSPURBAHN

Die Harzer Schmalspurbahnen, die von den Bahnhöfen Wernigerode und Westerntor nach Nordhausen und auf den Brocken fahren, wurden 1896 bis 1899 erbaut. Eine Fahrt ins 60 km entfernte ►Nordhausen dauert in der Regel 2,5 Std., manchmal ein wenig länger. In Drei Annen Hohne (► unten) zweigt auch die Strecke nach ►Schierke ab und führt bis auf den ► Brocken hinauf (►Touren).

Fachsimpeln mit dem Lokführer

ESSEN

► Fein & teuer

① ***Ratskeller***
Marktplatz 1
Tel. 0 39 43/63 27 04
Deftige Küche im urigen Gewölbekeller des Rathauses oder davor auf der Terrasse.

► Erschwinglich/preiswert

② ***Restaurant und Pension Fürstengrotte***
Burgberg 9 b, Tel. 0 39 43/2 32 34
www.fuerstengrotte.de
Rustikales Kellerlokal am Fuß des Schlossaufgangs. Im Sommer hat man vom Terrassen-Café und Biergarten einen herrlichen Blick über die Altstadt und auf die Harzberge. Serviert werden Harzer Spezialitäten, Raclette-Gerichte und jeden Tag frischen Kuchen.

► Preiswert

③ ***Baumkuchenhaus Nr. 1***
Neustädter Ring 17
Tel. 0 39 43/63 27 26
Täglich frischer, selbst gebackner Baumkuchen, auf Wunsch mit Aprikosen, Marzipan oder Nougat gefüllt. Freitags und samstags kann man zwischen 14.00 und 16.00 Uhr beim Backen zuschauen (und kosten).

ÜBERNACHTEN

► Luxus/komfortabel

② ***Travel Charme Hotel Gothisches Haus***
Marktplatz 2

Tel. 0 39 43/67 50, Fax 67 55 55
www.travelcharme.com
Zwei mächtige Fachwerkhäuser am Marktplatz (eines wurde bereits 1425 als »dat grote Hus am markes« erwähnt), verbunden mit einer modernen Glaspassage. Moderne, schön eingerichtete Innenräume.

► Komfortabel

① ***HKK HotelWernigerode***
Pfarrstraße 41
Tel. 0 39 43/94 10, Fax 94 15 55
www.hkk-wr.de 258 Z.
Eines der großen Hotels der Stadt, nur ein paar Schritte vom historischen Marktplatz. Man wohnt und isst gut.

③ ***Hasseröder Ferienpark***
Nesseltal 11
Tel. 0 39 43/5 57 00
http://hasseroeder-ferienpark.de
Ferienwohnungen und -häuser mit freiem Zugang zum Spaß- und Erlebnisbad. Das Bad wirbt mit der angeblich längsten Rutsche Europas (100 m), Strömungskanal, künstlichen Grotten, Gegenstromanlage und zahlreichen Massagedüsen. In der Wellnesslandschaft »Hexenkessel« gibt es mehrere Saunen, Erlebnis- und Aromaduschen.

④ ***Drei Annen Hohne: Der Kräuterhof***
38875 Drei Annen Hohne
Tel. 03 94 55/840
www.hotel-kraeuterhof.de
Holzverkleidetes Harzhaus von 1898 unterhalb des Brockenmassivs, gegenüber dem Bahnhof der Harzer Schmalspurbahn; Wanderwege und Loipen beginnen direkt vor der Tür.

Fachwerkambiente und moderner Komfort im Gothischen Haus

Kaufmannssiedlung; zwischen Ring- und Westernstraße lag die Hörigensiedlung mit den bescheidenen Häusern der Tagelöhner und Kleinbauern. An der in der ehem. Neustadt gelegenen Grünen Straße steht auch heute noch eine fast geschlossene Doppelreihe von Fachwerkbauten der einstigen Ackerbürger.
Von der ehem. **Stadtbefestigung** sind nur einige Überbleibsel erhalten, z. B. das 36 m hohe, um 1250 erbaute Westerntor, einige Mauerabschnitte sowie zwei Schalentürme.

Marktplatz

Belebter Mittelpunkt der Altstadt ist der von farbenprächtigen Häuserfassaden umgebene Marktplatz, um den herum sich die Straßen in konzentrischen Kreisen ordnen.

✶ Rathaus ▸ An der Südseite des Marktplatzes steht das Rathaus, das 1277 als Spelhus erstmals erwähnt wird. Neben der Nutzung als Gerichtsstätte fanden hier mittelalterliche Vergnügungen statt wie Bälle und Hochzeiten oder Auftritte von Gauklern und Possenreißern. Bis 1427 befand sich das Spelhus in gräflichem Besitz, dann ging es als Schenkung an die Stadt über. Vermutlich wegen der Brandgefahr wurde es 1427 – 1450 in Bruchstein umgebaut. 1494 – 1498 erhielt der Unterbau ein Fachwerkgeschoss, die Pläne stammten zunächst von Thomas Sprengel, später von Thomas Hilleborch, von dem auch die beiden markanten Erkertürme sind. Als 1528 das an der Ostseite des Marktplatzes gelegene Rathaus abbrannte, erwarb der Rat 1529/1530 ein sich südwestlich an das Spelhus anschließendes Bürgerhaus und richtete dort das städtische Waaghaus ein. Der Umbau des Spelhuses zum Rathaus fand 1539 – 1544 nach den Plänen von Simon Hilleborch statt, dem Sohn Thomas Hilleborchs. Er verlängerte die Erkertürme um ein Fachwerkgeschoss, verlegte die Freitreppe zum Festsaal im Obergeschoss von der Westseite auf die Vorderseite, zwischen die beiden Erker, und gab der Fassade damit ihr heutiges Aussehen. Damals erhielt das Gebäude auch ein volles Walmdach.

Wernigerode Orientierung

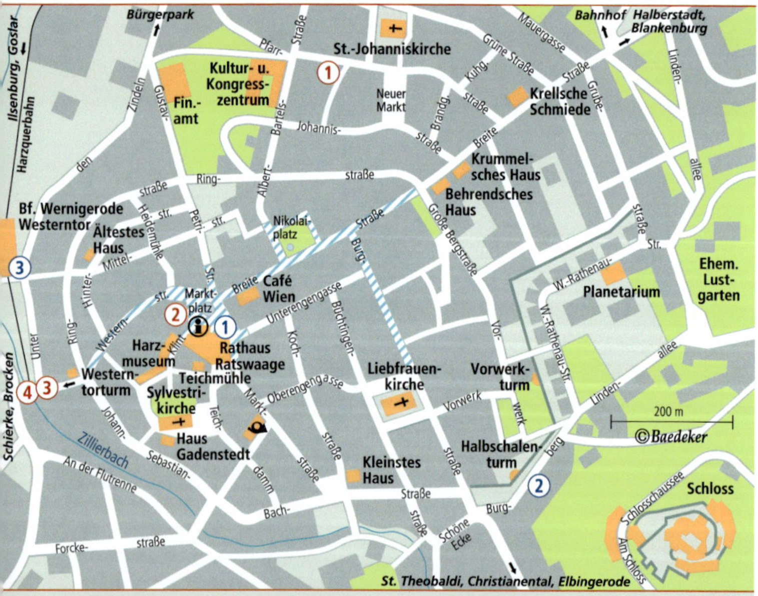

Übernachten
① HKK Hotel
② Gothisches Haus
③ Hasseröder Ferienpark
④ Der Kräuterhof

Essen
① Ratskeller
② Fürstengrotte
③ Baumkuchenhaus Nr. 1

Außergewöhnlich ist der **Figurenschmuck**. Auf den Knaggen, den Stützbalken unter den Balkenköpfen, befinden sich 33 holzgeschnitzte Figuren, die Heilige, Narren, Gaukler, Spielleute oder Tänzer darstellen. Die an der Ratswaage befindlichen Moriskentänzer (eine Reihe männlicher Gestalten bemühen sich um die Maienkönigin) entstanden 1430 – 1450. Die zweite und dritte Gruppe setzt sich vor allem aus Heiligengestalten zusammen (1492 – 1498 und 1539 bis 1544; darunter die Figuren über dem Portal der Rathausfassade). Die Figuren an der Ostseite des Rathauses und am Gebäude der Sparkasse wurden erst 1939 angebracht.

Über dem Eingangsportal steht der stadtbekannte Spruch: »Einer acht's, der andere betracht's, der dritte verlacht's, was macht's.«

◄ Ratswaage

Der südwestliche Anbau, der sich auf der rechten Seite hinter dem Rathaus in Richtung Klintgasse erstreckt, entstand als Waaghaus 1480 ebenfalls nach Plänen von Hilleborch. Hier wurden die Kaufwaren amtlich gewogen; heute beherbergt es die Stadtverwaltung.

An der Ostseite des Rathauses entstand ab 1939 der heute von der Sparkasse genutzte, in seinem Aussehen der Rathausfront angepasste Neubau.

◄ Wohltäterbrunnen

Der Marktbrunnen wurde 1848 in der Ilsenburger Eisenkunsthütte im neugotischen Stil gegossen. Die Wappenschilder am oberen Becken verweisen auf Adlige, die Namen am mittleren Becken erinnern an Bürger, die sich um das Wohl der Stadt verdient gemacht haben. Ganz unten wird an **Oberst Gustav Petri** (1888 – 1945) erinnert. Er war 1945 standrechtlich erschossen worden, da er als Stadtkommandant kurz vor Beendigung des Zweiten Weltkrieges den Befehl zur Verteidigung Wernigerodes verweigert hatte und so die Stadt vor der Zerstörung rettete. Im Andenken an den mutigen Offizier nennt sich Wernigerode heute »Stadt des Friedens« und hat militärische Aufmärsche im Stadtgebiet verboten.

Klint

Durch die schmale Gasse westlich vom Rathaus gelangt man auf den Klint (bezeichnet einen Abhang), den **ältesten Stadtteil** Wernigerodes. Alte Häuser säumen die Klintgasse, das Haus Klintgasse 3 entstand um 1580; in der Klintgasse 5 steht die 1680 erbaute Teichmühle, deren Grundmauern von dem Wasser des Mühlgrabens (heute decken ihn Steinplatten ab) so lange unterspült wurden, bis sich der Fachwerkbau stark neigte. Heute ist es Wernigerodes **»Schiefes Haus«**. Der Erker über dem Mühlgraben diente einst als Abort.

★ Harzmuseum

Das naturkundliche Museum in einem klassizistischen Fachwerkhaus von 1840 (Klint 10) führt in die Landschafts- und Siedlungsgeschichte des Harzes, seines Vorlandes und in die Wernigeröder Stadtgeschichte ein, darunter befindet sich eine sehenswerte Sammlung kreidezeitlicher Pflanzenfossilien; viel Wert wird auf die Entwicklung der Forst-, Wasser- und Feldwirtschaft und die des örtlichen Handwerks gelegt. In weiteren Räumen werden die Fachwerkbauweise erläutert und Harzer Folklore vorgestellt (Mo. – Sa. 10.00 – 17.00 Uhr).

Kaum mannshohe Türen: kleinstes Haus

Nicht weit von dem Museum entfernt steht die **Sylvestrikirche** (Oberpfarrkirchhof), eine dreischiffige gotische Basilika von 1230, die wenig später zur Klosterkirche und Grablege der Wernigeröder Grafen umgebaut und zuletzt 1833–1885 verändert wurde. Damals entstand der Westturm, der die Doppelturmfront ersetzte.

Die schmale Gasse um die Kirche herum ist gesäumt von alten **Häusern aus dem 16. und 17. Jh.**, darunter das im 15. Jh. erbaute, 1582 aufgestockte Haus Gadenstedt (Oberpfarrkirchhof 13). Das Haus Nr. 12 wurde um 1680 im Quedlinburger Stil errichtet, die Bezeichnung leitet sich von dem diamantschnittförmigen Abschluss der Balkenköpfe ab, eine v.a. in Quedlinburg verbreitete Form. Goethe besuchte am 3. Dezember 1777 den in diesem Haus lebenden jungen Pfarrerssohn Viktor Leberecht Plessing, um mit ihm inkognito über seinen Roman »Die Leiden des jungen Werthers« zu sprechen.

Das Haus Oberpfarrkirchhof 7 entstand 1730 als städtisches Gymnasium, das u.a. auch der Dichter **Johann Wilhelm Ludwig Gleim** besuchte (▸ Berühmte Persönlichkeiten); die Oberpfarre (Oberpfarrkirchhof 6) gehört zu den **schönsten barocken Fachwerkhäusern** der Stadt und wurde 1718 erbaut; das linke Wappen mit den drei goldenen Ähren erinnert an den ehem. Besitzer, den Sohn eines Bierbrauers.

Kleinstes Haus

Über einen kleinen Durchgang gelangt man zur Johann-Sebastian-Bach-Straße, der man bis zur Kochstraße folgt. Hier steht das 1774 erbaute kleinste Haus der Stadt (Kochstraße 43). Das barocke Fachwerkhaus misst bis zur Dachtraufe nur 4,20 m, ist 2,95 m breit und hat eine 1,70 m hohe Tür. Der einzige Raum des Hauses ist die 8 m² große Fuhrmannsstube.

Liebfrauenkirche

Nordöstlich erhebt sich die nach einem Stadtbrand an der Stelle eines romanischen Vorgängerbaus 1756–1762 errichtete barocke Liebfrauenkirche; ihren Westturm erhielt sie erst 1889 nach Plänen des Hannoveraner Architekten C. W. Hase. Die hölzerne Innenausstattung (zwei Doppelemporen, eine Fürstenloge und eine Kanzel) stammt vom fürstlichen Hoftischler Johann Wilhelm Moser.

Am Marktplatz beginnt die nach Osten führende Breite Straße. Hier stehen u. a. das 1583 erbaute **Café Wien** (Breite Straße 4), seit 1897 Konditorei, das **Handwerkerhaus von 1580** (Breite Straße 62), das **Preysser-Haus** (Breite Straße 71) von 1669. **Breite Straße**

Zu den schönsten Häusern der Stadt gehört das Krummelsche Haus (Breite Straße 72), dessen Fassade überreich verziert ist. Es wurde 1674 für den Berliner Kaufmann Heinrich Krummel errichtet (1875 durch den Ladeneinbau im Erdgeschoss verändert). In den zehn Kassettenfeldern unter den Fensterbrüstungen der beiden Obergeschosse sind eindrucksvolle plastische Geschichtsdarstellungen und Allegorien zu sehen. Das im 15. Jh. erbaute Haus Breite Straße 80 beherbergte bis 1528 das Rathaus der ehemals selbständigen Neustadt. ◄ Krummelsche Haus

Ein Pferdekopf und Hufeisen über der Tür weisen darauf hin, dass das 1678 für Michel Krell erbaute Haus (Breite Straße 95) einst eine Schmiede und im Obergeschoss eine Sattlerwerkstatt beherbergte. Heute ist es ein kleines Schmiedemuseum (geöffnet: Mi. – So. 10.00 bis 16.00, Fr. 10.00 – 15.00 Uhr). ◄ Schmiede-Museum

Im Nordosten von Wernigerode steht die romanische, 1279 geweihte Pfarrkirche der Neustadt St. Johannis. Langhaus und Chor entstanden bei einem Umbau 1497 neu. Unter der Ausstattung befindet sich ein spätgotischer Schnitzaltar von 1430, ein Kruzifix (um 1500), ein Taufstein von 1569 sowie die hölzerne Kanzel (um 1600). **St. Johannis**

Das älteste Fachwerkhaus Wernigerodes steht in der Hinterstraße 48, ein Ständerbau aus der ersten Hälfte des 15. Jahrhunderts. **Ältestes Haus**

★★ Schloss

Wie ein verwunschenes Märchenschloss thront der Stammsitz der Grafen zu Stolberg und Wernigerode auf dem 350 m hohen Agnesberg über der Stadt. Wer den kurzen, aber steilen Fußweg umgehen möchte, lässt sich von der **Wernigeröder Bimmelbahn** fahren, die tgl. von Mai bis Oktober alle 20 Minuten hinter dem Rathaus bei der Blumenuhr startet (Nov. – Apr. alle 45 Min.).

Besichtigung: Mai – Okt. tgl. 10.00 – 18.00 Nov. – Apr. Di. – Fr. 10.00 – 16.00 Sa., So. bis 18.00

Um 1110 hatte sich Heinrich V. auf seinem Jagdweg von der Kaiserpfalz in Goslar am nördlichen Harzrand mehrere Burgen anlegen lassen: Die Ilsenburg, die Sudburg und die kleine, damals im romanischen Stil erbaute Festung auf dem Agnesberg über Wernigerode. Immer wieder ließen die Landesherren die Burg umbauen, bis 1429 **Graf Botho zu Stolberg** die Geschicke der ausgestorbenen Wernigeröder Grafen übernahm. Die Familie heißt seither zu Stolberg-Wernigerode. Ihre Nachfahren wurden später die Grafen und ab 1890 die Fürsten zu Stolberg-Wernigerode, denen das Schloss bis zur Bodenreform 1945 gehörte. Sie regierten von hier aus die gleichnamige Grafschaft, die den östlichen Harz, das heute sachsen-anhaltische Harzvorland und den Brocken mit seiner Umgebung umfasste. **Geschichte**

Es sieht so aus, als ob gleich die Gäste kommen

Baugeschichte Graf Ernst zu Stolberg-Wernigerode ließ die zwischendurch fast verfallene Festung 1671 – 1676 in ein **Barockschloss** umbauen. Seine heutige Gestalt mit Erkern, Türmchen und verspielten Figuren erhielt das Schloss Ende des 19. Jahrhunderts. Damals gestaltete Graf Otto (1837 – 1896; ►Baedeker Special S. 354) den Familiensitz nach Plänen des braunschweigischen Architekten und Schlossbaumeisters Karl Frühling zu einem historistischen Märchenschloss mit 250 Räumen um. Frühling hatte dabei zahlreiche Vorschläge des frühen Wiener Jugendstilarchitekten Friedrich von Schmidt berücksichtigt.

So entstand ein Leitbau des norddeutschen Hisotrismus. Keine Fensterreihe und keine Fassade gleicht der anderen. Viele Elemente erinnern an die Renaissance, andere an die Gotik oder die Ursprünge des Gebäudes in der Romanik; die unterschiedlichen Stilepochen brachten dem Schloss den Namen »Neuschwanstein am Harz« ein. Jeder Raum hat einen anderen Grundriss, eine andere Decke und eine andere Wandbespannung. Alle Wege zu den drei Schlossrundgängen führen noch heute durch die Kirche, die der tief religiöse Otto Graf zu Stolberg-Wernigerode als Zentrum des Schlosses bauen ließ.

Zentrum für Kunst und Kulturgeschichte des 19. Jh.s In den 50 zugänglichen Schlossräumen erhalten die Besucher einen Eindruck vom Wohnstil der reichen Adligen während der Gründerzeit. Thematisch gestaltete Ausstellungsräume zeigen das Wirken der Grafen und späteren Fürsten zu Stolberg-Wernigerode, die von hier aus während der Reformation die Unterdrückung der aufständischen Bauern organisierten. Die DDR hatte im Wernigeröder Schloss ein Museum zur Geschichte des Feudalismus eingerichtet. Im 900 Jahre alten Kellergewölbe standen Folterinstrumente, obwohl auf Schloss Wernigerode nie gefoltert wurde. Die Museumsverantwortlichen hatten die Streckbetten, Daumenschrauben und anderen Gruseligkeiten

aus der ganzen DDR zusammengeholt. Inzwischen versucht die 1993 gegründete Schloß Wernigerode Verwaltungs- und Betriebs GmbH (Tel. 0 39 43/55 30 35, www.schloss-wernigerode.de), alle Räume möglichst in den Originalzustand der vorletzten Jahrhundertwende zu versetzen. Im Festsaal ist die 8 m lange fürstliche **Tafel mit reichlich Silber** so gedeckt, als kämen jeden Moment die Herrschaften zum Diner herein. Auf dem in fast schwarzem Holz gehaltenen Himmelbett der Fürsten liegt die Original-Bettwäsche jener Zeit. Die hatte die fürstliche Familie nach dem Einmarsch der Roten Armee mehr aus Versehen mit nach Westdeutschland genommen. Eigentlich sollten Silber und andere Kostbarkeiten verladen werden, doch die Packer schafften irrtümlicherweise die Wäsche auf den Lastwagen.
Die sowjetische Militärverwaltung und später die DDR ließen die Schätze des Schlosses weitgehend intakt. Nur die Rüstungen und die Gemälde von uniformierten Adligen warfen Soldaten der Sowjetarmee 1945 als »Relikte des Militarismus» in den Fluss, wo sie fast 50 Jahre lang verrotteten. Nun versuchen die Schlossmuseumsbetreiber, wenigstens einige der Rüstungen zu restaurieren. Zu den Schätzen, die das Schloss Wernigerode zeigt, gehören zahlreiche Gemälde, Zeichnungen und Grafiken der deutschen Romantik, ein Gästezimmer mit Möbeln aus dem 19. Jh., ein Festsaal, vier der ältesten erhaltenen Kanonen Deutschlands aus dem 16. Jh. und die erwähnte Schlosskirche mit einem spätgotischen dreiflügeligen Altar aus dem 15. Jahrhundert. Unterhalb des Schlosses wurde im ehem. Lustgarten ein **englischer Landschaftspark** angelegt.

◄ Lustgarten

Wildpark

Im Wildpark im Christianental leben wie auf dem Hexentanzplatz (► Thale) vorrangig Tiere, die im Harz heimisch und in freier Wildbahn nur mit viel Glück zu beobachten sind, darunter Eulen- und Greifvogelarten, Marder und Dachse, Rot-, Dam- und Muffelwild, Waschbären sowie viele bereits selten gewordene Singvögel. Besonders beliebt sind das Streichelgehege und der Tierkindergarten.

Bürgerpark

Im Bürgerpark am nördlichen Stadtrand finden Besucher eine Wasserlandschaft mit Seepromenade, über 80 Themengärten, darunter Heide-, Farn- und Rosengarten, und den **Miniaturenpark »Kleiner Harz«**: rund 50 nachgebaute Sehenswürdigkeiten aus dem Harz im Maßstab 1:25, eingebettet in eine Miniaturlandschaft (geöffnet: Mai bis Sept. 9.00 – 19.00, Apr., Okt. bis 18.00, Dez. – März 10.00 – 16.30 Uhr).

Umgebung von Wernigerode

Steinerne Renne

◄ Reisekarte E 2

Durch den Ortsteil Hasserode oder mit der Harzquerbahn erreicht man die Steinerne Renne, die neben dem ► Bodetal, Ilsetal (► Ilsenburg) oder ► Selketal zu den **romantischsten Harztälern** gehört. Die Holtemme hat hier eine tiefe Schlucht ausgewaschen, die mit Moos überwachsen den Hintergrund für zahlreiche Mäander, Strudellöcher und Wasserfälle des stürmischen Wildbaches ergibt. 1520 wurde bereits der Wasserfall im oberen Teil des Tales als »Steyn Renne am Brogken« erwähnt. Durch die Steinerne Renne erreicht man das Naturdenkmal Ottofels, ein 548 m hohes Granitgebilde, sowie Drei Annen Hohne und den ►Brocken.

Drei Annen Hohne
Reisekarte E 2 ►

9 km südlich von Wernigerode liegt Drei Annen Hohne, Scheitel- und Haltepunkt der Harzquerbahn. In der Nähe eines unter der Hohne gelegenen Viehhofs bestand zwischen 1770 und 1800 ein Kupfer- und Silberbergwerk, das Graf Christian Friedrich nach seiner Tochter, einer Nichte und der Großmutter der beiden, die alle Anna hießen, Drei Annen nannte. Seit der Inbetriebnahme der Schmalspurbahn ist es ein beliebter Ausgangspunkt für Wanderungen zum Ottofels, zur Steinernen Renne, zu den Hohneklippen und ins Brockengebiet.

Derenburg
Reisekarte F 1 ►

In Derenburg, 7 km nordöstlich von Wernigerode, sind das Obere Rathaus, ein Fachwerkbau von 1560, und die einst romanische, später mehrfach umgestaltete St.-Trinitatis-Kirche sehenswert.

✶ Glasmanufaktur ►

1949 brachten Gablonzer Glasmacher die Tradition böhmischer Glaskunst aus dem Sudetenland in den Vorharz mit. Hier waren die Rohstoffe Sand und Holz, aus dessen Asche die Pottasche gewonnen wurde, reichlich vorhanden. In der Derenburger **Manufaktur Harzkristall** kann man Glasbläsern über die Schulter schauen. Mithilfe erfahrener Meister können auch die Besucher selbst Glasgebilde blasen. Führungen stündlich 10.30 – 15.30 Uhr (www.harzkristall.de).

Ströbeck ►

Ein 350 Jahre altes Schachbrett, das einst der Große Kurfürst als Geschenk erhielt, Lebend-Schach und die Geschichte des »königlichen Spiels« zeigt das Museum im **Schachdorf** Ströbeck (5 km nördlich von Derenburg, über die Kreisstr. 1325). Öffnungszeiten: Di., Mi., Fr. 10.00 – 12.00, 13.00 – 16.00, Do. 13.00 – 18.00, Sa. 14.00 – 17.00, So. 10.00 – 12.00 Uhr (Platz am Schachspiel 97, Tel. 03 94 53/68 00, www.schachmuseum-stroebeck.de).

Wippra

H 3

Bundesland: Sachsen-Anhalt
Einwohnerzahl: 1700
Höhe: 250 – 416 m

Der von bewaldeten Hängen und schönen Wiesen umgebene Ort, der zu den ältesten Siedlungen des Harzes gehört, wird auch »Perle des Wippertals« genannt. In Wippra sind einige schöne Fachwerkhäuser erhalten.

Sehenswertes

Die **St.-Marien-Kirche** ist ein Fachwerkbau, der 1775 – 1780 an der Stelle eines älteren Vorgängerbaus errichtet wurde. In einem 1700 erbauten ehem. Wohnhaus befindet sich das **Heimatmuseum** (Fleckstraße). Sehenswert sind die Rauchküche mit offenem Kamin und einem gemauerten Herd; an den Türen befinden sich noch die originalen Riegelschlösser (Öffnungszeiten nach Vereinbarung, Tel. 03 47 75/2 00 97).

Brauerei in Wippra

◄ www.wippraer-bier.de

Bereits seit Anfang des 16. Jh.s wird in Wippra Bier gebraut. Spezialität ist das milde, leckere Wippraer Schwarzbier, das der Braumeister nach einer Führung auch in kunstvoll gestalteten Zwei-Liter-Flaschen verkauft (Info und Besichtigungstermine unter Tel. 03 47 75/2 02 05).

Rodelbahn ohne Schnee

Eine der größten Harzer Sommerrodelbahnen findet sich am Ortsrand von Wippra. Die fest auf Schienen verankerten Schlitten werden 250 m den Berg hinaufgezogen und sausen dann mit bis zu 40 km/h über 8 – 10 % Gefälle 1 km weit den Berg hinunter. Die Bahn fährt ganzjährig tgl. von 10.00 – 18.00 Uhr, Tel. 03 47 75/2 01 60.

Wippertalsperre

Schöne Wanderwege führen zur westlich gelegenen, 1951/1952 erbauten Wippertalsperre. Die 17 m dicke Staumauer ist 18 m hoch und 126 m lang; sie kann 2 Mio. m³ Wasser stauen. Heute dient sie zur Regulierung des Wipperwasserstands.

Rammelburg

Ca. 10 km in Richtung ►Mansfeld liegt die Rammelburg. Sie erhebt sich auf einem nach Süden vorspringenden und auf drei Seiten von der Wipper umflossenen Bergsporn. Die heutige Vierflügelanlage steht an der Stelle mittelalterlicher Vorgängerbauten. Nach einem Brand entstand die Kernburg 1896 neu. Von der mittelalterlichen Burg sind nur die beiden runden Bergfriede erhalten geblieben; der westliche bekam später ein achteckiges Fachwerkgeschoss.

WIPPRA ERLEBEN

AUSKUNFT

Fremdenverkehrsbüro
Siedlung 11
06543 Wippra
Tel. 03 47 75/7 52 48, Fax 7 52 37
www.wippra-harz.de

VERKEHR

Zwischen Wippra und Klostermansfeld verkehrt täglich im Zwei-Stunden-Takt die Wipperliese. Die kleine Bahn folgt dem Flüsschen Wippra. Unterwegs kann man zum Wandern oder Rad fahren aussteigen und an einem anderen Bahnhof weiterfahren. Mehrere Fahrradvermieter holen ihre Räder an den Stationen wieder ab. Info ►Fremdenverkehrsbüro.

ÜBERNACHTEN

► Komfortabel/Günstig

Molmerswende: Hotel-Restaurant Leinemühle
Tel. 03 47 79/2 03 48, Fax 9 00 69
Im Tal des Flüsschens Leine liegt die 1993/1994 rekonstruierte Leinemühle mit 20 Betten und einem Appartement. Man wohnt in zweckmäßig und modern eingerichteten Zimmern in einer alten Mühle.

REGISTER

t

u

v

w

VERZEICHNIS DER KARTEN & GRAFISCHEN DARSTELLUNGEN

BILDNACHWEIS

akg-images S. 34, 60, 61, 62, 63, 64, 222
akg-images/Bibliothèque Nationale Paris S. 5 (oben), 52 (2x), 119 (oben)
akg-images/Cameraphoto S. 35
akg-images/Schadach S. 204
Archiv W. Tübke/Leipzig © VG Bild-Kunst, Bonn 2005 S. 43
Baedeker-Archiv S. 118 (oben), 124, 200, 316
Beyer, Constantin/Weimar S. 33, 44
Beyer, Klaus G./Weimar S. 9 (klein), 103 (unten rechts), 109 (oben rechts), 231, 303 (klein)
Bildarchiv Preußischer Kulturbesitz/Berlin S. 53
Bilderberg/Frieder Blickle S. 201
Bilderberg/Tobias Gerber S. 7, 38, 47, 107, 122-123, 196, 361
Bilderberg/Wolfgang Kunz S. 102, 110, 118-119 (unten), 137, 301, 305 (links oben, Mitte oben, rechts oben)
Bilderberg/Dorothea Schmid S. 238, 278
Brüdern, Jutta/Braunschweig S. 304 (2 x)
Buness, Jutta S. 161, 205 (links unten), 209
DuMont Bildarchiv/Karl Johaentges S. 4 (links), 5 (unten links), 12 (oben, unten), 16, 21, 22, 26, 31, 41, 54, 57, 66-67, 69, 71, 73, 74, 76, 78, 82, 85, 86, 98, 102 (oben), 103 (oben rechts, oben links), 109 (oben links), 113 (oben links und Mitte links), 116, 118 (unten), 118/119 (oben), 126, 136, 140, 146, 149, 150, 153, 155, 156, 158, 167, 176, 179, 183, 185, 198, 205 (rechts unten), 211, 214, 216, 218, 221, 228, 234, 236, 240, 242, 244, 247, 251, 252, 270, 272, 282, 287, 289, 293, 303, 313, 315, 317, 322, 324, 326, 327, 328, 330, 331, 333, 335 (rechts oben, unten 2x), 341, 346, 354, 358, 362
DuMont Bildarchiv/Sabine Lubenow S. 50, 103 (unten links), 123 (klein), 284, 296, 336, 337, 352
DuMont Bildarchiv/Marc-Oliver Schulz S. 254
DuMont Bildarchiv/Ulrich Teschner, Achim Gaasterland S. 197
Hotel »Hohenzollern« S. 168
Ihlow, Frank S. 19, 260
Johaentges/Karl S. 93, 113 (unten), 173, 339, 351
Kulturstiftung der Länder/Berlin S. 305 (rechts Mitte)
Kuttig, Siegfried/Lüneburg S. 212
laif S. 265
laif/Bungert S. 5 (rechts), 295
laif/Klaus H. Daams S. 12 (Mitte), 142, 230, 342
laif/Achim Gaasterland S. 105, 109 (links unten), 111, 178, 193, 207, 224, 226, 275
laif/Michael Hughes S. 14
laif/Ralf Kreuels S. 8-9, 11 (unten), 12 (unten), 97, 103 (Mitte rechts), 120, 134, , U 2, U 4
laif/Langrock/Zenit S. 10, 100-101, 102 (unten)
laif/H.& D. Zielske S. 3 (rechts), 11 (oben, Mitte), 28, 109 (Mitte links), 298, 310
Landhaus »Zu den Rothen Forellen« S. 259
LOOK/Heinz Wohner S. 6, 206
Photo Press/Günther S. 130
Photo Press/Schlierbach S. 189
picture-alliance/KPA/HIP/The British Library S. 36, 67 (klein), 109 (rechts unten), 335 (rechts oben)
picture-alliance/KPA/Klindwort, Manfred S. 164-165
picture-alliance/akg S. 205 (rechts oben)
picture-alliance/dpa/dpaweb S. 58
picture-alliance/dpa/Glader S. 119 (unten)
picture-alliance/dpa/Wolfgang Weihs S. 205 (links oben)
picture-alliance/OKAPIA KG, Germany S. 113 (oben rechts)
picture-alliance/dpa/Jens Wolf S. 128
Radecke, Rosi, Hannover S. 309
Schleicher W./Schliebitz, A. S. 1, 23, 191
Travel Charme Hotel »Gothisches Haus« S. 355
Wrba, Ernst S. 3 (links), 5 (unten rechts), 306

Titelbild: DuMont Bildarchiv/Sabine Lubenow

IMPRESSUM

Ausstattung:
214 Abbildungen, 37 Karten und grafische Darstellungen, eine große Reisekarte
Text:
Anja Schliebitz mit Beiträgen von Jutta Buness, Robert Fishman, Falko Kirsch, Hans Krumbholz und Dina Stahn
Bearbeitung:
Baedeker Redaktion
(Anja Schliebitz)
Kartografie:
Christoph Gallus, Hohberg; Falk Verlag, Ostfildern (Reisekarte)
3D-Illustrationen:
jangled nerves, Stuttgart
Gestalterisches Konzept:
independent Medien-Design, München
(Kathrin Schemel)

Chefredaktion:
Rainer Eisenschmid,
Baedeker Ostfildern

9. Auflage 2010

Urheberschaft:
Karl Baedeker Verlag, Ostfildern
Nutzungsrecht:
MAIRDUMONT GmbH & Co KG; Ostfildern

Printed in China
Gedruckt auf 100% chlorfrei gebleichtem Papier

BAEDEKER VERLAGSPROGRAMM

- Ägypten
- Algarve
- Allgäu
- Amsterdam
- Andalusien
- Argentinien
- Athen
- Australien
- Australien • Osten
- Bali
- Baltikum
- Barcelona
- Bayerischer Wald
- Belgien
- Berlin • Potsdam
- Bodensee
- Brasilien
- Bretagne
- Brüssel
- Budapest
- Bulgarien
- Burgund
- Chicago • Große Seen
- China
- Costa Blanca
- Costa Brava
- Dänemark
- Deutsche Nordseeküste
- Deutschland
- Deutschland • Osten
- Djerba • Südtunesien
- Dominik. Republik
- Dresden
- Dubai • VAE
- Elba
- Elsass • Vogesen
- Finnland
- Florenz
- Florida
- Franken
- Frankfurt am Main
- Frankreich
- Fuerteventura
- Gardasee
- Golf von Neapel
- Gomera
- Gran Canaria
- Griechenland
- Griechische Inseln
- Großbritannien
- Hamburg
- Harz
- Hongkong • Macao
- Indien
- Irland
- Island
- Israel
- Istanbul
- Istrien • Kvarner Bucht
- Italien
- Italien • Norden
- Italien • Süden
- Italienische Adria
- Italienische Riviera
- Japan
- Jordanien
- Kalifornien
- Kanada • Osten
- Kanada • Westen
- Kanalinseln
- Kapstadt • Garden Route
- Kenia
- Köln
- Kopenhagen
- Korfu • Ionische Inseln
- Korsika
- Kos
- Kreta
- Kroatische Adriaküste • Dalmatien
- Kuba
- La Palma
- Lanzarote
- Leipzig • Halle
- Lissabon
- Loire
- London
- Madeira
- Madrid
- Malediven
- Mallorca
- Malta • Gozo • Comino
- Marokko
- Mecklenburg-Vorpommern
- Menorca
- Mexiko
- Moskau
- München
- Namibia

LIEBE LESERINNEN, LIEBE LESER,

ein herzliches Dankeschön, dass Sie sich für einen Baedeker Allianz Reiseführer entschieden haben. Er wird Sie zuverlässig auf Ihrer Reise begleiten und Sie nicht im Stich lassen.
Natürlich beschreibt er die wichtigen Sehenswürdigkeiten, aber er empfiehlt auch interessante Veranstaltungen, nennt Hotels für den großen und kleinen Geldbeutel, gibt Tipps für Restaurants, Shopping und für vieles mehr, was eine Reise zum Erlebnis macht. Dafür haben die Autoren Sorge getragen. Sie sind für Sie regelmäßig in den Harz gereist und haben all ihre Erfahrungen und Kenntnisse in diesen Reiseführer gepackt.

Trotzdem: Die Erfahrung zeigt, dass Fehler und Änderungen nach Drucklegung, für die der Verlag keine Haftung übernehmen kann, nicht ausgeschlossen werden können. Für Kritik, Berichtigungen und Verbesserungsvorschläge sind wir Ihnen außerordentlich dankbar. Schreiben Sie uns, mailen Sie uns oder rufen Sie an:

▶ **Verlag Karl Baedeker GmbH**
Redaktion
Postfach 3162
D-73751 Ostfildern
Tel. (0711) 4502-262, Fax -343
E-Mail: info@baedeker.com

Besuchen Sie uns auch im Internet unter www. baedeker.com. Hier finden Sie jeden Monat den aktuellen Reisetipp der Redaktion und das gesamte Verlagsprogramm. Hier können Sie auch lesen, wer Karl Baedeker war und wie er seinen ersten Reiseführer geschrieben hat. Mit seinen über 180 Jahren ist der Karl Baedeker Verlag der älteste Reiseführer-Verlag der Welt.

www.baedeker.com

ZU GEWINNEN: STADTREISE NACH LONDON

Unter allen Einsendungen verlost der Verlag am Jahresende – unter Ausschluss des Rechtswegs – eine Städtekurzreise für zwei Personen nach London.
Freuen Sie sich auf ein spannendes Wochenende in London. Natürlich ist ein Baedeker Allianz Reiseführer London auch dabei!

- Neuseeland
- New York
- Niederlande
- Norwegen
- Oberbayern
- Oberital. Seen • Lombardei • Mailand
- Österreich
- Paris
- Peking
- Piemont
- Polen
- Polnische Ostseeküste • Danzig • Masuren
- Portugal
- Prag
- Provence • Côte d'Azur
- Rhodos
- Rom
- Rügen • Hiddensee
- Ruhrgebiet
- Rumänien
- Russland (Europäischer Teil)
- Sachsen
- Salzburger Land
- St. Petersburg
- Sardinien
- Schottland
- Schwäbische Alb
- Schwarzwald
- Schweden
- Schweiz
- Sizilien
- Skandinavien
- Slowenien
- Spanien
- Spanien • Norden • Jakobsweg
- Sri Lanka
- Stuttgart
- Südafrika
- Südengland
- Südtirol
- Sylt
- Teneriffa
- Tessin
- Thailand
- Thüringen
- Toskana
- Tschechien
- Tunesien
- Türkei
- Türkische Mittelmeerküste
- Umbrien
- Ungarn
- USA
- USA • Nordosten
- USA • Nordwesten
- USA • Südwesten
- Usedom
- Venedig
- Vietnam
- Weimar
- Wien
- Zypern

BAEDEKER ENGLISH

- Andalusia
- Austria
- Bali
- Barcelona
- Berlin
- Brazil
- Budapest
- Cape Town • Garden Route
- China
- Cologne
- Dresden
- Dubai
- Egypt
- Florence
- Florida
- France
- Gran Canaria
- Greece
- Iceland
- India
- Ireland
- Italy
- Japan
- London
- Mexico
- Morocco
- New York
- Norway
- Paris
- Portugal
- Prague
- Rome
- South Africa
- Spain
- Thailand
- Tuscany
- Venice
- Vienna
- Vietnam